KB060405

Criminal Investigation Law

범죄수사법 실무

경찰관을 위한 형사 CASE 연습

강동필 저

박영사

서 문

필자는 경찰수사연수원에서 근무하며, 주로 경제범죄수사관을 상대로 재산범죄 기타 범죄수사와 관련된 법률실무 분야를 강의하고 있다. 이와 관련 개인적으로 수사경찰관 교육을 위한 비공개 네이버 밴드(민사법에 기반한 경제범죄수사)를 운영하고 있다. 판례 내지 실무사례의 사실관계를 요약하여 문제를 출제하고, 관련 쟁점과 유무죄의 결론에 대한 답변을 댓글로 작성·참여하는 형식이다. 사실관계를 읽고 선택지 없이 쟁점과 결론을 묻는 질문에 대해 많은 분들이 어려움을 겪고 있음을 알게 되었다. 그리고 이와 같은 CASE STUDY 방식이 개별 수사관의 수사실무 능력배양에 도움이 된다고 확신하게 되었다. 현재 밴드에는 1년 동안 출제한 수백 개의 사례가 누적되어 있다. 범죄의 요건과 법리가 잘 담겨 있거나 범죄수사에서 실무적 가치가 있는 leading case를 선별하여 재미있게 각색한 것들이다.

한편 범죄수사 법률실무 관련 서적이 전무하여, 강의진행과 자료제작에 애로사항이 많았다. 이 책은 위 밴드운영의 누적된 결과물이다. 밴드에 올린 사례와 해설을 정리하고 기본이론 및 중요한 실무의견을 기재하였다.

책 제목을 범죄수사법 실무라고 정했으나, 우리나라에 이런 법은 없다. 주지하다시피 범죄수사는 형사소송법의 제2편 제1심 제1장 수사에 불과하고, 체포와 구속 관련된 조문을 제외하고는 자세한 입법이 거의 없다. 이에 따라 경찰 내지 검찰은 내부적으로 범죄수사규칙 내지 검찰사건사무규칙을 제정하여 수사실무에 대응하고 있다. 그러나 실제 수사실무상의 상당수 행정규칙은 일반 국민에 대한 중대한 불이익을 과하는 절차로서, 국민의 신체와 재산에 직결되는 사항이 많다는 점에서, 헌법 제37조 제2항에 따라 법률로서 규정되어야 한다고 생각한다.

가령 수배, 탐문, 채증 등 각종의 수사기법 역시 그 자체로 국민의 자유권을 침해할 소지가 크며, 출석요구와 조사조차도 그 횟수와 조사시간 등 그 방법과 절차에 대해 법률로서 명확히 해야 할 필요성이 크다. 별건수사 기타 자의적 수사진행을 방지하기 위해 수사개시 요건을 법정하고, 수사상의 탈법과 관련된 기준 마련이 필요하다. 개별적 비교형량을 요하는 위법수집증거배제법칙 만으로는 부족하다. 아울러 강제수사 역시 전기통신사업법, 금융실명법 등 여러 법에 영장신청의 근거와 절차가 별개로 규정, 산재되어 일반국민으로서는 쉽게 찾아보거나 이해하기 어렵다. 또 불심검문, 보호조치, 현행범 내지 준현행범 체포, 임의동행 등 인신구속의 근거 역시 경찰관직무집행법과 형사소송법에 나누어 규율되어 있어 찰나적인 현장실무에서 그 요건을 명확하게 적용하기 어려워, 공권력 약화의 원인이 된다. 그러므로 구체적인 상황에 따른 인신구속의 개별적 구체적 근거 마련이 필요하다. 결국 각종의 임의 · 강제수사기법은 단행법으로서 '(가)경찰관 범죄수사법'에 함께 규율되어 있어야 한다고 본다.

한편 전체 형사사건 가운데 94% 가량은 경찰 내지 검찰단계에서 경찰수사만을 바탕으로 구약식 내지 불기소처리되는 점을 감안하면, 수사권 조정과 별개로 지금도 경찰은 실제 형사사건을 직접 결정하고 있다고 보아도 과언이 아니다. 따라서 적어도 불기소 내지 약식으로 종결되는 형사사건에 대해서는 법원의 형사재판은 유효 적절한 통제수단일 수 없다. 결국 입법에 의해 수사절차를 법정하는 것이 국민의 기본권보장을 위한 거의 유일한 대안일 수밖에 없다.

그럼에도 불구하고 아직까지 국민과 경찰은 단행법으로서 범죄수사절차법을 가지지 못하고 있다. 현행 형사소송법은 범죄수사 분야를 1심의 한 절차로 보고 있을 뿐, 각종 행정규칙과 그때 그때 제정되는 특별법에 의존하고 있을 뿐이다. 이는 형사소송법이 수사권 통제의 구체적 규정을 두기보다, 검사의 재량적 수사지휘에 의존하고, 법원의 정식재판 중심적으로만 규정되어 있다는 반증이며, 실제범죄수사에 따른 국민에 대한 중대한 과벌절차의 실제와 현상을 제대로 반영하지 못하고 있음을 잘 보여준다.

나아가 위와 같은 범죄수사법의 제정 · 운영의 주체는 수사업무의 거의 대부분을 담당하고 국가치안의 인적 · 물적 요소를 책임지는 사실관계 조사의 전문부서인 경찰이 그 주체가 되어야 함은 물론이다.

요컨대 국가치안 질서유지를 책임지고 있는 경찰은 가장 중요한 공권력의 수단으로 범죄수사권을 이미 행사하고 있으면서도, 그간 빈약한 법률적 근거 위에 위태롭게 존립하고 있을 뿐이었다. 따라서 단행법인 경찰과 범죄수사법 내지 증거수집법 제정을 통해 책임 있는 곳에 적절한 권한을 부여하여 적법절차에 따라 형사사법이 운영될 수 있도록 유도하여야 한다. 이 점이 기본적 인권을 중시하는 헌법의 취지와 공권력 행사의 예측가능성을 요구하는 국민 요구에 부응하는 길이라고 생각한다.

향후 단일한 범죄수사절차법 제정을 위해서는 경찰의 수사현실을 반영하기 위한 연구와 입법례에 대한 검토가 필요하고, 실제 수사실무와 관련된 판례와 실무상의 제문제에 대한 연구가 선행되어야 함은 물론이다. 이 책은 위와 같은 문제의식의 발로이다. 이를 위해 아래와 같이 집필하였다.

먼저 범죄수사실무자에게 적법절차에 따른 판례의 법집행의 요건과 절차를 구체적 사례를 통해 알려주고 싶었다.

- 수사실무 중요 기준을 설시하는 대법원과 하급심 판례 사례를 선별하였고,
- 쟁점 추출 연습을 위해 사실관계를 충실히 그리고 재미있게 정리하였고,
- 사례의 해설에는 밴드에서 제시된 적절한 실무의견을 반영하였다.
- 조사와 신문기법 관련 일반적으로 인정되는 유용한 수사 관련 Tip을 넣었다.
- 현재 사건수사의 종결은 검찰이 전담하나, 향후 1차적 수사종결권 이관을 전제로 그에 필요한 불기소처분 기재례와 방식을 함께 소개하였다.
- 서술 신뢰도를 제고하기 위해, 방론에 그치는 서술이라도 판례 내지 하급심의 문장과 표현을 인용하는 방식으로 본문을 구성하였고, 판례번호를 함께 명기하였다.

내용의 빈약함에 몸서리쳤으나, 다음 개정판에서 많이 보완할 수 있다는 사실에 스스로를 다독이고 있다. 잘못된 점, 부족한 점에 대해 지적을 준다면 성실한 연

구로 보완할 것을 다짐하며, 판을 거듭할수록 내용이 보완되어 그에 대한 실무 사례와 의견이 수렴되기를 수사실무 교육자로서 바라 마지않는다.

수사연수원 **강 동 필**

육아와 가사에 서툴 뿐 도무지 도움이 되지 않는 데다가 취미도 없고, 십 수년간 법률공부에만 매달리는 재미없는 남편을 기다리며, 어려운 여건에서도 항상 밝은 미소로 나를 대해주는 아내 김효정, 늘 아빠를 안아주는 아들 승헌이에게 고맙다고, 사랑한다고 말해주고 싶다.

이 책은 수사관 밴드회원들의 참여와 성원이 아니었으면 불가하였습니다. 누가 특별히 칭찬하지 않더라도 묵묵히 한 길 만을 걸어가는 장인(匠人)과 같은 노고가 대한민국의 형사사법을 지탱하는 버팀목임을 잘 알고 있습니다. 항상 함께 해주셔서 감사하다는 말씀을 드립니다.

아래 명단은 밴드에서 1년간 적극적으로 답변을 주신 30여 명의 명단입니다.

가민수(경기남부, 안산단원) / 고은호(제주서부, 경제팀)

김무건(대구, 광수대) / 김성실(경기남부, 광명, 경제팀)

김재훈(경찰청, 지수대1팀) / 라성원(경기북부, 남양주, 청학파출소)

박성대(강동, 경제팀) / 박수만(서울 강서, 경제팀) / 방평안(서울 종로)

이길재(김포, 경제팀) / 이경곤(경기남부, 성남중원) / 이경행(전남 함평, 교통관리계)

이구영(부산서부) / 이상재(경남 고성 지원팀) / 이세정(김해서부, 경제팀)

이승우(경기 부천오정, 경제팀) / 이시원(용산, 경제팀) / 이윤수(안산단원)

이종철(서울 마포, 경제팀) / 이준성(대구 성서, 두류3동파출소) / 이진규(서울, 5기동단, 52중대)

이장표(청주흥덕, 경제팀, 명탐정) / 이춘삼(울산 중부, 농소1파출소) / 전종운(강원 태백, 수사)

정원용(천안, 동남, 경제팀) / 정치완(시흥, 형사, 강력) / 조재완(서울, 2단, 21중대)

조현종(인천) / 최남욱(서울 송파, 경제팀) / 최배만(대구북부, 사격)

최인호(경기남부, 안양동안, 경제)

차 례

PART 1

위법수집증거의 배제

CHAPTER 1 　위법수집자백배제법칙 　　　17

1. 고문 · 폭행 · 협박 등 / 17

2. 기망 / 23

3. 약속 / 24

4. 불법한 신체구속 : 영장주의 위반 / 26

CHAPTER 2 　변호인의 조력을 받을 권리와 진술거부권의 침해 　　　28

1. 변호인의 조력을 받을 권리의 침해 / 28

2. 진술거부권 침해 / 34

사례 |1| 국가정보원장 / 36

CHAPTER 3 　위법한 대물적 강제처분의 증거배척 　　　38

CHAPTER 4 　파생증거의 증거능력 등 　　　39

1. 위법수집증거의 파생증거의 배제기준 / 39

2. 제3자에 대한 위법수집증거의 경우 / 46

3. 사인이 위법하게 수집한 증거 : 비교형량 / 46

CHAPTER 5 　함정수사 　　　50

1. 함정수사의 허용한계 / 50

2. 구체적인 검토 / 51

사례 |2| 티켓다방 단속 / 55

사례 |3| 요거 놓고 얘기하자 / 60

사례 |4| 도우미 좀 불러줘 / 64

사례 |5| 포상금 재테크 / 66

PART 2

범죄의 발생과
피의자 검거

CHAPTER 1 현행범인의 체포   73

1. 현행범인과 준현행범 / 74

2. 현행범인의 체포 / 77

3. 체포절차 / 82

CHAPTER 2 임의동행   85

1. 수사상 임의동행의 적법성 요건 / 85

2. 관련문제 / 87

사례 |6| 사우나혈투 / 89

사례 |7| 나선생의 칼부림 / 91

사례 |8| 잉꼬부부 / 93

사례 |9| 당산역의 난동 / 97

사례 |10| 박고함의 신분증 / 100

사례 |11| 골든 벨을 울려라 / 103

사례 |12| 체포와 고소 신공 / 108

사례 |13| 오거부의 팔다리 / 111

CHAPTER 3 음주운전과 측정거부 115

1. 음주운전과 측정거부죄의 관계 / 115

2. 음주운전 / 117

3. 위법수집증거의 문제 / 126

사례 |14| 자의 반 타의 반 / 130

사례 |15| 채혈 / 132

사례 |16| 얼굴이 붉게 물들 때 / 135

사례 |17| 태국인 아내와 음주측정 / 139

사례 |18| 황제돼지국밥 / 141

사례 |19| 2m 음주운전 / 144

사례 |20| 감지기와 측정거부 / 148

CHAPTER 4 긴급체포 153

1. 긴급체포의 요건 / 153

2. 체포당시의 상황을 기준으로 / 154

3. 실무상 긴급체포의 활용 / 155

사례 |21| 물뽕과 긴급체포 / 157

사례 |22| 침대 밑에 숨은 봉쟁이 / 161

사례 |23| 오검사의 무리수 / 165

PART 3

물적증거의 확보

CHAPTER 1   수사상의 압수 · 수색 · 검증   171
  1. 압수 · 수색 · 검증의 의의   / 171
  2. 압수 · 수색의 요건   / 173
  3. 압수절차에서의 범죄   / 176
  사례 |24| 박세강의 범죄와의 전쟁   / 178
  사례 |25| 객관적 · 인적 관련성   / 182

CHAPTER 2   영장에 의한 압수 · 수색 · 검증   189
  1. 영장신청 서류의 작성   / 189
  2. 집행 참여자와 통지   / 191
  3. 영장의 제시와 집행의 착수   / 192
  4. 수색과 압수의 실행   / 194
  5. 관련 서류의 작성 및 교부   / 197
  6. 집행의 종료 : 원상회복의무   / 198
  사례 |26| 강제채뇨   / 199
  사례 |27| 별건수사   / 203

CHAPTER 3   영장 없는 압수 · 수색 · 검증   205
  1. 체포현장에서의 압수 · 수색 · 검증   / 206
  2. 범죄장소에서의 압수 · 수색 · 검증   / 206
  3. 긴급체포 후의 압수 · 수색 · 검증   / 207
  4. 임의제출 내지 유류물의 영치   / 210
  사례 |28| 니가가라 하와이호   / 215
  사례 |29| 종이박스 및 40만 원   / 218
  사례 |30| 질러노래연습장   / 222
  사례 |31| 몰카범의 스마트폰   / 226

CHAPTER 4   영상촬영과 음성녹음   230

   1. 비디오 촬영 / 230

   2. 휴대폰 화면을 촬영한 사진 / 231

   3. 음성 : 통신비밀보호법 / 232

CHAPTER 5   검증과 실황조사   238

   1. 관련조문 / 238

   2. 검증과 실황조사 / 239

   사례 |32| 누가 녹음한 것인가 / 243

   사례 |33| 나이트클럽 음란쇼 / 245

   사례 |34| 초사동 가스통 / 248

   사례 |35| 녹취서의 증거능력 / 251

PART 4

**인적 증거의 조사
(고소와 고발)**

CHAPTER 1   고소와 고발   255

   1. 고소권자 / 255

   2. 캐피털, 채권추심업체 등과 관련된 고소의 경우 / 258

   3. 고소취소의 경우 / 267

   사례 |36| 외상합의의 문제 / 271

   사례 |37| 배우자의 고소 / 273

   사례 |38| 캐피털 업체의 남고소 / 275

   사례 |39| 어디까지 합의한 것인가 / 278

CHAPTER 2   피의자에 대한 수사   280

   1. 개관 / 280

   2. 진술거부권 / 281

   사례 |40| 나는 피의자인가 참고인인가 / 285

CHAPTER 3   수사보고서의 증거능력   288

   1. 검증의 결과를 기재한 경우 / 288

   2. 전화통화내용을 기재한 수사보고의 경우 / 289

   3. 자료첨부형 수사보고의 경우 / 290

   사례 |41| 본 대로 적었을 뿐 / 292

PART 5

사실의 인정

CHAPTER 1   자유심증주의   297

   1. 심증의 정도와 한계 / 297

   2. 구체적 판단기준 / 298

CHAPTER 2   증거방법에 따른 신빙성 판단   300

   1. 피의자의 자백 / 300

   2. 과학적 증거방법에 의한 경우 / 302

   3. 전문감정인의 의견 / 306

   4. 처분문서의 경우 / 307

   5. 진단서 / 308

   6. 형사재판에서 민사판결의 구속력 / 309

   7. 참고인 내지 증인의 진술 / 309

   8. 전과관계 / 319

사례 |42| 갈수록 명확해질 수 있는가 / 322

사례 |43| 소태골 식당의 비극 / 329

사례 |44| 과도와 불타버린 전선줄 / 336

사례 |45| 상해진단서의 힘 / 351

사례 |46| 모발채집의 기술 / 355

CHAPTER 3   간접증거에 의한 경우   359

1. 간접증거에 의하는 경우 / 359

사례 |47| 사기죄 / 369

사례 |48| 문서위조죄 / 374

CHAPTER 4   목격자의 범인식별진술의 경우   378

1. 판례상 범인식별절차 / 378

2. 단수대면의 경우 / 379

3. 동영상제시 내지 가두식별 / 385

4. 성추행 피해 아동의 진술 / 385

5. 성인지 감수성의 고려 / 386

사례 |49| 범인식별진술 / 388

PART 6

수사의 종결   **CHAPTER 1**   의견서의 작성   399

1. 피의자 특정 / 399

2. 형사처벌 및 기소유예처분 유무 / 399

3. 범죄사실 작성 / 400

4. 적용법조 / 400

5. 수사한 결과 / 400

CHAPTER 2   기소의견의 작성   404

   1. 개요 / 404

   2. 범죄사실의 작성 / 404

   3. 범죄전력 기재례 작성 요령 / 409

   4. 적용법조의 기재 / 413

CHAPTER 3   불기소의견의 작성   424

   1. 불기소 / 424

   2. 범죄인정 안 됨 / 427

   3. 증거 불충분 의견의 작성 / 436

   4. 죄가 안 됨 의견 / 441

   5. 공소권 없음 의견 / 443

   6. 기소중지의 경우 / 452

   7. 참고인중지의 경우 / 452

PART 1

위법수집증거의 배제

CHAPTER 1. 위법수집자백배제법칙

CHAPTER 2. 변호인의 조력을 받을 권리와 진술거부권의 침해

CHAPTER 3. 위법한 대물적 강제처분의 증거배척

CHAPTER 4. 파생증거의 증거능력 등

CHAPTER 5. 함정수사

기본적 인권 보장을 위해 헌법과 형사소송법이 마련한 적법한 절차에 따르지 않고 수집한 증거는 원칙적으로 유죄 인정의 증거로 삼을 수 없다. 위법수사를 억제하고 재발을 방지하는 가장 효과적이고 확실한 대응책은 이를 통하여 수집한 증거를 유죄 인정의 증거로 삼을 수 없도록 하는 데 있기 때문이다.

따라서 범죄수사실무에서 수사절차의 적법성을 확보하기 위해서는 가장 먼저 위법수집증거배제법칙을 염두에 둘 필요가 있다.

본 PART에서는 ⅰ) 위법수집배제법칙의 주요 유형, ⅱ) 변호인의 조력을 받을 관리와 진술거부권 침해, ⅲ) 위법한 대물적 강제처분의 증거배척, ⅳ) 파생법칙의 증거능력, ⅴ) 함정수사의 순서로 살펴보도록 한다.

위법수집자백배제법칙

대법원은 적법절차의 실질적인 내용을 침해하는 경우에 해당하지 않은 경우에는 유죄 인정의 증거로 사용할 수 있다고 본다. 실무상 영장주의 위반의 경우가 적지 않게 문제된다.

형사소송법 제309조의 자백배제법칙의 근거와 관련하여 위법배제설의 입장에서 함께 살펴보기로 한다.

1. 고문 · 폭행 · 협박 등

> **제308조의2 (위법수집증거의 배제)** 적법한 절차에 따르지 아니하고 수집한 증거는 증거로 할 수 없다. [본조신설 2007. 6. 1.]
>
> **제309조 (강제 등 자백의 증거능력)** 피고인의 자백이 고문, 폭행, 협박, 신체구속의 부당한 장기화 또는 기망 기타의 방법으로 임의로 진술한 것이 아니라고 의심할 만한 이유가 있는 때에는 이를 유죄의 증거로 하지 못한다.

(1) 고문에 의한 허위자백 주장

피고인이 수사기관에서 한 자백이 고문에 의한 허위자백이라는 주장을 가볍게 신빙하기는 어려우나 피고인이 범행을 한 뚜렷한 동기가 없고 범인이라는 혐의를 받을 수사의 단서도 없으며 피고인의 자백진술이 객관적 합리성이 결여되고 범행현장과 객관적 상황과 중요한 부분이 부합되지 않는 등의 특별사정이 있는 경우 피고인이 수사기관에서 자백하게 된 연유가 피고인의 주장대로 고문이 아니라 할지라도 다소의 폭행 또는 기타의 방법으로 자백을 강요하여 임의로 진술한 것이 아니라고 의심할 사유가 있다. 아래 대법원 사례의 사실관계를 살펴보자.

🖋 1) 이 사건을 수사함에 있어서 수사기관에서 피고인 등에게 폭행 등으로 이 건 범죄사실의 자백을 강요하였다고 의심할 만한 다음과 같은 자료가 있다.

가) 이 사건을 수사한 경찰관 공소외 1은 1심 증언에서 피고인 1을 조사할 시 나뭇 가지로 발바닥을 때렸다고 자인하고 있다.

나) 피고인 등은 수사기관에서 잠을 못자게 하였다고 진술하고 있는바 수사기록 (이하 기록 I로 약칭) 71면의 피고인 1의 자백진술서의 기재시간은 76. 3. 1. 0시 50분이고 기록 I의 280면의 진술조서는 3. 6. 새벽 1시 25분이며 기록 I의 345 면의 진술서는 3. 6. 오후 10시 50분 기록 I의 387면의 진술서는 3.7. 새벽 3시 55분 등으로 기재되어 있어 피고인 등의 진술을 뒷받침하고 있다.

위 가), 나)의 행위는 경찰에서 있었던 일이기는 하나 이러한 방법으로 피고인 1이 경찰에서 범행을 자백한 것이 검찰에서의 자백에까지 영향을 주었다고 보아야 할 것이다.

다) 1심 공판 시 검사는 피고인 2에 대하여 피고인 1과 공모하여 이 건 범죄행위를 한 사실이 있는가라는 취지의 질문에 대하여 피고인 2는 이 건 범행을 한 일이 없다고 진술하면서, 피고인 2는 이어서 검찰에서는 일방적으로 서류를 작성하여 읽어 주지도 아니하였고 범행을 안 했다고 하면 때리고, 했다고 하면 안 때리고, 잠도 못자게 하지 않았느냐고 검사에게 말하자 검사는 현장검증할 때에도 때리던가라는 취지로 반문한 진술기재가 있는바, 이는 피고인을 신문할 시에는 때린 사실이 있음을 전제로 하고 현장검증 시에는 안 때렸는데 왜 자백을 하였는가라는 취지의 반문이라고 의심할 만한 사유가 된다고 할 것이다.

라) 피고인 양인은 1심 법원에서 수사기관에서의 자백은 심한 고문으로 인하여 허

위 진술한 것이라고 고문당한 상황을 구체적으로 진술하고 있고 또 검찰에서는 순순히 자백을 아니하면 경찰에 넘겨 고문을 하겠다는 취지로 협박을 하였다고 진술하고 있다. …(중략)… 피고인 등이 수사기관에서 자백하게 된 연유가 피고인 등이 주장하는 그대로의 고문은 아니라 할지라도 다소의 폭행 또는 기타의 방법으로 자백을 강요하여 피고인 등이 임의로 진술한 것이 아니라고 의심할 만한 사유가 있다고 보아야 할 것이다.[(1)]

(2) 고문사례

🔨 "검찰조사 시 처음부터 돈받은 것을 무조건 쓰게 시키고, 잠을 안 재우고, 기합을 받고, 발로 차서 마룻바닥에 쓰러지게 하였으며, … (한쪽 귀를 먹은 자신에게) 너의 한쪽 귀마저 티뜨리겠다는 등으로 위협을 당하였다"는 것이고(공판기록 913장, 914장), 제1심 공동피고인 2는 "1992. 4. 1. 아침에 수원지검에 연행되어 4. 3. 01:00경 수원교도소에 수감될 때까지 사실상 구금된 상태에서 잠을 한숨도 자지 못한 채 조사를 받을 당시 조사담당자가 그의 요구대로 시인하지 않는다는 이유로 심한 욕설과 함께 손으로 머리를 구타하였고 두 손과 한 발을 들고 서 있게 하는 기합을 주었으며, 4. 2. 저녁에는 피고인에게 돈을 준 사실을 시인하지 않는다는 이유로 지하실로 데려가 시멘트바닥에 한 시간 이상 무릎을 꿇은 상태로 앉혀 놓았으며 나중에는 무릎을 발로 차는 등의 폭행을 하였다"는 취지이며(공판기록 951장, 952장), 피고인이나 원심 공동피고인 및 제1심 공동피고인 2와는 달리 이 사건으로 구속되지 아니한 채 공소가 제기된 제1심 공동피고인 1조차도 "검찰청에서 조사를 받을 때 구타는 당하지 아니하였지만 모욕적인 벌은 받았다"는 취지로 진술하고 있다(공판기록 433장). 그리고 검사가 피고인과 원심 공동피고인 · 제1심 공동피고인 1, 2 등을 피의자로 신문할 때 시종 참여한 검찰주사 박원혁은 제1심에서 증인으로 진술함에 있어서 "자신이나 다른 수사관들이 피고인과 원심 공동피고인 및 제1심 공동피고인 1을 조사할 당시 무릎 꿇리고 반성하도록 한 적은 있으며 특별히 잠을 잘 기회를 주지 않은 채 계속 철야 조사를 하였다"는 취지로 진술하여 그들을 어느 정도 부당하게 대우한 사실은 스스로 인정하면서, 피고인이 범행을 자백하지 않는다는 이유로 의자에 발을 올려 놓은 채로 주먹을 쥐고 엎드리게 하거나 속

---

(1) 대법원 1977. 4. 26. 선고 77도210 판결

칭 원산폭격의 자세를 취하게 하는 등의 기합을 주고 뺨을 때리거나 허벅지를 발로 차는 등의 폭행을 한 일이 없느냐는 등의 피고인의 변호인의 여러 차례에 걸친 추궁에 대하여는 그와 같은 사실이 없다고 단호하게 부인하지 못한 채 "기억이 없습니다"라는 등으로 소극적인 답변만을 하는 중에도, "증인도 피고인을 계속 때리며 돈받은 게 있느냐고 물었나요?"라는 신문에 대하여는 "손으로 쓰다듬은 정도로 한 사실은 있습니다" 라고 진술하고 있다.[2]

(3) 밤샘조사, 과다소환조사, 압박

⚖ 별건으로 수감 중인 자를 약 1년 3개월의 기간 동안 무려 270회나 검찰청으로 소환하여 밤늦은 시각 또는 그 다음날 새벽까지 조사를 하였다면 그는 과도한 육체적 피로, 수면부족, 심리적 압박감 속에서 진술을 한 것으로 보이고, 미국 영주권을 신청해 놓았을 뿐 아니라 가족들도 미국에 체류 중이어서 반드시 미국으로 출국하여야 하는 상황에 놓여 있는 자를 구속 또는 출국금지조치의 지속 등을 수단으로 삼아 회유하거나 압박하여 조사를 하였을 가능성이 충분하다면 그는 심리적 압박감이나 정신적 강압상태하에서 진술을 한 것으로 의심되므로 이들에 대한 진술조서는 그 임의성을 의심할 만한 사정이 있는데, 검사가 그 임의성의 의문점을 해소하는 증명을 하지 못하였으므로 위 각 진술조서는 증거능력이 없다.[3]

(4) 불러뻥, 심야조사 등 (국가인권위원회 2006.4.6. 4진인4098결정)

⚖ | 사실관계 | 가. 2004. 1. 9. 진정인은 진정외 ○○○과 ○○지방검찰청에 자진출석하였으나, 피진정인이 차후에 연락하겠다고 하여 귀가하였다.

나. 피진정인은 같은 달 13. 오전 출석요구할 것을 통보하였으나, 전날 오후 가족과 함께 ○○도에 있는 진정인에게 전화를 하여 출석을 앞당기니 늦더라도 당일 출석하여 줄 것을 요청하였다.

다. 피진정인은 2004. 1. 12. 23:00경 진정인이 ○○지방검찰청 ○○호 검사실에 도착하였으나, 진정외 ○○○에 대한 조사를 이유로 다음날. 03:10경까지 ○

---

[2] 대법원 1993. 9. 28. 선고 93도1843 판결

[3] 대법원 2006. 1. 26. 선고 2004도517 판결

○호 검사실에 대기하도록 하였다.

라. 2004. 1. 13. 03:10경부터 피진정인은 진정인에 대한 조사를 시작하여 같은 날 04:20 긴급체포를 하였고 07:30경 1차조사를 마쳤으며, 08:00경 ○○호 검사실에서 데리고 나와 08:30경 ○○구치소에 인계 · 입감하였다.

마. 진정인은 입감된지 약 4시간 정도가 지난 같은 날 12:45경 조사를 위해 출정되어 ○○지방검찰청 구치감에서 대기를 하였고, 22:15부터 다음날 01:10까지 2차 피의자신문조서를 받은 후 ○○구치소에 입감되었다.

바. 2004. 1. 14.에는 09:00에 출감되어 위 구치감에서 17:00까지 별도의 조사는 받지 않고 대기만 한 후 ○○구치소에 입감되었다.

사. 2004. 1. 14. 16:00 진정인에 대한 구속영장이 청구되었고, 같은 달 15. 14:00 ○지방법원에서 영장실질심사 후 영장이 발부되었으며, 같은 달 20. 공소제기되었다.

아. 피진정인은 위 '라'항과 같은 심야조사를 함에 있어 진정인의 동의를 받은 사실이 없으며, 심야조사허가서 및 허가대장 등 관련기록이 없다.

자. 긴급체포 시 미란다 원칙을 고지받았음을 인정하는 진정인이 날인한 확인서 및 피진정인이 작성 날인한 긴급체포 · 구금 통지서가 수사기록에 각각 편철되어 있다.

차. 진정외 진정인의 처 ○○○는 2004. 1. 13. 아침 일찍 진정인의 전화를 받고 같은 날 오전경 ○○호 검사실을 방문한 사실은 있으나, 그 후에는 검찰청을 방문하지 않았고, 당시 영장실질심사 후에 변호인을 선임하였다고 진술하였다.

타. '○○지검은 ○○경찰서 모 지구대 소속 A경장과 형사계 B경사를 긴급체포 했다'는 요지의 진정인 관련 피의사실이 ○○언론사, ○○신문 등 언론에 2001. 1. 13., 같은 달 14. 각각 보도되었다.

| 판단 | 1) 자연환경에 순응하면서 밤과 낮을 구분하여 생활하는 인간에게 있어 수면권과 휴식권은 헌법 제10조 소정의 행복추구권의 내용을 이루는 것이므로 수사기관이 피의자나 참고인을 조사함에 있어 밤을 지새워 하는 밤샘조사는 인간의 수면권과 휴식권을 보장하는 헌법정신에 부합하지 않는다. 2) 또한 밤샘조사는 그 자체가 사실상의 하나의 고문이 될 수 있고 밤샘조사를 하는 동안 조사자는 물론 피조사자의 과민반응 소지 등으로 폭행과 같은 비인권적 행위가 발생할 가능성이 많으므로 원칙적으로 금하고, 다만 특별히 예외적인 경우에 한하여 허용하고 있다. 3) 따라서 인권보호수사준칙 제17조에서 검사는 자정 이전에 피의자 등 사건관계인에 대한 조사를 마치도록 하고 있으며, 예외적으로 피조사자의 동의를 받았

을 때, 공소시효의 완성이 임박했을때, 체포기간 내에 구속 여부를 판단하기 위해 신속한 조사가 필요할 때 등 합리적인 이유가 있는 경우에는 인권보호관의 허가를 받아 조사를 할 수 있도록 규정하고 있다. 4) 그러나 이 사건 피진정인들은 2004. 1. 12. 23:00경에 도착한 진정인을 다음날 03:10경까지 옆 검사실에 대기하도록 하였고, 03:10경에 조사를 시작하여 07:30경까지 밤샘조사를 한 후 08:30에 ○○ 구치소에 인계 · 입감하였다.

특히, 당일에도 진정인에게 12:45경 조사를 위한 출정을 요구하여 22:15경까지 검찰청 구치감에 대기하게 한 후 다음날 01:10경까지 조사를 받게 함으로써, 밤샘 조사를 한 후에도 진정인에 대한 적정한 수면 및 휴식을 보장하지 않았다. 5) 당시 피진정인들이 밤샘조사를 해야할 불가피한 사유가 있었는지에 대하여 검토해 보면, 우선 피진정인들은 사건관련자들의 진술을 비교하여 수사를 진행하느라 시간이 지연되었고, 수사과정에서 드러난 증거 등에 비추어 현직 경찰관을 소환하여 조사함에 있어 수사상 필요에 의하여 부득이 야간조사를 할 수밖에 없었다고 진술하고 있으나, 6) 2004. 1. 13. 오전에 예정된 진정인에 대한 당초 출석계획을 전날로 앞당겨 당일 오후에 변경통보함으로써 사실상의 밤샘조사가 예견된 상황이었음에도 밤샘조사 전에 진정인의 사전동의를 받지 않은 점, 밤샘조사 시작 전에는 긴급체포(04:10)되어 있지 않아 48시간 영장청구 시한에 크게 구애를 받지 않은 상황인 점, 진정인에 대한 밤샘조사 후 다음날 22:15경까지 검찰구치감에 대기하도록 하였지 낮시간에는 진정인에 대한 조사가 이루어지지 않은 점, 피진정인의 주장과 같은 다수의 관련자들이 연계된 사건으로 인한 사건의 복잡성 및 비교문제와 같은 사안이라고 해서 내부 수사방법론상의 문제를 피의자에게 전가시켜 밤샘조사를 합리화할 수는 없는 점, 피의자가 현직경찰관인 관계로 증거인멸 등의 우려되었다면 형사소송법 제91조 및 제209조에서 규정한 '접견제한조치' 등 수사방법론으로 풀어나갈 사안이지 밤샘조사로 해결될 사안은 아니라는 점 등 제반사항을 고려해 볼 때, 피진정인이 불가피하게 밤샘조사를 해야 할 특별한 긴급성이나 예외적인 합리성을 인정하기 어렵다. 7) 다음으로 피진정인들이 밤샘조사를 위한 적정절차를 거쳤는지에 대하여 검토해 보면, 피진정인들은 자체적으로 인권보호관인 차장검사의 구두허가를 받았다고는 하나 그 신빙성이 있다고 보기에는 어려우며, 설사 내부적으로 허가되었다고 하더라도 밤샘조사의 원칙적 금지를 천명하고 있는 '인권보호수사준칙' 제17조의 입법취지를 고려할 때, 내부적 허가 전에 피조사자의 동의가 전제되어야 할 것인바, 이 사건의 경우 밤샘조사 절차상의 핵심인 진정인의 동의가 없었고, 내부허가를 득하였다는 객관적인 증거를 찾아볼 수 없으므로 적정절차를 거쳤다고 볼 수 없다. 8) 설사, 불가피하게 밤샘조사를 했다면 익일 충분한 수면권과 휴식권을 보장했는지에 대한 부분도 검토해 보면, 피진정인들은 밤샘조사 후 2004. 1. 13. 08:30경 ○○구치소에 진정인을 인계하였으나, 추가조사를 이유로 같은 날 다시 12:45경 출정시켜 22:15경까지 검찰청 구치감에 대기하도록 한 후 다음날 01:10경까지 재차 심야조사를 받게 하였다. 따라서 익일에도 진정인은 첫 입감된 구치소 사동 및 검찰 구치감에서 사실상 수면과 휴식을 취할 수도 없는 실정이었다. 9) 따라서 피진정인들의 주장과 같은 당시 사건의 중요성, 수사담당자들의 애로 및 수사목적상 부득이한 점 등을 고려하더라도, 이 사건에서 특별한 긴급성이나 예외적인 합리성이 없이 밤샘조사 및 그에 따른 적절한 수면·휴식을 제공하지 않은 피진정인의 행위는 기본권의 최소침해원칙을 규정하고 있는 과잉금지원칙에 위반되어 헌법 제10조 행복추구권에서 보장하고 있는 진정인의 수면권과 휴식권을 침해한 것으로 판단된다.

2. 기망

(1) 보호감호 불청구 각서작성하여 기망

🔨 피고인 2가 범죄사실을 자백한 것으로 기재되어 있는 검사 작성의 피의자신문조서(3회)는 당시 신문에 참여한 검찰 주사 신영진이 모든 피의사실을 자백하면 원심판 시 범죄사실을 불문에 붙이고 공동피고인 1과 합동하여 소매치기하였다는 피의사실 부분은 가볍게 처리할 것이며 피고인에 대하여 보호감호의 청구를 하지 않겠다는 각서를 작성하여 주면서 피고인의 자백을 유도한 사실이 인정되므로 위 자백은 기망에 의하여 임의로 진술한 것이 아니라고 의심할 만한 이유가 있는 때에 해당하여 피의자신문조서의 기재를 증거로 할 수 없다.[4]

---

[4] 대법원 1985. 12. 10. 선고 85도2182,85감도313 판결

(2) 단순수뢰죄의 가벼운 형으로 처벌되게 하여 준다.

⚖ 검찰주사의 증언에 의하면, 피고인 1은 처음 검찰에서 범행을 부인하다가 뒤에 자백을 하는 과정에서 피고인 3으로부터 금 200만 원을 뇌물로 받은 것으로 하면 특정범죄가중처벌 등에 관한 법률 위반으로 중형을 받게 되니 금 200만 원 중 금 30만 원을 술값을 갚은 것으로 조서를 허위 작성하였다는 것으로서 이는 수사기관이 동 피고인에게 단순수뢰죄의 가벼운 형으로 처벌되게 하여 준다는 약속을 하고 자백을 유도한 것으로도 보여지고(그 뒤에 동 피고인은 다시 범행을 부인하였으나 부인하는 제2회 피의자신문조서는 작성하지 아니하였다는 것이다), 위와 같은 상황하에서 한 자백은 그 임의성에 의심이 가고 따라서 진실성이 없다는 취지에서 이를 배척하였다.[5]

3. 약속

일정한 증거가 발견되면 피의자가 자백하겠다고 한 약속이 검사의 강요나 위계에 의하여 이루어졌다던가 또는 불기소나 경한 죄의 소추 등 이익과 교환조건으로 된 것으로 인정되지 않는다면 위와 같은 자백의 약속하에 된 자백이라 하여 곧 임의성 없는 자백이라고 단정할 수는 없다.

⚖ 피고인이 허위자백을 하게 된 동기나 이유 및 자백의 경위에 관하여 보건대, 수사기록에 의하면 피고인은 1981. 9. 22.과 9. 26.에 경찰에서 조사를 받고 귀가한 후 그해 12.30과 1982. 1. 9.에는 검찰에서 조사를 받고 귀가하였는데 그해 1. 19. 다시 검찰에 출두하여 이때부터 본격적으로 검사의 범행 추궁을 받기 시작하면서 외부와 격리된 상황아래 1. 21.까지 계속 조사를 받다가 마침내 1. 21. 22:00경 이 사건 범행을 자백하기에 이른 사실이 인정되는바, 검사의 피고인에 대한 제4회 피의자신문조서 기재에 의하면, 피고인은 허위자백을 하게 된 동기 내지 이유로써 "제가 상은이 실종된 후의 행적에 대하여 계속 추궁을 당하고 조사하는 측에서

---

(5) 대법원 1984. 5. 9. 선고 83도2782 판결

제가 범인인 것으로 생각하는 것을 볼때 제가 더 이상 버틸 수도 없었고 자백을 하게 되면 우선 조사과정에서 밝혀질 것으로 생각하여 제가 범인인 것처럼 꾸며서 상은이를 죽였다고 자백한 것입니다", "저는 9. 18. 밤의 행적에 대하여 밤 9시경 집에서 잠을 잤다고 주장하였는데 제가 9. 18. 밤 9시 이후에 상은이를 만나는 것을 본 사람이 있는 경우에는 범행일체를 자백하기로 하였고, 두 번째 죽은 상은이나 나의 주변에서 상은이의 소지품이나 머리카락, 피 등이 나온다면 범행일체를 자백하기로 하였고, 세 번째 제가 거짓말 검사 시에 옷 7개를 걸어 놓고 본 사실이 있느냐는 검사를 받을 때 제가 가슴이 떨린다고 한 것이 상은이 옷을 보았을 때 한 사실이 있으면 그 옷을 알고 있고 9. 18. 밤 만났기 때문이 아니냐는 추궁을 받고서 그것이 사실이라면 범행일체를 자백하기로 약속을 하였는데 거짓말탐지기 검사 시의 광경을 담은 비디오테이프를 보았던 바 제가 주장한 것처럼 검사 시작 전에 가슴이 떨린다고 한 것이 아니고 3번째 옷을 마치고 4번째 옷에 대한 질문을 받기 직전 떨린다고 한 것을 확인하였고 또 4번째 옷이 상은이가 죽던 날 입고 있던 것이라 하여서 자백하게 된 것입니다. 사실은 비디오를 보기 전에 이미 검찰에서 저와 약속한 것이 모두 준비가 된 것으로 판단하고 자백할 것을 결심하였는데 비디오를 보러 산장 어느 집에 가서 보고난 후 검사님에게 단독으로 만나게 하여 달라고 하여 그 곳에서 조사받는 장소로 돌아와 자백하게 된 것입니다"라고 진술하고 있고, 1심법정(제2차 공판기일) 및 원심법정(제1차 공판기일)에서도 거짓말탐지 검사 시 3번째 옷으로부터 4번째 옷 검사로 넘어갈 때 떨린다고 한 것이 사실로 밝혀지거나 피고인의 몸 또는 주위에서 피해자의 소지품 기타 피해자와 관계된 자료 등이 발견되었을 때 또 피해자의 몸이나 주위에서 피고인의 소지품이나 흔적이 남아 있을 경우에는 범행을 자백하겠다는 약속을 하였는데, 비디오를 보니까 3번째와 4번째 사이에서 떨린다고 나오기에 이제는 도리가 없다고 생각하여 자백을 하게 되었고, 그때의 심정으로는 도와줄 사람도 없이 영영 범인이 되는구나 생각되었으며 구속까지 되었으니 어찌할 수 없구나 하는 생각이 들어 허위자백을 한 것이라는 취지로 진술하고 있으며, 기록(공판기록 121 내지 123정, 1934정 및 1959정)에 의하면, 수사관과 피고인 사이에 위 진술과 같은 내용의 자백의 약속을 하였던 사실이 인정된다.

| 판단 |　생각컨대, 기록에 의하더라도 위 자백의 약속이 검사의 강요나 위계에 의하여 이루어졌다던가 또는 불기소나 경한 죄의 소추 등 이익과 교환조건으로 된 것이라고 인정되지 아니하므로 위와 같은 자백의 약속하에 된 자백을 곧 임의성이 없

는 자백이라고 단정할 수는 없으며 또 위 인정과 같은 자백에 이르게 된 수사의 과정을 살펴보아도 자백의 임의성을 부인할만한 위법사유가 개재되었다고 단정하기는 어렵다.[6]

4. 불법한 신체구속 : 영장주의 위반

체포 · 구속에 관한 영장주의 원칙에 위배하여 수집된 증거는 유죄 인정의 증거로 삼을 수 없는 것이 원칙이다.

(1) 위장체포 · 구속(별건)

본래 수사하고자 하는 중대한 사건에 대한 요건이 충족되지 못한 경우, 다른 경미한 사건을 이유로 피의자를 체포구속하는 경우이다. 판례는 증명력만을 문제삼는 태도이다.

> 🔨 피고인은 1981. 6. 24.경 발생한 이 사건 살인용의자로서 1981. 7. 12. 20:00 경 충북 청원군 미원면 옥화리 공사장에서 이 사건 사고현장 부근인 전주시 효자동 소재 자령원에 설치된 전주경찰서 수사본부로 연행되어 다음날 13 피고인 작성의 진술서에서 이 사건 살인범행을 부인하였고 그 다음날 14. 경범죄처벌법 위반죄로 구류 5일의 선고를 받아 구류형집행 중 그 다음날 15. 사법경찰관작성의 피의자진술조서에서도 여전히 범행을 부인하다가 그 다음날 16. 피고인 작성의 자술서(이하 이 사건 진술서라고 쓴다)에서 비로소 범행을 자백하기 시작하여 바로 그날 사법경찰관 작성의 제1회 피의자신문조서와 그 다음날 17. 제2회 피의자신문조서에서도 범행을 자백하였으며 그달 21. 00:10경 구속영장에 의하여 구속되었다.[7]

---

(6) 대법원 1983. 9. 13. 선고 83도712 판결
(7) 대법원 1982. 9. 14. 선고 82도1479 전원합의체 판결, 그 밖에 대법원 1954. 4. 29. 선고 4287형상55 판결

(2) 위법한 긴급체포

요건을 갖추지 못한 긴급체포는 법적 근거에 의하지 아니한 영장 없는 체포로서 위법한 체포에 해당하며, 이러한 위법은 영장주의에 위배되는 중대한 것이니 그 체포에 의한 유치 중에 작성된 피의자신문조서는 위법하게 수집된 증거로서 특별한 사정이 없는 한 이를 유죄의 증거로 할 수 없다.[8]

(3) 사실상 임의동행에 의한 불법한 신체구속

체포·구속에 관한 영장주의 원칙에 위배하여 수집된 증거로서 수사기관이 피고인이 아닌 자를 상대로 적법한 절차에 따르지 아니하고 수집한 증거로 형사소송법 제308조의2에 의하여 그 증거능력이 부정되므로 피고인들에 대한 유죄 인정의 증거로 삼을 수 없다.[9]

---

(8) 대법원 2002. 6. 11. 선고 2000도5701 판결 등 참조
(9) 대법원 2011. 6. 30. 선고 2009도6717 판결

CHAPTER 2

변호인의 조력을 받을 권리와 진술거부권의 침해

정당한 사유 없이 변호인 참여가 배제된 채 신문하거나, 미리 진술거부권을 고지하지 않은 때에는 그 피의자의 진술은 증거능력이 부인된다.[10]

1. 변호인의 조력을 받을 권리의 침해

아래 헌법재판소 1992. 1. 28. 선고 91헌마111 전원재판부 판결에서 변호인의 조력을 받을 권리의 필요성과 내용을 절실히 설명하고 있다.

(1) 구속피의자의 변호인의 조력을 받을 권리

구속된 피의자나 피고인은 그것만으로도 불안, 공포, 절망, 고민, 정신혼란 등 불안정한 상태에 빠지게 되고 수입상실, 수입감소, 사회활동의 억제, 명예의 추락 등 많은 불이익을 입게 된다. 특히 구속 피의자의 경우는 자칫 자백을 얻어 내기 위

---

(10) 대법원 2009. 8. 20. 선고 2008도8213 판결 등 참조. 피의자신문조서를 작성하는 경우, 실무상 진술거부권을 누락하는 경우는 거의 없다. 그러나 사무실이 아닌 체포현장 내지 단속현장에서 피의자의 범죄 혐의 관련 수사하는 경우와 형식상 참고인 진술조서작성의 경우애에도 진술거부권을 고지해야 하는 경우가 있는데 이는 문제된다.

한 고문·폭행 등이 자행되기 쉽고, 진술거부권도 보장되기 어렵게 되며, 구속이 그 목적을 일탈하여 수사편의나 재판편의로 이용될 때 공소제기가 잘못되거나 재판이 잘못되어 원죄冤罪사건이 생기기 쉽다.

1) 변호인과의 접견교통권의 불가제한성

변호인은 접견을 통하여 구속된 피의자, 피고인의 상태를 파악하여 적절한 대응책을 강구하고, 피의사실의 의미를 설명해 주고 그에 관한 의견을 듣고 대책을 의논하며, 피의자나 피고인 진술의 방법, 정도, 시기, 내용 등에 대하여 변호인으로서의 의견을 말하고 지도도 하고, 진술거부권이나 서명날인거부권의 중요성과 유효적절한 행사방법을 가르치고 그것들의 유효적절한 행사에 의하여 억울한 죄를 면할 수 있다는 것을 인식시켜야 한다.

수사기관에 의한 자백강요, 사술詐術, 유도誘導, 고문 등이 있을 수 있다는 것을 알려 이에 대한 대응방법을 가르쳐 허위자백을 하지 않도록 권고하고, 피의자로부터 수사관의 부당한 조사(유도, 협박, 이익공여, 폭력 등) 유무를 수시로 확인해야 하며, 피의자나 피고인의 불안, 절망, 고민, 허세 등을 발견하면 그 감정의 동요에 따라 격려하여 용기를 주거나 위문, 충고하여야 할 것이다.

신체구속을 당한 사람의 변호인과의 접견교통권은 그 인권보장과 방어준비를 위하여 필수불가결한 권리이므로 법령에 의한 제한이 없는 한 어떠한 명분으로도 제한될 수 있는 성질의 것이 아님은 물론, 수사기관의 처분이나 법원의 결정으로도 이를 제한할 수 없는 것이다.[11]

2) 변호인과의 접견교통권의 침해와 증거배척

변호인과의 접견교통권은 헌법상 보장된 변호인의 조력을 받을 권리의 중핵을 이루는 것으로서 변호인과의 접견교통이 위법하게 제한된 상태에서는 실질적인 변호인의 조력을 기대할 수 없으므로 위와 같은 변호인의 접견교통권제한은 헌법이 보장한 기본권을 침해하는 것으로서 그러한 위법한 상태에서 얻어진 피의자의 자백은 그 증거능력을 부인하여 유죄의 증거에서 배제하여야 하며, 이러한 위법증거의 배제는 실질적이고 완전하게 증거에서 제외되는 것이다.[12]

---

(11) 대법원 1991. 3. 28. 자 91모24 결정 등
(12) 대법원 1990. 9. 25. 선고 90도1586 판결

3) 구속피의자의 피의자신문 시 변호인참여권

구금된 피의자는 형사소송법의 위 규정을 유추 · 적용하여 피의자신문을 받음에 있어 변호인의 참여를 요구할 수 있고 그러한 경우 수사기관은 이를 거절할 수 없는 것으로 해석하여야 한다. 다만, 신문을 방해하거나 수사기밀을 누설하는 등의 염려가 있다고 의심할 만한 상당한 이유가 있는 특별한 사정이 있음이 객관적으로 명백하여 변호인의 참여를 제한하여야 할 필요가 있다고 인정되는 경우에는 변호인의 참여를 제한할 수 있음은 당연하다고 할 것이다.[13]

(2) 불구속피의자의 변호인의 조력을 받을 권리

불구속 피의자가 피의자신문 시 변호인을 대동하여 신문과정에서 조언과 상담을 구하는 것은 신문과정에서 필요할 때마다 퇴거하여 변호인으로부터 조언과 상담을 구하는 번거로움을 피하기 위한 것으로서 불구속 피의자가 피의자신문장소를 이탈하여 변호인의 조언과 상담을 구하는 것과 본질적으로 아무런 차이가 없다. 따라서 불구속 피의자가 피의자신문시 변호인의 조언과 상담을 원한다면, 위법한 조력의 우려가 있어 이를 제한하는 다른 규정이 있고 그가 이에 해당한다고 하지 않는 한 수사기관은 피의자의 위 요구를 거절할 수 없다.[14]

(3) 관련규정

1) 형사소송법 제243조의2(변호인의 참여 등)

검사 또는 사법경찰관은 피의자 또는 그 변호인 · 법정대리인 · 배우자 · 직계친족 · 형제자매의 신청에 따라 변호인을 피의자와 접견하게 하거나 정당한 사유가 없는 한 피의자에 대한 신문에 참여하게 하여야 한다.

여기서 '정당한 사유'란 변호인이 피의자신문을 방해하거나 수사기밀을 누설할

---

(13) 대법원 2003. 11. 11.자 2003모402 결정, 이른바 송두율 교수 사건

(14) 헌법재판소 2004. 9. 23. 선고 2000헌마138 전원재판부, 피청구인은 청구인들이 조언과 상담을 구하기 위하여 한 피의자신문 시 변호인 참여 요구를 거부하면서 그 사유를 밝히지도 않았고, 그에 관한 자료도 제출하지도 않았다. 따라서 아무런 이유 없이 피의자신문 시 청구인들의 변호인과의 조언과 상담요구를 제한한 이 사건 행위는 평등권 침해 여부에 관하여 나아가 판단할 필요 없이 청구인들의 변호인의 조력을 받을 권리를 침해

염려가 있음이 객관적으로 명백한 경우 등을 말한다.[15]

A. 장소적 제약

① 수사기관이 피의자신문을 하면서 위와 같은 정당한 사유가 없음에도 불구하고, 변호인에 대하여 피의자로부터 떨어진 곳으로 옮겨 앉으라고 지시를 한다음 이러한 지시에 따르지 않았음을 이유로 변호인의 피의자신문 참여권을 제한하는 것은 허용될 수 없다. 기록에 의하면, 인천지방검찰청 소속 사법경찰관인 재항고인은 변호인 참여 아래 피의자 신문을 하면서 피의자 옆에 나란히 앉아 있는 변호인에게 피의자로부터 떨어진 곳으로 옮겨 앉을 것을 요구한 사실, 변호인이 피의자 옆에 계속 앉아 있겠다면서 위 요구에 불응하자 변호인에게 퇴실을 명한 사실, 당시 변호인이 피의자신문을 방해하거나 수사기밀을 누설할 염려가 있었다는 등의 특별한 사정은 발견할 수 없는 사실을 알 수 있다. 앞서 본 법리에 비추어 보면, 재항고인이 위와 같이 변호인에게 퇴실을 명한 행위는 변호인의 피의자신문 참여권을 침해한 처분에 해당한다.[16]

② 피의자신문에 참여한 변호인이 피의자 옆에 앉는다고 하여 피의자 뒤에 앉는 경우보다 수사를 방해할 가능성이 높아진다거나 수사기밀을 유출할 가능성이 높아진다고 볼 수 없으므로, 이 사건 후방착석요구행위의 목적의 정당성과 수단의 적절성을 인정할 수 없다. 이 사건 후방착석요구행위로 인하여 위축된 피의자가 변호인에게 적극적으로 조언과 상담을 요청할 것을 기대하기 어렵고, 변호인이 피의자의 뒤에 앉게 되면 피의자의 상태를 즉각적으로 파악하거나 수사기관이 피의자에게 제시한 서류 등의 내용을 정확하게 파악하기 어려우므로, 이 사건 후방착석요구행위는 변호인인 청구인의 피의자신문참여권을 과도하게 제한한다. 그런데 이 사건에서 변호인의 수사방해나 수사기밀의 유출에 대한 우려가 없고, 조사실의 장소적 제약 등과 같이 이 사건 후방착석요구행위를 정당화할 그 외의 특별한 사정도 없으므로, 이 사건 후방착석요구행위는 침해의 최소성 요건을 충족하지 못한다. 이 사건 후방착석요구행위로 얻어질 공익보다는 변호인의 피의자신문참여권 제한에 따른 불이익의 정도가 크므로, 법익의 균형성 요건도 충족하지 못한다.[17]

---

(15) 대법원 2008. 9. 12.자 2008모793 결정
(16) 대법원 2008. 9. 12.자 2008모793 결정
(17) 헌법재판소 2017. 11. 30. 선고 2016헌마503 결정

B. 진술거부권 행사 권유   변호사인 변호인에게는 변호사법이 정하는 바에 따라서 이른바 진실의무가 인정되는 것이지만, 변호인이 신체구속을 당한 사람에게 법률적 조언을 하는 것은 그 권리이자 의무이므로 변호인이 적극적으로 피고인 또는 피의자로 하여금 허위진술을 하도록 하는 것이 아니라 단순히 헌법상 권리인 진술거부권이 있음을 알려 주고 그 행사를 권고하는 것을 가리켜 변호사로서의 진실의무에 위배되는 것이라고는 할 수 없다.[18]

2) (경찰청) 변호인 접견 · 참여 등 규칙

위의 대법원과 헌법재판소의 입장을 받아들여, 2018. 8. 13. 경찰청훈령 제882호, 2018. 8. 13.자로 변호인 접견 · 참견 등 규칙이 시행 중에 있다. 그 주요 내용을 인용한다.

제8조(신문 전 변호인의 참여 및 그 제한) ① 경찰관은 피의자 또는 그 변호인 · 법정대리인 · 배우자 · 배우자 · 직계친족 · 형제자매의 신청이 있는 경우에는 변호인의 참여로 인하여 신문방해. 수사기밀 누설 등 수사에 현저한 지장을 줄 우려가 있다고 인정되는 사유가 없으면 변호인을 피의자 신문에 참여하게 하여야 한다.

② 제1항에도 불구하고 다음 각 호의 어느 하나에 해당하는 경우 변호인의 참여 없이 피의자를 신문할 수 있다.

1. 변호인이 상당한 시간 내에 출석하지 아니하거나 출석할 수 없는 경우

2. 피의자가 변호인의 참여를 명시적으로 원하지 않는 경우

③ 제1항의 변호인 참여 신청을 받은 때에는 경찰관은 제3조 제2항 제1호 및 제3항에 따라 변호사 신분을 확인하고 신청인으로 하여금 변호인 참여 전에 다음 각 호의 서면을 제출하도록 하여야 한다.

1. 변호인 선임서

2. 별지 제2호 서식의 변호인 참여 신청서

④ 피의자에 대한 신문에 참여하고자 하는 변호인이 2인 이상일 때에는 피의자가 신문에 참여할 변호인 1인을 지정한다. 지정이 없는 경우에는 경찰관이 이를 지정할 수 있다.

⑤ 경찰관은 변호인의 참여 및 그 제한에 관한 사항을 피의자신문조서에 기재하여야 한다.

제9조(신문 일정 협의) (생략)

제10조(변호인의 조사 편의) 경찰관은 변호인이 피의자에게 실질적인 조력을 할 수 있

---

(18) 대법원 2007. 1. 31.자 2006모657 결정

도록 조사실 선정, 좌석 배치 등을 하여야 한다.

제11조(변호인의 메모) 경찰관은 신문 중 수사기밀 누설이나 신문 방해 등 우려가 없는 한 변호인의 메모를 보장하여야 한다.

제12조(변호인의 조언과 상담) 경찰관은 신문 중 특정한 답변 또는 진술 번복을 유도하거나 신문을 방해하는 등 우려가 없는 한 피의자에 대한 변호인의 조언·상담을 보장하여야 한다.

제13조(변호인의 의견진술) ① 피의자에 대한 신문에 참여한 변호인은 신문 후 조서를 열람하고 의견을 진술할 수 있다. 이 경우 변호인은 별도의 서면으로 의견을 제출할 수 있다.

② 피의자에 대한 신문에 참여한 변호인은 신문 중이라도 의견 진술을 요청할 수 있고 경찰관은 수사에 현저한 지장이 없는 한 이를 승인할 수 있다. 다만, 부당한 신문방법에 대하여는 경찰관의 승인 없이 이의를 제기할 수 있다.

③ 제2항에 따른 의견진술 또는 이의제기가 있는 경우 경찰관은 그 내용을 조서에 기재하여야 한다.

④ 경찰관은 제1항 또는 제3항에 따라 변호인의 의견이 기재된 조서를 변호인에게 열람하게 한 후 변호인으로 하여금 그 조서에 기명날인 또는 서명하게 하여야 한다.

제14조(휴식시간) (생략)

제15조(신문 중 변호인 참여의 제한) ① 경찰관은 변호인의 참여로 인하여 다음 각 호의 어느 하나에 해당하는 사유가 발생하여 신문 방해, 수사기밀누설 등 수사에 현저한 지장이 있을 때에는 피의자신문 중이라도 변호인의 참여를 제한할 수 있다.

1. 경찰관 승인 없이 부당하게 신문에 개입하거나 모욕적인 말과 행동을 하는 경우

2. 피의자를 대신하여 답변하거나 특정한 답변 또는 진술 번복을 유도하는 경우

3. 「형사소송법」 제243조의2 제3항 단서에 반하여 부당하게 이의를 제기하는 경우

4. 피의자신문 내용을 촬영·녹음·기록하는 경우. 다만, 제11조에 따른 변호인의 메모는 제외한다.

② 제1항에 따라 변호인 참여를 제한하는 경우 경찰관은 그 내용을 조서에 기재하고 피의자 또는 변호인에게 그 사유를 설명하면서 의견을 진술할 기회를 주어야 한다.

③ 제1항에 따라 변호인의 참여를 제한한 경우 그 사유가 해소된 때에는 변호인을 신문에 참여하게 하여야 한다.

제16조(피혐의자, 피해자, 참고인에 대한 준용)

제17조(접견 및 참여로 인한 이익·불이익 금지) (생략)

2. 진술거부권 침해

수사기관이 피의자를 신문하면서 피의자에게 미리 진술거부권을 고지하지 않은 때에는 그 피의자의 진술은 위법하게 수집된 증거로서 진술의 임의성이 인정되는 경우라도 증거능력이 부인된다.[19]

(1) 피의자신문조서 작성

사법경찰관이 피의자에게 진술거부권을 행사할 수 있음을 알려 주고 그 행사 여부를 질문하였다 하더라도, 형사소송법 제244조의3 제2항에 규정한 방식에 위반하여 진술거부권 행사 여부에 대한 피의자의 답변이 자필로 기재되어 있지 아니하거나 그 답변 부분에 피의자의 기명날인 또는 서명이 되어 있지 아니한 사법경찰관 작성의 피의자신문조서는 특별한 사정이 없는 한 형사소송법 제312조 제3항에서 정한 '적법한 절차와 방식'에 따라 작성된 조서라 할 수 없으므로 그 증거능력을 인정할 수 없다.

1) 답변란에 흐릿하게 무인이 찍혀진 경우

🔨 공소외 2에 대한 사법경찰관 작성의 피의자신문조서에는 "피의자는 진술거부권과 변호인의 조력을 받을 권리들이 있음을 고지받았나요?"라는 질문에 "예, 고지를 받았습니다"라는 답변이, "피의자는 진술거부권을 행사할 것인가요?"라는 질문에 "행사하지 않겠습니다"라는 답변이 기재되어 있기는 하나 그 답변은 공소외 2의 자필로 기재된 것이 아니고, 각 답변란에 무인이 되어 있기는 하나 조서 말미와 간인으로 되어 있는 공소외 2의 무인과 달리 흐릿하게 찍혀 있는 사실을 알 수 있다.[20]

위 법리에 비추어 보면 공소외 2에 대한 사법경찰관 작성의 피의자신문조서는 형사소송법 제312조 제3항에서 정하는 '적법한 절차와 방식'에 따라 작성된 조서로

---

(19) 대법원 2009. 8. 20. 선고 2008도8213 판결 등 참조. 피의자신문조서를 작성하는 경우, 실무상 진술거부권을 누락하는 경우는 거의 없다. 그러나 사무실이 아닌 체포현장 내지 단속현장에서 피의자의 범죄 혐의 관련 수사하는 경우와 형식상 참고인 진술조서작성의 경우애에도 진술거부권을 고지해야 하는 경우가 있는데 이는 문제된다.

(20) 대법원 2014. 4. 10. 선고 2014도1779 판결

볼 수 없으므로 이를 증거로 쓸 수 없다.

2) 기명날인 또는 서명이 되지 않은 경우

🖋 기록에 의하면 제1조서에는 "피의자는 진술거부권을 행사할 것인가요?"라는 질문에 "아니요, 진술할 것입니다"라는 답변이 기재되어 있기는 하나 그 답변은 위 피고인들의 자필로 기재된 것이 아니고 답변란에 피고인들의 기명날인 또는 서명이 되어 있지 아니한 사실을 알 수 있다. 위에서 본 형사소송법 규정과 법리에 비추어 보면 제1조서는 형사소송법 제312조 제3항에서 정하는 '적법한 절차와 방식'에 따라 작성된 조서로 볼 수 없으므로 이를 증거로 쓸 수 없다.[21]

(2) 단속 내지 체포현장에서

한편 단속현장이나 체포 현장에서 사건관계자들에게 자술서를 받거나 참고인 조사를 하는 경우가 많다. 위에서 본 바와 같이 형사소송법 제200조의5에서는 진술거부권의 고지는 포함하고 있지 않고 있다. 그럼에도 범죄의 혐의가 있다고 판단하여 수사를 개시하였다면 피조사자는 피의자의 신분이 되는 것이므로, 수사기관이 피조사자에 대하여 그가 관련된 범죄에 관한 신문을 한다면 피조사자를 신문함에 앞서 미리 진술거부권을 고지하여야 한다.[22]

최근 경찰청 지침도 체포 시부터 적극적으로 진술거부권을 고지할 것을 요구하여 같은 태도이다.[23]

---

(21) 대법원 2013. 3. 28. 선고 판결 참조

(22) 대법원 2011. 6. 30. 2009도6717의 2심 판시사항 인용, 군사법원법 제250조에는, 형사소송법과 달리, 군사법 경찰관리가 현행범인을 체포할 경우 진술거부권을 고지할 것을 규정하고 있다.

(23) 체포거부 시 진술거부권 국가 고지를 통한 방어권 보장 계획

왕재수는 국가보안법 위반으로 구속되어 국가정보원에서 조사를 받고 있었고, 그 무렵 변호인을 선임하였다. 국가정보원은 왕재수를 검거하여 조사를 시작한 이래 그 동안 변호인단의 피의자에 대한 접견이나 피의자신문 참여 등을 빠짐없이 허용하였다. 이로 인해 변호인단의 잦은 장기간의 접견과 피의자의 진술거부로 수사에 어려움을 겪고 있었다.

담당 수사관 정보원은 피의자가 중국에서 귀국한 직후 카지노에서 환전하여 사용한 금원이 공작자금에서 유래한 것이라는 점에 혐의를 두고 그 후 시작된 피의자신문에서 피의자에게 중국 방문 경위와 입국 직후 카지노 이용사실에 관하여 질문을 하였고, 피의자가 이를 일부 인정하면서 이에 대하여 변명하는 취지의 진술을 하기 시작하였다.

변호인 장□□는 수사관에게 "카지노에 출입한 것과 혐의사실과는 아무런 관련이 없다"는 취지로 항의를 하였고, 항의에도 수사관이 카지노 이용사실에 관한 질문을 계속하자 피의자에게 "향후 수사관의 신문에 대하여 진술거부권을 행사하는 것이 좋겠다"는 취지로 진술거부권의 행사를 권유하였다.

이에 수사관은 장□□와 사이에 수사방해에 해당하는지 여부에 관하여 언쟁을 벌이다가 장□□의 행동을 수사방해로 보아 동인에 대하여 즉시 퇴거를 명하고, 이에 불응하는 동인을 조사실에서 강제로 퇴실시켰다. 이에 대하여 변호인 장□□는 퇴거처분에 대하여 국가정보원장을 상대로 서울중앙지방법원에 준항고를 제기하였다.

질문: 변호인의 참여를 배제한 행위는 적법한가?

대법원 2007. 11. 30.자 2007모26 결정의 사실관계이다. 변호인의 피의자신문 참여권의 범위 등에 관하여, 신문방법이 위법하지 않더라도 진술거부권 행사를 조언한 것으로는 변호인의 참여를 제한할 사유가 되지 않는다고 보았다.

- 대법원 신체구속을 당한 피의자의 변호인이 가지는 피의자신문에 참여할 수 있는 권리도 신문을 방해하거나 수사기밀을 누설하는 등의 염려가 있다고 의심할 만한 상당한 이유가 있는 특별한 사정이 있음이 객관적으로 명백하여 변호인의 참여를 제한하여야 할 필요가 있다고 인정되는 경우에는 제한할 수 있는 것이기는 하나, 피의자신문에 참여한 변호인의 피의자가 조력을 먼저 요청하지 않는 경우에도 그 의사에 반하지 않는 한 스스로의 판단에 따라 능동적으로 수사기관의 신문방법이나 내용에 대하여 적절한 방법으로 상당한 범위 내에서 이의를 제기하거나 피의자에게 진술거부권 행사를 조언할 수 있는 것이 원칙이라 할 것이니, 변호인의 이러한 행위를 두고 신문을 방해하는 행위라고 평가할 수는 없다할 것이고, 이는 수사기관의 신문이 위법 또는 부당하지 않은 경우에도 마찬가지라 할 것이다.

- 국가정보원장이 내세우는 검찰청의 변호인의 피의자신문참여 운영지침은 행정규칙에 불과하여 국민의 권리의무를 규율하는 효력이 없고, 국가정보원 소속 수사관들의 피의자신문에도 적용된다고 볼 아무런 근거도 없다.

- 원심이 같은 취지에서, 비록 이 사건 국가정보원 소속수사관들의 피의자에 대한 신문행위가 위법·부당하지 않다고 하더라도 피의자신문에 참여한 변호인인 준항고인 장□□가 피의자의 의사에 반하지 않는 범위 내에서 스스로의 판단에 따라 수사관의 신문에 대하여 1회 이의를 제기한 뒤 받아들여지지 않자 바로 피의자에게 그 신문에 대한 진술거부권 행사를 조언한 행위가 변호인의 참여를 제한하여야 할 필요가 있다고 인정되는 경우에 해당하지 않는다고 판단한 것은 정당하다.

CHAPTER 3

위법한 대물적 강제처분의 증거배척

　　수사기관의 위법한 압수수색을 억제하고 재발을 방지하는 가장 효과적이고 확실한 대응책은 이를 통하여 수집한 증거는 물론 이를 기초로 하여 획득한 2차적 증거를 유죄 인정의 증거로 삼을 수 없도록 하는 것이다.

　　자백배제법칙이나, 변호인조력권 내지 진술거부권을 침해하여 수집한 경우와 달리, 위법한 대물적 강제처분에 의해 얻어진 증거의 증거능력 판단은 재량적으로 이뤄지는 것이 특징이다.

　　대법원은 수사기관의 증거 수집 과정에서 이루어진 절차 위반행위와 관련된 모든 사정, 즉 절차 조항의 취지와 그 위반의 내용 및 정도, 구체적인 위반 경위와 회피가능성, 절차 조항이 보호하고자 하는 권리 또는 법익의 성질과 침해 정도 및 피고인과의 관련성, 절차 위반행위와 증거수집 사이의 인과 관계 등 관련성의 정도, 수사기관의 인식과 의도 등을 전체적·종합적으로 살펴 볼 때, 수사기관의 절차 위반행위가 적법절차의 실질적인 내용을 침해하는 경우에 해당하지 아니하고, 오히려 그 증거의 증거능력을 배제하는 것이 형사 사법 정의를 실현하려 한 취지에 반하는 결과를 초래하는 것으로 평가되는 예외적인 경우라면, 법원은 그 증거를 유죄 인정의 증거로 사용할 수 있다고 보았다.[24]

　　다만, 상세한 유형은 다음 『물적증거의 확보』 부분에서 별도로 서술한다.

---

(24) 대법원 2007. 11. 15. 선고 2007도3061 전원합의체 판결

CHAPTER 4

파생증거의 증거능력 등

1. 위법수집증거의 파생증거의 배제기준

한편 법원이 2차적 증거의 증거능력 인정 여부를 최종적으로 판단할 때에는 먼저 절차에 따르지 아니한 1차적 증거 수집과 관련된 모든 사정들, 즉 절차 조항의 취지와 그 위반의 내용 및 정도, 구체적인 위반 경위와 회피가능성, 절차 조항이 보호하고자 하는 권리 또는 법익의 성질과 침해 정도 및 피고인과의 관련성, 절차 위반행위와 증거수집 사이의 인과 관계 등 관련성의 정도, 수사기관의 인식과 의도 등을 살펴야 한다.

그리고 1차적 증거를 기초로 하여 다시 2차적 증거를 수집하는 과정에서 추가로 발생한 모든 사정들까지 구체적인 사안에 따라 주로 인과 관계 희석 또는 단절 여부를 중심으로 전체적 · 종합적으로 고려한다.[25]

(1) 진술거부권 불고지와 2차 증거

진술거부권을 고지하지 않은 것이 단지 수사기관의 실수일 뿐 피의자의 자백을 이끌어내기 위한 의도적이고 기술적인 증거확보의 방법으로 이용되지 않았고, 그 이후 이루어진 신문에서는 진술거부권을 고지하여 잘못이 시정되는 등 수사 절

---

(25) 대법원 2007. 11. 15. 선고 2007도3061 전원합의체 판결

차가 적법하게 진행되었다는 사정, 최초 자백 이후 구금되었던 피고인이 석방되었다거나 변호인으로부터 충분한 조력을 받은 가운데 상당한 시간이 경과하였음에도 다시 자발적으로 계속하여 동일한 내용의 자백을 하였다는 사정, 최초 자백 외에도 다른 독립된 제3자의 행위나 자료 등도 물적 증거나 증인의 증언 등 2차적 증기 수집의 기초가 되었다는 사정, 증인이 그의 독립적인 판단에 의해 형사소송법이 정한 절차에 따라 소환을 받고 임의로 출석하여 증언하였다는 사정 등은 통상 2차적 증거의 증거능력을 인정할만한 정황에 속한다.[26]

| 사실관계 | 피고인은 2008. 3. 12. 03:00경 원심 판시와 같이 은평경찰서 연신내지구대 소속 경장 공소외 1 등에 의하여 공소외 2에 대한 강도 현행범으로 체포된 사실, 은평경찰서 형사과 소속 경장 공소외 3은 같은 날 05:00경 위 경찰서에서 피고인을 인계받아 진술거부권을 고지하지 아니한 채 같은 날 06:00경까지 조사를 하면서 위 강도 범행에 대한 자백을 받은 사실, 공소외 3은 피고인의 또 다른 범행을 의심하여 같은 날 06:00경 피고인의 주거지로 향하는 차 안에서 진술거부권을 고지하지 아니한 채 피고인에게 "이 사건 전의 범행이 있으면 경찰관이 찾기 전에 먼저 이야기하라, 그렇게 해야 너에게 도움이 된다"는 취지로 이야기하여 피고인으로부터 같은 해 2월 초, 중순경 새벽에 응암시장 부근에서 어떤 아주머니 가방을 날치기한 적이 있고, 그 가방을 피고인의 집에 보관하고 있다는 진술을 듣게 된 사실, 공소외 3은 같은 날 09:00경 피고인의 집에서 가방 등을 발견하여 임의 제출받아 압수하였고, 그 직후인 10:20경 피고인에 대하여 최초로 진술거부권을 고지한 후 피고인으로부터 가방을 빼앗았다는 자백을 받은 사실, 그 후 이루어진 경찰 및 검찰의 피고인에 대한 신문 전에 모두 진술거부권 고지가 이루어졌고, 피고인은 일관하여 임의로 자백한 사실, 한편 압수된 가방 내용물을 기초로 그 피해자가 공소외 4인 점이 확인된 후 공소외 4를 상대로 피해 사실에 관한 진술을 받는 등 공소외 4에 대한 조사가 이루어진 사실, 그 후 2008. 4. 23. 열린 제1심 제1회 공판기일에서 피고인은 변호인과 함께 출석하여 인정신문에 앞서 진술을 하지 아니하거나 각개의 물음에 대하여 진술을 거부할 수 있고 이익되는 사실을 진술할 수 있음을 고지받은 후, 검사가 공소장에 의하여 공소사실, 죄명, 적용법조를 낭독하자 "공소사실을 인정하나 피해자들에게 강압적이고 의도적으로 심하게 하면서 가

---

(26) 대법원 2009. 3. 12. 선고 2008도11437 판결

방을 빼앗은 것은 아니다"라고 진술하였고, 변호인 역시 피고인은 이 사건 공소사실 중 피해자 공소외 4에 대한 강도 부분에 대하여 자백하고 있으나 제출된 증거들이 위법한 절차에 의해서 수집된 것들이기 때문에 비록 피고인이 자백하고는 있지만 위 증거들의 증거능력에 대하여 다툼이 있다고 진술한 사실, 그 후에도 피고인은 원심에 이르기까지 계속 공소외 4에 대한 범행을 시인하고 있는 사실, 원심에서 검찰은 공소외 4를 증인으로 신청하였고, 2008. 10. 16. 열린 원심 제3회 공판기일에 출석한 공소외 4(2008. 9. 19. 증인소환장을 본인이 송달받았으나 2008. 9. 25. 원심 제2회 공판기일에 출석하지 않았고, 2008. 9. 30. 증인소환장을 재차 본인이 송달받은 후 원심 제3회 공판기일에 출석하였다)는 이 부분 공소사실에 부합하는 증언을 한 사실을 인정할 수 있다.

| 판단 | 비록 피고인의 제1심 법정에서의 자백은 진술거부권을 고지받지 않은 상태에서 이루어진 피고인의 최초 자백과 같은 내용이기는 하나, 피고인의 제1심 법정에서의 자백에 이르게 되기까지의 앞서 본 바와 같은 모든 사정들, 특히 최초 자백이 이루어진 이후 몇 시간 뒤 바로 수사기관의 진술거부권 고지가 이루어졌을 뿐 아니라 그 후 신문 시마다 진술거부권 고지가 모두 적법하게 이루어졌고, 제1심 법정 자백은 최초 자백 이후 약 40여 일이 지난 후 공개된 법정에서 변호인의 충분한 조력을 받으면서 진술거부권을 고지받는 등 적법한 절차를 통해 임의로 이루어진 사정 등을 전체적 · 종합적으로 고려해 볼 때, 이를 유죄 인정의 증거로 사용할 수 있는 경우에 해당한다고 할 것이다.

나아가 공소외 4의 원심 법정에서의 진술 또한 그 진술에 이르게 되기까지의 앞서 본 바와 같은 모든 사정들, 특히 공소외 4가 피해자로서 범행일로부터 무려 7개월 이상 지난 시점에서 법원의 적법한 소환에 따라 자발적으로 공개된 법정에 출석하여 위증의 벌을 경고받고 선서한 후 자신이 직접 경험한 사실을 임의로 진술한 사정 등을 고려해 볼 때, 이 역시 유죄 인정의 증거로 사용할 수 있는 경우에 해당한다고 할 것이다.

(2) 불법체포와 2차 증거 (혈액)

사례 [13]에서 상술하였다.

(3) 불법체포와 2차 증거(소변): 2012도13611 판결

✍ **| 사실관계 |** 피고인의 지인인 공소외인은 2012. 5. 5. 01:00경 피고인이 투숙하고 있던 부산 북구 구포1동에 있는 '○○○모텔' 업주를 통하여, 전날 피고인이 정신분열증 비슷하게 안절부절 못하는 등 정신이 이상한 것 같은 행동을 목격하여 피고인이 마약을 투약하였거나 자살할 우려가 있다는 취지로 경찰에 신고한 사실, 이에 부산 북부경찰서 소속 경찰관들이 피고인이 있던 위 모텔 방에 들어갔는데, 당시 피고인은 마약 투약 혐의를 부인하는 한편 모텔 방 안에서 운동화를 신고 안절부절 못하면서 경찰관 앞에서 바지와 팬티를 모두 내리는 등의 행동을 한 사실, 경찰관들은 피고인에게 마약 투약이 의심되므로 경찰서에 가서 채뇨를 통하여 투약 여부를 확인하자고 하면서 동행을 요구하였고, 이에 대하여 피고인이 "영장 없으면 가지 않겠다"는 취지의 의사를 표시한 적이 있음에도 피고인을 부산 북부경찰서로 데려간 사실, 피고인은 같은 날 03:25경 위 경찰서에서 채뇨를 위한 '소변채취동의서'에 서명하고 그 소변을 제출(이하 이와 같은 절차를 '제1차 채뇨절차'라고 한다)하였는데, 소변에 대한 간이시약검사 결과 메스암페타민에 대한 양성반응이 검출되어 이를 시인하는 취지의 '소변검사시인서'에도 서명한 사실, 경찰관들은 같은 날 07:50경 피고인을 마약류 관리에 관한 법률 위반(향정) 혐의로 긴급체포하였고, 23:00경 피고인에 대한 구속영장과 피고인의 소변 및 모발 등에 대한 압수·수색·검증영장(이하 '압수영장'이라고만 한다)을 청구하여 2012. 5. 6.경 부산지방법원으로부터 위 각 영장이 발부된 사실, 경찰관들은 2012. 5. 7. 피고인에게 압수영장을 제시하고 피고인으로부터 소변과 모발을 채취(이하 이와 같은 절차를 '제2차 채뇨절차'라고 한다)한 사실, 이를 송부받은 국립과학수사연구소는 피고인의 소변과 모발에서 메스암페타민에 대한 양성반응이 검출되었다는 내용이 담긴 이 사건 소변 감정서 및 모발 감정서(이하 이를 통틀어 '이 사건 각 감정서'라고 한다)를 제출한 사실 등을 알 수 있다.

| 판단 | 우선 기록에 의하면, 연행 당시 피고인이 정신분열증 비슷한 행동을 하는 것으로 보아 마약을 투약한 것이거나 자살할지도 모른다는 취지의 구체적 제보가 있었던 데다가, 피고인이 모텔 방 안에서 운동화를 신고 안절부절 못하면서 술 냄새가 나지 아니함에도 불구하고 경찰관 앞에서 바지와 팬티를 내리는 등 비상식적인 행동을 하였고, 경찰서로 연행된 이후에도 피고인은 계속하여 자신의 바지와 팬티를 내린다거나, 휴지에 물을 적셔 이를 화장실 벽면에 계속하여 붙이는 등의 비

정상적 행동을 거듭하였던 사실을 알 수 있다. 그렇다면 경찰관들이 적법하지 아니한 임의동행 절차에 의하여 피고인을 연행하는 위법을 범하기는 하였으나, 당시 상황에 비추어 피고인에 대한 긴급한 구호의 필요성이 전혀 없었다고 볼 수 없다.

나아가 위와 같은 상황에서는 피고인을 마약 투약 혐의로 긴급체포하는 것도 고려할 수 있었다고 할 것이고, 실제로 경찰관들은 그 임의동행 시점으로부터 얼마 지나지 아니하여 체포의 이유와 변호인 선임권 등을 고지하면서 피고인에 대한 긴급체포의 절차를 밟는 등 절차의 잘못을 시정하려고 한 바 있으므로, 경찰관들의 위와 같은 임의동행조치는 단지 그 수사의 순서를 잘못 선택한 것이라고 할 수 있지만 관련 법규정으로부터의 실질적 일탈 정도가 헌법에 규정된 영장주의 원칙을 현저히 침해할 정도에 이르렀다고 보기 어렵다.

그리고 연행 당시 경찰관들로서는 피고인에게 마약 투약 범행의 혐의가 있다고 인식하기에 충분한 상황이었으므로 형사소송법 제196조 제2항에서 정한 바에 따라 그 혐의에 관한 수사를 개시 · 진행하여야 할 의무가 있었다고 할 것인데, 모텔에 투숙 중이던 피고인이 마약 투약 혐의를 부인하면서 경찰서에의 동행을 거부하였으므로 경찰관들로서는 피고인의 임의 출석을 기대하기 어려울 뿐 아니라, 시일의 경과에 따라 피고인의 신체에서 마약 성분이 희석 · 배설됨으로써 증거가 소멸될 위험성이 농후하였으므로 달리 적법한 증거수집 방법도 마땅하지 아니하였다고 할 것이다.

한편 기록에 의하면 이 사건에서 수사기관은 법원에 피고인의 소변과 모발 등에 대한 압수영장을 청구하여 이를 발부받은 바 있다. 영장주의의 본질은 강제수사의 요부에 대한 판단 권한을 수사의 당사자가 아닌 인적 · 물적 독립을 보장받는 제3자인 법관에게 유보하는 것인데(헌법재판소 2012. 6. 27. 선고 2011헌가36 전원재판부 결정 등 참조), 이 사건 압수영장의 발부는 수사절차로부터 독립된 법관에 의한 재판의 일종으로서 이에 따라 수사기관에 피고인의 소변 · 모발 등을 압수할 권한을 부여하고 피고인에게는 그와 같은 수사기관의 압수를 수인할 의무를 부담하게 하는 효력을 지닌다. 그리고 수사기관은 형사소송법 제120조 소정의 '압수영장의 집행을 위하여 필요한 처분'으로서 피고인에 대한 채뇨 등 절차를 적법하게 행할 수 있다고 할 것이다. 나아가 기록상 압수영장의 집행과정에 별다른 위법을 찾아볼 수 없고, 피고인 또한 압수영장을 제시받은 뒤 그 집행에 응하여 소변과 모발을 제출한 것으로 인정된다.

그렇다면 설령 수사기관의 연행이 위법한 체포에 해당하고 그에 이은 제1차 채뇨에 의한 증거 수집이 위법하다고 하더라도, 피고인은 이후 법관이 발부한 구속영장에 의하여 적법하게 구금되었고 법관이 발부한 압수영장에 의하여 2차 채뇨 및 채모 절차가 적법하게 이루어진 이상, 그와 같은 2차적 증거 수집이 위법한 체포·구금절차에 의하여 형성된 상태를 직접 이용하여 행하여진 것으로는 쉽사리 평가할 수 없으므로, 이와 같은 사정은 체포과정에서의 절차적 위법과 2차적 증거 수집 사이의 인과 관계를 희석하게 할 만한 정황에 속한다고 할 것이다.

반면 메스암페타민 투약 범행은 구 마약류 관리에 관한 법률(2011. 6. 7. 법률 제10786호로 개정되기 전의 것) 제60조 제1항 제3호에 의하여 그 법정형이 10년 이하의 징역 또는 1억 원 이하의 벌금에 해당하는 것으로서 국민과 사회의 신체적·정신적 건강에 심각한 해악을 야기하는 중대한 범죄이다. 이와 같이 중대한 범행의 수사를 위하여 피고인을 경찰서로 동행하는 과정에서 위법이 있었다는 사유만으로 법원의 영장 발부에 기하여 수집된 2차적 증거의 증거능력마저 부인한다면, 이는 오히려 헌법과 형사소송법이 형사소송에 관한 절차조항을 마련하여 적법절차의 원칙과 실체적 진실 규명의 조화를 도모하고 이를 통하여 형사 사법 정의를 실현하려한 취지에 반하는 결과를 초래하게 될 것이라는 점도 아울러 참작될 필요가 있다. 이상과 같은 사정들을 종합하면 법관이 발부한 압수영장에 의하여 이루어진 2차 채뇨 및 채모 절차를 통해 획득된 이 사건 각 감정서는 모두 그 증거능력이 인정된다고 할 것이다.

(4) 영장주의를 위반하여 수집한 금융거래정보와 2차 증거

| 사실관계 | 2012. 2. 1.경 피해자 공소외 1로부터 절도 범행 신고를 받은 대구중부경찰서 소속 경찰관들이 범행 현장인 대구 중구(주소 1 생략) 대구백화점 내 ○○○ 매장에서 범인이 벗어 놓고 간 점퍼와 그 안에 있는 공소외 2 주식회사(금융실명법 제4조에 정한 '금융회사 등'에 해당하는 신용카드회사로서, 이하 '이 사건 카드회사'라 한다) 발행의 매출전표를 발견한 사실, 위 경찰관들은 이 사건 카드회사에 공문을 발송하는 방법으로 이 사건 카드회사로부터 위 매출전표의 거래명의자가 누구인지 그 인적 사항을 알아내었고 이를 기초로 하여 피고인을 범행의 용의자로 특정한 사실, 경찰관들은 2012. 3. 2. 피고인의 주거에서 위와 같은 절도 혐의로 피고인을 긴급체포한 사실, 긴급체포 당시 피고인의 집안에 있는 신발장 등에서 새것으로 보

이는 구두 등이 발견되었는데, 그 이후 구금 상태에서 이루어진 2차례의 경찰 피의자신문에서 피고인은 위와 같은 절도 범행(이하 '제1범행'이라 한다) 이외에도 위 구두는 2012. 1. 초 대구백화점 △△△△ 매장에서 절취한 것(이하 '제2범행'이라 한다)이라는 취지로 자백한 사실, 수사기관은 피고인에 대하여 구속영장을 청구하였으나 2012. 3. 4. 대구지방법원이 피고인에 대한 구속영장을 기각하여 같은 날 피고인이 석방된 사실, 2012. 3. 9. 피고인은 위 경찰서에 다시 출석하여 제3회 피의자신문에서 2011. 4.경 대구 중구 (주소 2 생략)에 있는 동아쇼핑 지하 1층 ▽▽▽ 매장에서 구두 1켤레를 절취하였다(이하 '제3범행'이라 한다)고 자백하였고, 피해품인 위 구두를 경찰에 임의로 제출하였던 사실, 한편 위와 같은 자백 등을 기초로 제2, 3범행의 피해자가 확인된 후 2012. 3. 18.경 그 피해자들이 피해 사실에 관한 각 진술서를 제출한 사실, 그 후 2012. 6. 20. 열린 제1심 제2회 공판기일에서 피고인은 제1내지 3 범행에 대하여 전부 자백하였던 사실을 알 수 있다.

| 판단 | 이 사건에서 수사기관이 법관의 영장도 없이 위와 같이 매출전표의 거래명의자에 관한 정보를 획득한 조치는 위법하다고 할 것이므로, 그러한 위법한 절차에 터 잡아 수집된 증거의 증거능력은 원칙적으로 부정되어야 할 것이고, 따라서 이와 같은 과정을 통해 수집된 증거들의 증거능력 인정 여부에 관하여 특별한 심리 · 판단도 없이 곧바로 위 증거들의 증거능력을 인정한 제1심의 판단을 그대로 유지한 원심의 조치는 적절하다고 할 수 없다. 그러나 피고인의 제1심 법정에서의 자백은 수사기관이 법관의 영장 없이 그 거래명의자에 관한 정보를 알아낸 후 그 정보에 기초하여 긴급체포함으로써 구금 상태에 있던 피고인의 최초 자백과 일부 동일한 내용이기는 하나, 피고인의 제1심 법정에서의 자백에 이르게 되기까지의 앞서 본 바와 같은 모든 사정들, 특히 피고인에 대한 구속영장이 기각됨으로써 석방된 이후에 진행된 제3회 경찰 피의자신문 당시에도 제3범행에 관하여 자백하였고, 이 사건 범행 전부에 대한 제1심 법정 자백은 최초 자백 이후 약 3개월이 지난 시점에 공개된 법정에서 적법한 절차를 통하여 임의로 이루어진 것이라는 점 등을 전체적 · 종합적으로 고려하여 볼 때 이는 유죄 인정의 증거로 사용할 수 있는 경우에 해당한다고 보아야 할 것이다.

나아가 제2, 3범행에 관한 각 진술서 또한 그 진술에 이르게 되기까지의 앞서 본 바와 같은 모든 사정들, 즉 수사기관이 매출전표의 거래명의자에 관한 정보를 획득하기 위하여 이 사건 카드회사에 공문까지 발송하였던 사정 등에 비추어 볼 때 의도

적 · 기술적으로 금융실명법이 정하는 영장주의의 정신을 회피하려고 시도한 것은 아니라고 보이는 점, 제2, 3범행에 관한 피해자들 작성의 진술서는 제3자인 피해자들이 범행일로부터 약 3개월, 11개월 이상 지난 시점에서 기존의 수사절차로부터 독립하여 자발적으로 자신들의 피해 사실을 임의로 진술한 것으로 보이고, 특히 제3범행에 관한 진술서의 경우 앞서 본 바와 같이 피고인이 이미 석방되었음에도 불구하고 이 부분 범행 내용을 자백하면서 피해품을 수사기관에 임의로 제출한 이후에 비로소 수집된 증거인 점 등을 고려하여 볼 때, 위 증거들 역시 유죄 인정의 증거로 사용할 수 있는 경우에 해당한다고 봄이 타당하다.[27]

(5) 임의제출

본 서 PART 3. Chapter 4. 발부된 영장과 별개 증거 환부 후 임의제출받는 사례(대법원 2016. 3. 10. 선고 2013도11233 판결)를 참조한다.

2. 제3자에 대한 위법수집증거의 경우

수사기관이 피고인이 아닌 자를 상대로 적법한 절차에 따르지 아니하고 수집한 증거도 원칙적으로 당해 피고인에 대한 유죄의 증거로 삼을 수 없다.[28]

사례 [2] 티켓다방 단속을 참고하자.

3. 사인이 위법하게 수집한 증거 : 비교형량

수사기관이 아닌 개인이 위법하게 수집한 증거의 증거능력이 문제된다. 대법원은 국민의 사생활 영역에 관계된 모든 증거의 제출이 곧바로 금지되는 것으로 볼

---

(27) 대법원 2013. 3. 28. 선고 2012도13607 판결
(28) 대법원 2011. 6. 30. 선고 2009도6717 판결, 스탠딩 법리의 부인

수는 없고, **진실발견의 공익과 사생활 보호이익을 비교형량하여 그 허용 여부를 결정하고, 적절한 증거조사의 방법을 선택**함으로써 국민의 인간으로서의 존엄성에 대한 침해를 피할 수 있다.[(29)]

(1) 판단기준

법원이 그 비교형량을 함에 있어서는 증거수집 절차와 관련된 모든 사정, 즉 사생활 내지 인격적 이익을 보호하여야 할 필요성 여부 및 정도, 증거수집 과정에서 사생활 기타 인격적 이익을 침해하게 된 경위와 침해의 내용 및 정도, 형사소추의 대상이 되는 범죄의 경중 및 성격, 피고인의 증거 동의 여부 등을 전체적·종합적으로 고려하여야 하고, 단지 형사소추에 필요한 증거라는 사정만을 들어 곧바로 형사소송에서 진실발견이라는 공익이 개인의 인격적 이익 등 보호이익보다 우월한 것으로 섣불리 단정하여서는 아니 된다.

| 사실관계 | ○○시 △△동장 직무대리의 지위에 있던 피고인이 원심 판시 일시경 ○○시장 공소외 1에게 ○○시청 전자문서시스템을 통하여 △△1통장인 공소외 2 등에게 ○○시장 공소외 1을 도와 달라고 부탁하였다는 등의 내용을 담고 있는 이 사건 전자우편을 보낸 사실, 그런데 ○○시청 소속 공무원인 제3자가 권한 없이 전자우편에 대한 비밀 보호조치를 해제하는 방법을 통하여 이 사건 전자우편을 수집한 사실을 알 수 있다.

| 판단 | 1) '전기통신의 감청'은 위 '감청'의 개념 규정에 비추어 현재 이루어지고 있는 전기통신의 내용을 지득·채록하는 경우와 통신의 송·수신을 직접적으로 방해하는 경우를 의미하는 것이지 전자우편이 송신되어 수신인이 이를 확인하는 등으로 이미 수신이 완료된 전기통신에 관하여 남아 있는 기록이나 내용을 열어보는 등의 행위는 포함하지 않는다. 2) 제3자가 위와 같은 방법으로 이 사건 전자우편을 수집한 행위는 정보통신망 이용촉진 및 정보보호 등에 관한 법률 제71조 제11호, 제49조 소정의 '정보통신망에 의하여 처리·보관 또는 전송되는 타인의 비밀을 침해 또는 누설하는 행위'로서 형사처벌되는 범죄행위에 해당할 수 있을 뿐만 아니라, 이 사건 전자우편을 발송한 피고인의 사생활의 비밀 내지 통신의 자유 등

---

(29) 대법원 2013. 11. 28. 선고 2010도12244 판결

의 기본권을 침해하는 행위에 해당한다는 점에서 일응 그 증거능력을 부인하여야 할 측면도 있어 보인다.

그러나 이 사건 전자우편은 ○○시청의 업무상 필요에 의하여 설치된 전자관리시스템에 의하여 전송·보관되는 것으로서 그 공공적 성격을 완전히 배제할 수는 없다고 할 것이다. 또한 이 사건 형사소추의 대상이 된 행위는 구 공직선거법에 의하여 처벌되는 공무원의 지위를 이용한 선거운동행위로서 공무원의 정치적 중립의무를 정면으로 위반하고 이른바 관권선거를 조장할 우려가 있는 중대한 범죄에 해당한다. 여기에 피고인이 제1심에서 이 사건 전자우편을 이 사건 공소사실에 대한 증거로 함에 동의한 점 등을 종합하면, 이 사건 전자우편을 이 사건 공소사실에 대한 증거로 제출하는 것은 허용되어야 할 것이고, 이로 말미암아 피고인의 사생활의 비밀이나 통신의 자유가 일정 정도 침해되는 결과를 초래한다 하더라도 이는 피고인이 수인하여야 할 기본권의 제한에 해당한다.[30]

(2) 사인의 촬영이 임의적으로 이뤄진 나체 사진

🔨 피고인의 동의하에 촬영된 나체사진의 존재만으로 피고인의 인격권과 초상권을 침해한 것으로 볼 수 없고, **가사 사진을 촬영한 제3자가 그 사진을 이용하여 피고인을 공갈할 의도였더라도 사진의 촬영이 임의성이 배제된 상태에서 이루어진 것이라고 할 수는 없으며**,[31] 그 사진은 범죄현장의 사진으로서 피고인에 대한 형사소추를 위하여 반드시 필요한 증거로 보이므로, 공익의 실현을 위하여는 그 사진을 범죄의 증거로 제출하는 것이 허용되어야 하고, 이로 말미암아 피고인의 사생활의 비밀을 침해하는 결과를 초래하더라도 피고인이 수인하여야 할 기본권의 제한에 해당된다.[32]

---

(30) 대법원 2013. 11. 28. 선고 2010도12244 판결

(31) 이 사건에서 원심은, 피고인의 나체를 촬영한 이 사건 사진은 공소외인에 의하여 촬영된 것이나, 국가기관이 아닌 사인에 의한 사진촬영이라 하더라도 상대방의 명시한 의사에 반한 임의성 없는 촬영의 경우나 상대방이 범죄행위에 사용된다는 사실을 모르는 상태에서 촬영된 경우와 같이 헌법상 보장된 인격권이나 초상권 등의 기본권을 중대하게 침해하는 경우에는 증거능력이 부인된다고 보았다. 대법원도 이를 부인하는 취지는 아닌 것으로 보인다.

(32) 대법원 1997. 9. 30. 선고 97도1230 판결

(3) 간통죄 고소인이 타인의 주거에 침입하여 수집하여 제출한 혈흔이 묻은 휴지 등에 대한 감정의회회보 : 2008도3990 판결

⚖️ 피고인들 사이의 이 사건 간통 범행을 고소한 피고인 1의 남편인 공소외인이 피고인 1의 주거에 침입하여 수집한 후 수사기관에 제출한 혈흔이 묻은 휴지들 및 침대시트를 목적물로 하여 이루어진 감정의뢰회보에 대하여, 다음과 같은 이유로 위 감정의뢰회보의 증거능력을 인정하고, 공소사실을 유죄로 인정하였다. 즉, 공소외인이 피고인 1의 주거에 침입한 시점은 피고인 1이 그 주거에서의 실제상 거주를 종료한 이후이고, 위 감정의뢰회보는 피고인들에 대한 형사소추를 위하여 반드시 필요한 증거라 할 것이므로 공익의 실현을 위해서 위 감정의뢰회보를 증거로 제출하는 것이 허용되어야 한다. 이로 말미암아 피고인 1의 주거의 자유나 사생활의 비밀이 일정 정도 침해되는 결과를 초래한다 하더라도 이는 피고인 1이 수인하여야 할 기본권의 제한에 해당된다는 것이다

(4) 검색제한조치를 무력화시키는 패치프로그램을 활용한 경우

⚖️ 이 사건 고소인 측의 의뢰를 받은 공소외인이 피고인 4 주식회사 운영의 '▽▽▽▽' 사이트에 적용된 검색제한 조치를 무력화하는 기술인 '패치프그로램'을 이용하여 '침해자료 목록 및 화면출력 자료'를 수집하였는데, 위 '패치프로그램'은 네이버 등 포털사이트에서 일반인이 손쉽게 입수할 수 있는 프로그램으로 위 피고인들도 그 존재를 인식하고 있었고, 위 자료는 위 피고인들에 대한 형사소추를 위하여 반드시 필요한 증거이므로 공익의 실현을 위해서 위 자료를 증거로 제출하는 것이 허용되어야 하며, 이로 말미암아 위 피고인들의 영업의 자유나 재산권적 기본권 등이 일정 정도 침해되는 결과를 초래한다 하더라도 이는 위 피고인들이 수인하여야 할 기본권의 제한에 해당된다는 이유로, 위 자료의 증거능력을 인정하였다.[33]

(5) 비육성 대화를 몰래 녹음한 경우

사례 [34] 초사동 가스통 사례를 참조한다.

---

(33) 대법원 2013. 9. 26. 선고 2011도1435 판결

CHAPTER 5

함정수사

    함정수사는 수사기관이나 그 의뢰를 받은 정보원이나 제보자가 범죄를 유인하여 피유인자가 범죄를 저지르면 범인을 상대로 수사방식을 말한다. 성매매, 마약단속, 뇌물, 도박 등의 경우 종종 이용된다.

    그러나 국가기관인 수사기관이 함정으로 국민을 속인다는 점에서 신의칙을 위반하는 것을 허용할 수 없으며 수사의 상당성이 확보되어야 한다는 차원에서 논의된다. 대법원은 위법한 함정수사는 개별 증거의 증거능력의 문제가 아니라 공소기각판결의 입장임을 감안하면, 수사종결단계에서 함정수사임이 밝혀지면 공소권 없음으로 처리하는 것이 옳다고 본다.[34]

1. 함정수사의 허용한계

    그렇다면 범죄수사를 위해 불가피한 면이 없지 않은 함정수사를 어디까지 허용할 것인지가 문제된다. 대법원은 **"본래 범의를 가지지 아니한 자에 대하여 수사기관이 사술이나 계략을 써서 범의를 유발**하게 하여 범죄인을 검거하는 함정수사는 위법하다고 보고 있다.[35]

---

(34) 2007. 10. 23. 선고 2008도7362 판결 등
(35) 대법원 2013. 3. 28. 선고 2013도1473 판결

한편 구체적 사건에서 위법한 함정수사 여부는 **해당 범죄의 종류와 성질, 유인자의 지위와 역할, 유인의 경위와 방법, 유인에 따른 피유인자의 반응, 피유인자의 처벌 전력 및 유인행위 자체의 위법성** 등을 종합하여 판단한다.

(1) 유인자의 지위와 역할 : 수사기관과의 관련성

따라서 유인자가 수사기관과 직접적인 관련 맺지 않은 상태에서 피유인자를 상대로 단순히 수차례 반복적으로 범행을 부탁하였을 뿐 수사기관이 사술이나 계략 등을 사용하였다고 볼 수 없는 경우는, 설령 그로 인해 피유인자의 범의가 유발되었다 하더라도 위법한 함정수사에 해당하지 아니한다.

(2) 사술과 계략의 사용

수사기관과 직접 관련이 있는 유인자가 피유인자와의 개인적인 친밀관계를 이용하여 피유인자의 동정심이나 감정에 호소하거나, 금전적 심리적 압박이나 위협을 가하거나, 거절하기 힘든 유혹을 하거나, 또는 범행방법을 구체적으로 제시하고 범행에 사용될 금전까지 제공하는 등으로 과도하게 개입함으로써 피유인자로 하여금 범의를 일으키게 하는 것은 위법한 함정수사에 해당하여 허용되지 않는다.

2. 구체적인 검토

(1) 뇌물공여사건

공소외 1이 2007. 1. 18. 피고인을 방문하여 뇌물의 대가로 공사를 줄 것을 독촉한 일과 관련하여, 사전에 공소외 6이 잘 아는 제3의 특정인물(A)과 공소외 1 사이에 어떠한 약속이 되어 있었고, 그 약속을 공소외 6도 미리 알고 있었던 것으로 보이는 점, 공소외 1과 공소외 6 사이의 연락이 이 사건 뇌물수수 전인 2006. 12. 4. 시작되어 2007. 1. 18.의 통화 시까지 주요 고비마다 긴밀하게 계속된 것으로 보아 위 2007. 1. 18.의 통화에서 언급된 약속은 이 사건 뇌물수수 이전부터 이미 있었던 것으로 보이는 점, 피고인이 2월 안으로 공사를 주겠다고 했음에도 불구하고, 공소외 1은 공소외 6에게 오로지 A와의 약속만이 중요하다고 말하였고, 그후 공사를 주기를 기다리지 않고, 돈을 다시 돌려받으려는 어떠한 요구나 시도도 하지 아니한 채 피고인의 뇌물수수 사실을 시둘러 검찰에 알린 점, 뇌물을 교부하면서 이례적으로 그 현장을 녹음해 둔 점, 거짓으로 문자메시지를 보내는 방법으로 미리 증거조작을 시도한 점 등에 비추어 보면, 이 사건에서 공소외 1과 공소외 3이 피고인에게 공여한 1억 원의 뇌물은 공소외 6이 잘 아는 제3의 특정인물(A)과 공소외 1 사이의 사전 약속에 따라 제공된 것으로서, 적어도 공소외 1과 공소외 6, 5, 특정인물(A) 등 사이에서는 피고인을 함정에 빠뜨린다는 점에 관하여 상호 의사의 연락이 있었던 것으로 보이므로, 피고인의 이 사건 뇌물수수는 위 사람들의 함정교사에 의한 것이라고 인정하면서도, 이 사건에서 피고인의 뇌물수수가 공소외 1 등의 함정교사에 의한 것이라는 사정은 피고인의 책임을 면하게 할 사유가 되지 못한다.[36]

(2) 마약

1) 적법한 함정수사

피고인의 2006. 5. 26.자 필로폰 밀수입 범행의 범의가 공소외 4 등을 통한 수사기관의 함정수사에 의하여 비로소 유발되었다고 보기 어렵고, 설령 피고인의 주장과 같이 공소외 1의 끈질긴 권유나 협박에 의하여 위 범행에 대한 피고인의 범의가 유발되었다고 하더라도, 그 채용 증거들에 의하여 인정되는 공소외 2가 2006. 5. 2. 경기지방경찰청 평택경찰서에 체포되자, 그 동거녀인 공소외 3이 이른바 '공적'을 쌓아 주어 공소외 2를 석방되게 하기 위하여 공소외 4와 공소외 5에게 수사기관과의 절충역할 및 필로폰 밀수입에 관한 정보의 제공을 부탁하면서 이에 대한 대가의 지급을 약속한 사실, 이에 공소외 4, 공소외 5가 위 경찰서 경찰관 및 수원지방검찰청 평택지청 수사관과 약 50g씩 2건의 필로폰 밀수입에 관한 정보를 제공하면 공소외 2를 석방하여 주기로 협의한 사실, 공소외 4는 공소외 6에게, 공소외 6은 공소외 1에게 순차로 필로폰 밀수입에 관한 정보의 제공을 부탁하였고, 이에 공

---

(36) 대법원 2008. 3. 13. 선고 2007도10804 판결

소외 1은 피고인에게 필로폰 밀수입을 권유하여 피고인이 이를 승낙한 사실, 그 후 공소외 6이 공소외 1로부터 연락을 받아 공소외 4에게 이를 전하고, 공소외 4는 직접 또는 공소외 5를 통하여 위 검찰수사관에게 제보를 하여, 위 검찰수사관이 필로폰을 받으러 나온 피고인을 체포한 사실, 위 경찰관과 검찰수사관은 공소외 1이 필로폰 밀수입 의사가 없는 자를 상대로 하여 심리적 압박이나 위협을 가하는 등의 방법으로 그 밀수입 의사를 유발하는지의 여부를 알지 못한 사실 등을 종합하여 보면, 이 사건은 수사기관이 위 공소외 4 등으로 하여금 피고인을 유인하도록 한 것이라기보다는 공소외 4 등이 각자의 사적인 동기에 기하여 수사기관과 직접적인 관련이 없이 독자적으로 피고인을 유인한 것으로서, 수사기관이 사술이나 계략 등을 사용한 경우에 해당한다고 볼 수도 없다.[37]

2) 위법한 함정수사

피고인들은 자신들이 히로뽕을 매수하거나 밀수입할 의사가 전혀 없었는데, 피고인 1의 애인이었던 공소외 1이 "서울지검 마약1반의 정보원인 공소외 2가 마약반에서 많은 역할을 하던 중 또 다른 정보원의 배신으로 구속되게 되었다. 마약반의 계장 공소외 3 과 계장 공소외 4 가 공소외 2의 공적(다른 마약범죄에 대한 정보를 제공하여 수사기관의 수사를 도운 공적)을 만들어 공소외 2를 빼내려 한다. 그렇게 하기 위하여는 수사기관이 수사에 사용할 히로뽕을 구해야 하니, 수사기관을 돕기 위하여 히로뽕을 좀 구해 달라. 히로뽕을 구입하여 오면 검찰에서 피고인들의 안전을 보장한다고 하였다."고 이야기할 뿐만 아니라 심지어 히로뽕을 구입할 자금까지 교부하면서 피고인 1에게 집요하게 부탁을 하여 비로소 피고인 1이 공소외 1 및 검찰을 돕기로 마음먹고 피고인 2에게 그와 같은 사정을 다 이야기하면서 히로뽕의 매입을 의뢰하였고, 피고인 2도 그에 따라 비로소 히로뽕을 매입하여 피고인 1에게 교부하기로 마음먹고 이 사건 범행에 이르게 되었다고 주장하고 있고, 피고인들이 위 마약을 밀수입하는 순간 마약정보원인 공소외 1의 제보에 의하여 인천국제공항에서 체포되었음에도 위 검찰계장 공소외 3은 위 공소외 2의 제보에 의하여 피고인들이 체포된 것으로 공적사항 수사보고서를 작성하여 보고하였으며, 위 공소외 3이 피고인들의 이 사건 범행 직전인 2003. 3. 6. 공소외 1에게 1,000만 원을 송금하고, 공소외 1은 그 즈음 피고인 1에게 580만 원을 송금 등의 방법으로 교부하였

---

(37) 대법원 2007. 11. 29. 선고 2007도7680 판결

음에도 위 공소외 3은 공소외 1에게 돈을 준 적이 절대 없다고 진술서를 작성하여 제출하고 있고, 위 공소외 1이 피고인들이 선처받을 수 있도록 또 다른 작업(피고인들의 공적사항을 만들기 위하여 다른 사람을 상대로 마약범죄를 저지르도록 유도하여 수사기관이 체포할 수 있게 도와주는 짓)을 준비하고 있으며 검사실의 획답을 기다리고 있다는 취지로 피고인 2의 친구 공소외 5와 통화한 내용의 녹취서가 이 사건 재판 과정에 제출된 사정을 알 수 있는바, 이와 같은 사정하에서라면 원래 중국까지 가서 히로뽕을 매입하여 밀수입할 의도가 없었던 피고인들이 수사기관의 사술이나 계략에 의하여 범의를 일으켜 이 사건 범행을 결행하게 되었을 가능성을 완전히 배제할 수 없다 할 것이고, 따라서 원심법원으로서는 위 녹취서 기재 내용의 진위 여부, 위 공소외 1 및 공소외 3이 그와 같은 각 금원을 송금 및 교부한 경위, 피고인들이 공소외 1의 부탁에 의해 위와 같이 히로뽕을 매수하여 밀수입한 것이 아니라면 어떤 경위로 공소외 1이 피고인들의 히로뽕 밀수입 시간 및 방법까지 소상히 알게 되었는지, 피고인들을 체포한 것이 공소외 1의 제보에 의한 것임에도 공소외 3은 왜 공소외 2의 제보에 의한 것이라고 공적보고서를 작성한 것인지, 검찰이 공소외 2를 도와 주려하고 있으니 그 재료를 구해 달라는 이야기를 공소외 1로부터 듣지 않았다면 피고인들이 그와 같은 내용을 어떤 경위로 알게 된 것인지 등에 대하여 위 녹취서의 기본이 되는 녹음테이프에 대한 증거조사, 위 공소외 3, 공소외 1, 공소외 5에 대한 증인신문, 검찰에 대한 석명 등을 통하여 확인하여 과연 피고인들이 수사기관의 사술에 의하여 이 사건 범행을 할 범의를 일으켰는지에 관하여 판단을 하였어야 할 것임에도 이러한 점들에 대하여 심리가 미진하다.[38]

(3) 마약수사의 통제배달의 경우『압수수색검증』편에서 후술한다.

---

(38) 대법원 2004. 5. 14. 선고 2004도1066 판결

수연경찰서 생활안전계 소속 경사 배스타는 아싸유흥주점에서 성매매가 이뤄진다는 첩보를 입수하였다. 그는 동료와 함께 밤 9시 반부터 1시간 째 유흥주점 앞에서 잠복근무를 하고 있다. 그러던 중 유흥주점 입구에서 남여 한 쌍이 함께 나오는 것을 발견하였다. 배스타의 머릿속은 '2차'를 직감하였다. 배스타는 숨죽이고 미행한 끝에 주점에서 100미터 정도 거리에 있는 사랑여관으로 들어가는 것을 확인하였다. 배스타 경사는 2명을 지원받아 여관방 안 현장을 덮치기로 마음먹었다. 4명의 경찰관은 여관 카운터에 있던 업주를 상대로 남녀가 몇 호실로 들어갔는지를 문의하며 협조를 요청하였고, 여관 업주는 예비열쇠를 이용하여 이들이 들어간 여관방의 문을 열어 주었다. 문을 열자, 이들은 침대에 옷을 벗은 채로 약간 떨어져서 이불 속에 누워 있었을 뿐, 실제 성행위를 하는 상태는 아니었다.

경찰관들은 '성매매로 현행범 체포한다'는 점과 '변호인을 선임할 권리가 있음'을 고지하고 이 둘을 분리하여 상호 간의 관계 및 여관 입실 경위 등을 구두로 조사하였으나, 경찰관의 질문에 '성행위를 한 사실은 없다'고 하였다. 배스타는 여관방 안을 수색하였으나 방 내부 및 화장실 등에서 성관계를 증명할 수 있는 화장지나 콘돔 등이 발견되지 않았다. 경찰관은 둘을 성매매로 현행범 체포하지 않고 인근 지구대로 임의동행해 줄 것을 요구하면서 '동행을 거부할 수도 있으나, 거부하더라도 강제로 연행할 수 있다'고 하였다. 남녀는 탕정지구대로 이동 후 각 자술서를 작성한 후 참고인 조사를 받았다.

남자는 자술서에는 '양주 1병을 같이 먹고 여관에 들어가 누워서 서로 이야기하던 중이었고, 대금은 45만 원을 결제하였으며, 그 내역 확인은 안 했으나 2차비가 포함된 것으로 안다'고 기재하였다가, 참고인 조사를 받으면서는 '성행위는 안 하였고, 양주 2병을 마시고, 대금을 45만 원을 결제하였으며, 아가씨를 데리고 나가는 비용이 얼마인지는 모르나 45만 원에 포함되어 있는 것으로 알고 있다'고 진술하였다. 한편 여자는 일관하여 '양주 2병을 마시고 서로 맘에 들어 여관에 온 것일 뿐, 대가를 받고 여관에 온 것은 아니고, 성행위는 안 하였다'고 진술하였다.

그 후 남자와 여자가 대금 45만 원에는 양주 2병 값(병당 20만 원)과 여종업원의 테이블 봉사료 5만 원만이 포함되어 있을 뿐 소위 2차 티켓 영업의 대가는 포함되어 있지 않았다면서 혐의를 부인하자, 경찰에서는 남자를 다시 소환하여 조사를 하였으나, 남자는 '처음에 작성한 자술서의 내용은 착오로 잘못 기재한 것이고 양주 2병을 주문한 것이 맞다'고 하였다.

이 사건은 안전계에서 같은 경찰서 경제팀에 배당되었다. 수연서 경제팀 우수한 경위는 증거가 불충분한 성매매혐의 대신 주점 사장과 직원을 식품위생법 위반 혐의로 처벌하기로 마음 먹었다. 식품접객업소인 유흥주점을 운영하는 영업자나 종업원은 영업장을 벗어나 시간적 소요의 대가로 금품을 받아서는 안 된다. 그럼에도 진실장은 유흥주점 4호실에서 종업원인 나가요로 하여금 손님으로 온 강손님과 함께 일명 티켓영업을 나가도록 한 후 그 대가(20만 원)를 받았고, 김사장은 종업원인 나가요가 위반행위를 하지 않도록 주의 · 감독의무를 게을리 하였다라고 범죄사실을 작성하였다.

질문: 김사장과 진실장을 처벌할 수 있는가?

대법원 2011. 6. 30. 2009도6717의 사실관계이다. 임의동행의 적법성과 피고인 아닌 자에 대한 위법수집증거를 피고인에 대한 유죄 인정의 증거로 사용할 수 있는 지가 문제된다.

▣ 불법한 임의동행과 위법수집증거배제법칙

당시 경찰관들이 두 사람을 수사관서로 동행할 당시 동행을 거부하더라도 강제로 연행할 수 있다고 말한 점, 당초 경찰관들은 위 두 사람을 성매매로 현행범 체포하려 하였으나 성매매행위에 대한 증거가 없자 현행범 체포를 하지 못하고 두 사람이 성매매를 하려고 한 것이 범죄가 되거나 혹은 유흥업소의 영업자를 처벌하기 위하여 두 사람에 대한 조사가 필요하다고 보아 수사관서로의 동행을 요구한 것으로 보이는 점, 여관방 침대에 옷을 벗은 채로 누워 있다가 여관방 문을 열고 들어온 경찰관 4명으로부터 성매매 여부를 추궁당한 후에 임의동행을 요구받았고 '동행을 거부하더라도 강제로 연행할 수 있다'는 말까지 들었으므로 그러한 상황에서 동행을 거부하기는 어려웠을 것이라 보이는 점, 동행과정에서 화장실에 가자 여자 경찰관이 따라가 감시하기도 한 점 등에 비추어 보면, 비록 사법경찰관이 동행할 당시에 물리력을 행사한 바가 없고, 이들이 명시적으로 거부의사를 표명한 적이 없다고 하더라도, 사법경찰관이 이들을 수사관서까지 동행한 것은 위에서 본 적법요건이 갖추어지지 아니한 채 사법경찰관의 동행 요구를 거절할 수 없는 심리적 압박 아래 행하여진 사실상의 강제연행, 즉 불법체포에 해당한다.

따라서 위와 같은 불법체포에 의한 유치 중에 작성한 각 자술서와 사법경찰리가 작성한 진술조서는 영장주의 원칙에 위배하여 수집된 증거로서 수사기관이 피고인이 아닌 자를 상대로 적법한 절차에 따르지 아니하고 수집한 증거로 형사소송법 제 308조의2에 의하여 그 증거능력이 부정되므로 피고인들에 대한 유죄 인정의 증거로 삼을 수 없다.

특히 1심과 2심에서는 임의동행 뿐만 아니라 진술거부권 불고지, 단속경찰관의 증언, 정황증거에 의한 유죄입증이 다뤄졌다.

■ 현행범 체포와 진술거부권

경찰관은 당시 성행위는 아직 안 하였으나 소위 '2차를 나온 사실'은 인정하였기 때문에 현행범 체포할 수 있는 상태였으므로, 임의동행 형식을 취한 것은 별다른 문제가 되지 않는다는 취지로 진술하나, 당시 성교행위에 대한 증거가 부족했던 상황에서 현행범 체포할 수 있는 요건이 갖추어졌는지 여부도 불분명하다. 또한 설사 그 요건을 갖추었다 하더라도, 범죄의 혐의가 있다고 판단하여 수사를 개시하였다면 피조사자는 피의자의 신분이 되는 것이므로, 수사기관이 피조사자에 대하여 그가 관련된 범죄에 관한 신문을 한다면 피조사자를 신문함에 앞서 미리 진술거부권을 고지하여야 할 것인데 당시 실질적으로 피의자 신분에 있던 것으로 보이는 손님들에게 진술거부권을 미리 고지한 바는 없다. 달리 자술서 작성이나 참고인 조사에 앞서 진술거부권을 미리 고지하였다는 증거도 없으므로, 이 점에 있어서도 위법수집증거로서 증거능력이 없다.

■ 단속 경찰관의 증언

경찰관의 법정진술 및 수사보고 중 일부 기재 가운데, 여관에서 남녀로부터 '이른바 2차를 나왔다'는 취지의 말을 들었다는 것으로서 이른바 전문진술인데, 형사소송법 제316조 제2항의 요건을 갖추지 못하였으므로, 증거능력이 없다. 또 남녀가 당시 여관에서 공소사실에 부합하는 진술을 하였더라도, 남녀의 각 진술은 진술거부권을 고지하지 아니한 상태에서 이루어진 진술이므로, 앞서와 같은 이유로 역시 증거능력이 없다.

■ 이 사건 정황증거만으로 유죄를 인정할 수 있는지 여부

피고인들이 소위 티켓영업의 대가로 금품을 수수하였다고 인정할 직접적인 증거가 없고, 검사가 제출한 증거로서는 피고인들의 범행이 의심스럽다는 정황만이 인정될 뿐이다. 독자적인 행동으로 함께 외출하였을 개연성을 모두 배제한 채 돈을 받고 종업원으로 하여금 외출하도록 하였다고 합리적 의심을 배제할 만큼 공소사실이 입증되었다고 보기 어렵다. 그 밖에 검사가 제출한 증거들만으로는 특히 피고인들이 손님으로부터 술값 이외에 소위 티켓영업의 대가로 금품을 수수한 사실이 있는지 여부를 인정하기 부족하다.

이와 관련, 서울 송파경찰서 최남욱 님의 실무의견입니다.

성매매첩보에 따른 현장단속에서의 경험 부족입니다.

첫 번째 실수는 성매매는 미수범 처벌이 되지 않으니 남녀가 여관방에 들어간 후 최소 30분은 기다렸다가 들어가야 된다는 것인데 너무 일찍 따라 들어간 것이고, 두 번째 실수는 현행범 체포한다고 고지해 놓고 성행위 흔적이 보이지 않는다고 다시 임의동행하였습니다. 일단 술집에서 손님과 여종업원으로 나온 남녀가 둘 다 손님과 여종업원이라는 사실은 인정하므로 그 관계에서 여관방에 들어가 옷을 다 벗고 침대에 누워 있었다면 성행위 직전인지 시작하던 중 바로 중단인지 구분할 수 없으니 현행범 체포를 중단하는 것은 잘못된 것이며,

세 번째 실수는 성매매알선행위는 성행위를 한것이 중요한 것이 아닌 성행위를 할 수 있도록 알선한 것이 중요하니 손님에게 확인한 직후 곧바로 아싸유흥주점으로 가서 진실장을 성매매알선죄로 현행범체 내지 긴근체포 직후 아싸유흥주점 영업장부 등을 압수했어야 하는데, 성매매 미수처벌불가라는 사실에 너무 많은 생각을 한 것이라고 보입니다. 우선 그 정도 상황이라면 현행범 체포를 뒤로 물릴 하등의 이유가 없으며 절대 중단해서도 안 됩니다. 손님과 여종업원은 조사 후 석방하면 될 것이며 진실장과 아싸유흥주점에 대한 알선행위를 중점으로 신속하게 조사진행하고 성매매알선죄로 기소했어야 맞다고 판단됩니다.

그럼에도 위와 같이 본래 단속목적에서 벗어나 티켓영업행위로 기소하다보니 여러 가지 문제점이 발생한 것으로 보입니다.

마약수사대상 마석도와 그의 충실한 동료 전일만은 요새 실적이 신통치 않아 고민이 많았다. 그러던 중 간만에 정보원으로부터 믿을 만한 첩보가 들어왔다. 봉달이가 필로폰을 투약한다는 내용이다. 급하게 사전에 체포 및 압수수색검증영장을 발부받고 현장으로 떠났다.

낮 15:35경 정보원의 도움으로 봉달이가 거주하는 집 현관문을 연 후 내부로 들어갔다. 왼쪽에 있는 방 안에서 당시 봉달이는 반바지 차림에 상의를 벗고 있었다. 마석도와 전일만이 봉달이에게 "수연지방경찰청에서 왔다"고 먼저 말했다. 봉달이는 '올게 왔구나' 속으로 생각했다. 봉달이는 마석도에게 "경찰관이면 신발을 신고 들어와도 되느냐?"라고 되물었다. 마석도도 '역시 보통 놈이 아니군' 속으로 생각을 하며, "영장을 가지고 왔다"고 답을 했다. 봉달이는 전과가 많아 영장이 없으면 경찰이라도 자신을 데려갈 수 없다는 사실을 잘 알고 있었다. "그럼 보여줘 보소"라고 하면서 체포영장의 제시를 요구하였다.

마석도가 체포 및 압수수색검증영장을 제시하기 위해 봉달이에게 다가가던 중 방 청소를 하던 봉달이가 손에 플라스틱 빗자루를 들고 있는 것을 발견하였다. "요거 놓고 얘기하자""라고 말하면서 봉달이의 손을 잡았다. 이에 봉달이는 "이거 놓으시오"라고 하면서 잡은 손을 뿌리치며 방 밖으로 도망하려 하자, 마석도가 봉달이의 목덜미 부분을 잡고 전일만이 봉달이의 양손을 잡으면서 몸싸움이 벌어졌다.

봉달이가 마석도의 오른쪽 손가락을 물고 놓아주지 않자 마석도는 봉달이의 안면부를 1회 강타하였다. 마석도가 봉달이를 방바닥에 넘어뜨리고, 아픈 표정으로 독한 놈이라고 생각하고 수갑을 채우려 하였으나 봉달이에게 재차 왼쪽 손가락을 물리게 되었다. 그러자 마석도는 이런 "강아지야"라고 하며, 봉달이의 안면부를 한차례 더 가격하였다. 둘이 합세하여 봉달이를 체포하려고 하자 봉달이는 체포를 면탈하기 위해 이번에는 전일만의 오른팔을 깨물었다. 손가락이 잘리겠다 싶어진 마석도는 할 수 없이 봉달이의 엉덩이 부분에 테이저건을 쏘았고, 봉달이가 늘어지자 수갑을 채운 후 체포 및 압수수색검증영장을 제시하고, 봉달이의 상의를 일으켜 세운 후 봉달이의 귀에 대고 미란다 원칙을 고지하였다.

질문: 마석도와 전일만에 대한 봉달이의 공무집행방해죄는 유죄인가?

정답: 무죄

위 사건은 대법원 2017. 9. 21. 선고 2017도10866 판결의 2심의 사실관계를 인용하였다.

- 체포영장을 집행함에는 피고인에게 반드시 이를 제시하여야 하며(사전제시의 원칙), 체포영장을 소지하지 않은 경우에 급속을 요하는 때에는 피의자에 대하여 피의사실의 요지와 영장이 발부되었음을 고하고 집행할 수 있다. 다만, 집행을 완료한 후에는 신속히 체포영장을 제시하여야 한다.(39)
- 또한 검사 또는 사법경찰관은 피의자를 체포하는 경우에는 <u>피의사실의 요지, 체포의 이유와 변호인을 선임할 수 있음을 말하고 변명할 기회를 주어야</u> 한다.
- 체포영장의 제시나 고지 등은 체포를 위한 실력행사에 들어가기 이전에 미리 하여야 하는 것이 원칙이다. 그러나 달아나는 피의자를 쫓아가 붙들거나 폭력으로 대항하는 피의자를 실력으로 제압하는 경우에는 붙들거나 제압하는 과정에서 하거나, 그것이 여의치 않은 경우에라도 일단 붙들거나 제압한 후에 지체 없이 행하여야 한다.(40)
- 체포 경위에 비추어 볼 때, 봉달이는 단지 위 경찰관들의 소속만을 고지받았을 뿐 체포의 이유 등은 알지 못한 상태에서 손과 목덜미 등을 붙잡히자 이를 피하기 위하여 방 안에서 도망하게 된 것으로 보인다. 이 사건 발생 전에 봉달이가 플라스틱으로 된 물건(현장사진의 영상에 따르면, 이는 소형빗자루로 보인다)을 손에 들고 있었고 영장 제시를 요구한 후 도망하려 한 바 있다고 하더라도, 경찰관이 피고인의 목덜미를 잡고 체포를 시도하기 전까지는 봉달이가 위 경찰관들에게 적극적으로 폭력을 행사한 바가 없다.
- 그리고 당시 체포현장은 봉달이가 주거하던 건물의 내부로서 봉달이는 현관에서 들어가면 왼쪽에 있는 방안에서 상의를 탈의한 상태였고, 경찰관은 방문 앞에 서 있었는바, 봉달이가 경찰관들을 보자 바로 외부로 달아나려고 하였다거나

---

(39) 형사소송법 제200조의6, 제85조
(40) 대법원 2017. 9. 21. 선고 2017도10866 판결

미리부터 폭력으로 대항하려 했다고 볼만한 사정을 찾을 수 없다. 오히려 봉달이가 먼저 체포영장의 제시를 요구하던 상황이었으므로, 경찰관들은 체포를 위한 실력행사로 나아가기 전에 피고인에게 체포영장을 제시하거나 피의사실의 요지, 체포의 이유와 변호인을 선임할 수 있음을 말하고 변명할 기회를 주는 것이 가능하였다. 그럼에도 경찰관이 체포를 위한 실력행사에 들어가기 전에 체포의 이유 등을 고지하고 변명할 기회를 주지 아니한 채 곧바로 봉달이의 손이나 목덜미를 잡으며 체포하려 하였고, 봉달이를 체포한 이후에야 미란다 원칙을 고지하였다. 이에 관하여 경찰관은 당심 법정에서 "미란다 원칙의 고지는 체포하기 전에 하는 것이지만 체포 후에 할 수도 있습니다. 저희는 통상적으로 체포 후에 고지하고 있습니다"라는 취지로 진술하였는바, 위 경찰관들은 달아나는 봉달이를 쫓아가 제압한 후에 미란다 원칙을 고지할 수밖에 없었던 급박한 사정으로 인해 예외적으로 위 고지에 앞서 실력을 행사하였다기보다는, 일단 봉달이를 체포한 후에 미란다 원칙을 고지하겠다는 생각으로 먼저 체포행위에 나아갔던 것으로 보인다. 봉달이는 위와 같은 체포를 면하려고 반항하는 과정에서 이 사건 공소사실 기재와 같은 공무집행방해 및 상해 행위에 이르렀다. 그렇다면 위 경찰관들의 체포행위에 저항하는 과정에서 이루어진 봉달이의 유형력 행사는 공무집행방해죄에 해당하지 않으며, 그 과정에서 봉달이가 그들에게 상해를 가한 행위는 형법 제21조 제1항의 정당방위에 해당하여 위법성이 조각된다.

대법원도 위와 같은 결론을 지지하였다.

이른바 미란다 원칙(체포 시 권리의 고지)의 고지시점과 관련하여, 대법원은 체포현장에서의 급박한 사정을 감안하여, 예외적인 사후고지의 가능성을 인정하고 있다. 그러나 위에서 보는 바와 같이 처음부터 달아나는 피의자를 쫓아가 제압한 후 미란다 원칙을 고지할 수밖에 없었던 급박한 사정과 같은 엄격한 기준을 확립하고 있음을 알 수 있다. 체포절차에서 사전고지원칙에 따라 피의자의 첫 대면부터 미리 미란다 원칙을 고지할 준비가 되어 있어야 함에도, 그와 같은 준비가 되어 있지 않음을 엿볼 수 있는 법정에서의 진술 또한 아쉬움을 남기는 대목이다.

수연경찰서 생활질서계 소속 변노술 경위와 고실적 경장은 요새 지방청 간 치열한 실적 경쟁으로 심신이 매우 고달프다. 특히 지난 번 지방뉴스에서 노래방 도우미가 사회문제라는 언론보도 때문에 도우미 불법영업을 단속하여 실적을 올리라는 일제지시가 떨어졌다.

변도술과 고실적은 고심 끝에 손님으로 위장하여 검거하자는 계획을 세웠다. 관내에 있는 유명 노래방 '돼지가 목청 따는 날'을 보며, 저렇게 영업이 잘되는 것을 보니 불법 도우미 영업을 하지 않으면 어려울 것으로 예상하고 이곳을 단속하기로 결심했다.

둘은 노래방에 손님을 가장하고 들어갔다. 계획대로 박목청 사장에게 도우미를 불러줄 것을 요구하였다. 박목청 사장은 평소 신념대로 도우미를 불러줄 수 없다며 간곡하게 거절하였다. 변도술은 여기에서 포기하지 않았다. 다시 나온 다음 시간이 좀 지난 후 재차 들어가 도우미를 불러 줄 것을 요구하였다. 박사장은 하는 수 없이 도우미를 불러주었다. 변도술은 경위는 박사장을 음악산업진흥에 관한 법률 위반 혐의로 단속하였다.

질문: 박사장을 위 법률 위반 혐의로 처벌할 수 있는가?

대법원 2008. 10. 23. 선고 2008도7362 판결의 사실관계이다. 위법한 함정수사의 판단기준은 위에서 이미 살펴보았다.

- 경찰관들이 단속 실적을 올리기 위하여 손님을 가장하고 들어가 도우미를 불러 줄 것을 요구하였던 점, 피고인 측은 평소 자신들이 손님들에게 도우미를 불러 준 적도 없으며, 더군다나 이 사건 당일 도우미를 불러달라는 다른 손님들이 있었으나 응하지 않고 모두 돌려보낸 바 있다고 주장하는데, 위 노래방이 평소 손님들에게 도우미 알선 영업을 해 왔다는 아무런 자료도 없는 점, 위 경찰관들도 그와 같은 제보나 첩보를 가지고 이 사건 노래방에 대한 단속을 한 것이 아닌 점, 위 경찰관들이 피고인 측으로부터 한 차례 거절당하였으면서도 다시 위 노래방에 찾아가 도우미를 불러 줄 것을 요구하여 도우미가 오게 된 점을 알 수 있다.
- 이 사건 단속은 수사기관이 사술이나 계략 등을 써서 피고인의 범의를 유발케 한 것으로서 위법하고, 이러한 함정수사에 기한 이 사건 공소제기 또한 그 절차가 법률의 규정에 위반하여 무효인 때에 해당한다고 하여 이 사건 공소를 기각하였다.

실무이야기

실무적으로 성매매 단속은 다음과 같습니다. 경찰관이 손님인 척 가장해서 "얼마예요?" 물어보고 들어갑니다. 최초는 들어가자마자 콘돔을 가지고 오면 바로 단속을 하는데, 요즘은 거의 샤워까지 한다고 해서 이게 문제가 되기도 합니다. 여기서 성매매는 하지 않는다 하면 더 이상 물어보지 않습니다. 성매매를 하냐 마냐 물어보지도 않고 그냥 얼마냐 물어보면 업주들이 알아서 안내해 주면 그때 단속합니다. 마시지 업소 오피텔 출장마사지도 비슷한 방식입니다.

마진가는 마약투약범 검거 유공으로 5차례 가량 포상금을 수령하기도 한 서울지방경찰청의 유능한 정보원이다. 나봉수는 마진가의 청송교도소에서 동기다. 그들은 출소한 후 함께 살고 있는 사람이다. 둘은 새로운 재테크 수단으로 봉쟁이 검거 유공 포상금을 노리고 있다.

청송교도소 복역 당시 봉쟁이 김중개를 알게 된 나봉수는 10여 차례에 걸쳐 김중개에게 "아는 여자가 메스암페타민을 구입하려고 하니 구해 달라"고 부탁했다. 그러나 김중개는 나봉수의 부탁을 계속 거절하였다. 그러다가 돈이 급하게 된 김중개는 마음을 바꿔 청송교도소에서 만나 알고 지내던 박시개를 통해 "필로폰 20g을 6~700만 원에 판매하겠다는 사람이 있다"는 연락을 받아 내었다. 김중개는 나봉수에게 그 사실을 알려 주었다.

나봉수와 함께 살던 마진가는 그 사실을 전해 듣고, 포상금을 받을 절호의 기회라고 생각하고, 바로 서울지방경찰청 마약수사관에게 제보하였다. 당시 마약수사관 마동필은 예산이 부족하여 필로폰을 위장매수할 자금을 마련하지 못하였다. 마동필은 나봉수를 시켜 필로폰 거래를 연기하게 하였다.

마동필은 드디어 필로폰을 위장매수할 자금을 지원받아 마련하였다. 나봉수는 김중개와 다음날 만나 필로폰 거래를 하기로 약속한 다음 마진가에게 그 사실을 알려 주었고, 마진가는 마동필에게 제보하였다. 마동필은 위장매수자금을 소지하고 동행자로 위장한 가운데 김중개와 마진가가 박시개를 만나게 된다. 박시개는 김중개가 먼저 돌아간 상태에서 김약물로 하여금 마진가에게 필로폰을 판매하도록 하다가 현장에 잠복 중인 마약수사관들에 의해 검거되었다. 그리고 처음 계획대로, 나봉수는 검거유공을 이유로 불입건되고, 마진가는 포상금 100만 원을 지급받은 다음 나봉수와 나눠 가졌다.

질문: 김중개는 법정에서 수사기관에 의한 위법한 함정수사로서 공소기각판결을 주장하였다. 어떠한가?

대법원 2007. 7. 12. 선고 2006도2339 판결의 사실관계를 정리하였다. 실제 함정수사의 적법성 판단은 생각보다 어렵다. 2심은 공소기각판결을 하였으나 대법원은 유죄판결을 하였다. 두 의견의 논리전개과정을 살펴보자.

▣ 유인자의 지위와 역할 : 수사기관과의 관련성

수사기관은 피고인이 나봉수의 부탁을 받고 범행을 승낙한 이후에야 비로소 마진가를 통하여 그 사실을 알게 되었다는 것이고, 나봉수가 피고인에게 필로폰을 구해달라는 부탁을 할 당시에는 아직 그 사실을 알지 못하였던 것으로 보인다. 이러한 사정에 비추어 **이 사건은 수사기관이 마진가 또는 나봉수로 하여금 피고인을 유인하도록 한 것이라기보다는 마진가 또는 나봉수가 포상금 획득 등 사적인 동기에 기하여 수사기관과 관련 없이 독자적으로 피고인을 유인한 것이라고 보아야** 할 것이다.

▣ 사술과 계략의 사용

또한 나봉수는 피고인에게 단순히 10여 차례에 걸쳐 "아는 여자가 필로폰을 구입하려고 하니 구해 달라"는 부탁을 하였을 뿐 그 과정에서 피고인과의 개인적인 친밀관계를 이용하여 피고인의 동정심이나 감정에 호소하거나, 금전적·심리적 압박이나 위협 등을 가하거나, 거절하기 힘든 유혹을 하거나, 또는 범행방법을 구체적으로 제시하고 범행에 사용될 금전을 제공하는 등의 방법을 사용하지 아니하였다. 사정이 이러하다면 **이 사건은 수사기관이 사술이나 계략 등을 사용한 경우에 해당한다고 볼 수도 없다.** 따라서 **설령 피고인이 나봉수의 부탁을 받고 비로소 범의가 유발된 것이라 하더라도, 이를 위법한 함정수사라고 보기는 어렵다.** 그리고 이러한 판단은 마진가와 나봉수가 피고인을 유인한 목적이 수사기관으로부터 포상금을 지급받으려는 데에 있었다거나 피고인이 나봉수의 부탁을 받고 몇 차례 거절한 사실이 있었다고 하여 달라지는 것은 아니다.

대법원 판시사항에서 살펴보는 바와 같이, 위법성을 판단에서 범의를 유발할 당시부터 유인자가 수사기관과의 관련성, 개인적 친분이나 금전적 유혹 등과 같은 사술과 계략을 사용하였는지를 함께 검토하고 있음을 알 수 있다.

따라서 현실수사에서 함정수사의 논란을 피해가기 위해서는, 정보원과의 연락관계를 명확히 하여 정보원과 수사기관이 처음부터 연락하고 있었다는 의심이 들지 않도록 하고, 사술과 계략의 사용이 금지됨은 물론이다.

Tip 피의자 신문의 주도권 확보방법

❖ **전혀 예상하지 않았던 답변만 계속 늘어놓을 때**

피의자가 주장하는 내용에 맞추어 조사를 진행하며, 논리적으로 피의자의 허점을 파고들며 논박해야 하나, 만약 신문의 쟁점이 전혀 부각되지 않거나, 피의자의 진술이 기존 수집한 증거자료와 상반되고 상식에 부합하지 않는 경우에는 "피의자의 진술이 기존 자료와 너무나 다르니, 피의자의 진술이 뒷받침할 자료를 보면서 조사를 진행하는 것이 좋겠다"라고 말하면서 피의자의 동의를 구하고, 피의자신문조서에 "어떤 자료를 구비하여 언제쯤 다시 출석하겠다"는 문구를 남기고 귀가시켰다.

❖ **언변 등을 믿고 수사관을 깔보며, 유리한 방향으로 순간순간 말을 계속 바꾸는 경우**

진술서 작성을 요구한다. 언변이 유려하지만 글을 논리적으로 쓰지 못하는 경우도 많고, 글로 쓰게 되면 스스로 일관성이 없다는 것이 드러난다는 점에서 자필진술서를 작성하도록 하는 방법이 있다.

❖ **신문 종료 후 조서를 열람하면서 조서 기재 내용이 불리하다고 생각되면 태도를 돌변하는 경우, 가령 "나는 이런 말을 한 적이 없다", "이 부분은 조서에 기재되어 있는 그런 취지가 아니니, 이렇게 고쳐달라", "편파수사다"**

하나의 조서에 피의자의 주장, 추궁, 반대증거 제시를 한번에 담을 것이 아니라, 2회 이상으로 나누어 받는 것이 좋다.(휴식시간 전후로 1회, 2회 조서를 나누어 작성하는 등)

> • 1회 조서에는 피의자를 추궁하지 말고, 피의자가 주장하는 내용을 구체화하고 여러 각도에서 그에 대한 질문을 반복하고, 그에 대한 대답을 기재해 두어, 피의자가 제2회 조사에서 자신의 주장에 대한 추궁을 당하더라도 최초의 주장 자체를 번복하지 못하도록 확실히 고정한다. 피의자가 주장하는 내용을 조목조목 추궁하고 탄핵증거를 제시한다.
> • 2회 조서에 서명날인을 거부할 경우, 서명날인을 받지 않아도 무방하나 수사보고를 통하여 피의자가 거부의 이유를 기재한다.

PART 2

범죄의 발생과 피의자 검거

CHAPTER 1. 현행범인의 체포

CHAPTER 2. 임의동행

CHAPTER 3. 음주운전과 측정거부

CHAPTER 4. 긴급체포

112 범죄 신고 등을 통해 현장에 출동하는 경찰관은 사건해결을 위해 현행범인 체포, 임의동행, 사후 고소장 제출 권유 등을 고민하게 된다. 과거 임의동행 내지 임의제출 등으로 편의적으로 사건을 처리하려는 경향이 있던 것이 사실이다. 그러나 국민은 이미 법적 근거 없는 경찰권 발동을 용인하지 않고 있으며, 나아가 비례원칙에 반하는 공권력 행사 역시 인권침해로 받아들이고 있다.

특히 현행범인의 체포는 특히 지구대 내지 파출소의 지역경찰관에게 가장 흔한 강제수사이나, 직접 물리력을 행사하게 된다는 점에서 시민들에게는 강한 불쾌감을 주게 마련이며, 이와 관련 많은 수의 무죄 판결이 누적되어 있다.

만약 피의자에 대한 체포가 위법하다면 경찰관은 그와 관련된 직권남용체포죄 내지 징계책임을 부담하는 경우가 생기므로 신중하게 그 요건과 판단기준을 숙지할 필요가 있다. 본 PART에서는 현행범 체포와 관련된 주요 법령과 판결례 내지 실무상의 쟁점을 살펴본다.

CHAPTER 1

현행범인의 체포

    사건 현장에서 피의자에 대한 현행범 체포와 임의동행이 모두 가능한 경우, 무엇을 선택할 것인가? 대체로 불구속수사의 취지상 임의동행을 선택하는 경향이 있다. 강제처분 서류작성이 번거롭다는 점, 피의자에게 중죄를 범한 것과 같은 인상을 주어 반발을 초래한다는 부담이 있기 때문이다. 그러나 임의동행의 법적 근거가 빈약하여, 주지하다시피 판례는 엄격한 기준을 요하고 있다. 이로 인해 수사단계에서 도중에 퇴거를 요구하는 경우 보내 줄 밖에 없으며, 공판단계에서는 임의동행 불법성 주장으로 무죄가 선고되는 경우가 발생한다.

    반면 현행범체포의 경우에는, 그 체포와 석방 권한은 모두 사법경찰관에게 있을 뿐만 아니라, 검사의 사전지휘를 요하지 않으며, 중요한 범죄임을 요하지도 않는다. 따라서 사건 발생초기 불가피한 사실관계 파악을 위한 적법한 신원확보수단으로 활용할 수 있다는 점에 유의할 필요가 있다.

1. 현행범인과 준현행범

제211조(현행범인과 준현행범인)　① 범죄의 실행 중이거나 실행의 즉후인 자를 현행범인이라 한다.

② 다음 각 호의 1에 해당하는 자는 현행범인으로 간주한다.

1. 범인으로 호창되어 추적되고 있는 때

2. 장물이나 범죄에 사용되었다고 인정함에 충분한 흉기 기타의 물건을 소지하고 있는 때

3. 신체 또는 의복류에 현저한 증적이 있는 때

4. 누구임을 물음에 대하여 도망하려 하는 때

(1) 범죄의 실행의 즉후인 자

　　형사소송법 제211조 제1항에서 '범죄의 실행의 즉후인 자'라고 함은 범죄의 실행행위를 종료한 직후의 범인이라는 것이 체포하는 자의 입장에서 볼 때 명백한 경우를 일컫는다. 이는 **범죄행위를 실행하여 끝마친 순간 또는 이에 아주 접착된 시간적 단계를 의미한다. 따라서 시간적으로나 장소적으로 보아 체포를 당하는 자가 방금 범죄를 실행한 범인이라는 점에 관한 죄증이 명백히 존재하는 것으로 인정**된다면 현행범인으로 볼 수 있다.[41]

　　　🔨 경찰관들이 주민들의 신고를 받고 **현장에 도착한 당시 이미 싸움이 끝나 피고인이 의자에 앉아 있었던 사실이 인정됨**에 비추어 피고인을 현행범으로 보기 어려울 뿐만 아니라, 위 경찰관들 스스로가 피고인을 현행범으로 체포하려 한 것이 아니라 임의동행하려 하였다고 진술하고 있고, 위 경찰관들이 현행범 체포에 필요한 형사소송법 제72조 소정의 절차를 밟지도 않았던 점 등으로 보아, 피고인을 임의동행하려고 한 것이 명백하다 할 것이므로, 피고인이 임의동행을 강요하는 경찰관들에 대하여 이를 거부하는 방법으로 폭행을 한 것은 공무집행방해죄가 성립하지 아니한다.[42]

---

(41) 대법원 1995. 5. 9. 선고 94도3016 판결
(42) 대법원 1995. 5. 9. 선고 94도3016 판결

(2) 준현행범인

1) 범인으로 호창되어 추적되고 있는 때

범인에 대한 추적이 단절되어 시간이 경과하고, 장소에서 이탈된 경우에 본 요건을 적용하기 어렵다. 가령 아래와 같은 사안에서 법원은, 피고인은 강취행위를 완료한 지 1시간이 넘은 시각에 범행 현장으로부터 다소 떨어진 장소에서 체포되었다는 이유로 현행범 내지 준현행범인의 어떤 요건에도 해당되지 않는다고 보았다.[43]

⚖️ 피고인은 2008. 3. 12. 01:45경 서울 은평구 ○○동에서 판시 범죄사실과 같이 공소외 2로부터 금품을 강취한 뒤 곧바로 도망갔는데, 공소외 2가 즉시 경찰에 강도사실을 신고하면서 피고인을 뒤쫓아 갔으나, 피고인이 그 주변 빌라의 담 쪽으로 달려가 담 밑으로 뛰어내려 공소외 2가 더 이상 추격할 수 없었다. 이에 공소외 2의 신고를 받고 출동한 은평경찰서 △△지구대 소속 경장 공소외 1 등은 현장 주변의 빌라, 주차장, 골목길 등을 1시간가량 수색하였으나 피고인을 찾을 수 없었다. 그러던 중 공소외 1은 같은 날 03:00경 범행현장으로부터 약 3~4분 거리에 있는 서울 은평구 ○○동 (지번 3 생략)에 있는 ○○슈퍼 앞에서 공소외 2가 신고한 강도의 용의자와 인상착의 및 복장이 흡사한 피고인을 발견하고 그를 검문하였고, △△지구대에서 대기하고 있던 피해자를 불러 피고인이 강도범임을 확인하고 피고인을 강도의 현행범으로 체포하였고, 당시 피고인에게 피의사실 및 체포의 사유, 변호인 선임권 및 변명의 기회가 있음을 고지하였다.

2) 장물이나 범죄에 사용되었다고 인정함에 충분한 흉기 기타의 물건을 소지하고 있는 때

⚖️ | 2심 | 교통사고가 발생한 지점과 피고인이 체포된 지점은 거리상으로 약 1km 떨어져 있고 시간상으로도 10분 정도의 차이가 있으며, 경찰관들이 피고인의 차량을 사고현장에서부터 추적하여 따라간 것도 아니고 순찰 중 경찰서로부터 무전연락을 받고 도주차량 용의자를 수색하다가 그 용의자로 보이는 피고인을 발견하고 검문을 하게 된 사정에 비추어 보면, 피고인을 현행범인으로 보기 어렵다고 판단하였다.

---

(43) 대법원 2009. 3. 12. 선고 2008도11437 판결

| 대법원 | 사실관계가 위와 같다면, 피고인을 형사소송법 제211조 제1항이 규정하고 있는 현행범인에 해당한다고 보기는 어려울 것이나, 원심이 확정한 사실관계에 의하면, 인천중부경찰서 신흥파출소에 근무하는 경장 공소외 1과 순경 공소외 2가 112 차량을 타고 순찰 근무를 하던 중 이 사건 교통사고가 발생한 지 4분만에 경찰서 지령실로부터 교통사고를 일으킨 검정색 그랜져 승용차가 경찰서 방면으로 도주하였다는 무전연락을 받고 인천 중구 신흥동 소재 삼익아파트 쪽으로 진행하고 있었는데, 다시 도보 순찰자인 이운장 순경으로부터 검정색 그랜져 승용차가 펑크가 난 상태로 삼익아파트 뒷골목으로 도주하였다는 무전연락을 받고 그 주변을 수색하던 중 삼익아파트 뒤편 철로 옆에 세워져 있던 검정색 그랜져 승용차에서 피고인이 내리는 것을 발견하였고, 그 승용차의 운전석 범퍼 및 펜더 부분이 파손된 상태였다는 것인바, 사정이 이와 같다면, 피고인으로서는 형사소송법 제211조 제2항 제2호의 '장물이나 범죄에 사용되었다고 인정함에 충분한 흉기 기타의 물건을 소지하고 있는 때'에 해당한다고 볼 수 있으므로, 준현행범인으로서 영장 없이 체포할 수 있는 경우에는 해당한다고 봄이 상당하다.

3) 신체 또는 의복류에 현저한 증적이 있는 때

🔨 음주운전 중 교통사고를 야기한 후 피의자가 의식불명 상태에 빠져 있는 등의 경우에 피의자의 신체 내지 의복류에 주취로 인한 냄새가 강하게 나는 등 형사소송법 제211조 제2항 제3호가 정하는 범죄의 증적이 현저한 준현행범인으로서의 요건이 갖추어져 있고 교통사고 발생 시각으로부터 사회통념상 범행 직후라고 볼 수 있는 시간 내라면, 피의자의 생명·신체를 구조하기 위하여 사고현장으로부터 곧바로 후송된 병원 응급실 등의 장소는 형사소송법 제216조 제3항의 범죄 장소에 준한다.[44]

4) 누구임을 물음에 대하여 도망하려 하는 때

🔨 | 사례 | 수연지구대 소속 A경위는 최근 관내 자전거절도범인 문제로 골치

---

(44) 대법원 2012. 11. 15. 선고 2011도15258 판결

가 아프다. 관내 자전거 보관소 등에서 잠복 수사하고 있음에도 잡지 못하고 있는 것이다. 관내 외곽에서 잠복 중, 피해자가 말해준 인상착의와 유사한 갑을 보게 되자, A경위는 불심검문을 위해 다가가자, 갑은 황급히 도망치기 시작하였다.

● **A경위는 갑을 준현행범인(4호)로 체포할 수 있는가?**

시간적 · 장소적 제한이 조문에 명시되지 않았지만, 현행범인으로 간주되는 준현행범인의 취지상 시간적 · 장속적으로 근접한 경우로 제한하여 해석함이 타당하다. 일부 하급심도 같은 생각이다.[45] 즉, 누구임을 물음에 대하여 도망하려 하는 자는 현행범인으로 간주되는 준현행범인에 해당하고, 여기에서 '누구임을 물음에 대하여 도망하려 하는 때'에 해당하기 위해서는 누구임을 물을 것을 요건으로 하므로 반드시 구체적으로 말로 물을 것까지는 필요로 하지 않는다고 하더라도 묻는 행위에 준하는 무언가의 적극적인 행위는 있어야 할 것이어서 범인이 단지 경찰관을 보고 도망하려 한 때에는 여기에 해당하지 않는다고 할 것이다. 범죄가 발생한 지 시간상으로 얼마 안 되고 또 그 범행장소와 장소적으로도 근접성이 있는 곳에서 경찰관 등이 인적사항을 확인하려고 시도하자 도망하려 하였다면 경찰관 등이 꼭 명시적으로 '누구냐'라고 말하지는 않았다 하더라도 여기에 해당한다.

| 사례의 해결 |　위 하급심의 태도에 따르더라도, 준현행범인으로 체포하기에는 시간적, 장속적으로 근접하지 않았다는 점에서 불가하고, 긴급체포 요건이 충족되면 그에 따라 체포할 수 있을 뿐이다

2. 현행범인의 체포

> **제212조(현행범인의 체포)**　현행범인은 누구든지 영장 없이 체포할 수 있다.
>
> **제213조(체포된 현행범인의 인도)** ① 검사 또는 사법경찰관리 아닌 자가 현행범인을 체포한 때에는 즉시 검사 또는 사법경찰관리에게 인도하여야 한다.
>
> ② 사법경찰관리가 현행범인의 인도를 받은 때에는 체포자의 성명, 주거, 체포의 사유를 물어야 하고 필요한 때에는 체포자에 대하여 경찰관서에 동행함을 요구할 수 있다.

---

(45)　서울서부지방법원 2010. 5. 18. 선고 2009노1379

> **제214조(경미사건과 현행범인의 체포)** 다액 50만 원 이하의 벌금, 구류 또는 과료에 해당하는 죄의 현행범인에 대하여는 범인의 주거가 분명하지 아니한 때에 한하여 제212조 내지 제213조의 규정을 적용한다

(1) 체포의 요건과 판단재량

현행범인에 해당하더라도 그 체포를 위해서는 ① **행위의 가벌성,** ② **범죄의 현행성과 시간적 접착성,** ③ **범인 · 범죄의 명백성** 이외에 ④ **체포의 필요성, 즉 도망 또는 증거인멸의 염려가 있어야 한다.**[46]

위와 같은 현행범인 체포의 요건을 갖추었는지는 **체포 당시의 상황을 기초로 판단하여야 하고,** 이에 관한 수사주체의 판단에는 상당한 재량의 여지가 있다고 할 것이다. 따라서 체포 당시의 상황에서 보아 그 요건에 관한 수사주체의 판단이 경험칙에 비추어 현저히 합리성이 없다고 인정되지 않는 한 수사주체의 현행범인 체포를 위법하다고 단정할 것은 아니다.[47]

(2) 사인에 의한 체포의 경우 : 인수

수사시관과 달리 사인의 현행을 체포하는 경우에는, ① 현행범 체포를 위해 타인의 주거에 들어갈 수는 없으며, ② 현장에서 압수나 수색도 허용되지 않고, ③ 현행범인을 체포했을 시에는 즉시 검사 또는 사법경찰관리에게 인도해야 한다.

여기서 '즉시'라고 함은 반드시 체포시점과 시간적으로 밀착된 시점이어야 하는 것은 아니고, '정당한 이유 없이 인도를 지연하거나 체포를 계속하는 등으로 불필요한 지체를 함이 없이'라는 뜻이다. 그리고 **48시간의 기산점은 체포 시가 아니라 검사 등이 현행범인을 인도받은 때이다.**[48]

---

(46) 98도3029 판결 등
(47) 대법원 2012. 11. 29. 선고 2012도8184 판결 등 참조
(48) 대법원 2011. 12. 22. 선고 2011도12927 판결

(3) 경미사범에 대한 체포의 경우

다액 50만 원 이하의 벌금, 구류 또는 과료에 해당하는 죄의 현행범인에 대하여는 범인의 주거가 분명하지 아니한 때에 한하여 제212조 내지 제213조의 규정을 적용한다. 주로 경범죄처벌법이 이에 해당하며, 실무상 신분증을 제시하지 않고 본인의 인적사항을 일체 묵비하는 경우에는 대체로 주거부정을 인정한다. 다만, 아래 두 경우는 60만 원 이하의 벌금 등으로 규정되어 있어, 경미사범 특례 적용범위가 아니다.[(49)]

> 1. (관공서에서의 주취소란) 술에 취한 채로 관공서에서 몹시 거친 말과 행동으로 주정하거나 시끄럽게 한 사람
> 2. (거짓신고) 있지 아니한 범죄나 재해 사실을 공무원에게 거짓으로 신고한 사람

(4) 체포의 필요성

원칙적으로 대법원은 현행범인 체포를 위해 도망 내지 증거인멸이라는 체포의 필요성을 요구하고 있다.

| 범죄사실 | 피고인이 평택시 팽성읍 송화리 소재 피해자 잭 엘 조하니스의 집 앞 노상에서 피해자가 그곳에 주차하여 둔 피고인의 차를 열쇠 꾸러미로 긁어 손괴하는 것을 보고 이에 격분하여 피해자의 멱살을 수회 잡아 흔들어 피해자에게 약 14일간의 치료를 요하는 흉부찰과상을 가하였다.

| 현행범인 체포와 정당행위 | 이 사건에서 피해자가 재물손괴죄의 현행범인에 해당함은 명백하고, 피해자는 당시 <u>열쇠로 피고인의 차를 긁고 있다가 피고인이 나타나자 부인하면서 도망하려고 하였다는 것이므로 위에서 말하는 체포의 필요성의 요건도 갖추었다</u>. 또 피고인이 피해자를 체포함에 있어서 멱살을 잡은 행위는 그와 같은 적정한 한계를 벗어나는 행위라고 볼 수 없을 뿐만 아니라 피고인이 도망하려는 피해자를 체포함에 있어서 멱살을 잡고 흔들어 피해자가 결과적으로 상처를 입

[(49)] 경법죄처벌법 제3조 제3항 〈개정 2013. 5. 22.〉

게 된 사실이 인정된다고 하더라도 정당행위에 해당한다고 본 사례

그러나 현행범인 체포를 실제 운영하고 있는 지역경찰의 실무는 이와 같은 측면에서만 단순히 판단할 수 없다. 가령 인적사항이 분명하고 도주 우려가 없더라도 말로써 제지하기 어려운 음주소란에 의한 업무방해, 격투로 인한 폭행 등의 경우에는 치안질서 유지를 위해 체포해야만 하는 급박한 사정이 있다는 점에서 그 필요성은 얼마든지 인정되어야 하기 때문이다.

따라서 현행범 체포 관련 판례를 중심으로 체포의 필요성과 관련된 사항은 몇 가지 유형으로 나누어 살펴보는 것이 타당하다.

1) 소란행위

대법원 2013. 8. 23. 선고 2011도4763 판결에서, 피고인은 식당에서 소란을 피운 혐의로, 112 신고를 받고 출동한 경찰관들을 도와 피고인을 제지하려던 매형인 피해자의 가슴, 낭심 등을 걷어차고, 출동한 경찰관을 폭행였다는 등의 이유로 업무방해 · 공무집행방해 · 폭행 · 상해로 공소제기 되었다. 피고인은 식당 운영권을 둘러싸고 수개월 동안 다툼이 지속되고 있었고, 경찰관 역시 빈번히 출동하기도 했던 사안이다. 따라서 **영업권분쟁관계에 있는 당사자 간의 다툼으로 도주 내지 증거인멸의 우려가 없는 경우**이다. 심지어 소란행위 관련 업무방해죄는 무죄가 내려졌다. 그럼에도 대법원은 피고인이 상황을 설명해 달라거나 밖에서 얘기하자는 경찰관의 요구를 거부하고 경찰관 앞에서 소리를 지르고 양은그릇을 두드리면서 소란을 피운 당시 상황에서는 객관적으로 보아 피고인이 업무방해죄의 현행범이라고 인정할 만한 충분한 이유가 있다는 등의 이유로 그 적법성을 인정한 바 있다.

2) 상대적으로 경미한 범죄 – 경찰관에 대한 모욕

지역경찰에게는 유명한 판결이다. 이로 인해 '체포의 필요성' 요건에 대한 문제의식을 낳게 하였다.

반면 피고인이 경찰관의 불심검문을 받아 운전면허증을 교부한 후 경찰관에게 큰소리로 욕설을 하였는데, 경찰관이 모욕죄의 현행범으로 체포하겠다고 고지한 후 피고인의 오른쪽 어깨를 붙잡자 반항하면서 경찰관에게 상해를 가한 사안에서, 피고인은 경찰관의 불심검문에 응하여 이미 운전면허증을 교부한 상태이고, 경찰

관뿐 아니라 인근 주민도 욕설을 직접 들었으므로, 피고인이 도망하거나 증거를 인멸할 염려가 있다고 보기는 어렵고, 피고인의 모욕 범행은 불심검문에 항의하는 과정에서 저지른 일시적·우발적인 행위로서 사안 자체가 경미할 뿐 아니라, 피해자인 경찰관이 범행현장에서 즉시 범인을 체포할 급박한 사정이 있다고 보기도 어려우므로, 경찰관이 피고인을 체포한 행위는 적법한 공무집행이라고 볼 수 없다.

3) 비교판례

반면 대법원 2014. 5. 29. 선고 2013도5686 판결의 사실관계을 살펴보자. 체포의 필요성과 관련된 사안이 아니고 미란다 원칙 고지가 문제된 사안이다.

> ① 피고인은 체포 당시 술에 취하여 공소외 2에게 휴대전화를 쓰게 해 달라고 했다가 거절당하자 욕설을 하며 멱살을 잡아 흔들고 밀어 넘어뜨리는 등 폭력적인 상태에 있었다고 보이는 점, ② 공소외 2는 경찰에서 '피고인이 경찰관에게 오랫동안 심한 욕설을 하며 난리를 피웠고, 피고인이 경찰관과 시비하여 나중에 경찰관이 두 명 더 현장에 출동하였으며, 지구대에 가서도 난동을 피웠다'고 진술한 점, ③ 경찰장구사용보고서에도 '피고인이 경찰관들에게 10여 분간 심한 욕설을 하였고, 순찰차에 태우자 경찰관을 주먹으로 때리는 등 폭력을 행사하여 부득이 수갑을 사용해 제압하였다'고 기재되어 있는 점, ④ 공소외 1은 경찰에서 '피고인에게 휴대전화를 안 빌려 줄 수도 있다고 이야기하자 10여 분간 심하게 욕설을 하였고 너무 욕을 많이 들어 화가 나서 모욕죄로 입건한다고 고지하였으며, 순찰차 뒷좌석에 태우고 운전하려는 순간 갑자기 뒤에서 욕설하며 주먹으로 얼굴을 때렸고 지구대로 가서도 1시간 정도 계속해서 욕을 하였다'고 진술하였다.

대법원은 피고인을 모욕죄로 체포하면서 피고인을 체포하면서 범죄사실의 요지만 고지하였을 뿐 변호인 선임 등을 고지하지 않고 변명할 기회도 주지 않았다고 인정한 것과 변호인 선임할 권리 등에 관하여 고지하거나 변명할 기회를 주기에 충분한 시간적 여유가 있는 상황이었는지에 관한 원심의 판단 역시 그대로 받아들이기 어렵다는 면에서 파기환송하였다.

3. 체포절차

누구나 현행범인을 체포할 수 있으며, 대인적 강제처분으로서 각각의 피의자별로 현행범인체포서를 작성한다. 다만, 수사기관이 피의자를 체포하는 경우에는 피의사실의 요지, 체포의 이유와 변호인을 선임할 수 있음을 말하고 변명할 기회를 주어야 한다.

(1) 고지사실의 입증

다음과 같은 경우, 실제 고지 여부를 하였는지가 문제된다. 가령 ① 체포경찰이 미란다 원칙을 고지 여부가 기억나지 않는다고 법정 진술하거나, ② 피의자 등이 경찰 조사단계부터 일관되게 미고지를 주장하고, 고지확인서가 기록에 편철되어 있지 않으며, 당시 미란다 원칙 고지 상황에 대한 CCTV 자료 내지 관련 날인거부의 진술증거가 전혀 없는 경우, ③ 범죄사실 자체에서 현행범인 체포 이후의 사실을 적시하는 경우 등이다.

실무상 실제로 고지하였다면 날인을 거부하더라도 현행범인 체포는 적법함은 물론이나(2013도5686 참조), 실제 고지사실을 입증하기 위해 날인거부상황과 그 이유를 수사보고서에 자세히 기재하여 법원으로 하여금 피의자가 거짓말하고 있음을 잘 알 수 있도록 할 필요가 있다.

(2) 체포 · 구속의 통지

> **범죄수사규칙 제97조(체포 · 구속의 통지 등)** ① 경찰관은 피의자를 체포 · 구속한 때에는 변호인이 있는 경우에는 변호인에게, 변호인이 없는 경우에는 다음 각 호의 자 중 피의자가 지정한 자에게 체포 · 구속의 통지를 하여야 한다.
> 1. 피의자의 법정대리인
> 2. 배우자
> 3. 직계친족과 형제자매
> ② 경찰관은 피의자를 체포 · 구속한 때에는 피의자와 다음 각 호의 자 중 피의자가 지정한 자에게 체포 · 구속 적부심사를 청구할 수 있음을 통지하여야 한다.

1. 변호인

2. 전항 각 호의 자

3. 가족, 동거인, 고용주

③ 제1항 및 제2항의 통지는 체포·구속한 때로부터 24시간 이내에 별지 제64호 서식의 체포·구속 통지서에 따라 사법경찰관 명의로 한다. 다만, 위에 규정된 자가 없어 통지를 하지 못하는 경우에는 별지 제2호 서식의 수사보고서에 그 취지를 기재하여 사건기록에 편철하여야 한다.

④ 경찰관은 제3항에 의한 통지를 할 때에는 전화, 팩스, 전자우편, 문자메시지(SMS) 전송 그 밖에 상당한 방법으로 체포·구속의 통지를 할 수 있다. 이 경우에도 사후에 지체 없이 서면으로 체포·구속의 통지를 하여야 한다.

⑤ 체포·구속의 통지서 사본은 그 사건기록에 편철하여야 한다.

(3) 조사 및 석방

범죄수사규칙 제83조(현행범인의 조사 및 석방) ① 경찰관은 현행범인을 체포하거나 이를 인수하였을 때에는 약물 복용 또는 음주 등으로 인하여 조사가 현저히 곤란한 경우가 아니면 지체 없이 조사하고 계속 구금할 필요가 없다고 인정할 때에는 소속 경찰관서장의 지휘를 받아 즉시 석방하여야 한다.

② 제1항의 규정에 따라 현행범인을 석방한 때에는 지체 없이 그 사실을 검사에게 보고하여야 하고, 석방일시와 석방사유를 기재한 피의자석방보고를 작성하여 사건기록에 편철하여야 한다.

③ 경찰관은 체포한 현행범인을 석방하는 때에는 현행범인 체포원부에 석방일시 및 석방사유를 기재하여야 한다.

(4) 구속영장의 청구

현행범인을 체포하거나 현행범인을 인도받은 후 현행범인을 구속하고자 하는 경우 48시간 이내에 구속영장을 청구하여야 하고 그 기간 내에 구속영장을 청구하

지 아니하는 때에는 즉시 석방하여야 한다.[50]

---

(50) 형사소송법 제213조의2, 제200조의2 제5항, 대법원 2011. 12. 22. 선고 2011도12927 판결; 영장에 의하지 아니한 체포 상태가 부당하게 장기화되어서는 안 된다는 인권보호의 요청과 함께 수사기관에서 구속영장 청구 여부를 결정하기 위한 합리적이고 충분한 시간을 보장해 주려는 데에도 그 입법취지가 있다.

CHAPTER 2

임의동행

임의동행의 적법성이 부정되면 강제연행으로 보고, 현행범인 체포의 절차, 즉 미란다 원칙을 고지하였는지를 묻게 된다. 다만, 수사상 임의동행과 경찰관 직무집행법상 임의동행은 그 목적과 법적 근거와 절차가 다르다는 점에 주의할 필요가 있다.

1. 수사상 임의동행의 적법성 요건

수사관이 동행에 앞서 피의자에게 동행을 거부할 수 있음을 알려 주었거나 동행한 피의자가 언제든지 자유로이 동행과정에서 이탈 또는 동행장소로부터 퇴거할 수 있었음이 인정되는 등 오로지 피의자의 자발적인 의사에 의하여 수사관서 등에의 동행이 이루어졌음이 객관적인 사정에 의하여 명백하게 입증된 경우에 한하여, 그 적법성이 인정되는 것으로 봄이 상당하다.

① 경찰관들이 피고인을 동행한 시각이 동틀 무렵인 새벽 06:00경이었고, 그 장소는 피고인의 집 앞이었으며, 그 동행의 방법도 4명의 경찰관들이 피고인의 집 부근에서 약 10시간 동안 잠복근무를 한 끝에 새벽에 집으로 귀가하는 피고인을 발견하고 4명이 한꺼번에 차에서 내려 피고인에게 다가가 피의사실을 부인하는 피고인을 동행한 것인 점,

② 피고인을 동행한 경찰관 공소외 1이 1회 검찰진술에서 "공소외 2(피고인의 누나로서 도난당한 수표를 피고인으로부터 건네받았다고 진술하였다)는 임의동행 형식으로 화천경찰서로 데리고 온 사실이 있고, 공소외 2의 진술을 확인하고 피의자(이름 생략)을 검거하기 위하여 춘천시 퇴계동 소재(이름 생략)의 집에 출장을 가서 피의자(이름 생략)을 긴급체포하면서 검거하게 되었다"라고 진술하여 원심상피고인 공소외 2에 대해서는 임의동행하였다고 하면서 피고인의 경우는 긴급체포하였다는 식으로 양자를 구별하였고, 2회 검찰진술에서는 "공소외 2의 진술서와 진술조서를 근거로 하여 현장에서 긴급체포하려고 하였으나 (이름 생략)이 혐의사실을 완강히 부인하고, 공소외 2의 진술 외에 확실한 증거가 없었기 때문에 현장에서 바로 피고인을 긴급체포하면 보강증거를 찾기에는 시간이 너무 부족한 것 같아 (이름 생략)의 동의를 얻은 후 임의동행하려고 하였던 것입니다"라고 진술하는 등 애당초 피고인을 긴급체포할 의사로 피고인의 집으로 간 것으로 보이는 점,

③ 공소외 1은 동행을 요구할 당시 피고인에게 공소외 2가 이야기한 절도 사실에 대하여 고지하니 피고인이 혐의내용을 완강히 부인하여 경찰서에 가서 확인을 해보고 피고인의 이야기가 맞으면 그냥 돌아가도 좋다고 설득하였다고 진술하면서도 피고인에게 동행 요구에 응하지 않아도 된다는 점을 고지하였음을 인정할 만한 진술은 하고 있지 않는 반면에, 피고인은 원심 법정에서 당시 경찰관들로부터 동행 요구에 대해 거부할 수 있다는 것을 사전에 고지받은 적이 없다고 진술하는 등, 경찰관들이 동행을 요구할 당시 피고인에게 그 요구를 거부할 수 있음을 말해주지 않은 것으로 보이는 점,

④ 피고인이 원심 법정에서 경찰서에서 화장실에 갈 때도 경찰관 1명이 따라와 감시했다고 진술한 점 등에 비추어 피고인이 경찰서에 도착한 이후의 상황도 피고인이 임의로 퇴거할 수 있는 상황은 아니었던 것으로 보이는 점 등 제반 사정에 비추어 보면, 비록 사법경찰관이 피고인을 동행할 당시에 물리력을 행사한 바가 없고, 피고인이 명시적으로 거부의사를 표명한 적이 없다고 하더라도, 사법경찰관이 피고인을 수사관서까지 동행한 것은 위에서 본 적법요건이 갖추어지지 아니한 채 사법경찰관의 동행 요구를 거절할 수 없는 심리적 압박 아래 행하여진 사실상의 강제연행, 즉 불법 체포에 해당한다고 보아야 할 것이고, 사법경찰관이 그로부터 6시간 상당이 경과한 이후에 비로소 피고인에 대하여 긴급체포의 절차를 밟았다고 하더라도 이는 동행의 형식 아래 행해진 불법 체포에 기하여 사후적으로 취해진 것에 불과하므로,

그와 같은 긴급체포 또한 위법하다고 아니할 수 없다. 따라서 피고인은 불법체포된 자로서 형법 제145조 제1항 소정의 '법률에 의하여 체포 또는 구금된 자'가 아니어서 도주죄의 주체가 될 수 없다.[51]

2. 관련문제

(1) 현행범인의 체포와 공무집행방해죄 내지 상해죄

공무집행방해죄는 공무원의 직무집행이 적법한 경우에 한하여 성립한다. 또한 현행범인으로서의 요건을 갖추고 있었다고 인정되지 않는 상황에서 경찰관들이 동행을 거부하는 자를 체포하거나 강제로 연행하려고 하였다면, 이는 적법한 공무집행이라고 볼 수 없다. 따라서 그 체포를 면하려고 반항하는 과정에서 경찰관에게 상해를 가한 것은 정당방위에 해당하여 위법성이 조각된다.[52]

(2) 직권남용체포죄

현행범인 체포의 요건을 갖추었는지에 관한 검사나 사법경찰관 등의 판단에는 상당한 재량의 여지가 있으나, 체포 당시 상황으로 보아도 요건 충족 여부에 관한 검사나 사법경찰관 등의 판단이 경험칙에 비추어 현저히 합리성을 잃은 경우 그 체포는 위법하다. 그리고 범죄의 고의는 확정적 고의뿐만 아니라 결과 발생에 대한 인식이 있고 이를 용인하는 의사인 이른바 미필적 고의도 포함하므로, 피고인이 인신구속에 관한 직무를 집행하는 사법경찰관으로서 체포 당시 상황을 고려하여 경험칙에 비추어 현저하게 합리성을 잃지 않은 채 판단하면 체포 요건이 충족되지 아니함을 충분히 알 수 있었는데도, 자신의 재량 범위를 벗어난다는 사실을 인식하고 그와 같은 결과를 용인한 채 사람을 체포하여 권리행사를 방해하였다면, 직권남용체포죄와 직권남용권리행사방해죄가 성립한다.

---

(51) 대법원 2006. 7. 6. 선고 2005도6810 판결
(52) 99도4341 판결 등

(3) 경찰관에 대한 고소와 무고죄와 대응

무고죄는 타인으로 하여금 형사처분 또는 징계처분을 받게 할 목적으로 공무소 또는 공무원에 대하여 허위의 사실을 신고하는 때에 성립한다. 허위사실의 신고라 함은 신고사실이 객관적 사실에 반한다는 것을 확정적이거나 미필적으로 인식하고 신고하는 것을 말한다. 한편 무고죄의 기본법리는 다음과 같다.

1) 무고죄가 안 되는 경우

신고사실의 일부에 허위의 사실이 포함되어 있다고 하더라도 그 허위 부분이 범죄의 성부에 영향을 미치는 중요한 부분이 아니고, 단지 신고한 사실을 과장한 것에 불과한 경우에는 무고죄에 해당하지 않는다.

2) 무고죄가 되는 경우

그러나 그 일부 허위인 사실이 국가의 심판 작용을 그르치거나 부당하게 처벌을 받지 아니할 개인의 법적 안정성을 침해할 우려가 있을 정도로 고소사실 전체의 성질을 변경시키는 때에는 무고죄가 성립될 수 있다.[53]

---

(53) 대법원 2009. 1. 30. 선고 2008도8573 판결

사례 | 6 | 사우나혈투

태주는 넘버 1이 되고 싶었다. 하지만 최근에 반대파로부터 칼을 맞은 이후로 일이 잘 풀리지 않는 넘버 3 건달일 뿐이었다. 그 날도 밤새도록 술을 마신 태주는 술에 취한 채로 아침부터 사우나에 갔다. 시끄럽게 사우나를 사용하던 태주는 삼돌이와 시비가 붙었다. 태주는 아침 09:10경 사우나 탈의실에서 삼돌이를 두드려 패고 1분 동안 목을 잡고 있다가 다른 사람들이 말리자 삼돌이의 목을 놓은 후 탈의실 의자에 앉아 있었다.

켁켁거리다 정신이 든 삼돌이가 탈의실 내 평상을 뒤집었지만, 다른 사람들이 평상을 원위치시켜 놓았다. 사우나 이발사는 태주에게 옷을 입고 시끄럽게 하지 말고 그만 가라고 하여 태주는 옷을 입고 있었다.

한편 사우나 주인이 경찰에 112 신고를 하여 경찰관 마동팔. 소동파가 바로 출동하였다. 이들이 현장에 출동하였을 때 태주는 탈의실에서 옷을 입고 있었다. 마동팔은 피해자. 태주. 신고자 등을 상대로 신고내용을 들은 후 탈의실에 있는 태주를 상해죄의 현행범인으로 체포한다고 하면서 미란다 원칙을 고지하고 태주를 강제로 연행하려고 하였다.

태주는 잘못한 일이 없다고 하면서 탈의실 바닥에 누워 한동안 체포에 불응하였다. 이에 마동팔이 태주에게 사우나 영업에 지장이 있으니 누워 있지 말고 나오라고 경고하였다. 그런데도 태주는 술에 취해 배짱으로 계속 누워서 저항하자 마동팔은 09:35 내지 09:40경 다른 사람들과 힘을 합하여 태주를 들고 사우나 밖으로 나와 112 순찰차량의 뒷좌석에 태웠다.

그런데 태주는 무슨 힘이 생겼는지, 갑자기 차 밖으로 뛰쳐나와 양손으로 경찰관 마동팔의 멱살을 붙잡은 후 양 주먹으로 얼굴을 때려, 멍이 들게 하고 말았다 (전치 2주).

 질문: 태주에게 공무집행방해죄는 성립하는가?

> 정답: 유죄

대법원 2006. 2. 10. 선고 2005도7158 판결의 사실관계를 각색하였다. 마동팔의 현행범 체포와 관련하여

위 사건에서 항소심은 피고인이 범죄의 실행행위를 종료한 직후임이 체포자인 경찰관 등에게 명백히 인정되는 경우라고 보기 어려워 피고인을 현행범인이라고 볼 수 없다고 판단하였다.

반면 대법원은 피고인을 현행범인으로 체포한 시기는 상해행위를 종료한 순간과 아주 접착된 시간적 단계에 있다고 볼 수 있을 뿐만 아니라 피고인을 체포한 장소도 상해범행을 저지른 바로 목욕탕 탈의실이어서, 출동 경찰관이 피고인을 체포할 당시는 피고인이 방금 범죄를 실행한 범인이라고 볼 죄증이 명백히 존재하는 것으로 인정할 수 있는 상황이었다고 할 것이므로, 피고인을 현행범인으로 볼 수 있다고 보았다.

 유의사항

본 사건은 범죄행위와 시간적, 장소적으로 접착된 점을 기준으로 현행범 체포의 적법성을 인정한 사안이다. 영장 없는 현장범체포가 정당화되는 이유는 범인·범죄의 명백성, 현행성에 있으며, 대법원은 현행범인 체포의 요건과 관련하여 범죄의 현행성에 대해 엄격히 해석하는 경향이 있다.

나선생은 스스로를 누구보다 교육자로서의 사명감을 충실히 가졌다고 자부하고 있다. 그런데 교장선생님은 나를 인정해 주지 않고 갑질을 부린다고 평소 생각해왔다. 그러던 중 인사문제로 분노한 나선생은 오후 15:00에 교장실에 들어가 5분 동안 식칼을 휘두르며 교장을 협박하고 소란을 피웠다.

얼마 지나지 않아 출동한 경찰관 또신고는 학교에 도착하였다. 또신고는 학교 교감과 서무주임을 만나 자초지정을 들었다. 그리고는 15:45분에 서무실에 앉아 있던 나선생을 연행하려고 하였다. 그러나 나선생은 케이블 TV에서 보았던 경찰수사 대응요령이 생각났다. 구속영장을 가져오지 않으면 순찰차에 탈 수 없다고 거부하였다.

또신고는 어쩔 수 없이 현행범으로 체포한다면서 자동차에 태워 연행하려고 하였다. 나선생은 배운 것과 달리 강제로 데려가려는 경찰관에게 화가 났다. 나선생은 경찰관들의 멱살을 잡아당기고, 자동차의 출발을 저지하려고 자동차의 문짝을 계속하여 잡아당겼다.

질문: 나선생에 대한 공무집행방해죄는 성립하는가?

정답: 무죄

대법원 1991. 9. 24. 선고 91도1314 판결을 각색하였다.

- 이 사건에서 항소심은 공무집행방해죄를 유죄로 인정하였다. 즉, 범죄의 실행의 즉후인 자도 현행범이라고 할 것이므로, 경찰관들의 현행범 체포는 적법한 것이라고 판단한 것이다.
- 그러나 대법원은 달리 보았다. 신고를 받고 출동한 경찰관들이 나선생을 체포하려고 한 것은, 범죄의 실행행위가 종료된 때로부터 무려 40여분 정도가 지난 후이며, 체포한 장소도 범죄가 실행된 교장실이 아닌 서무실이라는 점을 감안하여, 경찰관들이 나선생을 체포할 당시 그 학교의 교사로서 서무실에 앉아 있던 나선생이 방금 범죄를 실행한 범인이라는 죄증이 체포자인 경찰관들에게 명백히 인식될 만한 상황이었다고 단정하기 어렵다고 보았다. 그러나 준현행범인으로 볼 수 있었던 것인지의 여부는 따로 판단될 문제라고 보았다.

 유의사항

판례의 경향을 정리하면(2005도7158, 93도926 등), 현재 범행 중이거나 범행 직후 20~30분 이내 여부, 범행장소 내지 인접장소 여부를 감안하여 현장에 출동한 경찰관·입장에서 방금 범죄를 실행한 범인임이 명백히 인식될 만한 상황이었는지를 기준으로 판단하여야 한다.

대법원은 현행범 체포는 어렵다고 본 반면 준현행범 여부는 별개로 검토해야 한다는 입장이다. 위 사안이 준현행범의 가능성을 시사하고 있다. 가령 범행도구인 칼이 나선생 옆에 있다는 등의 부가적 사정이 있었다면 준현행범 체포가 가능할 것으로 생각한다. 실무상 현행범과 준현행범을 잘 구별하지 않고 있으나 시간적·장소적 접착성이 문제가 된다면, 준현행범 체포를 염두에 두고 사건을 처리하여야 할 것으로 보인다.

성춘향과 변학또는 원래 금실이 좋은 부부였다. 하지만 최근 가정경제가 나빠지면서 밤마다 부부싸움에 시달리고 있다. 오늘도 성춘향은 변학또와 집 안에서 다툰 후 모두 잠든 새벽 02:35경 '아저씨가 폭행했다'라는 사실로 112 전화신고로 경찰에 도움을 요청했다. 변학또는 성춘향이 112 전화신고를 하는 것을 보고 집 밖으로 나가버렸다. 현장에 출동한 경찰관 오신념은 성춘향으로부터 '남편이 신발을 신지 않고 나갔으니 잡아달라'라는 요청을 받고 집 밖으로 나갔다.

02:55경 성춘향의 집에서 약 50m 떨어진 곳에 술에 취해 맨발로 서 있는 변학또를 보고 "잠깐 서 보십시오"라고 말하였으나 변학또는 도망갔다. 경찰관들은 도망간 남자가 성춘향을 폭행한 범인이라고 의심하고 쫓아가서 "변학또 씨 아니냐, 부인을 왜 때리고 가느냐"라는 취지로 말하면서 변학또에게 "일단 확인을 해 보자"라고 했는 데도 계속 모른다고 부인하면서 도망가려고 하였다. 이에 오신념과 김충성은 변학또에게 이른바 미란다 원칙을 고지하고 가정폭력의 현행범으로 체포한다며 피고인의 왼쪽 손을 수갑으로 채웠다. 김충성은 체포한 변학또가 가정폭력의 범인인지 여부 및 폭력상황을 확인하기 위해 변학또의 집으로 성춘향을 데리러 갔다. 김충성은 이 과정에서 체포당하지 않으려고 김충성의 가슴 부위를 변학또가 머리로 들이받자 오른손 엄지손가락을 꺾어 오른손 엄지손가락 염좌의 상해를 가하였다.

질문: 공무집행방해인가?

정답: 1심 무죄, 2심 유죄 (하급심 사안)

서울서부지방법원 2010. 5. 18. 선고 2009노1379 판결사안이다. 본 사안은 현행범 체포의 요건은 충족하지 못하나, 준현행범 체포의 적법성은 긍정하였다. 1심은 아래와 같은 이유로 불법체포로 보았다.

▣ **1심 법원의 태도**

• 경찰관이 피고인을 현행범으로 체포한 시기는 피해자인 아내가 112 전화신고를 한 때로부터도 최소한 20분가량 지난 시점이었을 뿐 아니라, 이미 경찰관들이 사건장소인 피고인의 집에 도착하기 이전에 이미 피고인은 사건현장인 집에서 완전히 벗어나 다른 사람들과 뒤섞일 가능성이 큰 장소인 도로 부근으로 이동해 있었던 점, 경찰관들은 피고인의 집 앞의 골목길을 완전히 벗어나 큰 도로 부근에서 걸어가고 있던 피고인을 현행범 체포한 이후 피고인이 가정폭력사건의 범인인지 확인을 하기 위해 피해자를 체포현장으로 데리고 오기까지 한 점 등을 종합하여 보면, 시간적으로나 장소적으로 보아 체포자인 경찰관들로서는 체포를 당하는 피고인이 방금 범죄를 실행한 범인이라는 점에 관한 죄증이 명백한 상태에 있었다고 보기 어렵다고 보았다.

• 나아가 체포의 필요성에서 보더라도 이미 동거녀와의 가정 내 다툼이 종료한 이후 집 밖으로 나간 피고인에게 도망 또는 증거인멸의 염려 등의 체포의 필요성이 있었다고 보이지도 않는다.

• 또한 피고인에게 준현행범의 어떠한 요건에도 해당한다고 볼 수 없어서 경찰관들이 피고인을 현행범으로 체포한 행위는 적법한 공무집행이라고 보기 어렵다. 따라서 피고인이 체포를 면하기 위해서 경찰관을 폭행하였다고 하더라도 공무집행방해죄가 성립되지 않는다.

▣ **항소심 판단**

• 원심이 시간적으로나 장소적으로 보아 체포자인 경찰관들로서는 체포를 당하는 피고인이 방금 범죄를 실행한 범인이라는 점에 관한 죄증이 명백한 상태에 있었

다고 보기 어렵다는 이유로, 피고인을 범죄의 실행의 즉후인 자로 볼 수 없어 현행범인에 해당하지 않는다고 판단한 것은 정당한 것으로 수긍이 간다.

- 다만, <u>누구임을 물음에 대하여 도망하려 하는 자는 현행범인으로 간주되는 준현행범인에 해당하고, 여기에서 '누구임을 물음에 대하여 도망하려 하는 때'에 해당하기 위해서는 누구임을 물을 것을 요건으로 하므로 반드시 구체적으로 말로 물을 것까지는 필요로 하지 않는다고 하더라도 묻는 행위에 준하는 무언가의 적극적인 행위는 있어야 할 것이어서 범인이 단지 경찰관을 보고 도망하려 한 때에는 여기에 해당하지 않는다고 할 것이나, 범죄가 발생한지 시간상으로 얼마 안되고 또 그 범행장소와 장소적으로도 근접성이 있는 곳에서 경찰관 등이 인적사항을 확인하려고 시도하자 도망하려 하였다면 경찰관 등이 꼭 명시적으로 '누구냐'라고 말하지는 않았다 하더라도 여기에 해당한다.</u>

- 경찰관들은 피해자의 진술과 일치하는 모습의 남자를 신고를 받은 지 불과 20분 정도 후에 피고인의 집 근처에서 발견하였으므로 피고인을 범인으로 의심할 만한 충분한 이유가 있었다고 보이고, 이러한 피고인에게 범인인지 확인을 위해 잠깐 서라고 하면서 인적사항을 확인하려고 하였으나 피고인이 계속 도망하려고 하여 피고인을 체포하기에 이른 것으로서, 피고인은 앞서 본 법리에 따라 적어도 형사소송법 제211조 제2항 제4호에서 규정하고 있는 '누구임을 물음에 대하여 도망하려 하는 때'에 해당하는 준현행범으로 볼 수 있다고 할 것이다. 그렇다면, 경찰관들이 피고인을 체포한 것은 형사소송법 제211조 제2항 제4호에 규정된 준현행범인의 체포로서는 적법하고, 피고인이 체포되는 일련의 과정에서 경찰관을 폭행한 이상 체포에 관한 정당한 직무집행을 방해한 사실을 충분히 인정할 수 있다.

 유의사항

현행범 체포는 범인과 범죄가 명백해야 함에도, 사건현장인 집에서 완전히 벗어나 다른 사람들과 뒤섞일 가능성이 큰 장소인 도로 부근으로 이동해 있었던 점, 피고인을 현행범으로 체포한 이후 피고인이 가정폭력사건의 범인인지 확인을 하기 위

해 체포현장으로 데리고 오기까지 한 점 등을 감안하면, 현행범 체포의 적법성을 긍정하기는 어려워 보인다. 다만, 범행장소와 시간적 · 장소적으로 근접한 곳에서의 체포는 준현행범 체포로 적법하다고 볼 여지가 충분해 보인다. 맨발의 상태라면 더욱 그러하다고 보인다. 2심의 판단을 지지한다.

조방해는 오늘 회사 상사인 김부장과 한판 붙고 사직서를 제출했다. 괴로움을 이기지 못하고 조방해는 새벽까지 술을 마시다 인사불성이 되었다. 조방해는 귀소본능으로 집으로 가는 2호선 당산역으로 갔다. 그런데 아직 새벽이라 지하철이 운행되지 않고 있었다. 만취한 조방해는 무슨 용기가 났는지 소리를 지르기 시작했다.

한편 서울 당산역 역장인 김당산은 04:50경 역사 업무를 준비하고 있었다. 그런데 조방해가 술에 취하여 역사 내에서 소리를 지르며 지나가는 승객에게 욕을 하는 등 시비를 걸고, 역무실 문과 매표실 문을 발로 차며 소리를 지르는 것을 보고, 참다가 05:00경 112에 신고하여 도움을 요청했다. 나경찰은 05:22경 송파경찰서 상황실로부터 역 내에서 행패를 부리는 사람이 있다는 무선 지령을 받고 출동하였다. 나경찰이 당산역에 도착할 당시 조방해는 술에 취하여 소리를 지르면서 지하철역 개찰구를 구둣발로 걷어차고 있었다. 나경찰이 피고인을 진정시키면서 역장에게 사건 경위를 물어보니. 김당산은 조방해가 역무실 문을 걷어차고 지나가는 행인들에게 행패를 부렸다고 했다.

나경찰이 조방해에게 사건의 경과를 물어보려는 순간 조방해가 다가가 행패를 부리려 한다고 판단하여 05:25경 폭행죄의 현행범으로 체포하였다. 그러나 조방해를 순찰차 뒷좌석에 태우려고 하자 발버둥을 치다가 나경찰의 안경을 떨어뜨려 손괴하고, 얼굴을 긁어 상처를 입혔다. 나경찰은 지구대 사무실에서 현행범 체포서에 '공무집행방해 및 폭력행위 등 처벌에 관한 법률 위반'을 죄명으로 기재하였다.

질문: 공무집행방해죄는 성립하는가?

정답: 유죄

대법원 2006. 9. 28. 선고 2005도6461 판결을 각색하였다.

• 항소심은 위 사실만으로는 조방해가 체포 당시 김당산에 대한 폭행죄의 현행범에 해당한다고 할 수 없기 때문에, 순찰차에 강제로 태우려는 경찰관에게 대항하여 폭력을 행사하였더라도 공무집행방해죄가 성립되지 않는다고 보았다.

• 그러나 대법원은 달리 보았다. 결론적으로 범죄행위의 동일성이 유지되는 범위 안에서 죄명은 체포 후에 얼마든지 변경할 수 있는 것이므로 죄명에 의해 체포 사유가 한정된다고 볼 수는 없다는 이유였다.

• 폭행죄 아닌 업무방해 혐의 충분
조방해가 서울 지하철역에서 경찰관들에게 체포되기 직전까지 한 행패행위는, 폭행죄로 의율하기에는 다소 애매한 점이 있다 하더라도, 적어도 당산역무 종사자의 정당한 업무를 방해한 행위로서 업무방해죄에 해당되는 범죄행위로 보기에는 충분하므로 피고인은 당시 그 범죄의 현행범인 상태에 있었다

• 조방해에 대한 현행범인체포서를 보면, 그 '범죄사실 및 체포의 사유'란에 피고인의 위와 같은 행패의 과정이 모두 기재되어 있어, 피고인을 단순히 폭행죄의 현행범으로서만 체포한 것이 아니라 피고인의 행패 행위 전체를 범죄행위로 평가하여 체포의 사유로 삼았음을 쉽게 알 수 있다. (다만, 위 체포서에는 죄명으로 '공무집행방해 및 폭력행위 등 처벌에 관한 법률 위반'만이 기재되어 있을 뿐이지만, 범죄행위의 동일성이 유지되는 범위 안에서 죄명은 체포 후에 얼마든지 변경할 수 있는 것이므로 죄명에 의해 체포 사유가 한정된다고 볼 수는 없다). 그렇다면 이 사건에 있어 경찰관이 지하철역에 도착할 당시에는 피고인을 현행범으로 체포할 수 있는 적법한 사유가 있었다고 보아야 할 것이고, 그 사유에 터잡아 피고인을 현행범으로 체포한 이상 그 체포는 당연히 적법한 것이다. 이 경우 가사 체포 사유로 삼은 범죄사실 중의 다른 일부가 범죄로 인정되지 않는다 하여도 그 이유만으로 이를 불법체포라고 할 수는 없다.

유의사항

죄명의 특정과 그에 대한 유무죄 판단은 복잡한 사후판단일 수밖에 없고, 찰나적인 현장에서 정확한 죄명을 특정하라고 요구하는 것은 곤란하다. 그런 점에서 대법원의 결론은 당연하다. 다만, 하급심 가운데 체포 대상 범죄가 무죄가 되면 현행범 체포 내지 공무집행방해죄도 부적법할 것처럼 판단하는 경우가 있다. 수사경찰로서는 가급적 체포대상 죄명을 정확히 특정하기 위해 노력하고, 유죄 여부가 불분명한 경우 현행범 체포를 지양하는 것이 실무상 안전해 보인다.

박고함은 모두가 잠든 새벽 3시에 수원시 상안┐ 소원동 앞길에서 술에 취해 소리를 질러 주위를 시끄럽게 하였다. 112 신고를 받고 출동한 강경찰은 조용히 해줄 것을 요구하였지만, 박고함은 '나는 원래 고함을 칠 수밖에 없다'며 계속 소리를 질렀다. 강경찰은 박고함에게 신분증을 보여 달라고 요청하였으나, 박고함은 '니가 뭐냐'며 신분증을 보여 주지 않았다. 강경찰은 어쩔 수 없이, 계속 떠들어 대는 박고함을 경범죄처벌법 위반 범행의 현행범으로 체포한다고 고지한 후 순찰차에 타라고 말을 하였다. 그러자 박고함은 주머니에서 지갑을 꺼내더니 운전면허증을 꺼내 들어 강경찰에게 내밀었다. 그러나 이미 독하게 마음을 먹은 강경찰은 현행범으로 체포가 이미 되었다며, 운전면허증을 제대로 확인하지 않고 박고함을 순찰차에 태웠다. 그 과정에서 박고함은 반항을 하며 강경찰의 얼굴을 때리는 바람에 안경이 깨지고 말았다.

질문: 박고함은 공무집행방해죄에 해당하는가?

본 사례의 사실관계는 수원지법 2013. 3. 28. 선고 2012노5294 판결을 변형하였다.

- 현행범인은 누구든지 영장 없이 체포할 수 있으나, 다액 50만 원 이하의 벌금, 구류 또는 과료에 해당하는 죄의 현행범인에 대하여는 범인의 주거가 분명하지 아니한 때에 한하여 체포할 수 있다(형사소송법 제214조). 아직 대법원 판례는 없으나 대체로 실무에서는 신분증을 제시하지 않는 경우, 주거부정을 이유로 현행범인 체포를 하는 경우가 있으며, 이 사건에서 수원지법은 경범죄처벌법 위반 범행을 저지른 사람을 현행범 체포함에 있어 특별한 사정(도주 등으로 주거확인을 하기 어려운 경우 등)없이 그의 주거가 분명한지 여부를 확인하지 아니한 채 현행범인으로 체포하였다면 적법한 공무집행이라고 할 수 없다고 판시한 바 있다.

  생각건대 이를 인정하지 않는 경우, 경범죄의 경우 현장 단속방법이 없어 법집행이 불가하다는 점에서 이에 찬성한다. 다만, 박고함의 행위는 10만 원 이하의 벌금에 불과한 경범죄처벌법 위반(인근소란) 혐의인데 체포 도중에 신분증을 제시한 박고함을 계속하여 체포할 수 있는지 문제된다.

- 담당 검사는 현행범 체포 당시 신분증 제시를 거부하여 현행범 체포의 요건이 충족되었고, 체포가 이루어진 후 신분증을 제시한 것은 이미 성립된 현행범 체포의 요건에 별다른 영향을 미치지 않는다고 주장하였다. 그러나 이 사건에서 수원지법은 형사소송법의 해석상 "체포"란 "피의자의 의사에 반하여 비교적 짧은 기간 동안 수사관서 등 일정한 장소에 인치하는 것"을 의미하므로, 순찰차 또는 경찰서 등 일정한 장소에 피고인을 인치하기 위한 유형력의 행사가 있었던 시점(강제로 순찰차에 태운시점)에서야 체포행위의 착수 내지 완료가 인정된다. 따라서 "그 이전에 피고인이 신분증을 제시하였다면 적어도 이를 통하여 그의 주거불명 여부를 확인한 후 체포 여부를 결정하여야 한다"라고 판시하였다.

유의사항

경찰관 입장에서는 불편한 판결이다. 자칫 경찰관 법집행에 대한 농락이 될 수 있기 때문이다. 그러나 법원은 대인적 강제수사에 대하여 엄격히 판단하는 경향이 있으며, 경범죄는 원칙적으로 현행범 체포가 불가하고, 주거불명의 경우에만 체포가 가능한 것을 감안하면 더욱 엄격히 판단해야 할 것으로 보인다. 위와 같은 경우 현장에서 체포하지 못해 당시에는 아쉽겠지만, 통고처분으로 사건을 처리하지 말고, 인적사항과 혐의사실 입증자료를 채증한 다음, 발생보고서 기타 관련 서류를 경찰서 수사과로 넘기면, 박고함은 일반사건과 동일하게 사후 출석요구에 응하여 조사를 받아야 하고, 유죄판결을 받게 되면 통고처분과 달리 전과기록이 남게 된다. 현행범 체포에 착수하였다가 중단한 사실이 수사기록에 함께 편철되어 있으면 검찰과 법원에서 양형상 무겁게 고려됨은 물론이다.

박소란은 2017. 4. 17. 저녁 7시경 서울 강남구 신사동에 있는 '불타는 신사동' 식당에서, 식당에 있던 양은그릇 2개를 양손으로 들고 부딪치며 "이 가게는 내 가게이다. 오늘 내가 골든 벨을 울릴 테니 마음껏 드시라"고 소리치고, 컴퓨터 모니터에 표시된 손님들의 주문내역을 지우려는 등 소란을 피웠다. 손님들은 박소란의 말을 듣고 환호하면서 잠시 박수를 치다가 곧이어 다시 식사를 계속하였다. 그리고 박소란 역시 그때부터 경찰관들이 현장에 출동하기 전까지 자리에 앉아 지인들과 함께 계속하여 술을 마셨을 뿐, 그 밖에 손님들을 강제로 나가게 하거나, 박윤으로 하여금 손님들로부터 음식대금을 받지 못하도록 직접 힘을 쓰거나 하지는 않았다.

한편 경찰관 봉정기와 강인해는 박소란이 식당 본점에서 소란을 피운다는 신고를 받은 즉시 현장에 출동하였다.

현장에 도착하였을 때 박윤과 그의 종업원들이 식당 밖에 나와 손짓하고 있었으며, 식당 안에 들어갔을 때는 박소란이 소란행위를 일시 중단한 채 자리에 앉아 있어 박윤에게 누가 영업을 방해하였느냐고 묻자 박윤이 박소란을 지목하였다. 봉정기는 박소란에게 상황을 설명해 달라고 하자, 박소란은 '내가 가게 사장인데 무슨 영업방해냐'고 항의하였다. 경찰관 봉정기는 사업자등록증을 확인하고는 등록증에는 박소란이 사장으로 기재되지 않았다고 말하고 나가서 얘기하자고 하였으나, 박소란은 소리를 지르고 봉정기 등에게 욕설을 하며 식당 계산대 쪽을 왔다갔다 하면서 양은그릇 2개를 양손에 들고 서로 부딪치는 등의 소란을 피웠다. 그러자 봉정기가 현행범으로 체포하겠다고 박소란에게 고지하고 수갑을 채우려는 과정에서 박소란이 봉정기를 도우려던 박윤의 낭심을 오른발로 걷어차고, 출동한 경찰관이 박소란의 팔을 등 뒤로 해서 수갑을 채운 후 박소란의 양쪽 겨드랑이에 팔을 끼워 바깥으로 데리고 나가려 하자 발로 테이블을 걷어차 넘어뜨렸다. 바깥에 나가서는 순찰차량 밑에 자신의 하반신을 밀어 넣고 연행되지 않으려고 저항하였고, 그러던 중 박소란을 차량 밑에서 끌어내리는 강인해 경사의 코 부분을 머리로 들이받고 왼쪽 어깨를 물었다.

위 사건을 강남서 경제범죄수사팀에서 수사를 진행하였다.

박소란과 어머니 강월래는 박소란 명의로 점포를 임차하여 식당을 운영하여 왔다. 그런데 박소란은 당시 종전에 운영하던 인터넷 쇼핑몰 사업 등의 실패로 신용불량 상태여서 식당의 사업자등록을 어머니 강월래의 명의로 하였다. 박윤은 강릉에서 거주하다가 식당이 개업한 1년 정도 후에 서울로 올라와 식당에서 카운터일, 전 부치기, 손님심부름 등을 하면서 강월래로부터 일당과 월 급여를 받았다. 그러다가 사업자 명의가 박소란의 어머니인 강월래로부터 박윤 명의로 변경되었으나 이는 은행 대출 등의 편의를 위한 것이었다. 한편 박윤은, 자신이 식당의 운영을 위해 자신의 명의로 금융기관으로부터 대출을 받거나 많은 투자를 하여 왔기 때문에, 한 달 전부터 자신은 본점을, 박소란은 별관을, 각자 단독으로 운영하는 것으로 합의하였고, 이에 따라 자신이 그때부터 본점의 업무용계좌와 현금카드의 비밀번호를 변경하여 수입ㆍ지출 내역을 독자적으로 관리하면서 본점을 단독으로 운영하여 왔다는 취지로 주장하였다. 그러나 이를 입증할 만한 영업양도와 관련한 합의서는 찾을 수 없다. 그리고 식당 지배인은 위와 같은 합의는 없었다고 한다.

한편 박윤의 주장과 같이 본점의 운영과 관련하여 위 박윤의 명의로 대출이 이루어진 바 있고, 별관의 임차보증금도 박윤 명의의 대출금으로 마련되었지만, 박소란은 그 대출금채무를 연대보증하였고, 나아가 대출금을 직접 변제하였다. 이와 관련 박윤이 본점의 업무용 계좌와 현금카드 비밀번호를 변경하였는데, 그때부터 박소란과 강월래, 박윤 사이에 본점의 운영권을 두고 각종 분쟁이 발생하기 시작하였다고 한다. 박소란은 박윤을 업무상 횡령 등의 혐의로 고소하였고, 박윤은 박소란을 업무상 횡령, 절도 등의 혐의로 고소하는 등 형사사건으로 비화되었다. 또한 박소란과 강월래는 2017. 4. 6. 박윤을 배제한 채 자신들만을 서비스권자로 하여 식당의 상호 및 로고를 서비스표로 출원하였다. 한편 본점에서 손님들에게 제공하는 음식은 강월래가 별관에서 만들어서 공급하는 것이었는데, 박윤이 본점에 관한 단독 운영권을 주장한 무렵부터는 별관으로부터의 음식 공급이 중단되어, 본점에서 직접 음식을 마련해야 했다.

> **정답:** 업무방해죄 : 무죄 / 공무집행방해죄 및 폭행죄 : 유죄

대법원 2013. 8. 23. 선고 2011도4763 판결의 사실관계를 각색하였다. 경찰관은 박소란을 업무방해죄의 혐의로 체포하는 과정에서 공무집행방해죄와 폭행죄가 추가되었다. 먼저 업무방해죄가 유죄인가를 검토하고 이에 대한 경찰관의 현행범 체포행위가 적법한지를 살펴본다.

▣ 영업양도와 업무방해

- 형법상 업무방해죄의 보호대상이 되는 '업무'는 타인의 위법한 행위에 의한 침해로부터 보호할 가치가 있는 것이어야 한다. 따라서 업무의 양도 · 양수 여부를 둘러싸고 분쟁이 발생한 경우에 양수인의 업무에 대한 양도인의 업무방해죄가 인정되려면, 당해 업무에 관한 양도 · 양수 합의의 존재가 인정되어야 함은 물론이고, 더 나아가 그 합의에 따라 당해 업무가 실제로 양수인에게 양도된 후 사실상 평온하게 이루어져 양수인의 사회적 활동의 기반이 됨으로써 타인, 특히 양도인의 위법한 행위에 의한 침해로부터 보호할 가치가 있는 업무라고 볼 수 있을 정도에 이르러야 한다(2006도3687).
- 따라서 식당 본점 운영권의 양도 · 양수 합의의 존부 및 그 효력을 둘러싸고 피고인과 피해자 공소외 1 사이에 다툼이 있는 상황에서, 피해자가 적법한 양수인이라고 주장하면서 일방적으로 식당 업무용 계좌와 현금카드 비밀번호를 변경하고 피고인을 배제한 채 사실상 단독으로 식당영업을 하였다는 것만으로는 식당 본점의 영업주로서의 정상적인 업무에 종사하기 시작하였다거나 그 업무가 기존 영업주인 피고인과의 관계에서 보호할 가치가 있는 정도에 이르렀다고 보기 어렵다.

▣ 공무집행방해와 폭행죄

- 업무방해죄가 무죄인 이상 무죄인 피의자를 현행범으로 체포한 셈이 되어 공무집행방해죄, 폭행죄가 모두 무죄가 되는 것은 아닌가 문제된다.
- 항소심은, 담당 경찰관으로서 이 사건 전에도 피고인의 업무방해 혐의의 신고를 받고 이 사건 식당 본점에 출동한 경험이 있었고, 원래는 이 사건 식당 본점을 운영하다가 현재 별관을 운영하고 있으며 본점 운영권을 놓고 분쟁 중인 상황임을 알

고 있었던 것으로 보이는 점, 피고인의 행위가 실제로도 업무방해죄를 구성하지 않는 점 등을 고려하면 박소란이 시간적, 장소적으로 방금 업무방해라는 범죄를 실행한 범인이라는 점에 관하여 죄증이 명백히 존재하였다고 보기 어렵다고 보았다. 따라서 **불법한 현행범인 체포로서 공무집행뱅해와 폭행은 모두 정당방위에 해당하여 위법성이 조각된다**고 판단하였다

• 반면 대법원은, 비록 박소란이 식당 안에서 소리를 지르거나 양은그릇을 부딪치는 등의 소란행위가 업무방해죄의 구성요건에 해당하지 않아 사후적으로 무죄로 판단되더라도, 상황을 설명해 달라거나 밖에서 얘기하자는 경찰관의 요구를 거부하고 경찰관 앞에서 소리를 지르고 양은그릇을 두드리면서 소란을 피운 당시 상황에서는 객관적으로 보아 피고인이 업무방해죄의 현행범이라고 인정할 만한 충분한 이유가 있다고 보았다. 경찰관들이 피고인을 체포하려고 한 행위는 적법한 공무집행이라고 보아야 하고, 그 과정에서 피고인이 체포에 저항하며 피해자들을 폭행하거나 상해를 가한 것은 공무집행방해죄 등을 구성한다.

 유의사항

사후적으로 체포대상 범죄가 무죄판결되더라도, 체포 당시 사정을 감안하여 현행범 체포의 적법성을 인정하였다는 점에서, 경찰 법집행에 힘을 실어주는 판결이다. 당연한 결론이다. 급박한 현장에서 신속하게 판단해야 하는 경찰관 입장에서는 정밀한 유죄판단을 기대할 수 없다는 점에서 당연한 결정에 가깝다. 그러나 업무방해 등의 피해자가 식당이나 영업상의 업주일 경우 현장 경찰관은 피해자 확인을 위해 사업자등록증을 확인하게 되는데, 항소심에서 무죄로 된 점을 감안하면, 현장에서 피의자가 사업자등록증과 반대로 자신의 식당이라고 주장하는 경우, 업무방해죄 인정과 이에 대한 현행범 체포에 신중을 기해야 하겠다.

나아가 [당산역의 난동] CASE에서 대법원은 폭행죄 무죄라도 현행범 체포가 적법하다는 결론을 도출했다. 이번 판례와 함께 놓고 살펴보면, 현행범 체포에 대해서 대법원은, 체포 당시를 기준으로 치안질서를 유지할 수밖에 없는 현실을 감안하여, 이에 대처할 수밖에 없는 경찰관의 재량을 인정하고 있다고 보인다.

망나니와 나범죄는 취업을 포기한지 오래다. 세상이 원망스러웠다. 술을 마셨다 하면 화풀이 난리를 쳐서 얻은 전과가 벌써 3번째다. 둘은 서로를 의지하며 살아가고 있다. 그날도 함께 주점에서 술을 마시고, 또다시 행패를 부리는데, 인근 지구대 경찰관 2명이 출동하였다.

경찰관 구양공, 노협객 등은 이미 망나니가 술을 마셨다 하면 동네를 시끄럽게 하는 주범으로 이미 말이 통하지 않는다는 사실을 잘 알고 있었다. 업무방해 체포절차에 돌입하였다. 망나니가 체포에 불응하면서 저항하자, 망나니를 제압하고 등 뒤로 수갑을 채웠다. 그런데 나범죄가 의리를 내세우며, 망나니가 체포되는 것을 저지하기 위하여 경찰관 노협객에게 달려들면서 폭행을 가하였고, 이에 구양공은 체포 신공을 발휘하여 정당한 현행범 체포업무를 방해하였다는 이유로 나범죄 역시 공무집행방해죄의 현행범으로 체포하여 등 뒤로 수갑을 채웠다. 한편 유치장에서 술에서 깬 망나니와 나범죄는 체포 신공에 의해 제압을 당하는 과정에 망나니는 다발성 타박상, 나범죄는 안면부 이마, 좌측 눈부위, 뒷목부위, 양 손목 부위에 찰과상 등의 상해를 입게 되었음을 알게 되었다. 노량진에서 경찰준비를 하며 들었던 법지식으로 고소하기로 마음먹었다. 구양공과 같은 단호한 사람은 처음 봤고 맞은 데가 아팠기 때문이었다. 그리하여 나범죄는 구양공과 노협객을 상대로 고소장을 제출하였다. 그 내용은 '피고소인 구양공, 노협객이 망나니를 상해죄의 현행범인으로 체포하려 할 때 고소인 나범죄는 이를 방해한 사실이 전혀 없으며, 망나니가 사과하고 끝났는데 왜 체포를 하느냐고 항의하였다는 이유로 피고소인들은 고소인을 폭행하고 강제로 수갑을 채워 직권을 남용하여 고소인을 체포하였다'는 내용이다. 그러나 사실은 경찰관들이 망나니를 불법으로 체포한 사실은 없었다. 구양공은 나범죄의 버릇을 고치기 위해 체포 신공에 이어 고소 신공을 발휘하였다. 나범죄를 다시 무고죄로 고소하였다.

질문: 나범죄는 무고죄에 해당하는가?

대법원 2009. 1. 30. 선고 2008도8573 판결의 사실관계이다. 판례의 무고죄 법리상 정황의 과장에 불과한 경우에는 무고죄의 성립을 인정하지 않는다. 본 사안도 고소인이 비록 고소장에 거짓말로 기재했지만 체포과정에서 다친 것은 사실이기 때문에 화가 나서 정황을 과장하여 고소했다고 평가하게 되면 기소의견으로 처리하기 어렵게 된다. 대다수 실무자들도 기소의견처리에 부정적이었다. 그러나 대법원은 다르게 보았다.

• 무죄를 선고한 1, 2심의 주요 논거는 예상하는 바와 같이 다음과 같다. 즉, 고소장의 요지는 경찰관들이 직권을 남용하여 피고인들을 체포하면서 폭행을 가하여 상해를 입혔다는 것인다. 그런데 경찰관들이 직권을 남용하였는지 여부는 법률적인 문제를 포함하여 그 위법성 여부는 사법기관이 판단할 문제에 불과하며, 경찰관들로부터 제압을 당하는 과정에서 신체의 여러 부분에 상해를 입은 것이 사실인 이상, 고소장 기재 내용 중 일부가 사실과 다르게 기재되었거나 혹은 다소 과장되게 기재되었더라도, 전체적으로 보아 고소장에 기재된 내용이 허위의 사실이라고 보기는 어렵다.

• 반면 대법원은 이를 수긍하기 어렵다고 보았다. 즉, 피고인이 경찰관들로부터 제압을 당하는 과정에서 신체의 여러 부분에 상해를 입은 것이 사실로 인정되더라도, 이는 경찰관들이 망나니를 현행범인으로 체포하는 것을 방해하였다는 이유로 피고인을 현행범인으로 체포하는 과정에서 발생한 것으로서, 만일 망나니에 대한 현행범인 체포가 위법하다면 이를 방해하였음을 이유로 한 피고인에 대한 현행범인 체포도 위법하게 되고, 그 과정에서 피고인이 입은 상해에 대하여는 경찰관들이 형사처벌이나 징계처분을 받게 되는 관계에 있는 이상, 피고인이 경찰관들의 망나니에 대한 적법한 현행범인 체포를 방해한 사실이 있음에도 그런 사실이 없다는 피고인의 고소 부분은 그것 자체로 국가의 심판작용을 그르치거나 부당하게 처벌을 받지 아니할 개인의 법적 안정성을 침해할 우려가 있을 정

도로 고소사실 전체의 성질을 변경시키는 것에 해당하여 무고죄가 성립한다.

 유의사항

- 대법원은 현행범 체포 등 강제수사와 관련하여 상당히 엄격한 기준을 제시하고 있기 때문에, 현행범 체포를 감행하는 것은 일종의 법률적 모험이 아닐 수 없다. 법적 책임을 부담할 수 있기 때문이다. 그렇다면 현행범 체포의 요건 충족 여부 판단에 필요한 사실관계를 고소장에 허위기재도 경우에도 마찬가지로 엄격히 판단하는 것이 형평에 부합한다. 이런 점에서 대법원의 태도에 찬성한다. 나아가 무고죄를 인정받게 되면 경찰관이 고소인을 상대로 민사상 손해배상을 청구할 수 있다는 점을 참고할 필요가 있다.

- 나아가 수사실무자라면 누구나 한번쯤 직권남용 등으로 고소를 받게 된다. 물론 대부분 불기소되지만 불쾌감은 오래간다. 대법원도 경찰관 개인의 법적안정을 침해한다고 보았다. 우리나라는 경찰관의 법집행에 대한 이해도가 낮고 이를 수용하려는 시민의식 수준이 높지 않다. 더욱이 현행범 체포는 상사의 지시라 하더라도 실행하는 수사경찰의 책임에 의한 전문적 판단일 수밖에 없다. 정당한 법집행 관련 폭행 내지 허위 고소에 의한 공무집행방해에 대해 무고죄의 대응은 개인 경찰관의 정당한 권리로 보호받아야 한다.

오거부는 22:00시경 자신의 차량을 운행하던 중 주차되어 있던 차량과의 접촉사고가 있어, 피해차량 측의 신고에 의해 온양지구대 경찰관들이 현장에 출동하게 되었다. 오거부는 승용차를 운전하다가 강동필이 운전하는 승용차를 충격하여 손괴한 후 도주하려 하자 강동필의 일행들에 의해 현행범 체포되었다가 출동한 경찰관에게 인도되었다.

그런데 현장에서 오거부가 음주운전한 것으로 의심하게 된 경찰관들이 오거부에게 음주측정을 하기 위하여 온양지구대로 동행할 것을 요구하였는데, 오거부가 "술을 마시지 않았고 사고도 내지 않았다"는 취지로 주장하면서 계속해서 순찰차에 타기를 거부하자, 4명의 경찰관이 오거부의 팔다리를 잡아 강제로 순찰차에 태워 온양지구대로 데려갔다.

오거부는 온양지구대에서 음주측정 요구를 두 차례 거부하다가, 계속해서 거부할 경우 구속될 수 있다는 경찰관의 말을 듣고는 밤 11시경 음주측정에 응하였고, 그 결과 0.130%의 혈중알코올농도가 측정되었다.

당시 담당 경찰관은, 현장에서 오거부를 온양지구대로 임의동행하여 왔고 23:16경 음주측정 결과를 보고 오거부에게 미란다 원칙을 고지한 후 현행범으로 체포하였다고 수사보고서를 작성하였고, 현행범인체포서에는 체포한 일시를 "23:16경", 체포한 장소를 "군산시 조촌동 맛있다식당 옆길"이라고 기재하였다. 오거부는 음주측정 결과를 인정할 수 없다면서 재측정을 요구하였는데, 기계에 의한 재측정은 불가하고 채혈검사를 해야 한다는 경찰관들의 말에 따라 채혈을 하여 그 결과는 혈중알코올농도 0.142%로 나타났다.

질문: 도로교통법 위반(음주운전) 혐의는 무죄인가?

정답: 무죄

- 2심과 대법원은 모두 피고인을 이 사건 현장에서 지구대로 데리고 간 경찰관들의 행위가 임의동행이 아닌 강제력에 의한 체포에 해당한다고 보았다. 다만, 2심은 그 체포 당시 이른바 미란다 원칙의 고지에 정한 절차가 이행되지 않았다고 하더라도, 피고인의 자발적인 의사에 기하여 이루어진 채혈을 바탕으로 이루어진 혈중알코올농도 감정서와 주취운전자 적발보고서는 증거능력이 있다고 보아 피고인을 유죄로 판단하였다.

- 그러나 대법원은 달리 보았다. 경찰관들이 피고인을 지구대로 강제연행한 행위는 위법한 체포에 해당하므로 그 상태에서 한 음주측정요구는 위법한 수사라고 볼 수밖에 없고, 그러한 요구에 따른 음주측정 결과 또한 적법한 절차에 따르지 아니하고 수집한 증거로서 그 증거능력을 인정할 수 없다.

  또한 강제연행과 호흡측정 및 채혈에 이르기까지의 장소적 연계와 시간적 근접성 등 연결된 상황에 비추어 볼 때, 당시 불법적인 호흡측정을 마친 경찰관이 피고인에게 귀가를 권유하였음에도 불구하고 피고인 스스로 채혈을 요구하였다는 등 원심이 든 사정만으로는 그 채혈이 위법한 체포 상태에 의한 영향이 완전하게 배제되고 피의자의 자유로운 의사결정이 확실하게 보장된 상태에서 이루어진 것으로서 불법체포와 증거수집 사이의 인과 관계가 단절되었다고 평가할 만한 객관적 사유가 개입되어 위법수집증거 배제의 원칙이 적용되지 않는다고 할 예외적 사유에 해당한다고 보기는 어렵다고 보았다.

 유의사항

- 법원은 음주측정 자체를 임의수사로 보기 때문에 측정을 위해 지구대에 데려가는 법적 근거가 필요하다. 즉, 사람을 그 의사에 반하여 강제로 이동시키는 경찰활동은 범죄 구성요건을 충족하나, 행정상 즉시강제 내지 형사소송법에 의한 강제수사의 법적 근거가 있는 경우 위법성이 조각될 뿐이다. 요건이 충족되지 못한 경우에는 반대로 직권남용체포죄의 구성요건에 해당할 위험이 있다.

- 사안에서는 강동필의 일행에 의한 사인에 의한 현행범 체포가 이뤄진 만큼, 도로교통법 위반 혐의로 현행범인 인수절차와 미란다 원칙 고지 절차를 마쳤다면, 크게 문제되지 않을 수 있었다. 실무상 현행범 체포와 현행범 체포인 수를 잘 구별하지 않고 있는데, 이 점 주의를 요한다.
- 나아가 상대방이 임의동행을 거부한 만큼 수사상 임의동행을 주장할 여지가 없다. 그럼에도 강제로 데리고 온만큼 불법한 강제연행에 해당한다.
- 또한 사안에서 경찰관은 측정이 끝나고 현행범을 체포한다고 작성했다. 음주단속 실무에서 측정 이후에 체포를 해야만 하는 것으로 오해하는 경우가 있다. 음주측정 이전에도 현행범 체포가 가능하며, 사후에 측정을 거부하면 측정거부죄로 별건 추가로 입건도 가능하다.[54]
- 오히려 음주측정이 완료되면 계속 운전 가능성 내지 만취상태로 보호가 필요하거나 기타 구속수사가 필요한 사안이 아닌 이상 계속 체포할 필요성이 적다.

> 지구대와 파출소에 근무하는 동료분들은 현장단속을 할 때 비교적 안전한 곳을 골라(도로는 어디든 위험하지만 특히 다리위, 낭떠러지, 대로는 피해야 함) 반드시 지원을 요청하여 2명은 음주측정하고 2명은 피의자 보호 및 감시를 하여야 합니다. 현대생활에서 운전면허는 절대적 생계수단입니다. 그러므로 음주운전자는 언제든지 도망할 생각을 가지고 있고 틈이 생기면 실행합니다. 나아가 임의동행 측정 관행에서 탈피하려는 노력이 필요하나, 불가피하게 임의동행을 한 경우 도중에 퇴거를 요구하면 즉시 순찰차를 세우고 하차시켜야 합니다. 지원경력 요청하고 운전자를 설득해야 합니다. 운전자가 폭력적으로 나올 때도 최대한 인내해야 합니다(임의동행을 한 대가입니다). 도를 넘었다 생각되면 측정불응죄로 현행범 체포합니다(바람직한 현행범 체포는 아니나 이 상황에서는 최선입니다). 공집을 먼저 당했더라도 측정불응죄

---

(54) 대법원 2004. 11. 12. 선고 2004도5257 판결, 대법원은 음주측정을 거부한 사람에 대하여 법원의 감정처분허가장 등을 발부 받아 강제로 혈액을 채취한 다음 그 혈액을 의사로 하여금 감정하게 하는 방법으로 혈중알코올농도를 측정하지 못할 이유는 없으며, 교통경찰관들이 음주측정을 거부하는 운전자들에 대하여 강제채혈을 하지 않고 음주측정거부로만 의율하는 것은 어디까지나 우리 형사소송법이 강제채혈에 관련된 명시적 규정을 따로 두지 아니하고 있는 데서 오는, 절차적인 불명확함이나 번거로움, 시·공간적 제약 등에서 비롯되는 실무 관행일 뿐이라고 지적하고 있다.

로 체포서 작성해야 합니다. 공집은 되도록이면 전면에 나서지 말아야 합니다. 이런 의미에도 저는 원칙적 현행범체포설을 주장합니다. 긴급체포할 상황 빼고는(상황이 되면 긴급체포도 가능합니다) 그 논리적 흐름이 자연스럽습니다.[55]

---

(55) 이춘삼, 울산중부경찰서 농소1파출소. 다만, 이와 관련 순수히 응하는 경우조차 체포를 하는 것은 무리하다는 반론이 있다.

CHAPTER 3

음주운전과 측정거부

많은 수의 무죄판결이 지구대와 파출소의 음주운전과 측정거부죄에서 파생된다. ① 측정을 위한 신원확보의 법적근거가 없다는 점, ② 기술적으로 신뢰할 만한 음주측정이 어렵다는 점 등에 있다.

1. 음주운전과 측정거부죄의 관계

도로교통법 소정의 음주측정불응죄의 규정 취지 및 입법 연혁 등을 종합하여 보면, 주취운전은 이미 이루어진 도로교통안전침해만을 문제삼는 것인 반면 음주측정거부는 기왕의 도로교통안전침해는 물론 향후의 도로교통안전 확보와 위험 예방을 함께 문제삼는 것이고, 나아가 주취운전은 도로교통법 시행령이 정한 기준 이상으로 술에 '취한' 자가 행위의 주체인 반면 음주측정거부는 술에 취한 상태에서 자동차 등을 운전하였다고 인정할 만한 상당한 이유가 있는 자가 행위의 주체인 것이어서, 결국 양자가 반드시 동일한 법익을 침해하는 것이라거나 주취운전의 불법과 책임내용이 일반적으로 음주측정거부의 그것에 포섭되는 것이라고는 단정할 수 없으므로, 결국 주취운전과 음주측정거부의 각 도로교통법 위반죄는 실체적 경합관계에 있는 것으로 보아야 한다.

🔨 **| 사실관계 |**   피고인이 2003. 7. 3. 21:15경 대구 61마 5126호 스타렉스 승합차를 운전하여 대구 달성군 유가면 상리 소재 대덕공업사 앞길에서 같은 군 구지면 고봉리 소재 고봉네거리 앞길까지 2km 가량 진행하다가, 그곳에서 음주단속 중이던 대구 달성경찰서 구지파출소 소속 순경 장성해에 의하여 음주감지기로 음주사실이 감지되었고, 당시 피고인은 혈색이 붉고 입에서 술 냄새가 나고 있었던 사실, 피고인은 같은 날 21:27경 구지파출소에서 장성해로부터 음주측정 고지를 받았으나, 21:35경, 21:47경 및 21:57경 총 3차에 걸쳐 음주측정을 거부한 사실, 피고인은 음주측정거부로 입건된 후, 혹시 채혈을 하여 음주수치가 나오지 않을지도 모른다는 생각에 채혈을 요구하여, 같은 날 23:02경 대구 달성군 현풍면 소재 현풍하나병원 응급실에서 채혈하였고, 국립과학연구소 남부 분소의 감정인 유재훈의 채혈감정결과 위 혈액의 혈중알코올농도는 0.130%로 판명되었다.

| 판단 | ① 우리 형사소송법에 의하더라도 음주측정을 거부한 사람에 대하여 법원의 감정처분허가장 등을 발부받아 강제로 혈액을 채취한 다음 그 혈액을 의사로 하여금 감정하게 하는 방법으로 혈중알코올농도를 측정하지 못할 이유는 없으며, 교통경찰관들이 음주측정을 거부하는 운전자들에 대하여 강제채혈을 하지 않고 음주측정거부로만 의율하는 것은 어디까지나 우리 형사소송법이 강제채혈에 관련된 명시적 규정을 따로 두지 아니하고 있는 데서 오는 절차적인 불명확함이나 번거로움, 시ㆍ공간적 제약 등에서 비롯되는 실무 관행일 뿐이므로, 원심이 지적하는 처단형의 불균형이란 결국 위와 같은 실무 여건으로 말미암아 생길 수 있는 극히 예외적인 현상으로서 이를 이유로 내세워 도로교통법 위반(주취운전)죄의 성립 자체를 부인함은 사리에 맞지 않고, ② 오히려 음주측정거부의 주체는 술에 취한 상태에 있다고 인정할 만한 상당한 이유가 있는 사람일 뿐, 반드시 술에 취한 상태에 있는 사람이 아니므로, 예를 들어 술에 취한 상태에서 운전을 하였다고 인정할 만한 상당한 이유가 있는 두 사람의 운전자들이 각각 음주측정거부를 하였다가, 사후에 혈액을 채취하여 감정한 결과, 한 사람은 적발 당시의 혈중알코올농도가 기준(0.05%)에 미달하는 것으로 드러나고 다른 사람은 이를 초과하는 것으로 드러나더라도, 원심의 논리를 따르자면 두 사람 모두 음주측정거부로만 처벌할 수밖에 없어 오히려 비난가능성과 처단형이 균형을 이루지 못하게 되며, ③ 특히 이 사건의 경우 피고인은 일단 음주측정을 거부한 후 혹시 채혈 감정한 결과 혈중알코올농도가 0.05%에 미달하면 처벌이 감면될지도 모른다고 착각한 나머지 채혈검사를 요구

하였는바, 이는 음주측정거부행위를 뉘우친 것이 아니어서 비난가능성의 경중에 관한 원심의 논리는 이 사건의 실제 내용과는 무관한 일반론에 근거한 것이고 구체적 타당성이 결여되어 있다. 결국 위와 같은 원심의 견해는 범죄의 성립요건으로서의 책임과 양형의 기초로서의 책임을 혼동한 것이어서 받아들이기 어렵고, 원심이 지적한 문제점은 선고형량을 정하는 과정에서 충분히 해소될 수 있는 것이다.

결국, 주취운전과 음주측정거부의 각 도로교통법 위반죄는 실체적 경합관계에 있는 것으로 보아야 한다.

2. 음주운전

음주운전의 요건은 ❶ 혈중알코올농도가 0.05퍼센트 이상인 상태에서 ❷ 자동차 등을 ❸ 운전하는 것이다. 따라서 혈중알코올농도 0.05% 이상의 측정 결과의 신빙성이 문제된다.

(1) 음주측정기에 의한 호흡측정의 경우 전제조건 : 물로 입안 헹구기

음주측정 결과는 그 결과에 따라서는 운전면허를 취소하거나 정지하는 등 당해 운전자에게 불이익한 처분을 내리게 되는 근거가 될 수 있고 향후 수사와 재판에 있어 중요한 증거로 사용될 수 있는 것이므로, 음주측정을 함에 있어서는 음주측정 기계나 운전자의 구강 내에 남아 있는 잔류 알코올로 인하여 잘못된 결과가 나오지 않도록 미리 필요한 조치를 취하는 등 음주측정은 그 측정 결과의 정확성과 객관성이 담보될 수 있는 공정한 방법과 절차에 따라 이루어져야 하고, 만약 당해 음주측정 결과가 이러한 방법과 절차에 의하여 얻어진 것이 아니라면 이를 쉽사리 유죄의 증거로 삼아서는 아니 될 것이다.

🔨 피고인에 대한 음주측정 시 구강 내 잔류 알코올 등으로 인한 과다측정을 방지하기 위한 조치를 전혀 취하지 않았고, 1개의 불대만으로 연속적으로 측정한 점 등의 사정에 비추어, **혈중알코올농도 측정치가 0.058%**로 나왔다는 사실만으로는

피고인이 음주운전의 법정 최저 기준치인 혈중알코올농도 0.05% 이상의 상태에서 자동차를 운전하였다고 단정할 수 없다고 한 원심의 판단을 수긍한 사례

(2) 혈액채취 측정 방법이 부적당한 경우

🔨 사건 공소사실 중 도로교통법 위반(음주 운전)의 점에 부합하는 증거로는 ① 경찰이 가져온 음주측정용 세트를 사용하지 않고, 병원에서 피고인의 진료를 위해 채혈하였던 혈액을 경찰에서 가져다 감정 의뢰한 것이고, 전남목포병원에서는 혈액을 채혈할 때 보통 채혈 부위를 알코올 70% 성분으로 만든 알코올솜으로 소독한 다음 채혈하였던 점,
② 사고 당일 피고인의 혈액을 채혈한 간호사는 성명불상의 응급실 간호사이고, 배○○나 한○○는 피고인에 대한 채혈과정에 관여하지 않은 점,
③ 국립과학수사연구소 서부분 소장은 피고인의 이의에 따라 당초 감정일로부터 2개월 정도 지나서 피고인의 혈액을 재감정한 결과 당초보다 0.19% 정도 적게 나왔으나, 막연히 2개월간의 알코올 증발 등을 고려해 당초 감정결과가 맞다는 취지로 회신한 점(공판기록 95 쪽) 등에 비추어, 국립과학수사연구소의 피고인 혈액에 대한 감정결과는 오류의 가능성을 완전히 배제할 수 없다.
더구나 ④ 피고인은 이 사건 사고당일 오전부터 피고인의 복분자 밭에서 인부들과 묘목 식재작업을 하다 위 인부들과 함께 점심식사를 한 후 이환행을 위 무쏘차량에 태워 함평읍에 가서 농약 살포 분무기를 구입하여 다시 복분자 밭으로 돌아오다 이 사건 사고가 발생한 것인데, 그 당시 피고인과 함께 작업을 하였던 이○○, 안○○은 피고인을 포함한 당일 작업 인부 전원이 작업 도중이나 점심시간에 술을 마시지 않았다고 일관되게 진술하고, 피고인 운전차량에 동승하였던 이○○도 피고인이 전혀 술을 마시지 않았고 술 냄새가 나지도 않았다고 진술하고 있는 점, ⑤ **혈중알코올농도 0.294%**는 일반적으로 소주 3병 이상 만취상태로서 운동신경마비로 신체적 감각능력이 현저하게 저하되어 보행이 곤란하며 의식이 희미해지고 반사능력과 언어가 불명확해지는 정도인 데도, 목포전남병원의 초진의사 정○○은 내원 당시 피고인에게서 술 냄새가 나지 않았고, 수부손상으로 굉장히 세밀하게 움직임을 체크하였는데 그 과정에서 피고인이 말을 알아듣거나 행동을 취하는데 전혀 문제가 없었으며, 주관적 판단으로는 술을 마시지 않은 상태로 보였다고 진술하면

서, 소견서에 '만취상태로는 보이지 않았으며'라고 기재한 것은 당시 피고인의 만취여부가 쟁점인 상황이어서 그것이 아니라는 취지로 기재한 것이라고 진술한 점, 또한 목포전남병원에 대한 사실조회에서도 피고인은 내원 당시 의식이 명료하였고 비정상적인 행동은 없었으며 피고인의 행동 및 의사소통 상태로 보아 만취상태로 사료되지 않는다고 회신한 점, ⑥ 사고 다음날 피고인의 혈액을 가지러 목포전남병원에 갔다가 피고인으로부터 채혈동의를 받은 최윤호도 피고인에게서 술 냄새가 나거나 과음의 느낌을 받지 않았다고 진술한 점, ⑦ 만취상태에서 수술을 할 경우 마취 때 이상반응으로 인해 마취가 안 되거나 혹은 너무 깊게 되어 위험할 수 있고, 수술 시에도 비정상적인 출혈 및 조직반응이 예상되므로, 음주상태에서는 아주 응급사항(뇌출혈로 곧 사망 예상될 때)외 모든 수술 및 검사를 시행하지 않으며, 피고인과 같이 힘줄이나 신경이 손상된 정도면 수술을 연기하는게 일반적인데, 당시 피고인은 수술을 연기하지 않은 채 약 1시간 15분 동안 전신마취상태에서 수술을 받았고, 그 경과도 좋아 굉장히 시간이 많이 지나고 나서 피부 결손이 조금 발생한 것 이외에는 다른 부작용이 없었던 점, ⑧ 피고인이 간염보균자로서 사고 당일 감마 gtp수치도 정상인의 65보다 적은 23으로 나와 평소 술을 마시지 않는 것으로 보이며, 1982년 운전면허를 취득한 이래 24년 동안 한번도 교통사고를 내거나 음주운전을 한 적이 없는 점 등을 보태어 보면,

위 증거만으로는 합리적 의심의 여지가 없이 피고인이 술이 취한 상태에서 운전하였다고 단정하기에 부족하고, 달리 이를 인정할 만한 증거도 없다.

(3) 위드마크 공식 사용의 요건

사람이 술을 마신 경우 소화기관이 알코올을 흡수하면서 일정기간 동안 혈중알코올농도가 상승하다가 간의 분해작용이 이를 상쇄해 나가면서 혈중알코올농도가 감소하게 되는바, 섭취한 알코올의 양과 혈중알코올농도의 상관관계에 관하여 1930년대 독일의 위드마크에 의하여 제안된 소위 위드마크 공식은 "$c=a/(p \times r)$"로 표시되는데, 여기서 c는 혈중알코올농도, a는 섭취한 알코올의 양, p는 체중, r은 위드마크 상수로서 그중 r은 우리 몸이 알코올을 흡수하는 혈액만으로 이루어져 있는 것이 아니고 그렇지 않은 고형물질이나 체지방으로도 이루어져 있기 때문에 이러한 요소를 고려한 계수인데, 위드마크의 1932년 연구결과에 의하면 r의 값이 남

자의 경우 0.2부터 0.6까지 분포되어 그 평균치가 0.8이고 여자의 경우 0.7부터 0.4까지 분포되어 그 평균치가 0.5이다.

한편 위드마크 공식에 시간 개념을 도입하여 음주 후 일정시간이 지난 뒤의 혈중알코올농도를 산출할 경우 "$ct = \{a/(p \times r)\} - b \times t$"라는 등식이 성립하고, 여기서 b는 시간당 알코올분해량을 표시하고 t는 음주 후 경과된 시간을 표시하는데 b의 값 또한 개인에 따라 시간당 0.08%부터 0.30%까지 분포되어 있고 그 평균치는 0.15%인 것으로 알려져 있다.

1) 일반적인 기준

① 음주운전에 있어서 운전 직후에 운전자의 혈액이나 호흡 등 표본을 검사하여 혈중알코올농도를 측정할 수 있는 경우가 아니라면 소위 위드마크 공식을 사용하여 수학적 방법에 따른 계산 결과로 운전 당시의 혈중알코올농도를 추정할 수 있으나, ② 위드마크 공식에 의한 역추산 방식을 이용하여 운전시점의 혈중알코올농도를 추정함에 있어서는 피검사자의 평소 음주정도, 체질, 음주속도, 음주 후 신체활동의 정도 등의 다양한 요소들이 시간당 혈중알코올의 감소치에 영향을 미칠 수 있는바, ③ 위 영향요소들을 적용함에 있어 피고인이 평균인이라고 쉽게 단정하여 평균적인 감소치를 적용하여서는 아니 되고, 필요하다면 전문적인 학식이나 경험이 있는 자의 도움을 받아 객관적이고 합리적으로 혈중알코올농도에 영향을 줄 수 있는 요소들을 확정하여야 할 것이며, ④ 위드마크widmark 공식의 적용을 위한 전제사실인 음주량, 음주시각, 체중에 대한 엄격한 증명이 있고, 혈중알코올농도에 영향을 미치는 다른 요소들에 대하여 피고인에게 가장 유리한 수치를 대입하여 위드마크widmark 공식에 따라 혈중알코올농도를 산출한 결과 혈중알코올농도 0.05%를 상당히 초과함을 이유로 음주운전의 공소사실에 대한 충분한 증명에 이르렀다고 볼 여지가 있다. ⑤ 위드마크 공식에 의하여 산출한 혈중알코올농도가 법이 허용하는 혈중알코올농도를 상당히 초과하는 것이 아니고 근소하게 초과하는 정도에 불과한 경우라면 위 공식에 의하여 산출된 수치에 따라 범죄의 구성요건 사실을 인정함에 있어서 더욱 신중하게 판단하여야 할 것이다.

2) 상승기의 경우 주의점

음주운전 시점이 혈중알코올농도의 상승시점인지 하강시점인지 확정할 수 없는 상황에서는 운전을 종료한 때로부터 상당한 시간이 경과한 시점에서 측정된 혈중알코올농도가 처벌기준치를 약간 넘었다고 하더라도, 실제 운전 시점의 혈중알코올농도가 처벌기준치를 초과하였다고 단정할 수는 없다. 개인마다 차이는 있지만 음주 후 30분~90분 사이에 혈중알코올농도가 최고치에 이르고 그 후 시간당 약 0.008%~0.03%(평균 약 0.015%)씩 감소하는 것으로 일반적으로 알려져 있는데, 만약 운전을 종료한 때가 상승기에 속하여 있다면 실제 측정된 혈중알코올농도보다 운전 당시의 혈중알코올농도가 더 낮을 가능성이 있기 때문이다. 그러나 **비록 운전시점과 혈중알코올농도의 측정 시점 사이에 시간 간격이 있고 그때가 혈중알코올농도의 상승기로 보이는 경우**라 하더라도, 그러한 사정만으로 무조건 실제 운전시점의 혈중알코올농도가 처벌기준치를 초과한다는 점에 대한 입증이 불가능하다고 볼 수는 없다.

　이러한 경우 운전 당시에도 처벌기준치 이상이었다고 볼 수 있는지 여부는 운전과 측정 사이의 시간 간격, 측정된 혈중알코올농도의 수치와 처벌기준치의 차이, 음주를 지속한 시간 및 음주량, 단속 및 측정 당시 운전자의 행동 양상, 교통사고가 있었다면 그 사고의 경위 및 정황 등 증거에 의하여 인정되는 여러 사정을 종합적으로 고려하여 논리와 경험칙에 따라 합리적으로 판단하여야 한다.

(4) 호흡측정기 음주측정치와 혈액검사 음주측정치가 불일치한 경우

　호흡측정기에 의한 음주측정치와 혈액검사에 의한 음주측정치가 다른 경우에 어느 음주측정치를 신뢰할 것인지는 법관의 자유심증에 의한 증거 취사선택의 문제라고 할 것이나 호흡측정기에 의한 측정의 경우 그 측정기의 상태, 측정방법, 상대방의 협조정도 등에 의하여 그 측정 결과의 정확성과 신뢰성에 문제가 있을 수 있다는 사정을 고려하면, 혈액의 채취 또는 검사과정에서 인위적인 조작이나 관계자의 잘못이 개입되는 등 혈액채취에 의한 검사결과를 믿지 못할 특별한 사정이 없는 한, **혈액검사에 의한 음주측정치가 호흡측정기에 의한 음주측정치보다 측정 당시의 혈중알코올농도에 더 근접한 음주측정치라고 보는 것이 경험칙에 부합**한다.

(5) 측정거부

음주측정불응죄는 ❶ 운전자가 술에 취한 상태에서 자동차 등을 운전하였다고 인정할 만한 상당한 이유가 있고, ❷ 운전자의 음주운전 여부를 확인하기 위하여 필요한 경우에는 사후의 음주측정에 의하여 음주운전 여부를 확인할 수 없음이 명백하지 않는 한 ❸ 경찰공무원은 당해 운전자에 대하여 음주측정을 요구할 수 있고, ❹ 당해 운전자가 이에 불응한 경우에는 같은 법 제107조의2 제2호 소정의 음주측정불응죄가 성립한다.

(6) 당해 운전자

술에 취한 상태에서 자동차등을 운전하였다고 인정할 만한 상당한 이유가 있음을 이유로 하는 경찰공무원의 음주측정요구에 응하여야 할 사람은 당해 자동차의 운전자이고, 당해 자동차의 운전자가 아닌 때에는 주취운전금지 규정을 위반하였다고 볼 여지가 없어 같은 조 제2항 소정의 음주측정에 응하지 아니한 경우에 해당한다고 할 수 없다

> 🔨 당시 피고인이 공소외 최□□가 운전하는 자동차의 조수석에 동승하여 사건 장소에 왔는데, 피고인이 음주단속 지점 70~80미터 전방 어두운 도로 가장자리에 급히 주차하는 당해 자동차의 운전석 부근에서 나왔으며, 실제 운전자의 운전사실을 숨기려는 의도 아래 행동하는 등 이 사건 음주측정을 요구할 당시 피고인이 술에 취한 상태에서 당해 자동차를 운전하였다고 인정할 만한 상당한 이유가 있었다는 이유로, 피고인에게 음주측정불응죄를 인정하여 유죄를 선고한 2심판결을 위법하여 파기환송한 사례

(7) 술에 취한 상태(0.05%)에 있다고 인정할 만한 상당한 이유가 있을 것

음주측정 요구 당시 운전자가 반드시 혈중알코올농도 0.05% 이상의 상태에 있어야 하는 것은 아니지만 적어도 혈중알코올농도 0.05% 이상의 상태에 있다고 인정할 만한 상당한 이유가 있어야 하는 것이고, 나아가 술에 취한 상태에 있다고 인정할 만한 상당한 이유가 있는지 여부는 음주측정 요구 당시 개별 운전자마다 그의

외관·태도·운전 행태 등 객관적 사정을 종합하여 판단하여야 한다. **특히 운전자의 운전이 종료한 후**에는 운전자의 외관·태도 및 기왕의 운전 행태, 운전자가 마신 술의 종류 및 양, 음주운전의 종료로부터 음주측정의 요구까지의 시간적·장소적 근접성 등 객관적 사정을 종합하여 판단한다.

⚖️ ① 호흡측정기에 의한 음주측정을 요구하기 전에 사용되는 음주감지기 시험에서 음주반응이 나왔다고 할지라도 그것만으로 바로 운전자가 혈중알코올농도 0.05% 이상의 술에 취한 상태에 있다고 인정할 만한 상당한 이유가 있다고 볼 수는 없다. ② 피고인은 당일 14시에서 15시 사이에 소주 2잔 정도를 마셨다고 주장하였고, 단속경찰관도 피고인이 별로 취해 보이지 않았으며 음주측정기를 불더라도 낮은 수치가 나올 것으로 생각되어 음주측정 거부 스티커를 발부하면서 안타까운 마음이 들었다고 진술하고 있는 점, 피고인에 대한 주취운전자 정황진술보고서에는 음주측정 요구 당시 피고인의 언행상태, 보행상태, 혈색이 모두 정상이었다고 기재되어 있는 점 등을 종합하여 볼 때, 이 사건에서 음주감지기 시험에서 음주반응이 나왔다고 하여 피고인이 음주측정을 요구받을 당시 술에 취한 상태에 있다고 인정할 만한 상당한 이유가 있었다고 보기는 어려우므로, 원심이 같은 취지에서 음주측정불응죄가 성립하지 않는다.

(8) 사후 음주측정에 의하여 음주운전 여부를 확인할 수 없음이 명백한 경우가 아닐 것

⚖️ 경찰관이 피고인에게 음주측정을 요구할 당시 식당 주인과 종업원이 피고인의 음주, 취중행위로 볼 수밖에 없는 각종 소란행위, 음주 후 화물차 운전행위 등을 목격하였다고 진술하고 있었고, 음주측정을 요구한 경찰관이 조사 당시 피고인의 외관, 태도 등에서 취기를 느낄 수 있었다고 증언하고 있는 점에 비추어 보면, 피고인이 운전행위를 종료한 후 5시간가량이 경과하였고 귀가하여 잠을 자고 있다가 연행되었다고 하더라도 피고인이 술에 취한 상태에서 자동차 등을 운전하였다고 인정할 만한 상당한 이유가 있다고 할 것이다. 또한 운전행위 종료 후 위와 같은 시간이 경과하고 피고인이 당시 귀가한 후 집에서 술을 마셨다고 진술하고 있었다고 하더라도 그러한 사정만으로 음주측정에 의하여 음주운전 여부를 확인할 수 없음이 명백한 경우에 해당한다고 할 수도 없다.

(9) 경찰공무원의 측정요구에 불응

경찰공무원의 측정은 호흡조사에 의한 측정만을 의미하는 것으로서 혈액채취에 의한 측정을 포함하는 것으로 볼 수 없음은 법문상 명백하다.

1) 호흡측정에 불응

① 운전자가 경찰공무원으로부터 음주측정을 요구받고 호흡측정기에 숨을 내쉬는 시늉만 하는 등 형식적으로 음주측정에 응하였을 뿐 경찰공무원의 거듭된 요구에도 불구하고 호흡측정기에 음주측정수치가 나타날 정도로 숨을 제대로 불어넣지 아니하였다면 실질적으로 음주측정에 불응한 것과 다를 바 없다 할 것이고, 운전자가 정당한 사유 없이 호흡측정기에 의한 음주측정에 불응한 이상 그로써 음주측정불응의 죄는 성립하는 것이며, 그 후 경찰공무원이 혈액채취 등의 방법으로 음주여부를 조사하지 아니하였다고 하여 달리 볼 것은 아니다.

② 나아가 일단 경찰공무원의 음주측정 요구에 응하지 아니한 이상 그 후 피고인이 스스로 경찰공무원에게 혈액채취의 방법에 의한 음주측정을 요구하였다 하더라도 음주측정불응죄의 성립에 영향이 없으며, 가사 그 혈액채취에 의한 음주측정 결과 피고인을 음주운전으로 처벌할 수 없는 혈중알코올농도 수치가 나왔다고 하여 이를 이유로 음주측정 불응 당시 피고인이 혈중알코올농도 0.05% 이상의 술에 취한 상태에 있다고 인정할 만한 상당한 이유가 없었다고 볼 수는 없다.

③ 그러나 운전자의 신체 이상 등의 사유로 호흡측정기에 의한 측정이 불가능 내지 심히 곤란하거나 운전자가 처음부터 호흡측정기에 의한 측정의 방법을 불신하면서 혈액채취에 의한 측정을 요구하는 경우 등에는 호흡측정기에 의한 측정의 절차를 생략하고 바로 혈액채취에 의한 측정으로 나아가야 할 것이고, 이와 같은 경우라면 호흡측정기에 의한 측정에 불응한 행위를 음주측정불응으로 볼 수 없을 것이다.

2) 감지기에 불응

경찰공무원은 음주 여부나 주취 정도를 측정하는 경우 합리적으로 필요한 한도 내에서 그 측정 방법이나 측정 횟수에 관하여 어느 정도 재량을 갖는다. 따라서 경찰공무원은 운전자의 음주 여부나 주취 정도를 확인하기 위하여 운전자에게 음주측정기를 면전에 제시하면서 호흡을 불어넣을 것을 요구하는 것 이외에도 그 사전 절차로서 음주측정기에 의한 측정과 밀접한 관련이 있는 검사 방법인 음주감지기에 의한 시험도 요구할 수 있다.

따라서 **도로교통법 제148조의2 제1항 제2호에서 말하는 '경찰공무원의 측정에 응하지 아니한 경우'란 전체적인 사건의 경과에 비추어 술에 취한 상태에 있다고 인정할 만한 상당한 이유가 있는 운전자가 음주측정에 응할 의사가 없음이 객관적으로 명백하다고 인정되는 때**를 의미한다.

경찰공무원이 술에 취한 상태에 있다고 인정할 만한 상당한 이유가 있는 운전자에게 음주 여부를 확인하기 위하여 음주측정기에 의한 측정의 사전 단계로 음주 감지기에 의한 시험을 요구하는 경우, 그 시험 결과에 따라 음주측정기에 의한 측정이 예정되어 있고 운전자가 그러한 사정을 인식하였음에도 음주감지기에 의한 시험에 명시적으로 불응함으로써 음주측정을 거부하겠다는 의사를 표명하였다면, 음주 감지기에 의한 시험을 거부한 행위도 음주측정기에 의한 측정에 응할 의사가 없음을 객관적으로 명백하게 나타낸 것으로 볼 수 있다.[56]

(10) 피의자의 혈액채취 요구

혈액채취 등의 방법에 의한 측정은 처음의 측정 방법에 의한 음주측정이 정상적으로 이루어져 그의 결과가 나온 경우에 그 결과에 불복하는 운전자에 대하여 실시할 수 있다.

> 🔨 피고인이 숨을 불어 넣는 행위를 제대로 하지 아니하였음이 인정되는 이 사건에서는 처음의 흡입방식에 의한 음주측정의 결과가 나왔다고 할 수 없으니, 그러한 상황에서 상당시간 후에 혈액채취에 의한 측정을 요구하는 것은 허용되지 않는다.

나아가 경찰공무원이 운전자의 정당한 요구에도 불구하고 혈액채취의 방법에 의한 측정을 실시하지 않았다면 위 호흡측정기에 의한 측정 결과만으로 운전자의 주취운전 사실을 증명할 수는 없다고 할 것이다

가령, **운전자의 신체 이상 등의 사유로 호흡측정기에 의한 측정이 불가능 내지 심히 곤란한 경우에까지 그와 같은 방식의 측정을 요구할 수는 없으며**, 이와 같은 상황이라면 경찰공무원으로서는 **호흡측정기에 의한 측정의 절차를 생략하고 운전**

---

(56) 대법원 2017. 6. 8. 선고 2016도16121 판결, 대법원 2017. 6. 15. 선고 2017도5115 판결 등 참조

자의 동의를 얻거나 판사로부터 영장을 발부받아 혈액채취에 의한 측정으로 나아
가야 할 것이다. 경찰공무원이 운전자의 신체 이상에도 불구하고 호흡측정기에 의
한 음주측정을 요구하여 운전자가 음주측정수치가 나타날 정도로 숨을 불어넣지 못
한 결과 호흡측정기에 의한 음주측정이 제대로 되지 아니하였다고 하더라도 음주측
정에 불응한 것으로 볼 수는 없다.

> 🔨 교통사고로 상해를 입은 피고인의 골절부위와 정도에 비추어 음주측정 당시
> 통증으로 인하여 깊은 호흡을 하기 어려웠고 그 결과 음주측정이 제대로 되지 아니
> 하였던 것으로 보이므로 피고인이 음주측정에 불응한 것이라고 볼 수는 없다고 한
> 원심의 판단을 수긍한 사례

다만, 운전자가 경찰공무원에 대하여 호흡측정기에 의한 측정 결과에 불복하
고 혈액채취의 방법에 의한 측정을 요구할 수 있는 것은 경찰공무원이 운전자에게
호흡측정의 결과를 제시하여 확인을 구하는 때로부터 상당한 정도로 근접한 시점에
한정된다

> 🔨 측정 결과의 확인을 구하는 때로부터 30분이 경과하기까지를 일응 상당한 시
> 간 내의 기준으로 삼을 수 있을 것이다. 운전자가 정당한 이유 없이 그 확인을 거부
> 하면서 시간을 보내다가 위 시점으로부터 상당한 시간이 경과한 후에야 호흡측정
> 결과에 이의를 제기하면서 혈액채취의 방법에 의한 측정을 요구하는 경우에는 이
> 를 정당한 요구라고 할 수 없으므로, 이와 같은 경우에는 경찰공무원이 혈액채취의
> 방법에 의한 측정을 실시하지 않았다고 하더라도 호흡측정기에 의한 측정의 결과
> 만으로 음주운전 사실을 증명할 수 있다.

3. 위법수집증거의 문제

(1) 동의없는 채혈

수사기관이 법원으로부터 영장 또는 감정처분허가장을 발부받지 아니한 채 피
의자의 동의 없이 피의자의 신체로부터 혈액을 채취하고 사후적으로도 지체 없이

이에 대한 영장을 발부받지도 아니한 채 강제채혈한 피의자의 혈액 중 알코올농도에 관한 감정이 이루어졌다면, 이러한 감정결과보고서 등은 형사소송법상 영장주의 원칙을 위반하여 수집되거나 그에 기초한 증거로서 그 절차 위반행위가 적법절차의 실질적인 내용을 침해하는 정도에 해당하고, 이러한 증거는 피고인이나 변호인의 증거동의가 있다고 하더라도 유죄의 증거로 사용할 수 없다.

> 🔨 피고인이 운전 중 교통사고를 내고 의식을 잃은 채 병원 응급실로 호송되자, 출동한 경찰관이 법원으로부터 압수·수색 또는 검증 영장을 발부받지 아니한 채 피고인의 동서로부터 채혈동의를 받고 의사로 하여금 채혈을 하도록 한 사안에서, 원심이 적법한 절차에 따르지 아니하고 수집된 피고인의 혈액을 이용한 혈중알코올농도에 관한 국립과학수사연구소 감정서 및 이에 기초한 주취운전자적발보고서의 증거능력을 부정한 것은 정당하고, 음주운전자에 대한 채혈에 관하여 영장주의를 요구할 경우 증거가치가 없게 될 위험성이 있다거나 음주운전 중 교통사고를 야기하고 의식불명 상태에 빠져 병원에 후송된 자에 대해 수사기관이 수사의 목적으로 의료진에게 요청하여 혈액을 채취한 사정이 있다고 하더라도 이러한 증거의 증거능력을 배제하는 것이 형사사법 정의를 실현하려고 한 취지에 반하는 결과를 초래하는 예외적인 경우에 해당한다고 볼 수 없다는 이유로 무죄로 판단한 사례이다.

(2) 법정대리인의 동의의 요건

형사소송법상 소송능력이란 소송당사자가 유효하게 소송행위를 할 수 있는 능력, 즉 피고인 또는 피의자가 자기의 소송상의 지위와 이해관계를 이해하고 이에 따라 방어행위를 할 수 있는 의사능력을 의미한다.

피의자에게 의사능력이 있으면 직접 소송행위를 하는 것이 원칙이고, 피의자에게 의사능력이 없는 경우에는 형법 제9조 내지 제11조의 규정의 적용을 받지 아니하는 범죄사건에 한하여 예외적으로 법정대리인이 소송행위를 대리할 수 있다. **따라서 음주운전과 관련한 도로교통법 위반죄의 범죄수사를 위하여 미성년자인 피의자의 혈액채취가 필요한 경우에도 피의자에게 의사능력이 있다면 피의자 본인만이 혈액채취에 관한 유효한 동의를 할 수 있고, 피의자에게 의사능력이 없는 경우에도 명문의 규정이 없는 이상 법정대리인이 피의자를 대리하여 동의할 수는 없다.**

(3) 의료진의 임의제출

형사소송법 제218조 는 "검사 또는 사법경찰관은 피의자, 기타인의 유류한 물건이나 소유자, 소지자 또는 보관자가 임의로 제출한 물건을 영장 없이 압수할 수 있다."라고 규정하고 있고, 같은 법 제219조에 의하여 준용되는 제112조 본문은 "변호사, 변리사, 공증인, 공인회계사, 세무사, 대서업자, 의사, 한의사, 치과의사, 약사, 약종상, 조산사, 간호사, 종교의 직에 있는 자 또는 이러한 직에 있던 자가 그 업무상 위탁을 받아 소지 또는 보관하는 물건으로 타인의 비밀에 관한 것은 압수를 거부할 수 있다."라고 규정하고 있을 뿐이고, 달리 형사소송법 및 기타 법령상 의료인이 진료 목적으로 채혈한 혈액을 수사기관이 수사 목적으로 압수하는 절차에 관하여 특별한 절차적 제한을 두고 있지 않으므로, **의료인이 진료 목적으로 채혈한 환자의 혈액을 수사기관에 임의로 제출하였다면 그 혈액의 증거사용에 대하여도 환자의 사생활의 비밀 기타 인격적 법익이 침해되는 등의 특별한 사정이 없는 한 반드시 그 환자의 동의를 받아야 하는 것이 아니고,** 따라서 경찰관이 간호사로부터 진료 목적으로 이미 채혈되어 있던 피고인의 혈액 중 일부를 주취운전 여부에 대한 **감정을 목적으로 임의로 제출 받아 이를 압수한 경우, 당시 간호사가 위 혈액의 소지자 겸 보관자인 병원 또는 담당의사를 대리하여 혈액을 경찰관에게 임의로 제출할 수 있는 권한이 없었다고 볼 특별한 사정이 없는 이상, 그 압수절차가 피고인 또는 피고인의 가족의 동의 및 영장 없이 행하여졌다고 하더라도 이에 적법절차를 위반한 위법이 있다고 할 수 없다.**

(4) 강제연행에 이은 음주측정

현행 법질서는 음주측정을 위한 신원확보의 강제수단에 대한 특별규정을 제공하지 않고 있다. 따라서 측정과 관련하여 피의자를 이동시키는 등의 경우에는 반드시 법적 근거를 요한다. 수사상의 임의동행, 현행범 체포, 경찰관 직무집행법상 보호조치 등이 그 근거로 제시된다.

따라서 ❶ 경찰관 직무집행법 보호조치요건이 갖추어지지 않았음에도 경찰관이 실제로는 범죄수사를 목적으로 피의자에 해당하는 사람을 피구호자로 삼아 그의 의사에 반하여 경찰관서에 데려간 행위는, 달리 ❷ 현행범 체포나 ❸ 임의동행 등의 적법 요건을 갖추었다고 볼 사정이 없다면, 위법한 체포에 해당한다.

1) 경찰관 직무집행법상 보호조치 중 음주측정 요구

피고인에 대한 보호조치가 경찰관 직무집행법을 위반한 것으로서 위법함에도 불구하고 그러한 위법한 보호조치 상태를 이용하여 음주측정 요구가 이루어졌다는 등의 특별한 사정이 없는 한, 음주측정불응죄에 해당한다고 보아야 한다.

경찰관 직무집행법 제4조 제1항 제1호에서 규정하는 술에 취한 상태로 인하여 자기 또는 타인의 생명 · 신체와 재산에 위해를 미칠 우려가 있는 피구호자에 대한 보호조치는 경찰 행정상 즉시강제에 해당하므로, 그 조치가 불가피한 최소한도 내에서만 행사되도록 그 발동 · 행사 요건을 신중하고 엄격하게 해석하여야 한다. 따라서 이 사건 조항의 술에 취한 상태라 함은 피구호자가 술에 만취하여 정상적인 판단능력이나 의사능력을 상실할 정도에 이른 것을 말하고, 이 사건 조항에 따른 보호조치를 필요로 하는 피구호자에 해당하는지는 구체적인 상황을 고려하여 경찰관 평균인을 기준으로 판단하되, 그 판단은 보호조치의 취지와 목적에 비추어 현저하게 불합리하여서는 아니 되며, 피구호자의 가족 등에게 피구호자를 인계할 수 있다면 특별한 사정이 없는 한 경찰관서에서 피구호자를 보호하는 것은 허용되지 않는다.

또음주는 소렌트 차량을 운전하여 가던 중 울산 울주군 장검터널 잎에서 경찰이 음주단속을 하는 것을 보고, 이를 지나쳐 계속 진행하다가 차량을 정차시켰다. 또음주는 뒤따라 온 경찰 구양공이 단속장소로 돌아가자고 하자 "봐 달라"고 말하였으나, 다른 순찰차가 도착하자 "갑시다"라고 말하며 순찰차의 뒷문을 열고 승차하여 단속장소로 이동하였다. 단속장소에 음주측정기가 구비되어 있었다. 그러나 또음주는 자기는 '법원 쪽에 근무하는 사람인데 여기서는 쪽팔려서 못하겠다. 경찰서로 가면 불겠다"고 하여 "여기서 하나 경찰서에서 하나 같다"고 하면서 누차 단속현장에서 음주측정을 할 것을 권유하였음에도 똑같은 말을 반복하면서 굳이 경찰서까지 갈 것을 강력히 요구하였기에 당시 단속 경찰관 인원이 부족하였음에도 경찰관 2명은 따로 피고인을 순찰차에 태우고 울주경찰서까지 데리고 가서 음주측정을 하고 주취운전자정황진술보고서를 작성하게 되었다. 또음주가 순찰차에 승차하여 경찰서로 가는 동안 순찰차에서 하차하겠다는 의사를 밝히지 않았다. 또음주는 경찰서에 도착한 후 봐달라는 이야기만 했을 뿐 별다른 저항을 하지 않았다.

질문: 또음주에 대한 임의동행은 적법한가?

위 사안은 울산지방법원 2018. 4. 6. 선고 2017노1644 판결의 사실관계이다. 전술한 임의동행의 요건과 관련하여, 동행을 거부할 수 있음을 알려주지 않았다거나 임의동행 동의서가 작성되지 않았다는 것은 임의동행의 적법성을 판단하는 유일한 요소가 아니라 부분적 요소에 해당하는 것이므로, 피고인의 자발적인 의사에 의하여 이루어진 실질적으로 적법한 임의동행이 위와 같은 사정만으로 위법한 임의동행으로 된다고 볼 수 없는 점 등을 종합하면, 피고인에 대한 임의동행은 피고인의 자발적인 의사에 의하여 이루어졌음이 객관적인 사정에 의하여 명백하게 입증되었다고 봄이 상당하다.

🕵 수사실무상 유의사항

임의동행과 관련하여 무죄판결이 적지 않다. 다만, 이 판결은 유죄판결 사례이다. 판례에서 요구하는 임의동행 시 퇴거할 권리를 고지해야 하는 점이 절대적 요건이 아니라는 점을 지적하고 있다. 대법원의 임의동행 법리의 문언에 충실한 견해로서 이에 찬성한다. 다만, 피의자에게 동행을 거부할 수 있음을 알려 주는 것이 절대적 요건은 아니더라도 부분적 요소에 해당하는 만큼, 실제 수사실무에서는 퇴거고지를 하는 것이 임의성 인정에 유리하다고 보인다.

강승택은 23:45경 늘 지나다니던 사거리에서 오도바이를 운전하여 가다가 앞서 가던 차량의 뒷부분을 들이받는 교통사고를 내고 쓰러졌다. 의식을 잃은 채 119 구급차량에 의하여 병원 응급실로 후송되었는데, 사고 시각으로부터 약 1시간 후인 00:50경 사고신고를 받고 병원 응급실로 출동한 마절차 경찰관은 법원으로부터 압수·수색 또는 검증 영장을 발부받지 아니한 채 강승택의 아들로부터 동의를 받아 간호사로 하여금 의식을 잃고 응급실에 누워 있는 피고인으로부터 채혈을 하도록 하고 이를 제출받았다. 그러나 마절차 경찰관은 사후에 영장을 신청하여 발부받지는 않았다. 이후 강승택은 수사기관 및 법정에서 범행을 자백하였고, 마절차 경관은 이를 근거로 음준운전 혐의 관련 기소의견으로 사건을 송치하였다.

질문: 강승택은 도로교통법 위반(음주운전) 유죄인가?

대법원 2012. 11. 15. 선고 2011도15258 판결의 사실관계를 각색하였다.

■ 강제채혈의 근거

• 수사기관이 범죄 증거를 수집할 목적으로 피의자의 동의 없이 피의자의 혈액을 취득 · 보관하는 행위는 법원으로부터 감정처분허가장을 받아 형사소송법 제221조의4 제1항, 제173조 제1항에 의한 '감정에 필요한 처분'으로 할 수 있다.

• 그러나 형사소송법 제219조, 제106조 제1항에 정한 압수의 방법으로도 할 수 있고, 압수의 방법에 의하는 경우 혈액의 취득을 위하여 피의자의 신체로부터 혈액을 채취하는 행위는 그 혈액의 압수를 위한 것으로서 형사소송법 제219조, 제120조 제1항에 정한 '압수영장의 집행에 있어 필요한 처분'에 해당한다.

■ 의식불명상태의 운전자의 경우

• 그런데 음주운전 중 교통사고를 야기한 후 피의자가 의식불명 상태에 빠져 있는 등으로 도로교통법이 음주운전의 제1차적 수사방법으로 규정한 호흡조사에 의한 음주측정이 불가능하고 혈액 채취에 대한 동의를 받을 수도 없을 뿐만 아니라 법원으로부터 혈액 채취에 대한 감정처분허가장이나 사전 압수영장을 발부받을 시간적 여유도 없는 긴급한 상황이 생길 수 있다.

• 이러한 경우 피의자의 신체 내지 의복류에 주취로 인한 냄새가 강하게 나는 등 형사소송법 제211조 제2항 제3호가 정하는 범죄의 증적이 현저한 준현행범인으로서의 요건이 갖추어져 있고 교통사고 발생 시각으로부터 사회통념상 범행 직후라고 볼 수 있는 시간 내라면, 피의자의 생명 · 신체를 구조하기 위하여 사고현장으로부터 곧바로 후송된 병원 응급실 등의 장소는 형사소송법 제216조 제3항의 범죄 장소에 준한다.

• 따라서 검사 또는 사법경찰관은 피의자의 혈중알코올농도 등 증거의 수집을 위하여 의료법상 의료인의 자격이 있는 자로 하여금 의료용 기구로 의학적인 방법에 따라 필요최소한의 한도 내에서 피의자의 혈액을 채취하게 한 후 그 혈액을

영장 없이 압수할 수 있다. 다만, 이 경우에도 형사소송법 제216조 제3항 단서, 형사소송규칙 제58조, 제107조 제1항 제3호에 따라 사후에 지체 없이 강제채혈에 의한 압수의 사유 등을 기재한 영장청구서에 의하여 법원으로부터 압수영장을 받아야 함은 물론이다.

◼ 사안의 경우 : 보강증거 없음

이 사건 채혈은 법관으로부터 영장을 발부받지 않은 상태에서 이루어졌고 사후에 영장을 발부받지도 아니하였으므로 피고인의 혈중알코올농도에 대한 국립과학수사연구소의 감정의뢰회보 및 이에 기초한 주취운전자 적발보고서, 주취운전자 정황보고서 등의 증거는 위법수집증거로서 증거능력이 없으므로, **피고인의 자백 외에 달리 이를 보강할 만한 증거가 없어,** 사건 공소사실을 무죄에 해당한다.

박충성은 음주단속 중이다. 마지막 1건을 채우면 이제 쉴 수 있다는 기대감으로 다음 번 단속 대상을 물색 중이다. 마침 갤로퍼 승용차가 지나가자 차를 세웠다. 음주감지기를 갖다대자 삐 음성신호가 울렸다. 순간 운전자 얼굴을 바라보니 얼굴 혈색이 붉게 물들어 있었다. 박충성의 머릿속에는 '이 사람 술마셨구나'라는 의심이 들었다. 박충성은 안불어를 내리게 하고 몇 마디 물어 보았으나 말과 행동은 정상이었다. 이어 순찰차에 가지고 다니던 음주측정기를 이용하여 음주측정을 요구하였다. 그러나 안불어는 호흡측정기에 의한 음주측정 요구에 불응하여 측정용빨대를 불지 않았다.

 질문: 안불어는 도로교통법 위반(음주측정거부)에 해당하는가?

> 정답: 무죄

위 사안은 대법원 2003. 1. 24. 선고 2002도6632 판결의 사실관계이다. 도로교통법 위반(음주측정거부)죄는 언제 성립할까? 결론적으로 단순히 음주감지기의 음주반응을 보인 것만으로는 측정에 불응하였더라도 위 죄가 성립하지 않는다. 경찰 교통단속 실무에서 괴리감을 느낄 수 있다. 경찰관 입장에서는 음주감지기 반응이 있음에도 음주측정을 요구하지 않을 수 없기 때문이다.

▣ 혈중알코올농도 0.05% 이상의 상태라고 인정할 만한 상당한 이유가 있을 것

• 경찰공무원이 음주측정을 할 수 있는 경우는 두 가지가 있다. 즉, ① 교통의 안전과 위험방지를 위하여 필요하거나(교통단속목적) ② 술에 취한 상태에서 자동차 등을 운전하였다고 인정할 만한 상당한 이유가 있는 경우(범죄수사목적)다. 그리고 두 경우 모두 운전자가 술에 취한 상태에 있다고 인정할 만한 상당한 이유가 있는 사람이, 음주측정에 응하지 않은 경우라야 도로교통법 위반(음주측정거부)죄에 해당한다. 한편 '술에 취한 상태'란 음주운전죄로 처벌되는 음주수치인 혈중알코올농도 0.05% 이상의 음주상태를 말한다.

그러므로 본죄가 성립하기 위하여는 적어도 혈중알코올농도 0.05% 이상의 상태에 있다고 인정할 만한 상당한 이유가 있어야 한다. 이는 음주측정 요구 당시 개별 운전자마다 그의 외관·태도·운전 행태 등 객관적 사정을 종합하여 판단한다.

▣ 음주감지기 음주반응 외 부가적사정(운전자의 외관·태도·운전행태)이 있을 것

• 따라서 호흡측정기에 의한 음주측정을 요구하기 전에 사용되는 음주감지기 시험에서 음주반응이 나왔다고 할지라도 현재 사용되는 음주감지기가 혈중알코올농도 0.02%인 상태에서부터 반응하게 되어 있는 점을 감안하면, 그것만으로 바로 운전자가 혈중알코올농도 0.05% 이상의 술에 취한 상태에 있다고 인정할 만한 상당한 이유가 있다고 볼 수는 없고, 거기에다가 운전자의 외관·태도·운전행태 등의 객관적 사정을 종합하여 술에 취한 상태에 있다고 인정할 만한 상당한 이유가 있는지 여부를 판단하여야 한다.

▣ 사안의 겨우

- 당시 단속 경찰관의 진술에 의하더라도 음주감지기 시험에서는 음주반응이 나왔기 때문에 피고인이 음주운전을 하였다는 의심을 하였을 뿐이지 여기에 더 나아가 피고인의 입에서 술 냄새가 나거나 걸음걸이에 특이한 점은 없었다고 진술하고 있다. 뿐만 아니라 피고인이 최초로 음주측정을 요구받은 시점으로부터 약 25분이 경과한 22:41경 음주측정에 응한 결과에 의하더라도 0.032%의 혈중알코올농도가 나왔다는 사후적인 사정까지 아울러 고려하여 볼 때, 음주감지기 시험에서 음주반응이 나왔다고 하여 처벌수치인 혈중알코올농도 0.05% 이상의 음주상태에 있다고 인정할 만한 상당한 이유가 있었다고 보기는 어렵다. 결국 이와 같은 상태에서 피고인이 음주측정을 요구받고서도 이를 불응하였더라도 음주측정불응죄에 해당한다고 볼 수는 없다.

🧑 보충사례

- 술에 취한 상태를 부정 : 대법원 2002. 6. 14. 선고 2001도5987
  피고인은 이 사건 당일 22:48경 음주운전 일제단속과정의 음주감지기에 의한 시험에서 음주반응이 나타났음에도 경찰관의 호흡측정기에 의한 음주측정 요구에 불응한 사실이 인정되나, 피고인은 당일 14시에서 15시 사이에 소주 2잔 정도를 마셨다고 주장하였고, 단속경찰관도 피고인이 별로 취해 보이지 않았으며 음주측정기를 불더라도 낮은 수치가 나올 것으로 생각되어 음주측정 거부 스티커를 발부하면서 안타까운 마음이 들었다고 진술하고 있는 점, 피고인에 대한 주취운전자 정황진술보고서에는 음주측정요구 당시 피고인의 언행상태, 보행상태, 혈색이 모두 정상이었다고 기재되어 있는 점 등을 종합하여 볼 때, 이 사건에서 음주감지기 시험에서 음주반응이 나왔다고 하여 피고인이 음주측정을 요구받을 당시 술에 취한 상태에 있다고 인정할 만한 상당한 이유가 있었다고 보기는 어렵다.

- 술에 취한 상태를 인정 : 대법원 2004. 10. 15. 선고 2004도4789 판결
  피고인이 경찰공무원인 이동호의 음주측정요구에 응하지 아니한 사실을 인정하고, 나아가 피고인에 대한 음주감지기 시험결과 음주반응이 나온 점, 음주측정을 요구받을 당시 피고인에게서 술 냄새가 났고, 혈색이 붉은 색을 띠고 있었으며, 걸음걸이

등 보행상태가 약간 흔들거렸던 점, 음주측정을 요구받은 피고인이 그 자리에서 당시 입고 있던 사복을 차에 있던 전투복으로 갈아입은 후 이동호에게 군인신분증을 보여주면서 자신은 군인이니 좀 봐주면 안 되겠냐고 부탁한 점 등, 이동호로부터 음주측정요구를 받을 당시에 피고인은 혈중알코올농도 0.05% 이상의 술에 취한 상태에 있었다고 인정할 만한 상당한 이유가 있다. 나아가 일단 경찰공무원의 음주측정 요구에 응하지 아니한 이상 그 후 피고인이 스스로 경찰공무원에게 혈액채취의 방법에 의한 음주측정을 요구하였다 하더라도 음주측정불응죄의 성립에 영향이 없으며, 가사 그 혈액채취에 의한 음주측정 결과 피고인을 음주운전으로 처벌할 수 없는 혈중알코올농도 수치가 나왔다고 하여 이를 이유로 음주측정 불응 당시 피고인이 혈중알코올농도 0.05% 이상의 술에 취한 상태에 있다고 인정할 만한 상당한 이유가 없었다고 볼 수는 없다.

 유의사항

나아가 대법원 2004. 11. 12. 선고 2004도5257 판결은 혈색이 붉고 입에서 술 냄새가 나는 경우에 술에 취한 상태를 간접적으로 인정하고 있다. 따라서 음주단속에서 가장 중요한 부분은 바로, 운전자가 술에 취한 정황을 확보하는 것이며, 얼굴색, 눈의 충혈, 술 냄새, 보행자세는 주취자정황진술서에 반드시 기재될 필요가 있다.

문음주는 새벽 음주운전 신고를 받고 자택으로 출동한 경찰관이 음주측정을 요구하자 이를 거부한 혐의로 기소됐다. 경찰에 신고한 이는 문 씨와 같은 방향으로 귀가 중이던 황참견이었다. 황참견은 문음주의 차량이 중앙선을 침범하면서 지그재그로 운행하는 것을 목격했다. 황참견이 집 앞까지 쫓아가 음주운전을 했는지 묻자 문음주는 "무슨 상관이냐"며 집안으로 들어갔다. 이에 황 씨는 경찰을 불렀다.

경찰은 태국 국적인 문 씨 아내에게 양해를 구한 뒤 집으로 들어갔다. 이후 자고 있던 문 씨를 깨워 음주측정을 요구했다. 경찰이 문 씨 집에 들어가 음주측정을 요구한 것은 운전행위가 종료된 지 약 1시간이 지났던 상황이었다. 문 씨가 "집에서 나가달라"며 측정을 3회 거부하자 경찰은 문 씨를 현행범 체포했다. 재판에서 문 씨는 "경찰은 집에서 나가라는 요구에 응하지 않고 음주측정을 요구했다"며 경찰이 불법 수사를 했다고 주장했다. 이에 검찰은 "황참견이 문 씨를 범인으로 신고했고, 문 씨에게서 술 냄새가 많이 나는 상태였으므로 경찰이 집 안에 들어간 것은 적법했다"고 주장했다. 그러나 검찰이 믿었던 황참견은 법정에서 "문 씨로부터 술 냄새가 났는지는 잘 모르겠다"고 진술하였다.

> **질문:** 문음주는 도로교통법 위반(음주운전) 혐의 관련 유죄인가?

> **정답:** 도로교통법 위반(음주측정거부) 무죄

대법원 2016. 8. 17. 선고 2016도7959 판결의 사실관계이다.

▣ 현행범인 여부

본 죄는 술에 취한 상태에 있다고 인정할 만한 상당한 이유가 있는 사람으로서 경찰공무원의 측정에 응하지 아니한 사람일 것을 요한다. 그러나 경찰이 문 씨 집에 들어가 음주측정을 요구한 것은 운전행위가 종료된 지 약 1시간이 지났던 상황이며 음주운전 현행범으로 보기엔 시간·장소적 접근성이 부족하다.

또한 황참견은 도로 중앙선을 넘어 지그재그로 운전하는 차량을 보고 음주운전을 의심해 신고한 것일 뿐이라며 법정에서 "문음주로부터 술 냄새가 났는지는 잘 모르겠다"고 진술했다는 점에서 술에 취한 상태에 있다고 인정할 만한 상당한 이유가 있다고 보기도 어렵다.

▣ 동의에 의한 임의수사 가능성

그리고 문 씨 아내는 태국 국적의 외국인이며 경찰이 문 씨를 수색하기 위해 집에 들어간다는 것을 충분히 이해하고 동의했다고 보기 어렵다. 설령 문 씨 아내가 동의했다고 해도, 문 씨가 퇴거를 요구한 이상 동의에 의한 임의수사는 끝났다. 혈중알코올농도를 급히 측정해야 했던 당시 상황 등을 고려하더라도 음주측정은 적법하지 않았다.

박국밥은 밤 11:45경 '황제돼지국밥' 식당 인근 편도 2차선 도로의 갓길에 자신의 차량을 시동을 켠 채 정차하여 두고 그 앞 횡단보도 위에 누워 있었다. 음주운전을 하는 차량이 있다는 신고를 받고 출동한 경찰관 영웅문이 박국밥을 도로밖으로 끌어내려 하자 박국밥은 이에 저항하며 욕설을 하였다. 영웅문은 박국밥이 술에 만취되어 대화도 제대로 하지 못하며 오줌을 싸고 혼자서 걷지도 못하자 그를 순찰차 뒷자리에 태운 뒤 파출소로 데려왔으며, 경찰관 영웅문은 파출소에 도착한 직후인 12:25부터 같은 날 12:45까지 사이에 3회에 걸쳐 음주측정을 요구하였으나 박국밥은 정신을 국밥에 말았는지 계속하여 이에 불응하였다.

질문: 박국밥은 도로교통법 위반(음주측정거부)에 해당하는가?

정답: 유죄

대법원 2012. 3. 29. 선고 2011도10012 판결이다. 항소심은 무죄를 선고하였으나, 대법원은 유죄를 선고하였다. 대법원은 음주측정의 행위 자체를, 헌법재판소 판결이 설시한 바와 같이 임의수사로 보고 있다. 따라서 음주운전 적발현장에서 바로 호흡측정기에 의한 음주측정을 하는 경우는 문제가 없으나, 지구대 등으로 장소를 이동하여 측정하는 경우에는 그 법적 근거를 문제삼는다. 현행범인 체포, 임의 동행이 가장 빈번하나 경찰관 직무집행법상 보호조치가 있다는 사실을 많이 간과한다. 결론적으로 위 사안에서 대법원은 보호조치가 종료되기 전까지는 지구대로 데려와서 보호조치하고 있는 경찰관의 신원확보 조치와 그에 대한 음주측정은 적법하다고 보았다.

▣ 음주측정의 성질 : 임의수사

도로교통법 제41조 제2항에 규정된 음주측정은 성질상 강제될 수 있는 것이 아니며 궁극적으로 당사자의 자발적 협조가 필수적인 것이므로 이를 두고 법관의 영장을 필요로 하는 강제처분이라 할 수 없다. 따라서 이 사건 법률조항이 주취운전의 혐의자에게 영장 없는 음주측정에 응할 의무를 지우고 이에 불응한 사람을 처벌한다고 하더라도 헌법 제12조 제3항에 규정된 영장주의에 위배되지 아니한다.

▣ 보호조치

경찰관은 수상한 거동 기타 주위의 사정을 합리적으로 판단하여 술취한 상태로 인하여 자기 또는 타인의 생명·신체와 재산에 위해를 미칠 우려가 있는 자 등에 해당함이 명백하며 응급의 구호를 요한다고 믿을 만한 상당한 이유가 있는 자를 발견한 때에는 보건의료기관 또는 공공구호기관에 긴급구호를 요청하거나 24시간을 초과하지 않는 범위 내에서 경찰관서에 보호하는 등 적당한 조치를 할 수 있다(경찰관 직무집행법 제4조).

▣ 보호조치자에 대한 음주측정

이와 같은 법리는 당해 운전자가 경찰관 직무집행법 제4조에 따라 보호조치된 사람이라고 하여 달리 볼 것이 아니므로, 경찰공무원이 보호조치된 운전자에 대하여 음주측정을 요구하였다는 이유만으로 그 음주측정 요구가 위법하다거나 보호조치가 당연히 종료된다고 볼 수는 없다.

수사실무상 유의사항

만취상태에 있는 사람이라면, 술 냄새, 언동, 보행걸음 등의 주취상태에 대한 정황과 차량에 그대로 두게 되면, 본인과 타인에 대한 위해 가능성이 높다는 점을 자세히 기술하는 내용의 수사보고를 작성할 것을 요한다.

박달재는 밤 9시 30분경부터 11시경까지 식당에서 지인 4명과 함께 저녁을 먹으면서 술을 마신 뒤 식당 건너편 음주빌라 주차장에 주차되어 있던 차량을 그대로 둔 채 귀가하였다. 다음날 아침 빌라 측에서는 08:11경 112에 피고인의 차량 때문에 공사를 할 수 없다며 차량을 이동시켜 달라는 취지의 신고전화를 하였다. 이에 제주서부경찰서 중앙지구대 소속 경위 고단속은 박달재에게 3회에 걸쳐 차량을 이동할 것을 전화로 요구하였다. 박달재는 같은 날 09:20경 빌라 주차장에 도착하여 차량을 약 2m 가량 운전하여 이동ㆍ주차하였으나, 차량을 완전히 뺄 것을 요구하던 공사장 인부들과 시비가 되었다. 그러던 중 누군가 박달재가 음주운전을 하였다고 신고를 하여 경찰관 고단속이 현장에 출동하였다. 고단속은 박달재에게 술을 마신 상태에서 차량을 운전하였는지 물어 박달재가 '어젯밤에 술을 마셨다'고 하자 음주감지기에 의한 확인을 요구하였다. 그러나 박달재는 '이만큼 차량을 뺀 것이 무슨 음주운전이 되느냐'며 응하지 아니하였고, 임의동행도 거부하였다. 당시 고단속은 술을 마셨는지 여부만을 확인할 수 있는 음주감지기 외에 주취 정도를 표시하는 음주측정기는 소지하지 않았다. 이에 고단속은 박달재를 도로교통법 위반(음주운전)죄의 현행범으로 체포하여 위 지구대로 데리고 가 음주측정을 요구하였다.

질문: 도로교통법 위반(음주측정거부) 유죄인가?

대법원 2017. 4. 7. 선고 2016도19907 판결의 사실관계이다. 2심은 유죄판결하였으나 대법원은 아래와 같은 이유로 피고인을 현행범으로 체포한 것은 그 요건을 갖추지 못한 것이어서 위법하고, 그와 같이 위법한 체포상태에서 이루어진 공소외인의 음주측정요구 또한 위법하다고 보았다.

- 즉, 피고인이 전날 늦은 밤 시간까지 마신 술 때문에 미처 덜 깬 상태였던 것으로 보이기는 하나, 술을 마신 때로부터 이미 상당한 시간이 경과한 뒤에 운전을 하였으므로 도로교통법 위반(음주운전)죄를 저지른 범인임이 명백하다고 쉽게 속단하기는 어려워 보인다. 더군다나 피고인은 위 지구대로부터 차량을 이동하라는 전화를 받고 위 빌라 주차장까지 가 차량을 2m 가량 운전하였을 뿐 피고인 스스로 운전할 의도를 가졌다거나 차량을 이동시킨 후에도 계속하여 운전할 태도를 보인 것도 아니어서 사안 자체가 경미하다.

  그런데 당시는 아침 시간이었던 데다가 위 주차장에서 피고인에게 차량을 이동시키라는 등 시비를 하는 과정에서 경찰관 등도 피고인이 전날 밤에 술을 마셨다는 얘기를 들었으므로, 당시는 술을 마신 때로부터 상당한 시간이 지난 후라는 것을 충분히 알 수 있었다.

- 나아가 피고인이 음주감지기에 의한 확인 자체를 거부한 사정이 있기는 하나, 공소외인 등 경찰관들로서는 음주운전 신고를 받고 현장에 출동하였으므로 음주감지기 외에 음주측정기를 소지하였더라면 임의동행이나 현행범 체포 없이도 현장에서 곧바로 음주측정을 시도할 수 있었을 것으로 보인다. 이러한 사정을 앞에서 든 정황들과 함께 종합적으로 살펴보면, 피고인이 현장에서 도망하거나 증거를 인멸하려 하였다고 단정하기는 어렵다.

 유의사항

음주측정불응죄 관련, 가장 많이 간과하는 점은 술에 취한 상태에 있다고 인정할 만한 상당한 이유가 있어야 한다는 점이다. 주취자정황진술서(?)를 자세히 기재해야하는 이유도 같은 맥락이다. 판례 등에 따르면 운전을 종료한 운전자에 대해서는, 가급적 현장에서 음주측정을 시도할 것을 요구하고 있고, 현행범 체포를 시도하는 것에 제동을 걸고 있다.

〈음주운전 현행범 체포서 작성례〉

[범죄사실]

피의자는 2018. 6. 9. 20:15경 충남 아산 아산경찰서 버스종점에서부터 적발지인 충남 아산시 풍기동 신천교 위 도로까지 약 10킬로미터 구간을 혈중알코올농도를 알 수 없는 주취상태에서 본인소유의 40우7456 차량으로 운행하였다.

[체포사유]

1. 신고출동경위

   "비틀거리며 신호위반하고 차선을 넘나드는 차량이 있어 내가 뒤따라가고 있다. 음주운전 같다"라는 112 신고(신고시각 : 20시 20분, 신고번호:897번)를 순71호 근무자 경사 이춘삼, 순경 김경환이 접수하고 신고현장에 20:23경 도착하였다.

2. 현장도착 당시 상황

   신고현장인 신천교 위(경주에서 울산방향)에 도착해 보니 흰색 포터차량(신고자의 차량)과 은색 코란도(피의자의 차량) 차량이 2차로 상에 정차되어 있었고 그 옆에 신고자와 피의자가 함께 서 있었으며 서로 말다툼을 하고 있었다.

3. 피의자의 음주운전정황

   가. 신고자의 112 신고경위

      신고자는 울산 북구 신천동에 있는 천곡사거리에서 신천교방면으로 운행 중이었는데 앞에 가는 은색 코란도차량이 차선을 넘나들고 신호위반하면서 운행하는 것이 음주운전인 것 같아 112 신고를 하게 되었으며, 그 뒤로도 계속 추적하여 피의자의 차량을 세우게 되었고 잠시 뒤 경찰이 도착하였다고 진술하고, 차량에 차량운행영상녹화장치(블랙박스)도 있으니 필요하면 영상도 제출하겠다는 진술로 보아 피의자의 운전정황 및 현행성 인정된다.

나. 피의자의 외관 및 행태

현장에서 피의자와 대화를 나눠보니 술을 마시고 운전한 사실 시인하고 있고, 입에서 술 냄새가 심하게 나고, 걸음걸이가 비틀거리고, 안구충혈 및 안면홍조 등 피의자의 외관상태가 술을 마신 것으로 보이고 음주감지기에 강하게 반응하는 등 피의자의 음주정황 인정된다.

이로써 피의자가 술을 마신 상태에서 운전하였다고 인정할 만한 이유 상당하다.

4. 체포경위

① 피의자의 외관상태로 보아 술에 취한 상태가 분명하여 정상적으로는 차량을 운행할 수 없음이 분명하여 차량에 그대로 놔둘 수 없는 점, ② 현장에서 음주측정하기에는 차량통행이 빈번한 도로상에서 피의자 도주나 측정지연과 같은 돌발상황에 대처하기 어려워, 피의자의 안전을 확보할 수 없다.

따라서 피의자를 체포하여 안전한 경찰관서에서 음주측정절차를 진행할 필요가 있으므로, 피의자에게 범죄사실, 체포이유, 체포적부심청구권, 변호인선임권 및 변명의 기회를 준 뒤 현행범인 체포하였다.[57]

---

(57) 이춘삼 님의 현행범 체포서 작성양식을 변형하여 기재

나운전은 상습음주운전 전과자이다. 음주운전을 하지 말자고 다짐하지만, 어느새 운전대를 잡고 있다. 나운전은 오늘 새벽에도 술을 마신 상태로 운전을 하고 가는데 앞서 가던 차량이 갑자기 유턴을 하는 바람에 충돌할 뻔하였다. 열받은 나운전은 창문을 열어 다른 운전자 김승질을 향해 욕설을 하였고, 김승질도 성질을 이기지 못하고 욕설을 퍼부었다.

김승질은 그 자리를 피하여 차량을 운전하여 갔는데, 나운전은 김승질 운전 차량을 뒤쫓아 가 나란히 진행하면서 운전석 창문을 연 상태에서 김승질에게 몇 차례 욕설을 하였고 김승질을 음주운전으로 경찰에 신고하였다.

현장에 출동한 경찰관이 김승질에게 음주감지기 시험을 하였는데 음주반응이 나타나지 않자, 역으로 김승질은 나운전이 음주운전을 했다고 지목하였다. 경찰관은 나운전에게 취기가 있고, 현장 부근에 주차되어 있던 승용차 전면 유리에 나운전의 휴대전화번호가 부착되어 있으며, 그 번호가 경찰에 음주운전 신고로 접수된 전화번호와 동일하고, 그 승용차의 시동이 꺼진 뒤 오래되지 않았음을 확인하여 나운전이 음주운전을 하였다고 보아 그에게 음주감지기 시험을 하였고 나운전에게서 음주반응이 나타났다. 나운전은 음주운전을 추궁당하자 '운전하지 않았다. 직접 경찰서에 가서 밝히겠'고 하면서 스스로 현장에 있던 순찰차에 탑승하였다.

나운전은 경찰관과 함께 인근 지구대로 향하다가 지구대에 이르기 전에 갑자기 '집에 가겠다. 순찰차에서 내리게 해달라'고 요구하자, 경찰관은 나운전을 하차시켰다. 당시 순찰차에 음주측정기가 없었기 때문에 나운전은 인근 지구대에 연락하여 음주측정기를 하차 현장으로 가지고 오게 하였고, 집에 간다는 이유로 현장을 이탈하려는 나운전을 가지 못하게 제지하였다. 그런 상황은 음주측정기가 도착할 때까지 5분 정도 계속되었다.

나운전은 순찰차에서 하차한 후 편도 2차로의 도로로 뛰어가 살려달라고 소리치고 정차되어 있는 화물차 기사에게 경찰관으로부터 강제구금을 당하고 있으니 살려달라고 외쳤다.

경찰관은 음주측정기가 도착한 후 공소외 1은 나운전에게 약 10분 간격으로 4

회 음주측정을 요구하였는데 이에 불응하는 나운전이 음주측정을 거부한다는
이유로 현행범 체포하였다.

질문: 적법한 현행범 체포로서 도로교통법 위반(음주측정거부)죄는 성립하는가?

정답: 유죄

대법원 2018. 12. 13. 선고 2017도12949 판결로 최근 판결이다. 2심은 무죄판결을 하였으나, 3심은 유죄취지로 파기환송하였다. 자발적으로 임의동행을 요구하였다가 도중에 하차를 유도한 경우에 관한 사안이다.

현행 법질서는 음주측정을 위한 신원확보의 강제수단에 대한 특별규정을 제공하지 않고 있다. 따라서 측정과 관련하여 피의자를 이동시키는 등의 경우에는 반드시 법적 근거를 요한다.

2심도 같은 맥락에서, 나운전이 음주운전에 대한 증거수집을 위한 수사절차로서 의미를 가지는 음주측정의 목적으로 그를 붙잡아 두면서도 달리 현행범으로 체포하였다거나 임의동행에 관한 동의를 얻는 등의 적법 요건을 갖추었다고 볼 자료가 없고, 경찰관이 나운전을 약 5분간 붙잡아 둔 행위는 위법한 체포에 해당하고 그와 같이 위법한 체포 상태에서 이루어진 음주측정요구 또한 위법하므로 이에 불응하였더라도 도로교통법 위반(음주측정거부)죄가 성립하지 않는다고 판단하였다. 그러나 대법원은 이와 달리 보았다.

• 경찰공무원은 음주 여부나 주취 정도를 측정하는 경우 합리적으로 필요한 한도 내에서 그 측정 방법이나 측정 횟수에 관하여 어느 정도 재량을 갖는다. 따라서 경찰공무원은 운전자의 음주 여부나 주취 정도를 확인하기 위하여 운전자에게 음주측정기를 면전에 제시하면서 호흡을 불어넣을 것을 요구하는 것 이외에도 그 사전절차로서 음주측정기에 의한 측정과 밀접한 관련이 있는 검사 방법인 음주감지기에 의한 시험도 요구할 수 있다.

• 구 도로교통법 제148조의2 제1항 제2호에서 말하는 '경찰공무원의 측정에 응하지 아니한 경우'란 전체적인 사건의 경과에 비추어 술에 취한 상태에 있다고 인정할 만한 상당한 이유가 있는 운전자가 음주측정에 응할 의사가 없음이 객관적으로 명백하다고 인정되는 때를 의미한다.

• 경찰공무원이 술에 취한 상태에 있다고 인정할 만한 상당한 이유가 있는 운전자에게 음주 여부를 확인하기 위하여 음주측정기에 의한 측정의 사전 단계로 음주

감지기에 의한 시험을 요구하는 경우, 그 시험 결과에 따라 음주측정기에 의한 측정이 예정되어 있고 운전자가 그러한 사정을 인식하였음에도 음주감지기에 의한 시험에 명시적으로 불응함으로써 음주측정을 거부하겠다는 의사를 표명하였다면, 음주감지기에 의한 시험을 거부한 행위도 음주측정기에 의한 측정에 응할 의사가 없음을 객관적으로 명백하게 나타낸 것으로 볼 수 있다.[58]

• 나운전은 술에 취한 상태에서 자동차를 운전하였다고 인정할 만한 상당한 이유가 있었다고 보이는 상황이었으므로, 단속 경찰관으로서는 나운전의 음주운전 여부를 확인하기 위하여 음주측정을 할 필요가 있었다고 판단된다.

이러한 상황에서 나운전에 대한 음주감지기 시험 결과 음주 반응이 나타났으므로, 나운전이 그 이후 음주측정기에 의한 측정을 위하여 예정되어 있는 경찰관의 일련의 요구에 불응한다면 음주측정거부에 해당한다고 볼 여지가 있다.

❶ 따라서 원심으로서는 피고인 1이 경찰관의 음주측정요구를 피하여 현장을 이탈하려 하거나 도주함으로써 도로교통법 위반(음주측정거부)죄가 성립하고, 그 이후 경찰관이 피고인 1을 붙잡아 둔 행위는 범죄 성립 이후의 사정에 불과하다고 볼 것인지,

❷ 아니면 경찰관의 조치가 여전히 불법체포에 해당하여 피고인 1이 불법체포 상황에서 음주측정요구에 불응한 것은 음주측정거부에 해당하지 않는 것인지 다시 판단할 필요가 있다.

 유의사항

생각건대, 대법원의 입장이 반드시 분명하지는 않다. ① 미시적만 살펴보면, 경위에 불구하고 임의동행 중 퇴거요청을 받은 경우 바로 보내주어야 하므로, 단 5분이라도 지체하게 하였다면 적법한 임의동행 여부를 의심할 수 있다. ② 그러나 피의자의 의도와 행태를 감안하여 사태의 추이를 전체적으로 살펴보면, 경찰관에 의해 음주측정이 필요함에도, 형식적 또는 전략적으로 임의동행 귀가 요청을 빙자하여 음주측정을 회피할 목적이라고 볼 여지가 적지 않다. 만약 2심처럼 보

---

(58) 대법원 2017. 6. 8. 선고 2016도16121 판결, 대법원 2017. 6. 15. 선고 2017도5115 판결 등 참조

게 된다면, 대법원은 그러한 점을 지적한 것으로 보인다. 2심의 판단은 아쉬움이 있다. 지구대, 파출소 등의 초동수사에서 무죄 선고되는 많은 수의 판결은 저 유명한 임의동행의 적법성 논리에서 비롯되는데, 자의적 인신구속의 폐단을 구제하고자 하는 대법원의 취지를 이해하나, 이와 같이 임의동행 논리의 형식적이고 엄격한 적용으로 실질적으로 처벌되어야 할 많은 수의 사건이 무죄가 되어 버리는 경우가 적지 않다.

지구대, 파출소, 초동수사단계에서 단시간 내의 사실관계 파악을 위한 피의자 신원확보 및 인치수단이 입법적으로 필요하나, 현행 법체계에서는 피의자 신원이동의 법적근거에 대해 현행범 체포를 활용할 수밖에 없다.

나아가 음주측정기 보급이 현재 많이 되었다고 하지만, 위 사실관계로 보면 아직도 미흡한 것으로 보인다. ① 개별 순찰차 모두 보급하여 현장단속을 원칙으로 하되, ② 주변 교통상황으로 위험하거나 피의자 동행이 불가피하다면 반드시 술에 취한 상태로 보여 음주측정이 필요한 이유, 체포의 필요성을 등을 구체적 소명하여 현행범 체포를 한 상태에서 이동하되, ③ 전적으로 자의적 요청에 의한 임의동행의 경우 사전 확인서를 반드시 서명, 채증하여 위법수집증거 논란을 피하는 것이 타당해 보인다.

CHAPTER 4

긴급체포

긴급체포는 영장주의 원칙에 대한 예외인 만큼 형사소송법 제200조의3 제1항의 요건을 모두 갖춘 경우에 한하여 예외적으로 허용되어야 한다. 요건을 갖추지 못한 긴급체포는 법적 근거에 의하지 아니한 영장 없는 체포로서 위법한 체포에 해당하게 된다.

1. 긴급체포의 요건

형사소송법 제200조의3에 의하면, 검사 또는 사법경찰관은 피의자가 **사형·무기 또는 장기 3년 이상의 징역이나 금고에 해당하는 죄를 범하였다고 의심할 만한 상당한 이유**가 있고, 다음 각 호의 어느 하나에 해당하는 사유가 있는 경우에 **긴급을 요하여 지방법원판사의 체포영장을 받을 수 없는 때에는 그 사유를 알리고** 영장없이 피의자를 체포할 수 있다.

> 1. 피의자가 증거를 인멸할 염려가 있는 때
> 2. 피의자가 도망하거나 도망할 우려가 있는 때

이 경우 긴급을 요한다 함은 **피의자를 우연히 발견한 경우 등과 같이 체포영장**

을 받을 시간적 여유가 없는 때를 말한다.

여기서 우연성은 체포영장을 발부받을 수 없는 긴급한 상황을 예시한 것이고, 모든 피의자를 우연히 발견하여야만 하는 것은 아니다. 체포영장 발부는 일정한 시간이 소요되므로 그 사이에 피의자가 도망할 염려가 있는 경우를 말한다.[59]

2. 체포 당시의 상황을 기준으로

나아가 위와 같은 요건의 충족 여부는 사후에 밝혀진 사정을 기초로 판단하는 것이 아니라 체포 당시의 상황을 기초로 판단한다. **수사주체의 판단에는 상당한 재량의 여지가 있으나 긴급체포 당시의 상황으로 보아서도 경험칙에 비추어 현저히 합리성을 잃은 경우**에는 위법한 체포이다.[60] 실무상 긴급체포의 실무 사례는 아래와 같다.

① 상습절도 피의자를 추적하여 검거하는 현장에서 장물범을 우연히 발견하고 긴급체포하는 경우,

② 마약 내지 총기류 사건 수사에 있어 마약 또는 총기류 구입자나 판매자를 공범의 접선현장에서 긴급체포하는 경우,

③ 소재불명 피의자를 추적 중 은신처에서 잠복 수사 중 발견한 경우,

④ 사건수사 중 피의자가 범임임이 밝혀지거나 혐의가 입증되어 즉시 피의자의 주거지 내지 직장으로 가서 피의자를 체포하는 경우,

⑤ 피의자를 소환해서는 도망 또는 증거인멸의 우려가 있는 경우 등이다.[61]

⑥ 경찰관의 직무질문 기회에 중 대범죄의 범인임이 드러난 때,

⑦ 자수하러 내방한 자의 진술을 듣거나, 임의출석한 자의 출석을 들은 후에 중대범죄의 혐의가 드러난 때 등이다.[62]

---

(59) 법원실무제요(형사), 134쪽

(60) 대법원 2002. 6. 11. 선고 2000도5701 판결 참조

(61) 최교일, "긴급체포에 관한 고찰", 저스티스 제32권 제1호, 한국법학원, 1999, 100면

(62) 심희기/양동철, 쟁점강의 형사소송법, 삼영사, 2010, 214면

3. 실무상 긴급체포의 활용

위와 같이 긴급체포는 ❶ 범죄의 중대성, ❷ 범죄 혐의의 상당성, ❸ 체포의 필요성, ❹ 긴급성을 요건으로 하며, 그 가운데 핵심은 긴급성, 즉 체포영장을 발부받을 시간적 여유가 있는지 여부에 달려 있다.[63]

(1) 적법한 사례

1) 1회 자진출석 피의자신문을 마친 자의 경우

🔨 검찰관은 피고인으로부터 주식회사 삼진건설과 관련하여 공사 시 편의제공 등을 부탁받은 제11전투비행단 시설대대장의 진술을 먼저 확보한 다음, 2003. 5. 17. 군검찰의 소환에 응하여 자진출석한 피고인으로부터 자술서를 제출받고 제1회 피의자신문조서를 작성하였다. 그 후 피고인으로부터 장병신체검사 지정병원 선정과 관련한 부탁을 받은 제11전투비행단 인사처장 및 의무전대장의 진술을 확보한 후, 2003. 5. 18. 03:50경 피고인을 긴급체포하였다.

피고인은 인사처장에게 2002년 장병신체검사 지정병원으로 성서병원이 선정될 수 있도록 검토해 달라는 부탁을 한 사실은 인정하면서도 성서병원으로부터 그 대가를 수수하거나 약속한 사실을 부인하고, 공사 편의제공과 관련하여 시설대대장에게 사실상의 영향력을 행사한 사실도 부인하였던 사실이 인정되고, 피고인이 담당 부대 장교들에 대한 동향관찰보고를 통하여 진급, 인사 등에 영향력을 행사할 수 있는 기무부대장으로 근무하고 있었던 점을 감안하면, 피고인이 관련자들과의 접촉을 통하여 증거를 인멸할 염려가 있다고 보이므로, 피고인을 긴급체포할 당시 그 요건의 충족 여부에 관한 검찰관의 판단이 경험칙에 비추어 현저히 합리성을 잃었다고 보기는 어렵다.[64]

2) 경찰추적중 잠복수사

🔨 고소사건 담당 경찰관은 피고인의 소재 파악을 위해 피고인의 거주지와 피고인이 경영하던 공장 등을 찾아가 보았으나, 피고인이 공장 경영을 그만둔 채 거주

---

(63) 하태인, 수사상 긴급체포 요건과 운용, 299면
(64) 대법원 2005. 11. 10. 선고 2004도42 판결

지에도 귀가하지 않는 등 소재를 감추자 법원의 압수수색영장에 의한 휴대전화 위치추적 등의 방법으로 피고인의 소재를 파악하던 중이었다.

경찰관은 밤 11시경 주거지로 귀가하던 피고인을 발견하고, 피고인이 계속 소재를 감추려는 의도가 다분하고 증거인멸 및 도망의 염려가 있다는 이유로 피고인을 사기 혐의로 긴급체포가 위법한 체포에 해당한다고 보기는 어렵다.[65]

(2) 부적법한 사례

🔨 A가 인터넷 신문고를 통해 피고인을 고발하여 9. 4. 서울지방검찰청에 진정사건으로 수리됨으로써 이 사건 수사가 개시되었는데, 검사로서는 그 때부터 B를 긴급체포한 9. 14. 16:00경까지 체포영장을 발급받을 시간적 여유가 충분히 있었던 것으로 보인다. 그리고 A는 피고인을 고발하였지 공소외 3을 고발한 것이 아니며, B와 관련된 비자금 부분은 9. 15. 다른 사람을 조사하면서 비로소 밝혀졌는데 검사 등은 그 전에 B를 긴급체포한 사실, 검사 등은 B를 긴급체포하고 조사를 하고서도 B를 입건도 하지 아니한 사실 등을 알 수 있다. 이러한 사정을 종합하면, 위 긴급체포는 그 당시로 보아서도 요건을 갖추지 못하였다.[66]

---

(65) 대법원 2003. 3. 27.자 2002모81 결정
(66) 대법원 2007. 1. 12. 선고 2004도8071 판결

체포된 피의자 봉쟁이는 조사를 받으면서 사실은 박뽕으로부터 물뽕GHB을 구입하여 박소라의 음료수에 탄 후 강간하였고, 박소라가 합의금으로 너무 많은 돈을 요구하여 말다툼 중 우발적으로 죽이게 되었는데, 박뽕과 함께 시체를 유기하였다며 혐의를 자백하였다. 또한 박뽕은 경찰수사가 진행되자 필리핀으로 도주할 계획을 세웠다는 진술이었다. 수사팀은 박뽕의 아파트로 출동하였고, 주차장에서 차를 타고 가려는 박뽕을 발견한 후 운전석에 앉아 있는 그를 긴급체포하였다.[67]

(67) 경찰수사연수원 제5판, 압수수색 집행실습, 이동희, 임춘일 집필 부분 사례와 질문 발췌 인용

질문: 긴급체포의 과정에서 일어날 수 있는 상황에 따른 적절한 조치와 관련하여 다음의 질문에 대하여 고민해 보자.

- 도주과정에서 박뽕이 전혀 알지 못하는 나몰라의 집으로 도망간 경우
- 나몰라의 집을 잠근 경우, 강제로 문을 열 수 있는가?
- 긴급체포한 박뽕의 신체를 수색한 결과 필로폰으로 추정되는 물건을 발견한 경우, 이를 압수할 수 있는 근거는?
- 박뽕의 차량과 주거지를 수색하고 물뽕GHB으로 추정되는 물건을 추가로 발견한 경우 이를 압수할 수 있는 근거는?
- 박뽕의 차량 내에서 자동차키 5개가 담긴 주머니를 추가로 발견하고 출처를 물었으나 진술을 거부하는 경우(긴급체포된 혐의와 무관)
- 박뽕의 차량 내에서 아동음란물로 추정되는 '여중 화장실 몰카'라고 적힌 CD 4개를 추가로 발견한 경우 취할 수 있는 조치(긴급체포된 혐의와 무관)
- 박뽕의 주거지를 수색했으나, 아무 것도 발견하지 못한 경우 취해야 할 조치는 무엇인가?

박뽕은 형사소송법 제200조의에 근거하여 긴급체포할 수 있다. 봉쟁이의 자백에 따라 박뽕은 사체유기(7년 이하), 마약류관리에 관한 법률 위반(5년 이상)의 혐의가 있다고 의심할 만한 상당한 이유가 있다. 경찰수사가 진행되자 필리핀으로 도망할 계획을 세운 점에 비추어 도망할 우려가 인정되고, 판사로부터 체포영장을 발부받을 시간적 여유가 없어 긴급성 또한 인정된다.

■ 도주과정에서 박뽕이 전혀 알지못하는 나몰라의 집으로 도망간 경우

형사소송법 제216조 제1항 제1호에 따라 피의자를 체포하는 경우에 필요한 때에는 영장 없이 타인의 주거나 간수하는 가옥, 건조물, 항공기, 선차 내에서 피의자수사(수색)를 할 수 있다.

■ 나몰라의 집을 잠근 경우, 강제로 문을 열 수 있는가?

형사소송법 제219조, 제120조에 따라 영장에 의하지 아니한 압수수색에도 압수·수색영장의 집행에 있어서는 건정을 열거나 개봉 기타 필요한 처분을 할 수 있다.

■ 긴급체포한 박뽕의 신체를 수색한 결과 필로폰으로 추정되는 물건을 발견한 경우, 이를 압수할 수 있는 근거는?

① 형사소송법 제216조 제1항 체포현장에서의 압수 내지 ② 제217조 긴급체포자에 대한 압수와 수색을 검토할 수 있다.

■ 박뽕의 차량과 주거지를 수색하고 물뽕(GHB)으로 추정되는 물건을 추가로 발견한 경우 이를 압수할 수 있는 근거는?

체포현장에 있던 박뽕의 차량은 제216조 제1항 제2호를 적용하여 차량을 수색하여 발견된 GHB를 압수할 수 있다. 이 경우 압수한 물건을 계속 압수할 필요가 있는 경우에는 체포한 때부터 48시간 이내에 압수수색영장을 청구하여야 한다.

■ 박뽕의 차량 내에서 자동차키 5개가 담긴 주머니를 추가로 발견하고 출처를 물었으나 진술을 거부하는 경우(별건사실)

긴급체포의 사유가 된 범죄사실 수사에 필요한 최소한의 범위 내에서 당해 범죄사

실과 관련된 증거물 또는 몰수할 것으로 판단되는 피의자의 소유, 소지 또는 보관하는 물건을 압수할 수 있다.[68] 따라서 별건이 발견된 장소를 사진촬영 등의 방법으로 자료로 남기고, 임의제출을 권유하고 이를 끝까지 거부하는 경우에는 별개의 압수수색영장을 발부받아 압수하는 수밖에 없다.

▣ 박뽕의 차량 내에서 아동음란물로 추정되는 '여중 화장실 몰카'라고 적힌 CD 4개를 추가로 발견한 경우 취할 수 있는 조치(별건)

위 질문과 달리 아동음란물, 마약소지, 총포도검의 무허가 소지 자체만으로 범죄가 되는 경우에는, 발견 장소가 곧 범행 중인 장소로서, 영장에 의하지 않은 강제처분을 할 수 있다(제216조 제3항).

▣ 박뽕의 주거지를 수색했으나, 아무 것도 발견하지 못한 경우 취해야 할 조치는 무엇인가?

형사소송법 제219조, 제128조 수색한 경우에 증거물 또는 몰취할 물건이 없는 때에는 그 취지의 증명서를 교부하여야 한다.

---

(68) 대법원 2008. 7. 10. 선고 2008도2245 판결

해진경찰서 수사과 소속 강포돌은 어느 날 12:00 무렵 제보자로부터 전화가 걸려왔다. "필로폰 전과로 구속되었다가 올해 초순경 출소한 사람이 또다시 필로폰을 투약하고 동네를 활보하고 다닌다"는 취지의 제보였다.

강포돌은 제보를 받은 후 바로 봉쟁이의 주거지 인근으로 이동하여 피고인이 주거지에서 담배를 피우는 모습을 확인한 후 먼발치에서 사진을 찍어 제보자에게 영상을 전송하여 동일인임을 확인하였다.

강포돌은 처음에는 피고인의 휴대전화로 전화를 하여 경찰관임을 밝히지 않고 접촉사고가 났으니 나오라는 취지로 말하였으나, 결국 경찰관임을 밝히고 만나자고 이야기하였지만. 집에 있지 않고 먼 곳에 있다고 거짓말하였다. 이후 다시 전화하였으나 전화를 받지 않았다. 강포돌은 봉쟁이의 주거지로 가서 문을 두드렸으나 안방 침대 밑에 누워 숨은 채 아무런 인기척을 내지 않으면서 문을 열어주지 않았다.

경찰관은 문의 잠금장치를 해제하여 강제로 문을 열고 봉쟁이의 주거지로 들어가, 주거지를 수색한 끝에 침대 밑에 숨어 있던 봉쟁이를 발견하였고, 봉쟁이는 필로폰을 투약하였다고 자백하였으며 자신의 좌측 팔뚝에 있던 주사흔도 확인시켜 주었다. 경찰관은 미란다 원칙을 고지하면서 피고인을 긴급체포하였다. 긴급체포된 상태에서 피고인은 소변 채취에 동의하였고 피고인의 소변에서는 필로폰 양성반응이 나왔다.

> 질문: 긴급체포는 적법한가?

정답: 위법한 긴급체포이다.

대법원 2016. 10. 13. 선고 2016도5814 판결의 사실관계를 각색하였다.

▣ 1심은, 다음과 같이 적법하다고 판결하였다.

피고인이 자신의 주거지 내에서 마약을 투약하였다는 제보가 있었고 피고인이 경찰관에게 자신의 소재에 대해 거짓말을 한 것에 비추어 범죄의 소명이 있었다. 피고인이 경찰관의 수사를 회피하려 하였던 점, 필로폰 투약은 중대한 범죄인바 경찰관이 자신에 대한 수사를 개시하였다는 것을 인식한 이상 피고인에게는 도주할 동기나 가능성이 충분히 있는 점, 시일의 경과에 따라 피고인의 신체에서 증거가 소멸될 위험성도 농후한 점 등에 비추어 체포영장을 받을 시간적 여유도 없었다. 경찰관이 피고인을 긴급체포하기 위해서 피고인의 주거지의 잠금장치를 해제하고 주거지 내에 들어간 행위 등도 피의자 수색을 위한 부수처분으로 영장주의 원칙이나 형사소송법 관련 규정에 어긋나지 않으므로 피고인에 대한 긴급체포는 적법하다.

▣ 그러나 2심은 범죄 혐의의 상당성과 긴급성을 인정하기 어렵고 긴급체포의 요건을 충족하지 못하여 위법하다고 보았다.

만약 경찰관들이 영장 없이 피고인의 주거지의 잠금장치를 해제하고 주거지 내에 들어간 행위를 긴급체포를 위한 부수처분으로 보지 않는다면 그러한 침입행위 자체는 아무런 법적 근거가 없어 위법하고, 그에 연속하여 이루어진 긴급체포 역시 그 형식적 적법성을 불문하고 위법하게 될 것이다.

이와 달리 경찰관들이 피고인의 주거지의 잠금장치를 해제하고 그곳으로 들어간 행위를 긴급체포를 위한 부수처분으로 보는 이상, 이로써 일련의 과정을 이루는 신병확보절차인 긴급체포행위가 개시되었다고 할 것이므로 긴급체포의 요건을 갖추었는지 여부를 심사할 '체포 당시의 상황'이란 '피고인을 체포하는 특정한 순간이나 시점'이 아니라 경찰관들이 피고인의 주거지에 강제로 들어갈 당시의 상황에 중점을 둔 일련의 전체적인 과정으로 판단함이 상당하다

경찰관들이 피고인의 주거지에 강제로 들어가 피고인을 추궁하여 자백을 받아낸 후 피고인을 체포한 상황에서, 자백을 확보한 후 체포가 이루어진 시점만을 기준으

로 범죄 혐의의 상당성 등을 따진다면, 이는 사형·무기 또는 장기 3년 이상의 징역이나 금고에 해당하는 죄를 범하였다는 증거를 결과적으로 얻어낼 수 있는 자이기만 하면 그에 대한 긴급체포를 위한 영장 없는 탐색적 수색이나 강제처분을 제한 없이 허용하고, 다시 그 결과에 근거한 긴급체포까지 별다른 제한 없이 허용하게 되는 것이므로, 미리 범죄 혐의의 상당성 등을 소명하여 판사로부터 영장을 발부받아 체포·구속·압수·수색을 하도록 하는 사전영장주의 원칙을 형해화하는 결과를 초래한다.

▣ 범죄 혐의 상당성

피고인을 긴급체포한 경찰관인 원심 증인 공소외인의 진술에 의하면, 피고인에 대한 제보 내용은 '마약을 상습적으로 복용한 사람이고, 출소한 지는 얼마되지 않았는데 다시 자기 집에서 마약을 투여한 사람이 있다'라는 것이고, 피고인에 대한 긴급체포서의 기재에 의하면, 그 제보 내용은 '필로폰 전과로 구속되었다가 올해 초 순경 출소한 사람이 또다시 필로폰을 투약하고 동네를 활보하고 다닌다'는 것인데, 이러한 추상적 제보 내용만으로는 피고인이 마약을 투약한 것으로 의심할 만한 상당한 이유가 있다고 보기 어렵다.

갑자기 피고인의 주거지를 찾아와 접촉사고를 가장하여 피고인을 유인하려다 실패하자 경찰관임을 밝히고 만나기를 요구하는 경찰관들을 만나주지 않고, 자신의 소재에 대해 거짓말을 한 피고인의 행동은 상식적으로 이해하지 못할 바 아니므로, 그러한 행동이 피고인이 마약을 투약한 것으로 의심할 만한 근거가 되지는 못한다.

• 경찰관들은 실제 제보된 거주지에 피고인이 살고 있는지 등 제보의 정확성을 사전에 확인한 후 제보자를 불러 조사를 하기 위하여 피고인의 주거지를 방문하였던 것이므로, 그곳에서 피고인을 발견한 것은 당초 경찰관들이 예정하였던 상황일 뿐 피고인을 우연히 맞닥뜨려 긴급히 체포해야 할 상황이라고 볼 수 없다. 또한 먼발치에서 사진을 찍어 제보자로부터 피고인이 제보된 인물임을 확인하였고 피고인의 전화번호, 주거지 등을 모두 파악하고 있었던 경찰관들로서는 당초 자신들의 계획대로 제보자를 조사하는 등으로 소명자료를 준비하여 체포영장을 발부받을 수 있었을 것으로 판단되므로, 경찰관들이 영장을 발부받을 시간적 여유

가 없었다고 볼 만한 특별한 사정이 인정되지 않아 긴급성도 인정하기 어렵다.

- 대법원도 2심의 손을 들어주었다. 설령 피고인이 마약에 관한 죄를 범하였다고 의심할 만한 상당한 이유가 있었다고 하더라도[69], 경찰관이 이미 피고인의 신원과 주거지 및 전화번호 등을 모두 파악하고 있었고, 당시 마약 투약의 범죄 증거가 급속하게 소멸될 상황도 아니었다고 보이는 점 등의 사정을 감안하면, 원심이 피고인에 대한 긴급체포가 미리 체포영장을 받을 시간적 여유가 없었던 경우에 해당하지 아니한다고 본 것은 수긍이 된다.

실무의견

마약범죄수사 실무는 대체로 투약 여부를 확인하기 위한 압수수색영장을 먼저 발부받고, 투약 여부를 확인하고 체포하게 된다. 사안의 경우 영장의 신청없이 제보만으로 성급하게 수색과 긴급체포를 진행한 것으로 보인다. 다만, 본 판결은 2015. 7. 15.에 있었던 최근 일선 경찰서 수사과 소속 경찰관에 의한 사례로 강제수사에 있어 신중을 기할 것을 일깨운다.

실무사례의 고민

저희 파출소에서도 최근에 연인관계에서 헤어지면서, 남자가 몰래 찍은 성관계 동영상을 가족 등에게 알리겠다고 협박한 신고를 받고 남자의 주거지 앞에 가서 주차사고를 빙자한 후 전화하여 내려오게 하고 긴급체포를 하였습니다. 그리고 주거지에 들어가 휴대폰과 외장하드를 압수했었습니다. 적법한 긴급체포인가요?

생각건대 장기 3년 이상의 형에 해당하는 협박 내지 성폭력범죄의 처벌 및 피해자 보호 등에 관한 법률 위반(카메라등이용촬영)죄를 범하였음을 의심할 만한 상당한 이유가 있다고 보이고, 인터넷에 한 번 유포되면 돌이킬 수 없는 피해를 끼치는 리벤지 포르노를 이용한 범행의 특성상 체포영장을 발부받을 만한 시간적 여유가 없다고 보아 긴급체포가 가능하다고 보입니다.

---

(69) 위 사실관계에서 피고인의 마약 투여 혐의의 상당성은 판단을 보류한 것으로 보입니다.

오검사는 오직 검사라는 명예만으로 살아가는 초강성 검사이다. 한 번 물면 놓지 않는 근성으로 주위 동료들에게 신망을 받고 있다. 그런데 하루는 위증교사 등으로 기소한 변호사 원무죄에 대하여 무죄가 선고되었다. 당시 공판담당이던 오검사는 자신의 경력에 오점을 남길 수 없다며. 이에 불복 항소한 후 보완수사를 한다며 원무죄의 변호사 사무실 사무장이던 심거부에게 검사실로 출석하라고 요구하였다.

오검사는 출석당일 원무죄의 위증교사 사건 관련, "심거부가 의뢰인에 대한 증인신문사항을 작성할 당시 의뢰인이 허위 증언할 것이라는 것을 알고 있었을 것이라고 생각한다"는 취지로 진술한 증인(이미 무죄판결에서 그 진술의 신빙성이 배척)과 심거부를 대질조사하기 위하여 증인을 소환한 상태에서 자진출석한 심거부에 대하여 참고인 조사를 하지 아니한 채 곧바로 위증 및 위증교사 혐의로 피의자신문조서를 받기 시작하였다.

이에 심거부는 인적사항만을 진술한 후 오검사 검사의 승낙하에 원무죄에게 전화를 하여 "검사가 자신에 대하여 위증 및 위증교사 혐의로 피의자신문조서를 받고 있으니 여기서 데리고 나가 달라"고 하여. 더 이상의 조사가 이루어지지 아니하였다. 그 사이 원무죄 변호사는 검사실로 찾아와서 오검사에게 "참고인 조사만을 한다고 하여 임의수사에 응한 것인데 심거부를 피의자로 조사하는 데 대해서는 협조를 하지 않겠다"는 취지로 말하며 심거부에게 여기서 나가라고 지시하였다.

심거부가 일어서서 검사실을 나가려 하자. 오검사 검사는 오기가 발동하였다. 심거부에게 "지금부터 긴급체포하겠다"고 말하면서 심거부의 퇴거를 제지하려 하였고. 원무죄는 심거부에게 계속 나가라고 지시하면서 심거부를 붙잡으려는 오검사 검사를 몸으로 밀어 이를 제지하였다.

질문: 심거부는 공무집행방해죄에 해당하는가?

정답: 공무집행방해죄 무죄

대법원 2006. 9. 8. 선고 2006도148 판결의 사실관계이다. 검사나 사법경찰관이 수사기관에 자진출석한 사람을 긴급체포의 요건을 갖추지 못하였음에도 실력으로 체포하려고 하였다면 적법한 공무집행이라고 할 수 없고, 자진출석한 사람이 검사나 사법경찰관에 대하여 이를 거부하는 방법으로써 폭행을 하였다고 하여 공무집행방해죄가 성립하지 않는다.

따라서 이 사례는 피의자가 수사기관에 자진출석하여 조사를 받는 도중 또는 조사후 귀가를 원하는 경우 긴급체포를 할 수 있는지가 문제된다.

▣ 일반적인 판단기준

자진출석하여 조사를 받는다 하더라도 조사 과정을 통하여 자신의 죄가 무겁다고 인식하거나 변소가 받아들여지지 않는다는 점을 느끼게 되면 조사 후 영장을 청구하는 사이에 도망할 경우가 있을 수 있으므로 일률적으로 정하기는 어렵고, **피의자가 출석하게 된 경위, 출석 횟수, 출석불응이 있었는지 여부, 조사시간, 수사상황 등 여러 사정을 고려하여 신중하게 판단하여야 할 것이다.**[70]

▣ 이 사건의 경우

항소심은 검사가 심거부를 긴급체포한 행위가 적법한 공무집행에 해당한다는 이유로 공무집행방해의 범죄사실을 유죄로 인정하였다. 그러나 **대법원은 아래와 같은 이유로 위법한 긴급체포로 판단하였다.**

> 심거부는 참고인 조사를 받는 줄 알고 검찰청에 자진출석하였는데 예상과는 달리 갑자기 피의자로 조사한다고 하므로 임의수사에 의한 협조를 거부하면서 그에 대한 위증 및 위증교사 혐의에 대하여 조사를 시작하기도 전에 귀가를 요구한 것이므로, 오검사가 심거부를 긴급체포하려고 할 당시 심거부가 위증 및 위증교사의 범행을 범하였다고 의심할 만한 상당한 이유가 있었다고 볼 수 없고, 위 무죄판결에서 그 신빙성이 배척되었으므로 증인의 진술만으로 심거부가 위

(70) 법원실무제요(형사), 133면

증 및 위증교사의 범행을 범하였다고 의심할 만한 상당한 이유가 있다고 볼 수 없다.

심거부의 소환 경위, 심거부의 직업 및 혐의사실의 정도, 원무죄의 위증교사죄에 대한 무죄선고, 원무죄의 위증교사 사건과 관련한 심거부의 종전 진술 등에 비추어 보면 심거부가 임의수사에 대한 협조를 거부하고 자신의 혐의사실에 대한 조사가 이루어지기 전에 퇴거를 요구하면서 검사의 제지에도 불구하고, 퇴거하였다고 하여 도망할 우려가 있다거나 증거를 인멸할 우려가 있다고 보기도 어렵다.

위와 같이 긴급체포를 하려고 한 것은 그 당시 상황에 비추어 보아 형사소송법 제200조의3 제1항의 요건을 갖추지 못한 것으로 쉽게 보여져 이를 실행한 검사 등의 판단이 현저히 합리성을 잃었다. 따라서 검사가 검찰청에 자진출석한 심거부를 체포하려고 한 행위를 적법한 공무집행이라고 할 수 없다.

이 사건에서 무죄판결에서 이미 신빙성이 배척된 기존 증인의 진술만으로, 어떤 혐의입증을 보강할 새로운 증거를 확보하지 못한채 이뤄진 긴급체포는, 그 범죄 혐의가 상당하다고 보기 어렵고, 체포의 필요성 또한 인정되기 어렵다고 보는 것이 정당할 것으로 보인다.

Tip 수사 경찰관을 위한 수사관련 TIP : 거짓말하는 참고인의 구별

❶ 질문에 질문으로 답변을 하거나 ❷ 화제를 전환하거나 ❸ 구체적인 사실관계 빈약한 경우 ❹ 모욕적인 진술을 하는 경우는 일반적으로 거짓말을 하고 있음을 의심할 수 있다.

❶ 난 벌써 아는 것을 다 말했는데, 또 말해야 된다고요? 그것보다 나범인은 언제 처벌되나요?

❷ 조사받기 정말 어렵네요. 젊은 분이 사회물정을 얼마나 안다고, 알아서 조서 꾸며 주면 될 일을 이렇게 귀찮게 하나요?

PART 3

물적증거의 확보

CHAPTER 1. 수사상의 압수 · 수색 · 검증

CHAPTER 2. 영장에 의한 압수 · 수색 · 검증

CHAPTER 3. 영장 없는 압수 · 수색 · 검증

CHAPTER 4. 영상촬영과 음성녹음

CHAPTER 5. 검증과 실황조사

형사소송법에는 압수 · 수색에 관한 적법절차와 영장주의를 구체화한 규정을 두고 있다. 즉, 범죄수사에 필요한 때에는 피의자가 죄를 범하였다고 의심할 만한 정황이 있고 해당 사건과 관계가 있다고 인정할 수 있는 것에 한정하여 검사에게 신청하여 검사의 청구로 지방법원판사가 발부한 영장에 의하여 압수, 수색 또는 검증을 할 수 있다(형사소송법 제215조 제2항).

형사소송법은 강제처분 법정주의를 채택하여 범인을 발견 · 확보하고 증거를 수집 · 보전하는 수사기관의 활동에 필요한 강제처분은 형사소송법에 특별한 규정이 없으면 하지 못한다고 정하고 있다(제199조 제1항).

따라서 수사기관에 의한 압수 · 수색의 경우 헌법과 형사소송법이 정한 적법 절차와 영장주의 원칙은 법률에 따라 허용된 예외사유에 해당하지 않는 한 관철되어야 한다.[71]

그러나 현실적으로 압수수색검증영장은, 주로 공무원 범죄, 기업범죄 기타 인지사건 등에 많이 신청되는 형편이다. 초동 수사부서인 지구대와 파출소 단위에서는 그 구조상 압수영장을 신청하기 쉽지 않기 때문에 영장발부가 필요함에도 영장관련 서류 작성 편의상 임의제출로 처리되는 경향이 있다. 영장주의를 위반한 경우 증거능력이 부인됨은 물론이다. 따라서 영장을 요하는 강제처분인지 영장을 요하지 않는 임의제출과의 구별이 실무적으로 중요하다.

본 서에는 일반적인 수사항의 압수 · 수색 · 검증과 영장에 의한 압수, 영장주의 예외의 경우로 나누어 살펴보기로 한다.

---

(71) 대법원 2017. 7. 18. 선고 2014도8719 판결

CHAPTER 1

수사상의 압수 · 수색 · 검증

1. 압수 · 수색 · 검증의 의의

　"압수"는 물건의 소유자 등의 점유를 배제하고 수사기관 등이 그 점유를 취득하는 강제처분이며, "수색"은 물건 또는 사람을 발견하기 위하여 사람의 신체나 물건 또는 주거 기타 장소에 대하여 행하여지는 대물적 강제처분을 말한다.[72]

　"검증"이란 시각, 청각, 취각, 미각, 촉각 등 오관의 작용에 의하여 물건, 인체 또는 장소의 존재, 형태, 성질, 형상 등을 실험, 관찰하여 인식하는 강제처분을 말한다.[73]

> 검증은 대개 범죄현장 등 법원 이외의 장소에서 행하여지는데, 이를 흔히 현장검증이라고 부른다. 증거물의 증거조사방법인 '제시'란 증거로 채택된 증거물의 정적靜的이고 외형적인 존재와 상태를 오감五感으로써 감지感知하는 것이고, 여기에서 더 나아가 제시하는 대상물의 동적動的인 상태 자체를 감지하며 그 인식의 결과 자체를 증거로 하기 위해서는 제시 외에 검증의 절차가 더 필요하다고 볼 것이다.[74]

　이와 관련 통제배달이 문제된다. 이는 우편물과 같이 그 속에 든 물품이 마약으

---

(72) 헌법재판소 2018. 4. 26. 선고 2015헌바370, 2016헌가7(병합) 결정

(73) 형사실무제요1, 343

(74) 형사실무제요2, 83, 연증 151

로 판명되어 그 수취인을 특정하는 것이 필요한 경우 집배원의 협조를 얻어 합동수사반 소속 수사관들과 우편집배원이 같이 우편물의 수취지로 가서 우편집배원으로 하여금 수취인에게 우편물을 전달하도록 하고 수취인이 우편물을 전달받는 즉시 현장에서 수취인을 체포하는 것을 말한다Controlled delivery.

(1) 압수가 아닌 경우 : 수출입물품에 대한 통관 목적 조사 ★ CASE

수출입물품 통관검사절차에서 이루어지는 물품의 개봉, 시료채취, 성분분석 등의 검사는 수출입물품에 대한 적정한 통관 등을 목적으로 조사를 하는 것으로서 이를 수사기관의 강제처분이라고 할 수 없으므로, 세관공무원은 압수·수색영장 없이 이러한 검사를 진행할 수 있다.

한편 형사소송법 제218조는 임의로 제출한 물건을 영장 없이 압수할 수 있다고 규정하고 있고, 압수는 증거물 또는 몰수할 것으로 사료되는 물건의 점유를 취득하는 강제처분으로서, 세관공무원이 통관검사를 위하여 직무상 소지 또는 보관하는 우편물을 수사기관에 임의로 제출한 경우에는 비록 소유자의 동의를 받지 않았다 하더라도 수사기관이 강제로 점유를 취득하지 않은 이상 해당 우편물을 압수하였다고 할 수 없다.[75]

(2) 압수에 해당하는 경우

그러나 위 마약류 불법거래방지에 관한 특례법 제4조 제1항에 따른 조치의 일환으로 특정한 수출입물품을 개봉하여 검사하고 그 내용물의 점유를 취득한 행위는 위에서 본 수출입물품에 대한 적정한 통관 등을 목적으로 조사를 하는 경우와는 달리, 범죄수사인 압수 또는 수색에 해당하여 사전 또는 사후에 영장을 받아야 한다.[76]

⚖️ 인천공항세관 마약조사과 소속 세관공무원은 인천공항에 도달한 특송화물을 통상적인 통관절차를 거치지 않은 채 자신의 사무실로 가져왔다. 검찰수사관은

---

(75) 대법원 2013. 9. 26. 선고 2013도7718 판결 참조
(76) 대법원 2017. 7. 18. 선고 2014도8719 판결

위 특송화물 속에서 필로폰이 발견되자 세관공무원으로부터 필로폰이 든 특송화물을 임의로 제출받는 형식으로 영장 없이 압수한 다음 대체 화물로 통제배달을 하였다. 검찰수사관은 위 화물이 운송장에 기재된 주소지에서 수취인불명으로 배달되지 않자 운송업자들의 협조를 받아 화물을 보관하는 곳에서 수령자를 기다렸는데 수령자가 나타나지 않아서 배달에 실패하였다.

원심은 위와 같은 활동은 수사기관이 처음부터 구체적인 범죄사실에 대한 증거수집을 목적으로 한 압수·수색인데도 사전 또는 사후에 영장을 발부받지 않았으므로 영장주의를 위반하였고, 위법한 압수·수색으로 취득한 증거인 압수물, 압수조서와 압수물에 대한 감정서 등은 모두 증거능력이 없다고 보았고 대법원도 지지하였다.[77]

2. 압수·수색의 요건

❶ 범죄수사에 필요한 때에는 ❷ 피의자가 죄를 범하였다고 의심할 만한 정황이 있고 ❸ 해당 사건과 관계가 있다고 인정할 수 있는 것에 한정하여 지방법원 판사가 발부한 영장에 의하여 압수·수색 또는 검증을 할 수 있다(형사소송법 제215조 제2항).

(1) 범죄 혐의

범죄수사에 필요한 때에는 증거물 또는 몰수할 것으로 사료하는 물건을 법원으로부터 영장을 발부받아서 압수할 수 있는 것이고, 합리적인 의심의 여지가 없을 정도로 범죄사실이 인정되는 경우에만 압수할 수 있는 것은 아니다.[78]

여기서 범죄수사에 필요한 때란 수사를 개시할 수 있는 범죄의 '최초의 혐의'를 의미하며, 이러한 최초의 혐의가 있을 경우에는 나아가 범죄의 명확한 혐의와 그에 대한 증거를 발견하기 위한 방편으로 압수·수색할 수 있다.[79]

---

(77) 대법원 2017. 7. 18. 선고 2014도8719 판결

(78) 대법원 1997. 1. 9. 자 96모34 결정

(79) 서울북부지방법원 2007. 1. 16. 자 2006보1 결정, 현재까지 이 사건 관련 14명의 피해자들의 진술 등이 있어 압수·수색할 수 있는 범죄의 최초의 혐의를 인정함에는 부족함이 없다.

(2) 필요성 내지 비례성

형사소송법은 수사절차와 관련된 조항에서 "필요한 때"라는 문언을 사용하여 비례의 원칙을 선언하는 한편, 각각의 강제처분의 성질 · 내용 및 해당 강제처분이 신체의 자유 등 기본권 제한 정도에 따라 그 의미를 달리 해석한다.[80]

대법원은 이와 관련 여기서 "범죄수사에 필요한 때"라 함은 단지 수사를 위해 필요할 뿐만 아니라 강제처분으로서 압수를 행하지 않으면 수사의 목적을 달성할 수 없는 경우로 보고 있다.[81]

그리고 그 필요성이 인정되는 경우에도 무제한적으로 허용되는 것은 아니며, 압수물이 증거물 내지 몰수하여야 할 물건으로 보이는 것이라 하더라도, 범죄의 형태나 경중, 압수물의 증거가치 및 중요성, 증거인멸의 우려 유무, 압수로 인하여 피압수자가 받을 불이익의 정도 등 제반 사정을 종합적으로 고려하여 판단해야 한다고 본다.[82]

> 🔨 검사가 이 사건 준항고인들의 폐수무단방류 혐의가 인정된다는 이유로 준항고인들의 공장부지, 건물, 기계류 일체 및 폐수운반차량 7대에 대하여 한 압수처분은 수사상의 필요에서 행하는 압수의 본래의 취지를 넘는 것으로 상당성이 없을 뿐만 아니라, 수사상의 필요와 그로 인한 개인의 재산권 침해의 정도를 비교형량해 보면 비례성의 원칙에 위배되어 위법하다.

(3) 범죄 혐의사실과의 관련성 ★★ CASE

1) 일반적 요건

영장 발부의 사유로 된 범죄 혐의사실과 무관한 별개의 증거를 압수하였을 경우 이는 원칙적으로 유죄 인정의 증거로 사용할 수 없다. 그러나 압수 · 수색의 목적이 된 범죄나 이와 관련된 범죄의 경우에는 그 압수 · 수색의 결과를 유죄의 증거로 사용할 수 있다. **압수 · 수색영장의 범죄 혐의사실과 관계있는 범죄라는 것은 압수 · 수색영장에 기재한 혐의사실과 객관적 관련성이 있고 압수 · 수색영장 대상자**

(80) 헌법재판소 2018. 4. 26. 선고 2015헌바370
(81) 대법원 2004. 3. 23.자 2003모126 결정
(82) 대법원 2004. 3. 23.자 2003모126 결정

와 피의자 사이에 인적 관련성이 있는 범죄를 의미한다.[83]

A. 객관적 관련성

그 중 혐의사실과의 **객관적 관련성은 압수·수색영장에 기재된 혐의사실 자체 또는 그와 기본적 사실관계가 동일한 범행과 직접 관련되어 있는 경우는 물론 범행 동기와 경위, 범행 수단과 방법, 범행 시간과 장소 등을 증명하기 위한 간접증거나 정황증거 등으로 사용될 수 있는 경우**에도 인정될 수 있다.

그 관련성은 **압수·수색영장에 기재된 혐의사실의 내용과 수사의 대상, 수사 경위 등을 종합하여 구체적·개별적 연관관계가 있는 경우에만 인정되고, 혐의사실과 단순히 동종 또는 유사 범행이라는 사유만으로 관련성이 있다고 할 것은 아니다.**

B. 인적 관련성

피의자와 사이의 인적 관련성은 **압수·수색영장에 기재된 대상자의 공동정범 이나 교사범 등 공범이나 간접정범은 물론 필요적 공범 등에 대한 피고사건에 대해** 서도 인정될 수 있다.

2) 통신사실 확인자료의 경우

통신사실 확인자료 제공요청에 의하여 취득한 통화내역 등 통신사실 확인자료 를 범죄의 수사·소추를 위하여 사용하는 경우 그 대상범죄는 통신사실 확인자료 제공요청의 목적이 된 범죄 및 이와 관련된 범죄에 한정되어야 한다.[84]

여기서 통신사실확인자료 제공요청의 목적이 된 범죄와 관련된 범죄라 함은 통신사실 확인자료 제공요청 허가서에 기재한 혐의사실과 객관적 관련성이 있고 자료제공 요청대상자와 피의자 사이에 인적 관련성이 있는 범죄를 의미한다.

A. 객관적 관련성

그 중 혐의사실과의 객관적 관련성은, 통신사실 확인자료 제공요청 허가서에 기재된 혐의사실 자체 또는 그와 기본적 사실관계가 동일한 범행과 직접 관련되어 있는 경우는 물론 범행 동기와 경위, 범행 수단 및 방법, 범행 시간과 장소 등을 증 명하기 위한 간접증거나 정황증거 등으로 사용될 수 있는 경우에도 인정될 수 있다.

다만, 통신비밀보호법이 위와 같이 통신사실확인자료의 사용 범위를 제한하고

---

(83) 대법원 2017. 12. 5. 선고 2017도13458 판결
(84) 대법원 2014. 10. 27. 선고 2014도2121 판결 등 참조

있는 것은 특정한 혐의사실을 전제로 제공된 통신사실확인자료가 별건의 범죄사실을 수사하거나 소추하는 데 이용되는 것을 방지함으로써 통신의 비밀과 자유에 대한 제한을 최소화하는 데 입법 취지가 있다고 할 것이다.

따라서 그 관련성은 통신사실 확인자료제공요청 허가서에 기재된 혐의사실의 내용과 당해 수사의 대상 및 수사 경위 등을 종합하여 구체적·개별적 연관관계가 있는 경우에만 인정된다고 보아야 하고, 혐의사실과 단순히 동종 또는 유사 범행이라는 사유만으로 관련성이 있다고 할 것은 아니다.

그리고 피의자와 사이의 인적 관련성은 통신사실 확인자료 제공요청 허가서에 기재된 대상자의 공동정범이나 교사범 등 공범이나 간접정범은 물론 필요적 공범 등에 대한 피고사건에 대해서도 인정될 수 있다.[85]

한편, 형사소송법 제215조 제1항이 "검사는 범죄수사에 필요한 때에는 피의자가 죄를 범하였다고 의심할 만한 정황이 있고 해당 사건과 관계가 있다고 인정할 수 있는 것에 한정하여 지방법원 판사에게 청구하여 발부받은 영장에 의하여 압수, 수색 또는 검증을 할 수 있다"고 규정하고 있으므로, 위와 같은 법리는 '압수·수색영장에 기재된 피의사실과 관계가 있는 범죄'를 판단하는 경우에도 마찬가지로 적용된다고 할 것이다.

3. 압수절차에서의 범죄

(1) 공무집행방해·폭력행위 등 처벌에 관한 법률 위반(공동상해)

○○그룹 측에서는 2010. 9.경 검찰에서 ○○그룹 본사 빌딩에 대하여 압수·수색을 하리라는 것을 예상하고 있던 중 위 빌딩 경비업무를 위탁받아 수행하는 공소외 2 주식회사의 공소외 3 이사는 위 빌딩 경비책임자인 피고인 1에게 "검찰직원이 오면 압수수색영장을 보여 달라고 하면서 시간을 끌라"고 지시하고, 이에 피고인 1은 그를 제외한 나머지 피고인들이 포함된 경비직원들을 모아 위와 같은 지시사항을 교육시킨 사실, 2010. 9. 16. 검사와 수사관들이 위 빌딩 1층에 도착하여 엘리베이터를 타고 올라가기 위해 엘리베이터 방향으로 가려 하자 피고인

---

(85) 대법원 2017. 1. 25. 선고 2016도13489 판결 등 참조

들은 검사 공소외 4, 5의 팔을 잡아당기고 수사관 공소외 6의 어깨를 밀고 수사관 공소외 7의 멱살을 잡아당기는 등의 행위를 하여 검사와 수사관들의 압수·수색을 방해하고 그들에게 상해를 가하였다.[86]

위 사안에서 범죄의 피해자인 검사가 그 사건의 수사에 관여하거나, 압수·수색영장의 집행에 참여한 검사가 다시 수사에 관여하였다는 이유만으로 바로 그 수사가 위법하다거나 그에 따른 참고인이나 피의자의 진술에 임의성이 없다고 볼 수는 없다고 보았다.

(2) 공무상비밀누설

🔨 피고인은 평소 알고 지내던 공주대학교 교수 김◇◇로부터 "충남지방경찰청에서 충남교육청 2012학년도 교육전문직 공개전형 문제유출 사건을 수사 중에 있는데, 김◎◎ 등 관련자들의 휴대폰 문자메시지 등에 대한 압수수색영장 발부 여부 등 수사상황을 알려달라"는 부탁을 받고, 대전지방검찰청 당직실(일과시간 이후인 19:00부터 다음날 아침까지 당직실을 통해서만 대전지방검찰청사 출입이 가능한바, 피고인은 대전지방검찰청 당직실에 자유롭게 출입할 수 있음)에서, 대전지방법원에서 발부되어 보관 중이던 압수수색영장을 보고 그 영장발부 사실을 확인한 다음, 대전지방검찰청에서 김◇◇에게 전화를 통해 압수수색영장 발부 사실을 알려주었다. 이로써 피고인은 직무상 취득한 공무상 비밀인 위 압수수색영장발부 사실을 누설하였다.[87]

---

(86) 대법원 2013. 9. 12. 선고 2011도12918 판결
(87) 대전지방법원 2013. 7. 18. 선고 2013고단1592 판결

인천공항은 요새 직구대란이다. 블랙프라이데이 시즌이면 온 공항은 국제우편물로 몸살을 앓는다. 한편 이런 혼잡을 비집고 마약·총기류 등을 몰래 들여놓고자 하는 자들과 세관공무원들은 범죄와의 전쟁을 벌이고 있다.

박세강은 인천공항 국제우편세관 우편검사과 직원이다. 금제품 발견에 촉이 좋기로 소문난 박세강은 저녁 18:25 무렵 아시아나항공으로 인천공항에 도착한 국제특급우편물(EF534803773CN)에 대한 엑스선 검사를 하다가 이상 음영이 있는 이 사건 우편물을 발견하였다. 절차에 따라 같은 소속 직원이 우편물 개장검사를 하였다. 우편물은 아래와 같이 기재되고 내용물이 함께 들어 있었다.

- 우편물의 수취인 : '공소외 2 (휴대폰번호 생략)',
- 수취지 : 경기도 남양주시 (이하 주소 생략)(동호수 1 생략)'
- 신고 : 우황청심환, 칼슘
- 발견 당시 : 신고된 내용과 달리 칼슘 약통 속에 메트암페타민으로 추정되는 15개의 캡슐(4.9g)

이에 박세강 등은 다음날 우편물 속 물품 중 0.1g의 시료를 채취하였고, 공소외 2는 인천공항세관 분석실에 성분분석 의뢰를 하였다. 분석결과 메트암페타민으로 확인이 되자, 분석실은 마약조사과에 성분분석결과를 회보하였다.

담당 마약조사관은 성분분석결과를 받은 후 바로 적발보고서를 작성하여 인천지방검찰청 마검사에게 보고한 다음 인천지방검찰청과 합동으로 이 사건 우편물을 통제배달 방식으로 배달하여 마약밀수범을 검거하기로 하였다.

인천공항세관 직원 및 인천지방검찰청 수사관들은 함께 우편물의 통제배달에 참여하였는데, 합동수사반원은 다음날 10:00경 관할우체국인 남양주우체국 및 수취지역으로 출발하여 11:30경 담당 집배원에게 통제배달 협조요청을 하였다. 그런데 봉쟁이는 우편물 배송 당일 집배원에게 3차례나 전화를 걸어 "오늘 급히 서울을 갈 일이 있는데, 우편물을 빨리 수령할 수 없느냐"고 재촉하였다. 집배원으로부터 우편물에 기재된 수취인으로부터 배달문의 전화를 받았다는 통보를 받은 합동수사반은 13:35경 배달장소를 수취지 근처에 있는 양평해장국으로 정하였다.

합동수사반은 같은 날 13:57경 양평해장국집에서 이 사건 우편물을 수취한 봉쟁이를 현장에서 현행범으로 체포하였고, 아우디승용차를 운전하여 피고인과 동행하였던 봉친구도 체포하였다.

봉쟁이는 같은 날 인천지방검찰청 검사실에서 이 사건 우편물 전체를 수사기관에 임의로 제출하였고, 검사는 우편물을 영장 없이 압수하였다. 그리고 조사과정에서 봉쟁이는 범행을 부인하며 다음과 같이 진술하고 있다.

〈피의자신문 기타 수사사항〉

봉쟁이는 우편물의 내용에 대하여 중국에 있는 지인이 자신에게 그 내용물을 알리지 않았다고 진술하며 범행의 고의를 부인한다.

- 중국에 있는 지인으로부터 휴대전화를 통해 '귀국할 비행기표를 살 돈 20만 원을 빌려달라'는 부탁을 받고 그가 알려준 예금계좌로 이를 송금하고, 그로부터 약 20여일 후까지 24만 원, 80만 원을 같은 명목으로 추가 송금해 주었다고 하면서도, 그 각 송금받는 계좌의 예금주도 그 지인이 아닌 각 다른 사람이다.
- 그러나 그 지인의 인적사항에 관하여 서울구치소에서 복역할 당시 처음 만났고 이름, 주소, 직업 등을 잘 알지 못하며 안부만 가끔 주고받던 사람이다.
- 봉쟁이는 우편물의 발송자에게 수취인을 자신이 아닌 다른 사람의 이름을 기재하게 하고, 주소지를 자신이 거주하는 곳이 아닌 다른 주소를 알려주었고, 수취인의 휴대전화번호 역시 본인이 아닌 대전에 거주하는 사람의 명의로 가입되었다.
- 봉쟁이와 지인 간에는 이 사건 우편물의 도착 직전까지 8차례의 통화기록이 있다.
- 봉쟁이가 집배원으로부터 이 사건 우편물을 수령하러 갈 때 동행한 봉친구는 필로폰 투약범행으로 봉쟁이와 함께 처벌받은 전력이 있고, 사건 후 실시된 국립과학수사연구소의 모발 감정결과에서도 필로폰 양성반응을 보였다.

- 봉쟁이는 필로폰 투약범행으로 실형 4회, 집행유예 1회의 처벌을 받은 전력이 있고, 체포된 후 국립과학수사연구소의 모발 감정결과에서도 필로폰 양성반응을 보였다. 그 알고 지낸다는 지인 역시 필로폰 밀수입 및 투약 범행으로 2회의 실형을 선고받은 전력이 있고, 그로 인해 교도소에서 복역하던 중 역시 필로폰 투약 범행으로 복역 중인 봉쟁이를 알게 된 것이었다.

질문: 봉쟁이와 변호사는 수사기관의 우편물에 관한 샘플채취와 성분분석, 필로폰 전체에 대한 압수 등의 수사는 영장주의에 위반한 위법한 수사임을 주장하며 무죄를 주장하고 있다. 어떠한가?

대법원 2013. 9. 26. 선고 2013도7718 판결의 사실관계이다. 사안은 통제배달이라는 수사기법을 통해 현행범 체포를 한 사안이다. 두 가지가 문제되었다. ① 인천공항세관 우편검사과에서 우편물 시료의 채취, 성분분석에서 영장을 필요로 하는가, ② 수사기관에서 피고인으로부터 이 사건 우편물을 압수한 것이 위법한지가 문제되었다.

• 우편물 통관검사절차의 우편물 개봉, 시료채취 등 검사는 수출입물품에 대한 적정한 통관을 위한 행정조사의 성격을 가지므로 영장주의의 적용이 없다.

• 변호인은 합동수사반에서 우편물 속에 든 물품이 메트암페타민으로 밝혀진 이후 통제배달을 하는 것은 사실상 압수한 것이므로 봉쟁이가 우편물을 수취한 이후 봉쟁이로부터 임의제출받아 압수하였더라도 압수는 적법한 압수가 아니라는 취지로 주장한다. 통제배달의 과정에서 수사관이 사실상 해당 우편물에 대한 점유를 확보하고 있다고 할 수 있으나, 이는 그 우편물이 범죄의 증거물일 가능성이 크므로 멸실, 훼손, 분실, 분산 등을 방지하면서 이를 수취인에게 안전하게 배달함으로써 수취인을 특정하기 위한 특별한 배달방법으로 봄이 상당하고, **해당 우편물의 수취인이 특정되지도 아니한 상태에서 강제로 점유를 취득하고자 하는 강제처분으로서의 압수라고 할 수는 없다** 할 것이다. 따라서 변호인의 위와 같은 주장도 이유 없다.

지난 20대 총선 선거운동 과정에서 왕﹢의원은 허위사실공표혐의로 고발되었다가, 수사진행과정에서 200만 원 금품제공 혐의가 발견되어 기소되었다.

| 수사진행 |

— 허위사실공표 혐의 고발

왕의원은 선거운동원 서정표와 함께 공직선거법 위반(허위사실공표) 혐의로 고발되어 수사가 진행되었다. 그 혐의사실은 ① 왕의원은 자신의 페이스북에 제20대 국회의원 선거가 임박한 시점에 ㉮ 2016. 4. 11. 〈법은 지키라고 있는 겁니다〉 라는 제목으로 '김영순 후보가 매우 중대한 선거법 위반으로 설사 당선이 된다 하더라도 선거를 다시 치를 수밖에 없는 것으로 드러났습니다.' 등의 글을 게시하고, ㉯ 2016. 9. 6. 김영순 후보가 박근혜 대통령과 함께 선거유세를 하는 합성사진을 게시하여 허위사실을 유포하였다는 내용이었다. 이에 검사는 왕의원의 페이스북 계정에 접속하여 위 게시물들이 삭제된 사실, 왕의원이 페이스북 계정을 직접 관리한 사실을 확인하였다.

— 한편 왕의원은 허위사실공표 사건의 피의자로 검찰에 출석하여 "페이스북 개인 계정은 자신이 4, 5년 전부터 직접 관리했고, 페이지 계정은 개인 계정과 아이디, 비밀번호가 달랐고 직원들이 따로 관리를 했으며 거의 신경을 쓰지 않았다. 그런데 선거에 임박해서는 개인 계정의 포스팅도 사무실에서 하는 경우가 있었고, 특히 '카드뉴스'가 그랬다"고 진술하고, 2016. 4. 11.자 게시물의 경우 중앙당 혹은 서울시도당 SNS팀에서 작성한 것으로 보이고, 누가 이를 페이스북 계정에 게시하였는지는 모른다고 진술하였다.

— 한편 당시 왕의원의 선거운동원 중 한 명의 진술에 의하면, 선거캠프에서 선거운동을 시작할 당시, 선거사무장 이석하로부터 왕의원의 페이스북은 본인이 직접 관리하니 페이지 계정만 관리하면 된다고 들어서, 자신은 왕의원의 페이지 계정에 블로그와 동일한 내용만 올렸다고 진술하였다. 그리고 페이지 계정에는 자신이 올린 글 외에 김기하가 사안에 따라 '카드뉴스'라는 게시글을 올렸다. 2016. 4. 11.자 게시물도 '카드뉴스' 형식으로 작성되었으므로 김기하가 작성한

것으로 보인다"라고 진술하였다.

— 이와 관련 1차로 발부된 압수·수색영장 기재된 범죄사실은 다음과 같다.

> 〈1차 압수수색영장〉
>
> (1) 피의자 왕의원
>
> 제20대 국회의원 선거와 관련하여, 2016. 4. 11. 자신의 페이스북에 "△△□ 김
> 영순 후보가 매우 중대한 선거법 위반으로 설사 당선이 된다 하더라도 선거를
> 다시 치를 수밖에 없는 것으로 드러났다. 김영순 후보가 출마선언문을 통해 지
> 역의 유일한 여권후보라고 공표한 것에 대해 서울선관위가 명백한 거짓이라고
> 판정하고 검찰에 고발하겠다는 의견을 중앙선관위에 보냈다"
>
> (2) 피의자 서정표
>
> 2016. 4. 13. 치러진 제20대 국회의원 선거와 관련하여, 2016. 4. 12. ○○○
> ○○당 홈페이지에 위 (1)항 기재 페이스북 글 내용과 동일한 내용으로 허위
> 논평을 게시하여 공직선거법 위반

그리고 검찰은 영장을 집행하여, 참고인 김기하가 소지하던 휴대전화 2대를 압수하였다. 당시 검찰은 김기하에게 휴대전화 2대를 압수하였다는 취지의 압수목록교부서를 작성하여 교부하였고, 김기하는 검찰에 '압수된 휴대전화에 대한 하드카피, 이미징, 전자정보의 탐색, 복제, 출력 과정에 참관하지 않겠다'는 취지의 이미징 등 참관 여부 확인서와 위 휴대전화 2대의 디지털 분석에 동의한다는 취지의 임의제출 동의서를 작성하여 교부하였다. 이에 따라 **서울고검 디지털포렌식 팀**은 위 휴대전화 2대에 대한 모바일 분석 보고서를 작성하였는데, 해당 자료에는 다음과 같은 카카오톡 및 문자 메시지 내용이 기재되어 있었다.

〈카카오톡 및 문자 메시지 내용〉

일시	발신자	수신자	메시지 내용
2016.3.29. 12:46:02	김기하	이석하	고생이 많으십니다. 왕의원 선배님 자료들을 보내주시면 감사하겠습니다.

일시	발신자	수신자	메시지 내용
12:46:56	김기하	이석하	모든 자료들요. 웹하드 있음 알려 주고요. 없음 메일이나 다른 것으로요.
12:58:41	김기하	왕의원	(계좌번호 생략) (김기하: 농협) 입니다.
2016.3.30. 10:03:28	(전화번호 4 생략)	김기하	농협 입금 200만 원 03/30 10:03 100-34303-434 왕의원 잔액 2,769,959원
10:04:45	왕의원	김기하	보냈습니다. 많은 활동부탁합니다. 이제 2주..! !! 내일부터 네이버 우 중간박스광고 나갑니다~
10:05:07	왕의원	김기하	공약전파 중요합니다!
10:05:46	김기하	강기도	왕의원부터 하지
10:05:54	김기하	강기도	쩐 받아옴
10:05:57	강기도	김기하	오오
12:52:56	이석하	김기하	메일 전송 했습니다. 수고하세요
13:03:26	김기하	이석하	홍보물 말고 또 참고할만한 자료들 없나요? 카드뉴스 등 홍보에 필요한 것들 요
2016.4.11. 21:58:05	이석하	김기하	[사진1] ○○○후보 지원유세하는 박근혜 선대위원장
22:10:29	김기하	이석하	이 합성사진도요.
2016.4.12. 11:52:01	김기하	이석하	내용: 김영순 당선돼도 무효다
14:31:27	강기도	김기하	〈법은 지키라고 있는 겁니다〉
14:31:29	강기도	김기하	이거 올릴께엄

왕ㅌ 의원은 지난 20대 총선 선거운동 과정에서 선거사무원으로 등록하지 않은 사람에게 자신의 공약과 선거유세 등이 담긴 선거홍보 게시물을 작성해 SNS에 게시해 줄 것을 부탁하고 그 대가로 200만 원을 건넨 혐의로 기소됐다. 담당 검사는 아래와 같은 공소사실과 관련하여, 위 모바일 분석보고서의 기재내용을 증거로 제출하였다.

| 범죄사실의 요지는 아래와 같다 |

피고인 왕의원은 제20대 국회의원 선거에 A정당 후보로 출마하여 당선된 사람이고. 김기하는 위 선거에서 정당 후보들의 온라인 선거운동을 지원한 사람이다.

누구든지 공직선거법에 의하지 않고는 명목 여하를 불문하고 선거운동과 관련하여 금품 기타 이익을 제공해서는 안 된다. 그럼에도 피고인 왕의원은 온라인 선거운동 경험이 많은 김기하에게 공약, 선거유세 활동 등을 담은 선거홍보 게시물을 작성하여 자신의 페이스북 등에 게시하여 줄 것을 부탁하고, 김기하의 계좌로 200만 원을 송금하면서 선거운동기간에 위와 같은 온라인 선거운동을 활발하게 해 줄 것을 김기하에게 요청하였다. 그후 김기하는 선거홍보 게시물을 작성하여 피고인의 페이스북 등에 게시함으로써 피고인에 대한 온라인 선거운동을 하였다. 이로써 피고인은 공직선거법에 의해 허용된 금품 외의 금품을 선거운동과 관련하여 김기하에게 제공하였다.

질문: 왕王의원은 재판에서 "검찰이 이 씨의 사건이 아닌 다른 허위사실공표 사건에 관해 발부된 압수수색 영장으로 이 씨의 휴대전화를 압수했다"며 "중대한 절차위반이 있었으므로 이씨의 휴대전화는 증거로 쓸 수 없다"고 주장했다. 왕의원의 주장은 타당한가?

> **정답**: 왕의원의 주장은 타당하지 않다(증거능력 인정).

최명길 국민의당 의원이 공직선거법 위반으로 벌금 200만 원 형이 확정돼 의원직을 상실하게 된 대법원 2017. 12. 5. 선고 2017도13458 판결이다.

▣ **결론적으로 이 사건 공소사실은 제1차 압수 · 수색영장 기재 혐의사실에 대한 범행의 동기와 경위, 범행 수단 및 방법, 범행 시간과 장소 등을 증명하기 위한 간접증거나 정황증거 등으로 사용될 수 있는 경우에 해당하므로, 제1차 압수 · 수색영장 기재 혐의사실과 객관적 관련성이 있다고 보아야 한다.**

▣ **객관적 관련성**
제1차 압수 · 수색영장 기재 혐의사실과 이 사건 공소사실은 모두 피고인이 국회의원 선거운동을 하면서 자신의 페이스북에 글을 게시하거나 게시하도록 한 행위와 관련된다는 점에서 공통된다. 다만, 전자는 그 내용이 상대 후보자에 대한 허위의 글을 게시하였다는 것이고, 후자는 자신의 선거 홍보글을 게시하는 행위에 대한 대가로 금품을 제공하였다는 것이라는 차이점이 있을 뿐이다.

위 모바일 분석 보고서가 작성될 무렵 피고인은 2016. 4. 11.자 게시물의 작성 및 게시 사실을 부인하고 있었는데, 피고인의 페이스북 계정에는 피고인 외의 제3자도 수시로 게시물을 작성 및 게시하였으며, 특히 2016. 4. 11.자 게시물은 '카드뉴스' 형식의 게시물을 담당해 온 김기하가 작성하였을 가능성이 높은 상황이었다. 따라서 피고인의 허위사실공표 혐의 입증을 위해서는 피고인이 김기하에게 위 게시물 작성을 지시하였거나 게시물 작성에 관여한 사실을 추가적으로 입증할 필요성이 있었다.

모바일 분석 보고서에 기재된 메시지 내용 중 2016. 4. 11.자 게시물과 직접적으로 관련된 2016. 4. 11. 및 2016. 4. 12.자 메시지는 김기하, 피고인의 선거사무장인 이석하와 공소외 2가 주고받은 것에 불과하여 이 부분만으로 피고인의 허위사실공표 혐의를 입증하기에는 불충분하였을 것으로 보인다. **그러나 그 이전에 피고인과 김기하, 김기하와 이석하 등이 주고받은 모바일 분석 보고서상의 메시지를 보면, 피고인의 지시 또는 부탁에 따라 김기하가 피고인의 페이스북에 선거운동과 관**

련한 글을 게시한 것으로 볼 여지가 있게 된다.

모바일 분석 보고서에 기재된 메시지 내용 중 피고인이 김기하에게 200만 원을 지급한 사실에 관한 부분은 피고인이 선거운동 기간 동안 당선을 도모할 목적으로 김기하에게 선거 관련 게시물의 작성을 지시해 온 정황을 뒷받침할 수 있는 증거에 해당하여 이를 토대로 하면 피고인이 김기하와 2016. 4. 11.자 게시물 작성을 공모하였거나 최소한 그 게시물의 내용을 알고 있으면서도 작성 및 게시를 용인한 사실의 입증이 가능하였다.

▣ 인적 관련성

나아가 1차 압수 · 수색영장에 기재된 허위사실공표 사건의 혐의사실은 피고인이 선거운동과 관련하여 자신의 페이스북에 허위의 글을 게시하였다는 것이고, 이 사건 공소사실은 피고인이 선거운동과 관련하여 자신의 페이스북에 선거홍보물 게재 등을 부탁하면서 김기하에게 금품을 제공하였다는 것이어서 모두 피고인이 범행 주체가 되어 페이스북에서의 선거운동과 관련하여 행한 것이므로 인적 관련성 역시 인정된다. 한편 1차 압수 · 수색영장의 집행 과정에서 김기하의 참여권이 충분히 보장되었음은 앞서 인정사실에서 살펴본 바와 같다.

또한 압수 · 수색영장의 집행 과정에서 피압수자의 지위가 참고인에서 피의자로 전환될 수 있는 증거가 발견되었다고 하더라도 그 증거가 압수 · 수색영장에 기재된 범죄사실과 객관적으로 관련되어 있다면 이는 그 압수 · 수색영장의 집행 범위 내에 있으므로, 1차 압수 · 수색영장의 집행 과정에서 김기하의 참여권이 충분히 보장된 이상 다시 김기하의에 대하여 영장을 발부받고 헌법상 변호인의 조력을 받을 권리를 고지하거나 압수 · 수색과정에 참여할 의사를 확인해야 한다고 볼 수 없다. 결국 모바일 분석 보고서의 메시지 내용 중 이 사건 공소사실과 관련된 부분은 피고인에 대한 허위사실공표 사건과 구체적 · 개별적 연관관계가 있으므로, 그 부분이 허위사실공표 범행 외에 별도의 혐의사실을 입증할 증거에 해당한다고 하여 검사가 추가 탐색을 중단하는 조치를 취하거나 새로이 영장을 발부받아야 한다고 볼 수 없다.

따라서 1차 압수 · 수색영장에 기하여 압수한 휴대전화들에 대한 분석 결과 및 이에 근거하여 얻은 증거들은 위법하게 수집된 증거에 해당하지 않으므로, 피고인의 이 부분 주장은 모두 이유 없다.

▣ **선거운동에 즈음하여, 선거운동에 관한 사항을 동기로 하여**

공직선거법 제230조 제1항 제4호, 제135조 제3항의 위반죄는 선거운동과 관련하여 금품 기타 이익의 제공 또는 그 제공의 의사를 표시하거나 그 제공을 약속하는 행위를 처벌대상으로 하는 것으로서, 그 처벌대상은 공직선거법이 정한 선거운동 기간 중의 금품제공 등에 한정되지 않으며, 같은 법 제135조 제3항에서 정한 '선거운동과 관련하여'는 '선거운동에 즈음하여, 선거운동에 관한 사항을 동기로 하여'라는 의미로서, '선거운동을 위하여'보다 광범위하고, 선거운동의 목적 또는 선거에 영향을 미치게 할 목적이 없었다 하더라도 그 행위 자체가 선거의 자유와 공정을 침해할 우려가 높은 행위를 규제할 필요성에서 설정된 것이므로, 반드시 금품제공이 선거운동의 대가일 필요는 없으며, 선거운동 관련 정보제공의 대가, 선거사무관계자 스카우트 비용 등과 같이 선거운동과 관련된 것이면 무엇이든 이에 포함된다.

김기하가 검찰에서 한 진술은 이 사건 범죄사실의 내용에 부합하는 것으로, 그 내용이 구체적이고 비교적 일관되며 메시지 내용과 금융거래내역 등 객관적 증거에 부합하여 신빙성이 높다. 그리고 피고인이 김기하에게 연락하여 200만 원을 송금한 2016. 3. 30.은 북콘서트가 개최된 시점으로부터 2개월이 지난 후였고, 제20대 국회의원 선거의 선거운동기간으로부터 하루 전이었다. 그 시점에 비추어 보면, 위 200만 원은 북콘서트에 관한 것이라기보다 선거운동에 관하여 지급된 것이라고 봄이 시기적으로 자연스럽다. 피고인은 2016. 3. 30. 김기하에게 200만 원을 송금하면서 '보냈습니다. 많은 활동 부탁합니다. 이제 2주!, 공약 전파 중요합니다'라는 메시지를 보냈다. 김기하는 피고인으로부터 200만 원을 송금받은 후 공소외 2에게 카카오톡으로 '피고인부터 하지, 쩐 받아옴'이라는 메시지를 보내기도 하였다. 위 각 메시지 내용에 비추어 보면, 피고인과 김기하는 위 200만 원이 선거운동의 대가로 교부되었다는 사실을 충분히 인식하였다고 볼 수 있다. 또한 피고인은 김기하에게 200만 원을 송금하면서 비고란에 'sns'라고 기재하였다.

이에 비추어 위 200만 원은 SNS(소셜 네트워크 서비스) 홍보활동과 관련하여 김기하에게 지급된 비용으로 보아야 한다.

CHAPTER 2

영장에 의한 압수 · 수색 · 검증

사법경찰관이 범죄수사에 필요한 때에는 피의자가 죄를 범하였다고 의심할 만한 정황이 있고 "해당 사건과 관계가 있다고 인정할 수 있는 것에 한정"하여 검사에게 신청하여 검사의 청구로 지방법원판사가 발부한 영장에 의하여 압수 · 수색 또는 검증을 할 수 있다(형사소송법 제215조 제2항).

압수 · 수색영장을 신청하여 영장을 발부받게 되면 압수 · 수색 실시 계획을 수립하고, 현장에 도착하기 전에 영장집행 참여자에게 통지하는 한편, 현장에 도착하여 영장을 제시하고 집행에 착수하게 된다. 그 과정에서 집행에 필요한 각종 처분을 행한 다음 압수목록 등 기타 서류를 교부하면 집행이 종료된다.

〈절차 개관〉

① 영장신청서 작성 ➡ ② 압수 · 수색 실시 계획의 수립 ➡ ③ 집행 참여자와 통지 ➡ ④ 영장의 제시와 집행 착수 ➡ ⑤ 집행에 필요한 처분 ➡ ⑥압수의 실행과 서류의 교부(증명서) ➡ ⑦ 압수조서의 작성 ➡ ⑧ 집행의 종료

---

1. 영장신청 서류의 작성

헌법과 형사소송법이 구현하고자 하는 적법절차와 영장주의의 정신에 비추어 볼 때, 법원에서는 압수 · 수색영장을 발부하면서 "압수할 물건"을 특정하기 위하여

영장에 기재한 문언을 엄격하게 해석하고 있으며, 함부로 피압수자 등에게 불리한 내용으로 확장 또는 유추 해석하는 것을 허용하지 않고 있다.[88]

(1) 해석원칙

압수수색영장에 기재된 내용은 그것만으로도 압수를 통해 입증하고자 하는 혐의사실, 압수의 장소, 압수의 대상 등을 곧바로 인식할 수 있도록 특정성, 명확성, 간결성, 일의성一意性 등을 갖출 것이 요구된다. 만일 그렇지 않고 내용이 불명확 또는 모호하거나 다의적으로 해석될 수 있는 경우에는 이를 작성한 수사기관에 불리하게 해석하는 것이 영장주의와 적법절차의 원칙을 정한 헌법과 형사소송법의 이념에 부합한다.[89]

🔨 A 씨는 2010년 4월 홍콩에 페이퍼컴퍼니를 설립한 후 해외로 외화를 빼돌릴 목적으로 2015년 3월까지 세관에 수출 가격을 허위 신고한 혐의를 받았다. 빼돌린 금액 중 173만 달러는 본인과 동생, 동생의 부인, 직원의 급여 등 명목으로 지급한 것처럼 세탁해 국내로 반입한 후 개인적으로 사용한 것으로 조사됐다. 사건을 수사하던 검찰은 2015년 법원으로부터 A 씨 등에 대한 압수수색영장을 발부받았다. 서울세관팀은 이 영장을 제시해 A 씨 회사에서 문서, 통장, 전자정보 등을 압수했다. 압수한 물건에는 회사 직원이자 A 씨의 동생인 B 씨의 장모 C 씨와 B 씨의 부인 D 씨 명의의 계좌거래 내역과 통장도 포함됐는데, C 씨와 D 씨에 대한 압수수색이 적법한지가 문제가 됐다.

검찰이 당시 압수수색 영장 대상 범위를 '회계자료 및 입출금 거래 내역 및 통장(상기 범행에 사용된 회사, 사장, 직원 및 가족 명의 포함)' 등으로 기재했는데, '직원 및 가족'이 '피의자 A씨의 가족'만 의미하는지, '회사 직원이자 동생인 B 씨의 가족(C 씨와 D 씨)'까지 포함하는지 모호했기 때문이다.

| 1심 | '회사 직원이자 동생인 B 씨의 가족'도 영장에 기재된 '직원 및 가족'에 포함된다고 판단해 영장 집행 등 수사과정에 문제가 없다.

---

(88) 압수·수색영장에서 압수할 물건을 '압수장소에 보관중인 물건'이라고 기재하고 있는 것을 '압수장소에 현존하는 물건'으로 해석할 수 없다. (판례 번호 참조), 제주지사 사건)

(89) 2018. 9. 21. 서울북부지법 2018노885

| 항소심 |　여기서 '가족'은 '피의자인 A 씨의 가족'만을 의미하고, '회사 직원인 B 씨의 가족'은 포함되지 않는다고 봤다. 따라서 위법한 영장 집행이기 때문에 관련 압수물을 증거로 사용할 수 없다고 판시했다.

(2) 장소의 특정

또한 대법원 위 판례를 통해 압수·수색장소의 특정과 관련하여 영장청구 시 압수·수색장소를 가능한 범위 내에서 최대한 특정하여야 하지만 압수·수색 장소의 내부구조를 사전에 명확히 알 수는 없는 점을 고려하면, 피의자·범죄사실과 압수·수색이 필요한 사유에 기초하여 통상적으로 압수·수색 영장에 기재된 장소와 동일성이 인정되는 범위 내에서는 영장기재 장소라고 보고 있다.

따라서 영장신청 서류를 작성할 때에는 ① 범죄사실, 압수·수색할 물건과 장소의 기재를 너무 좁게 특정하여 압수목적을 달성하지 못하거나, ② 반대로 너무 넓게 기재하여 영장을 발부받지 못하는 사례가 없도록 기재의 범위를 신중히 검토하여야 한다.

2. 집행 참여자와 통지

(1) 당사자의 참여와 당사자에 대한 통지

형사소송법 제121조에서는 "검사, 피고인 또는 변호인은 압수·수색영장의 집행에 참여할 수 있고, 압수·수색영장을 집행함에는 미리 집행의 일시와 장소를 이들에게 통지하여야 한다"고 규정하고 있다. 다만, 불참의사를 명시한 때 또는 급속을 요하는 때[90]에는 예외로 한다.

---

(90) 여기서 '급속을 요하는 때'라고 함은 압수·수색영장 집행 사실을 미리 알려주면 증거물을 은닉할 염려 등이 있어 압수·수색의 실효를 거두기 어려울 경우라고 해석함이 옳고, 그와 같이 합리적인 해석이 가능하므로 형사소송법 제122조 단서가 명확성의 원칙 등에 반하여 위헌이라고 볼 수 없다. (대법원 2012. 10. 11. 선고 2012도7455 판결)

(2) 책임자 등의 참여와 책임자 등에 대한 통지

형사소송법 제123조 제1항은 공무소, 군사용의 항공기 또는 선차 내에서 압수·수색영장을 집행함에는 그 책임자에게 참여할 것을 통지하여야 한다. 제2항에서는 전항에 규정한 이외의 타인의 주거, 간수자 있는 가옥, 건조물, 항공기 또는 선차 내에서 압수·수색영장을 집행함에는 주거주, 간수자 또는 이에 준하는 자를 참여하게 하여야 한다. 다만, 제3항에서 전항의 자를 참여하게 하지 못할 때에는 인거인 또는 지방공공단체의 직원을 참여하게 하여야 한다고 규정하고 있다. 특히 제124조에서는 여자의 신체에 대하여 수색할 때에는 성년의 여자를 참여하게 하여야 한다고 규정하고 있다. 이와 관련하여 범죄수사규칙에서는 관련 내용을 보다 상세히 규정[91]하고 있다.

3. 영장의 제시와 집행의 착수

(1) 영장의 제시

형사소송법 제118조, 범죄수사규칙 제113조에서는 경찰관은 영장에 따라 압수·수색을 할 때에는 해당 처분을 받는 자에게 반드시 영장을 제시하여야 하며, 부득이한 사유로 해당 처분을 받는 자에게 영장을 제시할 수 없을 때에는 참여인에게

---

[91] **제114조(피의자 그 밖의 참여권자의 참여)** ① 경찰관은 압수·수색영장을 집행함에 있어 수사상 특히 필요가 있을 때에는 피의자 등을 참여하게 하여야 한다.

② 경찰관은 전항의 경우에 있어 피의자 등의 언어와 거동에 주의하여 새로운 수사자료를 입수하는 데 노력하여야 한다.

제115조(공무소 등 압수·수색 시 참여) ① 경찰관은 공무소, 군사용의 항공기 또는 선차 내에서 압수·수색영장을 집행할 때에는 그 책임자에게 참여할 것을 통지하여야 한다.

② 경찰관은 전항에 규정한 이외의 타인의 주거, 간수자 있는 가옥, 건조물, 항공기 또는 선차 내에서 압수·수색영장을 집행할 때에는 주거자, 간수자 또는 이에 준하는 자를 참여하게 하여야 한다.

③ 경찰관은 전항에 규정된 자를 참여하게 하지 못할 때에는 이웃사람 또는 시·도 또는 시·군·구 소속 공무원을 참여하게 하여야 한다.

제116조(제3자의 참여) ① 경찰관은 전조 제1항, 제2항 이외의 장소에서 압수·수색영장을 집행하는 경우에도 되도록 제3자를 참여하게 하여야 한다.

② 전항의 경우에 제3자를 참여시킬 수 없을 때에는 다른 경찰관을 참여하게 하고 수색을 하여야 한다.

③ 경찰관은 여자의 신체에 대하여 수색할 때에는 성년의 여자를 참여하게 하여야 한다

이를 제시하여야 한다고 규정하고 있다.

이와 관련 대법원은 현장에서 압수·수색을 당하는 사람이 여러 명일 경우에는 그 사람들 모두에게 개별적으로 영장을 제시해야 하는 것이 원칙이고, 수사기관이 압수·수색에 착수하면서 그 장소의 관리책임자에게 영장을 제시하였다고 하더라도, 물건을 소지하고 있는 다른 사람으로부터 이를 압수하고자 하는 때에는 그 사람에게 따로 영장을 제시하여야 한다고 본다.[92]

나아가 영장제시가 현실적으로 가능한 상황을 전제로 한 규정으로 보아야 하고, 피처분자가 현장에 없거나 현장에서 그를 발견할 수 없는 경우 등 영장제시가 현실적으로 불가능한 경우에는 영장을 제시하지 아니한 채 압수·수색을 하더라도 위법하다고 볼 수 없다.

(2) 출입의 통제

형사소송법 제119조 제1항은 "압수·수색영장의 집행 중에는 타인의 출입을 금지할 수 있으며, 이에 위배한 자에게는 퇴거하게 하거나 집행 종료 시까지 간수자를 붙일 수 있다"고 규정하고 있다.

이에 따라 범죄수사규칙 제117조에서는 "경찰관은 압수·수색을 할 때에는 참여인 또는 따로 허가를 받은 자 이외의 자는 그 장소에서 퇴거하게 하고 그 장소에 출입하지 않도록 하여야 하며, 허가를 받지 않고 그 장소에 있는 자에 대하여는 퇴거를 강제하거나 간수자를 붙여 수색을 방해하지 않도록 하여야 한다"고 규정하고 있다.

(3) 집행에 필요한 처분

형사소송법 제120조는 압수·수색영장의 집행에 있어서는 건정(鍵錠)을 열거나 개봉 기타 필요한 처분을 할 수 있으며 그 처분은 압수물에 대하여도 할 수 있다고

---

[92] 수사기관이 이 사건 압수·수색에 착수하면서 이 사건 사무실에 있던 제주도지사 비서실장 공소외 1에게 압수·수색영장을 제시하였다고 하더라도 그 뒤 그 사무실로 이 사건 압수물을 들고 온 제주도지사 비서관 공소외 2로부터 이를 압수하면서 따로 압수·수색영장을 제시하지 않은 이상, 위 압수절차는 형사소송법이 정한 바에 따르지 않은 것이라고 본 원심의 판단은 정당하다.(대법원 2015. 1. 22. 선고 2014도10978 판결)

규정하고 있다.

> 🔨 압수·수색의 방법으로 소변을 채취하는 경우 압수대상물인 피의자의 소변을 확보하기 위한 수사기관의 노력에도 불구하고, 인근 병원 응급실 등 소변 채취에 적합한 장소로 이동하는 것에 동의하지 않거나 저항하는 등 임의동행을 기대할 수 없는 사정이 있는 때에는 수사기관으로서는 소변 채취에 적합한 장소로 피의자를 데려가기 위해서 필요 최소한의 유형력을 행사하는 것이 허용된다. 이는 형사소송법 제219조, 제120조 제1항에서 정한 '압수·수색영장의 집행에 필요한 처분'에 해당한다.

4. 수색과 압수의 실행

(1) 압수의 실행

증거 내지 몰수할 물건을 찾아 실제 압수를 실행한다.

> 영장에 의한 압수는 소유관계를 묻지 않고 현재 점유하고 있는 자로부터 강제력으로 점유를 빼앗는 만큼, 범죄수사에 필요하고 "해당 사건"과 "관계가 있다고 인정할 수 있는 것"이 되어 영장에 기재된 대상물이라면 압수가 가능하다. 다만, 물건의 소유자에 대하여 환부나 가환부에 의한 권리구제 절차를 안내한다.

(2) 별건을 발견한 경우

일응 범행의 객관적 내용만 볼 때에는 이 사건 영장에 기재된 범죄사실과 동종·유사의 범행에 해당한다고 볼 여지가 없어 **'해당 사건'과 '관계가 있다고 인정할 수 있는 경우가 아닌** 경우에는 압수할 수 없다.[93]

다만, 마약소지, 사체의 발견, 총기의 무허가소지와 같이 그 자체가 별개 범죄의 경우 현행범 체포(긴급체포) 후 체포현장에서 압수수색과 사후영장을 통해 압수

---

(93) 대법원 2018. 4. 26. 선고 2018도2624

가 가능하다. 체포하지 않을 경우에는 범죄장소에서 긴급압수도 가능하다. 따라서 영장주의의 예외에 해당하지 않는다면 임의제출을 유도하며, 그마저도 안 된다면 최후로는 별도로 사전 압수영장을 신청한다.

✎ | 사실관계 | ① 피고인에 대하여 필로폰 매도 등의 혐의로 체포영장이 발부되었다. ② 사법경찰관리인 검찰청 소속 마약수사관들이 2013. 7. 17. 위 피고인의 거주지 부근에서 잠복하는 등 피고인을 체포하기 위한 절차에 착수하였다. 위 수사관들은 당시 위 피고인의 거주지에 피고인의 동거녀로 보이는 여성 등이 함께 거주하고 있음을 확인하였다. ③ 피고인은 2013. 7. 18. 18:45경 김해체육공원 테니스장 앞 주차장에서 위 수사관들의 체포를 벗어나기 위해 자신의 차량을 몰고 가다 차량을 버리고 도주하는 과정에서 결국 체포되어, 그 직후 수사관으로부터 체포영장의 제시와 함께 형사소송법 제200조의5에 규정된 내용을 고지받고 변명의 기회를 제공받았다. ④ 수사관들은 위 피고인을 체포한 직후 별도의 압수·수색영장 없이 위 차량을 수색하여 필로폰과 대마 등을 압수하는 한편, 계속해서 그 장소에서 2킬로미터 정도 떨어져 있는 위 피고인의 주거지를 수색하여 위 피고인이 보관 중이던 도검을 압수하였고, 그 후 2013. 7. 21. 위 압수물들에 대한 압수·수색영장이 발부되었다. ⑤ 피고인 및 변호인은 이 사건 제1심 제4회 공판기일에 위 압수물들에 대한 압수조서 및 압수물 사진을 증거로 함에 동의하였다. ⑥ 원심은 위 피고인에 대하여 총포·도검·화약류 등 단속법 위반의 공소사실을 비롯한 공소사실 전부를 유죄로 인정하면서 이 사건 압수조서와 압수물 사진 등을 위 피고인의 자백에 대한 보강증거로 삼았다.

| 판단 | 이러한 사실관계를 앞서 본 형사소송법 규정과 법리에 비추어 살펴보면 다음과 같이 판단된다.

(가) 수사관들이 사전에 발부된 체포영장에 의하여 위 피고인을 체포한 직후에 한 체포영장의 제시 및 고지는 적법하다고 보이며, 나아가 수사관들이 위 피고인이 체포과정에서 타고 있었던 차량을 수색하여 필로폰과 대마 등을 압수한 것은 형사소송법 제216조 제1항 제2호에 따른 것으로 적법하다고 볼 수 있다.

(나) 그러나 수사관들이 별도의 압수·수색영장 없이 위 피고인의 주거지를 수색하여 도검을 압수한 것은 다음과 같은 이유로 적법하다고 보기 어렵다. 1) 수사관들이 위 피고인의 주거지에 대한 수색에 착수할 당시에는 이미 위 피고인에 대한

체포가 완료된 상황이었을 뿐만 아니라, 위 피고인이 체포된 장소와 위 피고인의 주거지가 2킬로미터 정도 떨어져 있었다는 사정을 감안하면 위 피고인의 주거지를 "체포장소"라고 보기는 어렵다. 따라서 위 피고인의 주거지에 대한 압수·수색이 형사소송법 제216조 제1항 제2호에 따른 적법한 압수·수색이라 볼 수 없다. 2) 위 피고인에 대하여 필로폰 매도 등의 혐의로 체포영장이 발부되었고 체포현장에서 마약류가 발견되었던 사정을 고려할 때 수사관들은 위 피고인이 추가로 소지하고 있을지 모를 마약류를 압수하기 위하여 위 피고인의 주거지를 수색한 것으로 보인다. 그러나 위와 같은 사정들만으로 수사관들이 위 압수·수색에 착수할 당시 위 피고인이 주거지에 마약류를 소지하고 있음이 명백하였다고 보기는 어려울 뿐만 아니라 도검에 관하여는 수사관들이 그 소지에 관한 단서조차 가지고 있지 않았던 것으로 보이므로, 위 피고인의 주거지를 마약류 내지 도검의 소지에 관하여 "범행 중 또는 범행 직후"라는 죄증이 명백하게 존재하는 범죄장소로 볼 수는 없다.[94]

또한 당시 위 피고인의 주거지에 제3자가 동거 중이었으므로 위 피고인의 체포사실이 알려지는 경우 위 주거지에 소지 중이던 마약류가 공범 등에 의하여 은닉될 위험성이 있었다고는 보이나 위 피고인에 대하여 이미 사전에 필로폰 매도 등 혐의로 체포영장이 발부되었던 사정을 고려하면 위 피고인의 주거지에 대한 압수·수색영장을 미리 발부받을 시간적 여유가 없을 정도로 긴급을 요하는 상황이었다고 섣불리 단정하기도 어렵다. 따라서 위 피고인의 주거지에 대한 압수·수색이 형사소송법 제216조 제3항에 따른 적법한 압수·수색이라고 볼 수도 없다. 3) 결국 위 피고인이 주거지에 대한 압수·수색에 관하여 자발적인 의사에 기하여 임의로 동의하였음이 명백하다고 볼만한 사정이 보이지 않는 이 사건에서, 위 도검은 영장 없이 위법하게 압수된 것으로서 증거능력이 없고, 이를 기초로 한 2차 증거인 이 사건 압수조서와 압수물 사진 역시 증거능력이 없다고 봄이 타당하다. 그리고 사후에 위 도검에 대한 압수·수색영장이 발부되었고, 위 피고인이나 변호인이 이 사건 압수조서 및 압수물 사진을 증거로 함에 동의하였다고 하여, 이와 달리 볼 수도 없다.

---

(94) 대법원 2002. 5. 10. 선고 2001도300 판결, 대법원 2012. 2. 9. 선고 2009도14884 판결 참조

5. 관련 서류의 작성 및 교부

가급적 현장에서 압수조서 내지 압수목록을 작성하고, 피압수자에게는 범죄수사규칙의 서식인 압수증명서를 교부하여야 한다.

(1) 압수조서 내지 소유권포기서 작성

범죄수사규칙에서는 압수조서에 압수경위, 압수목록에는 물건의 특징을 구체적으로 기재하여야 하며, 다만 피의자신문조서, 진술조서, 검증조서, 실황조사서에 압수의 취지를 기재하여 압수조서에 갈음할 수 있다고 규정하고 있다. 그리고 압수물의 소유자가 그 물건의 소유권을 포기한다는 의사표시를 하였을 때에는 소유권포기서를 제출받아야 한다.[95]

> 다만, 소유권포기서 작성을 거부할 경우에는 소유권 포기의사를 밝힌 자에게만 서류를 받고, 거부자는 그 작성을 강권할 필요가 없다.

(2) 압수목록(압수증명)의 교부

형사소송법 제129조, 범죄수사규칙 제119조에 따라 경찰관은 증거물 또는 몰수할 물건을 압수하였을 때에는 압수조서와 압수목록을 작성하고 소유자, 소지자, 보관자, 기타 이에 준할 자에게 압수증명서를 교부하여야 한다.

(3) 수색증명서의 교부

수색한 경우에 증거물 또는 몰취할 물건이 없는 때에는 그 취지의 증명서를 교부하여야 한다(형사소송법 제128조).

---

(95) 범죄수사규칙 제119조

6. 집행의 종료 : 원상회복의무

경찰관은 압수·수색을 할 때에는 부득이한 사유가 있는 경우 이외에는 건조물, 기구 등을 파괴하거나 서류 그 밖의 물건을 흩어지지 않게 하여야 하고, 이를 종료하였을 때에는 원상회복하여야 한다(범죄수사규칙 제126조).

🔨 대법원에서는 공무원인 수사기관이 작성하여 피압수자 등에게 교부해야 하는 압수물 목록에는 작성 연월일이 기재되고 그 내용도 사실에 부합하여야 한다. 또, 압수물 목록은 피압수자 등이 압수물에 대한 환부·가환부 신청을 하거나 압수처분에 대한 준항고를 하는 등 권리행사절차를 밟는 가장 기초적인 자료가 되므로, 이러한 권리행사에 지장이 없도록 압수 직후 현장에서 바로 작성하여 교부해야 하는 것이 원칙이라고 본다.[96]

---

(96) 작성 월일을 누락한 채 일부 사실에 부합하지 않는 내용으로 작성하여 압수·수색이 종료된 지 5개월이나 지난 뒤에 이 사건 압수물 목록을 교부한 행위는 형사소송법이 정한 바에 따른 압수물 목록 작성·교부에 해당하지 않는다.(대법원 2009. 3. 12. 선고 2008도763 판결)

부산지방경찰청 마약수사대 경감 고마수는 봉쟁이들을 소탕하기 위해 불철주야 노력하고 있다. 마침 예전에 검거했다 친해진 정보원으로 부터 박봉쟁이가 필로폰을 투약했다는 제보를 얻었다. 봉쟁이는 이미 필로폰 투약으로 인한 마약류 관리에 관한 법률 위반(향정)죄로 수차례 처벌받은 전력이 있었다. 이를 바탕으로 부산지방법원으로 부터 마약류 관리에 관한 법률 위반 혐의 관련 압수 · 수색 · 검증영장을 발부받았다. 발부받은 영장의 내용은 아래와 같다.

〈 압수할 물건 〉

　　피의자의 소변 30cc, 모발 약 80수, 마약류 불법사용에 대한 도구 등

〈 수색 · 검증할 장소 〉

　　피의자의 실제 주거지 [부산 해운대구 약물동 뽕가아파트 4층]

고경감은 위 아파트를 급습하여 박봉쟁이에게 영장을 제시하고 주거지를 수색하여 사용 흔적이 있는 주사기 4개를 증거물로 압수하였다. 그리고 영장에 따라 소변과 모발을 제출하도록 요구하였으나, 욕설을 하며 완강하게 거부하였다. 고마수는 박봉쟁이를 3시간가량 설득하였으나, 계속 거부하면서 자해를 하자 이를 제압하고 수갑과 포승을 채운 뒤 강제로 의료원 응급실로 데리고 갔다. 고마수가 의료원 응급실에서도 소변의 임의 제출을 거부하자, 경찰관은 같은 날 15:30경 응급구조사로 하여금 봉쟁이의 신체에서 소변 30cc를 채취하도록 하여 이를 압수하였다. 압수한 소변을 간이시약MET으로 검사한 결과 필로폰 양성반응이 나왔다.

질문:　마약류관리법 위반 유죄인가?

정답: 유죄

대법원 2018. 7. 12. 선고 2018도6219 판결의 사실관계이다. 종래 강제채뇨를 어떠한 요건과 절차로 허용할 것인지에 대하여 학설상 다툼이 있었으나 최근 판례에서 압수수색영장을 통해서도 가능하다는 입장을 보였다. 사안에서 압수수색영장을 통해 강제채뇨를 한 점과, 경찰장구를 사용한 것이 적법한 것인가가 문제된다.

▣ 강제채뇨의 의의와 문제점

피의자가 임의로 소변을 제출하지 않는 경우 강제력을 사용해서 도뇨관catheter을 요도를 통하여 방광에 삽입한 뒤 체내에 있는 소변을 배출시켜 소변을 취득하여 보관하는 행위를 말한다.

다만, 수사기관이 범죄 증거를 수집할 목적으로 하는 경우 피의자 신체에 직접적인 작용을 수반하고, 신체적 고통이나 장애를 초래하거나 수치심이나 굴욕감을 줄 수 있다는 문제가 있다. 이를 허용할 것인지 허용한다면 어떠한 절차에 따라 이뤄져야 하는지 문제다.

▣ 허용요건과 절차

• 범죄 혐의 입증에 필요에 의해 부득이한 경우

따라서 피의자에게 범죄 혐의가 있고 그 범죄가 중대한지, 소변성분 분석을 통해서 범죄 혐의를 밝힐 수 있는지, 범죄 증거를 수집하기 위하여 피의자의 신체에서 소변을 확보하는 것이 필요한 것인지, 채뇨가 아닌 다른 수단으로는 증명이 곤란한지 등을 고려하여 범죄 수사를 위해서 강제채뇨가 부득이하다고 인정되는 경우에 최후의 수단으로 적법한 절차에 따라 허용된다.

이때 의사, 간호사, 그 밖의 숙련된 의료인 등으로 하여금 소변 채취에 적합한 의료장비와 시설을 갖춘 곳에서 피의자의 신체와 건강을 해칠 위험이 적고 피의자의 굴욕감 등을 최소화하는 방법으로 소변을 채취하여야 한다.

• 감정허가장 내지 압수수색영장

수사기관이 범죄 증거를 수집할 목적으로 피의자의 동의 없이 피의자의 소변을 채취하는 것은 법원으로부터 감정허가장을 받아 형사소송법 제221조의4 제1항, 제173조 제1항에서 정한 '감정에 필요한 처분'으로 할 수 있다(피의자를 병원 등에 유치할 필요가 있는 경우에는 형사소송법 제221조의3에 따라 감정유치장을 받아야 한다).

나아가 이는 압수·수색의 방법으로도 할 수 있으며, 수사기관은 원칙적으로 압수·수색영장을 적법하게 발부받아 집행해야 한다.

▣ 압수·수색영장의 집행에 필요한 처분

압수·수색의 방법으로 소변을 채취하는 경우 압수대상물인 피의자의 소변을 확보하기 위한 수사기관의 노력에도 불구하고, 인근 병원 응급실 등 소변 채취에 적합한 장소로 이동하는 것에 동의하지 않거나 저항하는 등 임의 동행을 기대할 수 없는 사정이 있는 때에는 수사기관으로서는 소변 채취에 적합한 장소로 피의자를 데려가기 위해서 필요 최소한의 유형력을 행사하는 것이 허용된다. 이는 형사소송법 제219조, 제120조 제1항에서 정한 '압수·수색영장의 집행에 필요한 처분'에 해당한다.

그렇지 않으면 피의자의 신체와 건강을 해칠 위험이 적고 피의자의 굴욕감을 최소화하기 위하여 마련된 절차에 따른 강제 채뇨가 불가능하여 압수영장의 목적을 달성할 방법이 없기 때문이다.

▣ 사안의 경우

• 강제채뇨의 적법성

피고인에 대한 피의사실이 중대하고 객관적 사실에 근거한 명백한 범죄 혐의가 있었다고 볼 수 있다. 경찰관의 장시간에 걸친 설득에도 불구하고 피고인은 소변의 임의 제출을 거부하면서 판사가 적법하게 발부한 압수영장의 집행에 저항하였다. 경찰관은 다른 방법으로 수사 목적을 달성하기 곤란하다고 판단하여 압수대상물인 피고인의 소변을 채취하기 위하여 강제로 피고인을 소변 채취에 적합한 장소인 인근 병원 응급실로 데리고 가 의사의 지시를 받은 응급구조사로 하여금 피고인의 신체에서 소변을 채취하도록 하였고, 그 과정에서 피고인에 대한 강제력의 행사가 필요 최소한도를 벗어나지 않았다. 경찰관의 이러한 조치는 형사소송법 제219조, 제120조 제1항에서 정한 '압수영장의 집행에 필요한 처분'으로서 허용된다고 보는 것이 타당하다.

• 경찰장구의 사용의 적법성

경찰관 직무집행법에 따르면, 경찰관은 직무수행 중 자신이나 다른 사람의 생명·신체의 방어와 보호, 공무집행에 대한 항거 제지를 위하여 필요하다고 인정되는 상당한 이유가 있을 때에는 그 사태를 합리적으로 판단하여 필요한 한도에서 수갑, 포승, 경찰봉, 방패 등 경찰장구를 사용할 수 있다.

이 사건에서 경찰관이 압수영장을 집행하기 위하여 피고인을 응급실로 데리고 가는 과정에서 공무집행에 항거하는 피고인을 제지하고 자해 위험을 방지하기 위해 수갑과 포승을 사용한 것은 경찰관 직무집행법에 따라 허용되는 경찰 장구의 사용으로서 적법하다.

용감해 수사관은 부산지방법원으로부터 아래와 같은 압수수색영장을 발부받았다.

〈피의자〉 강수박
〈압수할 물건〉 장나라 등이 소지하고 있는 휴대전화(휴대전화, 스마트폰) 등
〈압수ㆍ수색할 장소〉 장나라의 주거지 등
〈범죄사실〉 피의자는 공천과 관련하여, 2012. 3. 15. 및 3. 28. 배달수에게 지시
하여 녹십자당 공천심사위원에게 거액이 든 돈 봉투를 각 제공하였다

이에 따라 용감해 수사관은 장나라의 주거지에서 그의 휴대전화를 압수하고 이를 경찰서로 가져온 후 그 휴대전화에서 추출한 전자정보를 분석하던 중 장나라와 장석칠 사이의 대화가 녹음된 이 사건 녹음파일을 통하여 피고인들에 대한 공직선거법 위반의 혐의점을 발견하고 수사를 개시하였으나, 위 피고인들로부터 이 사건 녹음파일을 임의로 제출받거나 새로운 압수수색영장을 발부받지 아니하였다.

질문: 위 녹음파일은 증거능력이 인정될 것인가?

정답: 위법한 압수로서 증거능력이 없다.

- 대법원 2018. 4. 26. 선고 2018도2624 판결은 다음과 같이 판시하였다. 이 사건 녹음파일에 의하여 그 범행이 의심되었던 혐의사실은 공직선거법상 정당후보자 추천 관련 내지 선거운동 관련 금품 요구 · 약속의 범행에 관한 것으로서, 일응 범행의 객관적 내용만 볼 때에는 이 사건 영장에 기재된 범죄사실과 동종 · 유사의 범행에 해당한다고 볼 여지가 있다.

  그러나 이 사건 영장에서 당해 혐의사실을 범하였다고 의심된 '피의자'는 강수박에 한정되어 있는데, 수사기관이 압수한 이 사건 녹음파일은 장나라와 장석칠 사이의 범행에 관한 것으로서 강수박이 그 범행에 가담 내지 관련되어 있다고 볼 만한 아무런 자료가 없다.

  결국 이 사건 영장에 기재된 '피의자'인 강수박이 이 사건 녹음파일에 의하여 의심되는 혐의사실과 무관한 이상, 수사기관이 별도의 압수 · 수색영장을 발부받지 아니한 채 압수된 이 사건 녹음파일은 형사소송법 제219조에 의하여 수사기관의 압수에 준용되는 형사소송법 제106조 제1항이 규정하는 '피고사건' 내지 같은 법 제215조 제1항이 규정하는 '해당 사건'과 '관계가 있다고 인정할 수 있는 것'에 해당한다고 할 수 없으며, 이와 같은 압수에는 헌법 제12조 제1항 후문, 제3항 본문이 규정하는 헌법상 영장주의에 위반한 절차적 위법이 있다고 할 것이다.

  따라서 이 사건 녹음파일은 형사소송법 제308조의2에서 정한 '적법한 절차에 따르지 아니하고 수집한 증거'로서 이를 증거로 쓸 수 없다.[97]

- 생각건대 압수수색영장 집행의 단계에서 별건의 증거가 발견된 경우에는 피고인들로부터 임의로 제출받거나 새로운 압수수색영장을 발부받아야 할 것이다. 본 판결의 하급심도 같은 입장으로 보인다.[98]

---

(97) 대법원 2018. 4. 26. 선고 2018도2624 판결
(98) 서울고등법원 2018. 2. 1. 선고 2017노3551 판결

CHAPTER 3

영장 없는 압수 · 수색 · 검증

수사기관의 강제수사는 원칙적으로 사전에 영장을 발부받아 이를 제시한 후 집행하여야 하고, 예외적으로 증거보전의 필요성 및 긴급성의 요청에 따라 사전 영장 없이 강제수사를 하더라도 사후에 즉시 영장을 발부받아야 하는 별도의 절차 규정이 헌법과 형사소송법에 마련되어 있다.

그럼에도 수사과정에서 적법한 사전 또는 사후에 영장을 발부받은 사실이 없다면 위법수집 증거에 해당하며, 피고인들과 변호인이 그 증거 사용에 관하여 동의하였더라도 유죄의 증거로 사용할 수 없다. 따라서 실질은 강제취득임에도 실무 편의상 임의제출을 처리하는 경우 법원은 강제수사로 보아 영장주의 예외의 요건을 갖추고 절차에 부합하였는지를 검토하게 된다.

	사후조치	요급처분
체포현장	계속 압수할 필요가 있는 경우에는	O
긴급체포 후의	체포한 때부터 48시간 이내에 압수수색영장을 청구	×
범죄장소	사후에 지체없이 영장을 받아야 한다.	O
유류물 · 임의제출물	없음	×

급박한 현장상황에서 증거물 압수의 가부를 신속히 판단하기 위해서는 영장주의의 예외 5가지의 요건과 사후조치를 숙지하여야 한다. 다음에서 관련 규정과 쟁점을 살펴본다.

1. 체포현장에서의 압수 · 수색 · 검증

제216조(영장에 의하지 아니한 강제처분) ① 검사 또는 사법경찰관은 제200조의2(영장에 의한 체포) · 제200조의3(긴급체포) · 제201조(구속) 또는 제212조(현행범인의 체포)의 규정에 의하여 피의자를 체포 또는 구속하는 경우에 필요한 때에는 영장없이 다음 처분을 할 수 있다.

1. 타인의 주거나 타인이 간수하는 가옥, 건조물, 항공기, 선차 내에서의 피의자 수사

2. 체포현장에서의 압수, 수색, 검증

[헌법불합치, 2015헌바370, 2018. 4. 26., 형사소송법 제216조 제1항 제1호 중 제200조의2에 관한 부분은 헌법에 합치되지 아니한다. 위 법률조항은 2020. 3. 31.을 시한으로 입법자가 개정할 때까지 계속 적용된다.]

제217조(영장에 의하지 아니하는 강제처분) ② 검사 또는 사법경찰관은 제1항 또는 제216조 제1항 제2호에 따라 압수한 물건을 계속 압수할 필요가 있는 경우에는 지체 없이 압수수색영장을 청구하여야 한다. 이 경우 압수수색영장의 청구는 체포한 때부터 48시간 이내에 하여야 한다.

2. 범죄장소에서의 압수 · 수색 · 검증

제216조(영장에 의하지 아니한 강제처분) ③ 범행 중 또는 범행 직후의 범죄 장소에서 긴급을 요하여 법원판사의 영장을 받을 수 없는 때에는 영장없이 압수, 수색 또는 검증을 할 수 있다. 이 경우에는 사후에 지체없이 영장을 받아야 한다.

위 규정은 피의자의 체포를 전제로 하지 않는 경우에 문제된다. 예를 들어 112 신고를 받고 범인을 체포하기 위하여 현장에 출동하였으나 범인은 이미 도주하고 현장에 남아 있는 증거물을 압수할 경우이다. 이 경우에는 사후에 지체 없이 영장을 받아야 한다(법 제216조 제3항).[99]

---

[99] 법원실무제요(형사1), 357쪽

범죄장소의 범위가 문제된다. 이와 관련 대법원 2011도15258 판결은 음주교통사고 준현행범인 사안에서 사고현장이 아닌 곧바로 후송된 병원응급실도 범죄장소에 준하여 강제채혈을 허용하고 있다.

🔨 (1) 음주운전 중 교통사고를 야기한 후 피의자가 의식불명 상태에 빠져 있는 등으로 도로교통법이 음주운전의 제1차적 수사방법으로 규정한 호흡조사에 의한 음주측정이 불가능하고 혈액채취에 대한 동의를 받을 수도 없을 뿐만 아니라 법원으로부터 혈액채취에 대한 감정처분허가장이나 사전 압수영장을 발부받을 시간적 여유도 없는 긴급한 상황이 생길 수 있다.

(2) 이러한 경우 피의자의 신체 내지 의복류에 주취로 인한 냄새가 강하게 나는 등 형사소송법 제211조 제2항 제3호가 정하는 범죄의 증적이 <u>현저한 준현행범인으로서의 요건이 갖추어져 있고 교통사고 발생시각(2011. 3. 5. 23:45경)으로부터 사회통념상 범행 직후라고 볼 수 있는 시간 내라면</u>(경찰관이 병원 응급실에 도착한 시각은 3. 6. 00:50경으로 실제 1시간 5분 경과), <u>피의자의 생명·신체를 구조하기 위하여 사고현장으로부터 곧바로 후송된 병원 응급실 등의 장소는 형사소송법 제216조 제3항의 범죄 장소에 준한다 할 것</u>이므로, 검사 또는 사법경찰관은 피의자의 혈중알코올농도 등 증거의 수집을 위하여 의료법상 의료인의 자격이 있는 자로 하여금 의료용 기구로 의학적인 방법에 따라 필요최소한의 한도 내에서 피의자의 혈액을 채취하게 한 후 그 혈액을 영장 없이 압수할 수 있다고 할 것이다.

3. 긴급체포 후의 압수·수색·검증

제217조(영장에 의하지 아니하는 강제처분) ① 검사 또는 사법경찰관은 제200조의3에 따라 체포된 자가 소유·소지 또는 보관하는 물건에 대하여 긴급히 압수할 필요가 있는 경우에는 체포한 때부터 24시간 이내에 한하여 영장 없이 압수·수색 또는 검증을 할 수 있다.

② 검사 또는 사법경찰관은 제1항 또는 제216조 제1항 제2호에 따라 압수한 물건을 계속 압수할 필요가 있는 경우에는 지체 없이 압수수색영장을 청구하여야 한다. 이 경우 압수수색영장의 청구는 체포한 때부터 48시간 이내에 하여야 한다.

③ 검사 또는 사법경찰관은 제2항에 따라 청구한 압수수색영장을 발부받지 못한 때에는 압수한 물건을 즉시 반환하여야 한다.

본조는 수사기관이 피의자를 긴급체포한 상황에서 피의자가 체포되었다는 사실이 공범이나 관련자들에게 알려짐으로써 관련자들이 증거를 파괴하거나 은닉하는 것을 방지하고, 범죄사실과 관련된 증거물을 신속히 확보할 수 있도록 하기 위한 것이다.

(1) 장소적 범위

이 규정에 따른 압수·수색 또는 검증은 체포현장에서의 압수·수색 또는 검증을 규정하고 있는 형사소송법 제216조 제1항 제2호와 달리, 체포현장이 아닌 장소에서도 긴급체포된 자가 소유·소지 또는 보관하는 물건을 대상으로 할 수 있다 (2017도10309).

> 🔨 (1) 서울지방경찰서 소속 경찰관들은 2016. 10. 5. 20:00 경기 광주시(주소 1 생략) 앞 도로에서 위장거래자와 만나서 마약류 거래를 하고 있는 피고인을 긴급체포한 뒤 현장에서 피고인이 위장거래자에게 건네준 메트암페타민 약 9.50g이 들어 있는 비닐팩 1개(증제1호)를 압수하였다.
>
> (2) 위 경찰관들은 같은 날 20:24경 영장 없이 체포 현장에서 약 2km 떨어진 경기 광주시(주소 2 생략)에 있는 피고인의 주거지에 대한 수색을 실시해서 작은 방 서랍장 등에서 메트암페타민 약 4.82g이 들어 있는 비닐팩 1개(증제2호) 등을 추가로 찾아내어 이를 압수하였다.
>
> (3) 이후 사법경찰관은 압수한 위 메트암페타민 약 4.82g이 들어 있는 비닐팩 1개 (증제2호)에 대하여 감정의뢰 등 계속 압수의 필요성을 이유로 검사에게 사후 압수수색영장 청구를 신청하였고, 검사의 청구로 서울지방법원 영장전담판사로부터 2016. 10. 7. 사후 압수수색영장을 발부받았다.
>
> 다. 위와 같은 피고인에 대한 긴급체포 사유, 압수·수색의 시각과 경위, 사후 영장의 발부 내역 등에 비추어 보면, 수사기관이 피고인의 주거지에서 긴급 압수한 메트암페타민 4.82g은 긴급체포의 사유가 된 범죄사실 수사에 필요한 범위 내

의 것으로서 형사소송법 제217조에 따라 적법하게 압수되었다고 할 것이다.

(2) 압수의 대상물

어떤 물건이 긴급체포의 사유가 된 범죄사실 수사에 필요한 최소한의 범위 내의 것으로서 압수의 대상이 되는 것인지가 문제된다.

이와 관련 대법원은 당해 범죄사실의 구체적인 내용과 성질, 압수하고자 하는 물건의 형상·성질, 당해 범죄사실과의 관련 정도와 증거가치, 인멸의 우려는 물론 압수로 인하여 발생하는 불이익의 정도 등 압수 당시의 여러 사정을 종합적으로 고려하여 객관적으로 판단하여야 한다고 보고 있다.[100]

> 경찰관이 이른바 전화사기죄 범행의 혐의자를 긴급체포하면서 그가 보관하고 있던 다른 사람의 주민등록증, 운전면허증 등을 압수한 사안에서, 이는 형사소송법 제217조 제1항에서 규정한 해당 범죄사실의 수사에 필요한 범위 내의 압수로서 적법하므로 이를 위 혐의자의 점유이탈물횡령죄 범행에 대한 증거로 인정하였다.

(3) 요급처분은 원칙적 불허

한편 요급처분要急處分으로서의 예외는 형사소송법 제216조의 규정에 의한 처분을 하는 경우에만 인정되므로(제220조) 긴급체포 후의 압수·수색·검증에는 주거자 등의 참여(제123조 제2항)나 야간집행의 제한(제125조)이 그대로 적용되어 체포한 때로부터 24시간 이내라고 하여도 야간집행은 원칙적으로 허용되지 않으며 주거자 등의 참여권도 보장되어야 한다.[101]

---

(100) 대법원 2008. 7. 10. 선고 2008도2245 판결
(101) 실무상 이를 간과하는 경우가 종종 있다. 특히 야간집행 허용가능성과 관련 논란의 소지가 있으나 최근 검찰기각 사례가 있으니 주의를 요한다.

4. 임의제출 내지 유류물의 영치

> **제218조(영장에 의하지 아니한 압수)** 검사, 사법경찰관은 피의자 기타인의 유류한 물건이나 소유자, 소지자 또는 보관자가 임의로 제출한 물건을 영장 없이 압수할 수 있다.

(1) 의의

🔨 이 씨는 2017년 6월 서울 서대문구의 한 아파트 상가 앞 노상에서 최모 씨와 실랑이를 하던 중 자리를 뜨려는 최 씨를 계속 따라가며 옷을 잡아끄는 등 폭행한 혐의로 기소됐다. 이 씨는 경찰이 사건현장 CCTV 영상을 관리책임자인 관리소장의 승인 없이 경비실에서 제출받았다면서 불법 수집한 증거이니 이 영상은 증거능력이 없다고 주장했다.

| 질문 | 위법수집증거에 해당하는가?

영치는, 점유의 취득 과정이 강제적이 아니라는 점에서는 통상의 압수와 구별되나, 일단 점유를 취득한 후 그 점유를 계속하는 것은 강제성이 있으므로 이 점에서는 통상의 압수와 공통된다. 따라서 임의제출물에 대한 압수를 한 때에는 조서를 작성해야 할 뿐 아니라 환부·가환부의 대상이 되고, 그 처분에 대해서는 준항고가 가능하다.[102]

(2) 요건

1) 대상물

① 임의제출물 그 대상은 단순히 임의제출물 또는 유류물이면 족하고 반드시 증거물 또는 몰수 대상물일 필요가 없다. 제출자가 반드시 적법한 권리자일 필요도 없다. 다만, 압수당시에 이미 그 사건과 전혀 무관함이 분명한 때에는 압수할 필요

---

(102) 법원실무제요(형사I), 595쪽

가 없을 것이다.[103]

② 유류물이란 점유이탈물보다는 넓은 개념으로서 자의로 유기한 물건도 포함된다. 임의제출물이나 유류물은 법원이 점유를 계속하여도 소유자 등에게 주는 고통이 거의 없고, 처음에는 불명하더라도 나중에 증거물 등임이 판명될 수 있으므로 일단 제한 없이 압수할 수 있도록 하는 것이 이 제도의 취지이다.[104]

2) 소유자, 소지자 내지 보관자로부터 제출받을 것

그러나 소유자, 소지자 또는 보관자가 아닌 자로부터 제출받은 물건을 영장 없이 압수한 경우에 그 압수물과 압수물을 찍은 사진은 피고인이나 변호인이 증거로 함에 동의하더라도 증거능력을 인정할 수 없다.[105] 이와 같이 영장주의의 예외에 위반하여 압수한 물건에 대하여는 임의제출동의서를 받았다고 하여도 마찬가지로 증거능력을 인정할 수 없게 된다.

> 🔨 충청남도 금산경찰서 소속 경사 A는 피고인 소유의 쇠파이프를 피고인의 주거지 앞마당에서 발견하였으면서도 그 소유자, 소지자 또는 보관자가 아닌 피해자 B로부터 임의로 제출받는 형식으로 위 쇠파이프를 압수하였고, 그 후 압수물의 사진을 찍은 사실, 공판조서의 일부인 제1심 증거목록상 피고인이 위 사진을 증거로 하는 데 동의한 것으로 기재되어 있다.
> 그러나 이 사건 압수물과 그 사진은 형사소송법상 영장주의 원칙을 위반하여 수집하거나 그에 기초한 증거로서 그 절차 위반행위가 적법절차의 실질적인 내용을 침해하는 정도에 해당하므로, 피고인의 증거동의에도 불구하고 위 사진은 이 사건 범죄사실을 유죄로 인정하는 증거로 사용할 수 없다.

3) 소유자의 의사에 반하여 제출받은 경우

A. 관리자의 승인없이 제출받은 경우

위법수집증거배제법칙은 수사기관이 헌법과 법률이 정한 절차에 따르지 않고 증거를 수집하고 절차위반행위가 적법절차의 실질적인 내용을 침해한 때에 증

---

(103) 법원실무제요(형사), 595쪽
(104) 법원실무제요(형사), 595쪽
(105) 대법원 2010. 1. 28. 선고 2009도10092 판결

거능력을 부인하는 것이며, 아파트 관리소장의 승인을 받지 않았다고해서 적법절차를 위반했다고 보기 어렵고, 달리 수사기관이 CCTV 영상을 확보함에 있어 위법행위를 했다고 볼 만한 사정이 없다.[106]

B. 소지자 또는 보관자가 소유자의 의사에 반하여 임의제출한 경우　나아가 대상물의 소지자 또는 보관자가 소유자의 의사에 반하여 임의제출한 경우가 문제될 수 있다. 대법원은 검사가 교도관으로부터 그가 보관하고 있던 피의자의 비망록을 뇌물수수 등의 증거자료로 임의제출받은 사안에서, 피고인의 승낙 및 영장 없이 행하여졌더라도 적법하다고 보았다.[107]

> 🔨 교도관이 재소자가 맡긴 비망록을 수사기관에 임의로 제출하였다면 그 비망록의 증거사용에 대하여도 재소자의 사생활의 비밀 기타 인격적 법익이 침해되는 등의 특별한 사정이 없는 한 반드시 그 재소자의 동의를 받아야 하는 것은 아니고, 따라서 검사가 교도관으로부터 보관하고 있던 피고인의 비망록을 뇌물수수 등의 증거자료로 임의로 제출받아 이를 압수한 경우, 그 압수절차가 피고인의 승낙 및 영장 없이 행하여졌다고 하더라도 이에 적법절차를 위반한 위법이 있다고 할 수 없다.

(3) 인신구속상태에서 임의제출한 경우

1) 발부된 영장과 별개 증거 환부 후 임의제출받는 경우

영장 발부의 사유로 된 범죄 혐의사실과 무관한 별개의 증거를 압수하였을 경우 이는 원칙적으로 유죄 인정의 증거로 사용할 수 없다. 다만, 수사기관이 그 별개의 증거를 피압수자 등에게 환부하고 후에 이를 임의 제출받아 다시 압수하였다면 그 증거를 압수한 최초의 절차 위반행위와 최종적인 증거수집 사이의 인과 관계가 단절되었다고 평가할 수 있는 사정이 될 수 있다.

그러나 환부 후 다시 제출하는 과정에서 수사기관의 우월적 지위에 의하여 임의제출의 명목으로 실질적으로 강제적인 압수가 행하여질 수 있으므로, 그 제출에 임의성이 있다는 점에 관하여는 검사가 합리적 의심을 배제할 수 있을 정도로 증명

---

[106]　2018. 12. 13. 2018도14519의 제2심 판결(2018. 8. 23. 2018노566판결)에서 발췌
[107]　대법원 2008. 5. 15. 선고 2008도1097 판결

하여야 한다.(108)

🔨 | **사실관계** | 1) E는 수사기관에 2017. 8. 8. 피고인을 특수상해 및 협박 혐의로 고소하고, 2017. 8. 27. 피고인이 휴대전화를 이용하여 자신을 협박하는 내용으로 보낸 F 메시지를 출력하여 제출하였다. 2) 수사기관은 2017. 8. 30. E에 대한 특수폭행치상 혐의로 체포영장에 의하여 피고인을 체포하는 과정에서 피고인이 소지하고 있던 휴대전화(G, 이하 '이 사건 휴대전화'라고 한다) 등을 영장 없이 압수한 후, 2017. 9. 1. 이 법원으로부터 E에 대한 특수 상해 및 협박 혐의를 범죄사실로 하는 이 사건 휴대전화 등에 대한 사후 압수수색검증 영장(이하 '이 사건 영장'이라고 한다)을 발부받았다. 3) 수사기관은 2017. 9. 2. 이 사건 휴대전화를 탐색하는 과정에서 C의 나체가 촬영된 사진과 동영상 파일(이하 '이 사건 전자정보'라고 한다)을 발견하여 CD(이하 '이 사건 CD'라고 한다)에 저장한 후, 2017. 9. 13. 이를 출력하여 수사기록에 편철하고 이를 제시하며 C에 대한 참고인 조사를 실시하였다. 4) 제주지방검찰청 검사는 2017. 9. 14. 이 법원에 C에 대한 성폭력범죄의 처벌 등에 관한 특례법 위반(카메라등이용촬영) 혐의를 범죄사실로 하는 이 사건 CD에 대한 압수수색검증영장을 청구하였으나 기각되자, 2017. 9. 15. 피고인을 검찰청에 소환하여 피고인에 대한 피의자신문을 하면서 피고인의 동의를 받아 이 사건 CD에서 이 사건 전자정보를 출력한 후 다시 이를 피고인으로부터 임의제출받는 형식을 취하는 한편, 피고인에게 2017. 9. 4. 이미 가환부된 이 사건 휴대전화를 다시 제출하도록 하였다. 5) 피고인은 2017. 9. 18. 이 사건 휴대전화를 보관하고 있던 H으로 하여금 제주지방검찰청에 이 사건 휴대전화를 제출하도록 한 다음, 2017. 9. 19. "이 사건 휴대전화에 대한 하드카피ㆍ이미징, 전자정보의 탐색, 복제(이미징 포함) 또는 출력 등 증거물 확보 과정에 참관하지 않겠다"는 내용의 확인서에 서명날인을 하였다. 6) 수사기관은 다시 2017. 9. 26. 이 사건 휴대전화를 탐색하여 이 사건 전자정보를 추출하여 저장한 후, 2017. 10. 10. 이를 출력하여 수사기록에 편철하고 이를 제시하며 피고인에 대한 피의자신문을 실시하였다.

이 사건 CD와 이 사건 CD에서 출력한 이 사건 전자정보, 그리고 이 사건 휴대전화에서 다시 추출한 이 사건 전자정보(이하 '이 사건 CD 등'이라고 한다)의 증거능력 인정 여부

---

(108) 대법원 2016. 3. 10. 선고 2013도11233 판결 참조

| 판단 | 위 법리에 비추어 살펴건대, 위 인정사실과 이 사건 기록에 의하여 알 수 있는 아래의 사정들을 종합하면, 이 사건 CD 등은 헌법과 형사소송법이 정한 적법절차를 위반하여 수집한 증거에 해당하므로, 피고인과 변호인이 그 증거 사용에 관하여 동의하였더라도 유죄의 증거로 사용할 수 없다.

① 이 사건 CD 등은 이 사건 영장 발부의 사유로 된 범죄 혐의사실과 무관한 별개의 증거로서 원칙적으로 유죄 인정의 증거로 사용할 수 없는 것이다. ② 제주지방검찰청 검사가 구속되어 재판을 받고 있던 피고인을 검찰청에 소환하여 국선변호인의 참여가 이루어지지 않은 상태에서 압수수색검증영장 청구의 기각 사실 등을 충분히 설명하지 않은 채, 피고인의 동의를 받아 이 사건 CD에서 이 사건 전자정보를 출력한 후 곧바로 이를 다시 피고인으로부터 임의 제출받는 형식을 취한 점에 비추어 보면, 그 제출에 임의성이 있는지가 합리적인 의심을 배제할 정도로 증명되었다고 할 수 없다. ③ 피고인이 H으로 하여금 제주지방검찰청에 이 사건 휴대전화를 제출하도록 한 후, "이 사건 휴대전화에 대한 하드카피·이미징, 전자정보의 탐색, 복제(이미징 포함) 또는 출력 등 증거물 확보 과정에 참관하지 않겠다"는 내용의 확인서에 서명날인을 한 것도, 위와 같은 열악한 지위에서 이 사건 CD에 관한 최초 압수과정에서의 절차 위반과 그 절차위반의 하자를 치유할 수 있는 임의제출의 법률적 의미 및 효과 등을 제대로 이해하지 못한 채 한 행위로 보일 뿐이다. ④ 결국 이 사건 CD 등은 피고인에 의하여 임의제출된 것으로 보기 어려워, 이 사건 영장에 기재된 범죄 혐의사실과 무관한 증거인 이 사건 CD 등을 압수한 최초의 절차 위반행위와 최종적인 증거수집 사이의 인과 관계가 희석되거나 단절되었다고 보기 어렵다.[109]

2) 현행범 체포현장에서 압수 ★ CASE

현행범 체포 현장이나 범죄 장소에서도 소지자 등이 임의로 제출하는 물건은 위 조항에 의하여 영장 없이 압수할 수 있고, 이 경우에는 검사나 사법경찰관이 사후에 영장을 받을 필요가 없다.

---

(109) 대법원 2018. 11. 15 선고 2018도11378 판결

수연지방청 마약수사대 팀장 너훈아는 봉쟁이는 사회악이라는 굳건한 믿음을 가지고 있다. 그의 열정에 많은 정보원들은 때때로 쓸만한 첩보를 주곤 한다. 이 번에 얻은 특급첩보는 김약물이, 청해진호가 예인하는 바지선 니가가라 하와이 호를 타고 밀입국하면서 필로폰을 밀수한다는 내용이었다. 너훈아는 제보를 받고, 16:15경 고현항에 도착한 위 바지선을 수색하였다. 너훈아는 수색 도중 선용 품창고 선반 위에 숨어 있던 김약물을 발견했다. 회심의 미소를 날리면서 천천히 내려오게 하고 진정시켰다. 그러나 김약물에게 필로폰을 둔 장소를 물었으나 대답을 듣지 못하였고, 그 사이 때마침 바지선 내 다른 장소를 수색하던 다른 대원 심봤다가 "물건이 여기 있다. 찾았다"라고 외쳤다. 너훈아는 16:30경 봉쟁이를 필로폰 밀수입 및 밀입국 등의 현행범으로 체포하였다. 너훈아는 곧바로 봉쟁이에게 발견된 필로폰 약 6.1kg을 제시하며 "필로폰을 임의제출하면 영장 없이 압수할 수 있고 압수될 경우 임의로 돌려받지 못하며, 임의제출하지 않으면 영장을 발부받아서 압수하여야 한다"라고 설명하면서 필로폰을 임의로 제출할 의사가 있는지를 물었다. 형사사법절차를 온몸으로 학습한 상습전과자 김약물로부터 "그 정도는 저도 압니다"라는 말과 함께 승낙을 받아 필로폰을 압수하였다. 그리고 같은 날 지방청에서 임의제출확인서를 작성하여 김약물로부터 서명·날인을 받았다. 너훈아 팀장은 압수한 필로폰에 관하여 사후 압수영장을 발부받지는 않고 현재까지 보관하고 있다. 한편 봉쟁이는 필로폰 매매 등으로 인한 마약류 관리에 관한 법률 위반(향정) 동종 전과로 총 6회 처벌받았다.

> **질문:** 마약류 관리법 위반(향정) 유죄인가 무죄인가?

정답: 유죄

대법원 2016. 2. 18. 선고 2015도13726 판결의 사실관계이다. 현행범으로 체포되어 인신이 구속된 상태에서, 임의제출의 임의성은 어떻게 인정할 것인가가 문제된다.

■ **제2심의 판단**

검찰수사관이 제보받은 바지선 내부를 수색하여 숨어 있던 피고인을 필로폰 밀수입으로 인한 마약류 관리에 관한 법률 위반(향정)죄의 현행범으로 체포한 후 체포 현장을 수색하여 찾아낸 필로폰을 임의로 제출받아 압수하였는데, 체포 당시 필로폰 밀수 범행의 증거인 필로폰이 아직 발견되지 않았고, 필로폰을 밀수한다는 첩보만으로는 현행범 체포 요건 중 범죄의 명백성을 인정하기 부족하며, 설령 현행범 체포로서 적법하다 하더라도 수사기관이 필로폰을 압수하고 사후 압수수색영장을 발부받지도 않음으로써 적법절차를 위반하였고, 피고인이 스스로 필로폰이 있는 곳을 알려주지 않았고 숨어 있던 바로 그 장소에서 필로폰이 발견된 것도 아니므로, 비록 수사기관이 현행범 체포로 이미 제압당한 피고인으로부터 필로폰을 임의제출받는 형식을 취하였다고 하더라도 이를 적법한 임의제출 물건으로 볼 수도 없다.

■ **대법원의 파기환송**

피고인이 바지선에 승선하여 밀입국하면서 필로폰을 밀수입하는 범행을 실행 중이거나 실행한 직후에 검찰수사관이 바지선 내 피고인을 발견한 장소 근처에서 필로폰이 발견되자 곧바로 피고인을 체포하였으므로 이는 현행범 체포로서 적법하고, 체포 당시 상황에서 피고인이 밀입국하면서 필로폰을 밀수한 현행범인에 해당하지 않는다거나 그에 관한 검찰수사관의 판단이 경험칙에 비추어 현저히 합리성이 없다고 볼 수는 없다.

■ 수사관이 필로폰을 압수하기 전에 피고인에게 임의제출의 의미, 효과 등에 관하여 고지하였던 점, 피고인도 필로폰 매매 등 동종 범행으로 여러 차례 형사처벌을 받은 전력이 있어 피압수물인 필로폰을 임의제출할 경우 압수되어 돌려받지 못한

다는 사정 등을 충분히 알았을 것으로 보이는 점, 피고인이 체포될 당시 필로폰 관련 범행을 부인하였다고 볼 자료가 없고, 검찰수사관이 필로폰을 임의로 제출받기 위하여 피고인을 기망하거나 협박하였다고 볼 아무런 사정이 없는 점 등에 비추어 보면, 피고인은 필로폰의 소지인으로서 이를 임의로 제출하였다고 할 것이므로 그 필로폰의 압수도 적법하다.

🧑‍🦰 유의사항

항소심은 필로폰 발견 이전에 현행범인으로 체포를 했다고 본 반면 대법원은 바지선 내 피고인을 발견한 장소 근처에서 필로폰이 발견되자 곧바로 피고인을 체포하였다고 보았다. 실무상 수색 도중에 필로폰을 발견하지도 않았는데 현행범으로 체포를 하는 경우 찾아보기 어려운 점을 감안하면, 아무래도 대법원의 사실인정이 더 합리적이라 생각한다.

임의동행과 대비해 보면 대법원의 판시사항을 더 잘 이해할 수 있다. 사건현장에서 피의자에게 임의동행하지 않으면 현행범 체포하겠다는 말은 위법함이 분명하나, 임의제출하지 않으면 영장에 의해서 압수하겠다는 말은 가능하다는 볼 수 있다. 따라서 엄격한 요건이 필요한 임의동행과 달리, 임의제출 관련 그보다는 덜 엄격한 판결들을 내어 놓고 있다고 볼 수 있다. 따라서 본 판례는 2016년 판결인 점을 감안할 때 수사실무에 참조할 수 있는 판결이다.

다만, 사실 더 신중하게 진행한다면, ① 먼저 바지선 수색한 점과 관련하여, 사전 압수영장을 신청하였으면 더 좋았을 것으로 보이고(바지선 수색은 피의자의 동의가 아닌 선장의 동의로 들어갔을 것으로 추정), ② 필로폰 6.1kg 사건이라면 적어도 사후영장이라도 신청하는 것이 합리적으로 보인다. 신청사유에는 임의제출로 적법하나, 가사 임의제출이 부적법하여 체포현장에서 압수수색으로서 판단이 된다면, 사후 영장을 발부해 달라는 취지로 보내는 것이 안전해 보인다. 항소심도 이 점을 지적하고 있다.

박봉달은 동대문구 상가신축공사 현장사무실 책상 서랍에 있던 A 소유의 현금 76만 원을 가지고 가 이를 절취하였다는 혐의를 받고 있다. 그러나 박봉달은 일관하여 절도 범행을 극구 부인하고, 박봉달의 집에서 발견된 19만 원은 박봉달의 돈이고, 차에서 발견된 40만 원은 박봉달이 숨겨 둔 것이 아니라 나도향이 박봉달을 범인으로 만들기 위한 자작극이라고 주장한다.

그 간의 수사진행은 다음과 같다. 박봉달은 나도향로부터 양도받은 건물이 무허가 건물로 강제철거를 당하게 되어 나도향에게 앙심을 품고 있던 어느 날 낮 10:00경 서울 동대문구 소재 나도향이 시행하는 상가신축공사현장에서 작업을 하고 있던 인부들을 툭툭 치고 시비를 걸면서 "일을 하더라도 사기꾼인 나도향으로부터 임금을 받지 못할 것이다. 일을 그만 하고 나가라"라고 하였다.

이에 박봉달이 112 신고를 받고 출동한 경찰관으로부터 제지를 당하고도 다시 공사현장으로 찾아와 인부들에게 욕설을 하고 건축자재를 발로 차는 등 약 5시간 동안 나도향의 상가신축공사업무를 방해하였다.

그런데 나도향이 같은 날 14:30경 현장사무실로 사용하던 컨테이너 박스에서 인부들에게 줄 임금을 세고 있는데 박봉달이 들어 왔다. 이에 나도향이 돈을 세는 것을 멈추고 책상 서랍에 넣은 다음 박봉달에게 퇴거를 요구하였으나 박봉달은 계속 시비를 걸면서 나가지 않고 있던 중 같은 날 15:00경 현장에서 작업하던 성명불상자가 손을 다쳤다는 연락을 받은 나도향이 그를 병원에 데리고 갔다가 다시 현장사무실에 돌아오자 박봉달이 현장사무실에서 나갔다. 이에 나도향이 현장사무실 책상 서랍을 열어 보고 돈이 없어진 것을 알게 되자 박봉달의 소행임을 의심하여 경찰에 신고하였다.

서울동대문경찰서 용남지구대 소속 경찰관은 나도향로부터 도난신고를 받고 나도향과 함께 박봉달의 집으로 출동하였는데 박봉달의 집 주방 입구에서 지갑 옆에 흩어져 있던 19만 원을 발견하였으나 나도향이 분실하였다는 76만 원과는 차이가 있고 박봉달이 절취사실을 부인하면서 수색영장과 구속영장의 제시를 요구하여 일단 임의동행 형식으로 박봉달을 지구대로 데리고 갔다.

지구대에서 용감해 경장은 박봉달에게 차량 열쇠를 요구하였으나 거절당하자 박봉달의 주거를 수색하여 박봉달 소유의 차량열쇠를 발견하고 그 열쇠로 인근에 주차되어 있던 박봉달의 트럭 문을 열어 보았는데, 조수석 아래에 있던 종이박스 밑에 40만 원이 깔려 있는 것을 보고 사진을 촬영하고 배트맨 경사에게 연락하였다. 배트맨 경사는 18:30경 박봉달과 함께 박봉달의 집에 가서 위 19만 원 및 40만 원을 박봉달로부터 압수하고(압수물 59만 원은 다음날 나도향에게 가환부되었다), 박봉달을 다시 지구대로 연행하여 압수조서를 작성한 후 현행범인으로 체포하였다.

질문: 박봉달은 유죄인가?

정답: 무죄

서울중앙지방법원 2006. 10. 31. 선고 2006노2113 판결을 각색하였다. 유죄의 입증의 증거 가운데, 박봉달의 차량에 있던 40만 원을 촬영한 사진의 영상과 박봉달로부터 59만 원을 압수하였다는 취지의 압수조서의 기재의 증거능력에 관하여 본다.

형사소송법 제216조 제1항, 제217조 제1항에서 영장 없이 압수·수색을 할 수 있다"고 규정하고 있으나, 이는 영장주의 자체에 대한 예외규정이므로, 현행범 체포 행위에 선행하는 압수·수색은 허용되지 아니하고, 현행범으로 체포된 자가 압수·수색의 현장에 있음을 요하며, 또한 '긴급체포할 수 있는 자'란 현실적으로 '긴급체포된 자'로 해석하여야 할 것이다.

그런데 위 인정 사실에 의하면, 박봉달이 이미 지구대에 임의동행되어 있었던 이상 그 후 박봉달을 현행범인으로 체포할 당시 박봉달이 범죄의 실행 중이거나 범죄의 실행의 즉후에 있었다고 할 수 없어 박봉달을 현행범인이라고 볼 수 없을 뿐만 아니라 형사소송법 제211조 제2항 각 호의 준현행범인에 해당하지 아니하고, 박봉달을 지구대에 남겨두고 다시 박봉달의 집으로 가서 박봉달의 집과 차량을 수색한 것을 체포현장에서의 수색이라고 할 수 없으며, 또한 박봉달이 긴급체포된 자에 해당한다고 볼 수도 없다.

나아가 형사소송법 제216조 제3항은 "범행 중 또는 범행 직후의 범죄장소에서 긴급을 요하여 법원판사의 영장을 받을 수 없는 때에는 영장없이 압수·수색을 할 수 있다. 이 경우에는 사후에 지체 없이 영장을 받아야 한다"고 규정하고 있으나, 사후에 지체 없이 영장을 받지 아니한 이 사건에서 위 압수·수색이 적법하다고 할 수 없다.

그렇다면 이 사건 사진 및 압수조서는 위와 같은 위법한 수색에 계속되고 이것을 직접 이용해서 촬영되거나 작성된 것으로서, 이러한 수색 등 절차에는 헌법 제12조 제3항 및 이를 이어받은 형사소송법 제215조 등에서 기대되는 영장주의의 정신을 무시한 중대한 위법이 있다고 할 것이고, 이들을 증거로 허용하는 것은 장래 위법한 수사의 억지의 관점에서 볼 때 상당하지 않다고 보여지므로, 비록 위법한 압수 · 수색으로 인하여 그 압수물의 사진이나 압수조서 자체의 성질 · 형상에 변경을 가져오는 것은 아니어서 그 형태 등에 관한 증거가치에는 변함이 없다고 하더라도 그 증거능력을 부정하여야 할 것이다.

나아가 박봉달에 대한 제2회 경찰 피의자신문조서, 박봉달이 경찰에서 작성한 진술서, 박봉달의 자백경위 등에 관한 경찰 수사보고는 박봉달이 경찰에서의 진술의 내용을 부인하는 이상 각 그 증거능력을 인정할 수 없고, 이러한 증거들을 가지고 박봉달 변소의 신빙성을 배척할 수는 없다.

 유의사항

2심 판결이나, 영장주의의 예외의 인정범위와 관련하여 중요한 법리를 제시하고 있어 인용하였다. 현행범 체포행위에 선행하는 압수와 수색은 허용되지 않는다는 점, 현행범 체포자가 현장에 있음을 요하며, 현실로 긴급체포될 것을 요구한다고 설시하고 있다. 비록 대법원 판결은 아니나, 수사실무에서 중요한 시사점이 있다고 생각한다.

10년 이전의 사건이나 언제든지 현실에서도 이와 같은 수사가 행해질 수 있다고 생각한다. 박봉달이 영장을 요구한 시점에서는 임의적인 수사는 중단되었어야 한다. 막연한 의심과 편의적인 임의동행을 통한 수사는 결국 무죄로 끝나게 될 뿐 아니라 담당 수사관에게 중대한 신분상 불이익을 초래할 수 있다는 점 항상 명심해야 한다고 생각한다.

수원에서 오사장은 질러노래연습장을 운영하고 있다. 오사장은 단속위험은 알지만, 손님들이 캔맥주 내지 도우미를 쓰지 않으면 영업이 되지 않아 어쩔 수 없이 연습장을 운영하고 있다. 이로 인해 4차례나 이미 처벌받았다. 수원경찰서 주류지구대 경사 박충성은 관내 민원신고가 자주 들어오는 질러노래연습장을 잘 알고 있다. 보름 전에도 질러노래연습장에서 도우미 이용 및 주류 판매 영업이 이루어진다는 신고를 받고 출동하였으나 현장적발에 실패하였다. 오늘도 신고가 들어왔다. 박충성과 그의 동료는 도우미 영업과 주류 판매 여부를 확인하기 위하여 노래연습장으로 출동하였다. 지난번처럼 눈 앞에서 단속에 실패하지 않도록 신속히 현장을 덮치기로 했다. 박충성은 노래연습장에 들어서면서 카운터에 있는 오사장을 신속히 지나 바로 도우미와 주류 판매를 하는 호실을 찾기 시작했다. 곧이어 영업 중인 7번 노래방으로 들어가 그 곳에 있는 사람이 도우미인지 아닌지 확인하고, 음료가 주류인지 여부를 확인하려 하였으며, 이에 오사장이 저항하였지만 계속하여 노래연습장 입구에 있는 창고와 냉장고 등을 수색하였다.

오사장은 이번에 적발되면 영업정지를 피할 수 없다는 생각에 필사적이 되었다. 박충성의 앞을 가로막고 "이새끼들아, 영장 가지고 와서 조사해라"라고 욕을 하고, 옆에 있던 경장 I의 팔을 잡아당기고 멱살을 잡아 흔들었다. 그러나 의지의 박충성은 결국 캔맥주를 찾아내었고 손님에게 캔맥주를 합계 21,000원에 판매하였다는 것을 밝혀내는 데 성공했다. 박충성은 지구대로 돌아와 풍속영업소단속보고서를 작성하였으나 단속경위란에 '112 신고'가 아닌 '기타(민원,진정 등)'로 체크하였다.

그리고 박충성은 몇 년 전까지만 해도 강력범죄수사팀에서 근무한 경험을 살려, 혹시나 위법수집증거의 논란이 생길까 두려워, 위 캔맥주 등을 압수한 부분에 대하여 사후 압수수색검증영장을 신청하여 영장을 발부받았다.

> **질문:** 박충성에 대한 공무집행방해죄는 성립하는가?

정답: 무죄

대법원 2017. 11. 29. 선고 2014도16080 판결의 사실관계를 각색하였다.

담당 검사는 피고인이 자신이 운영하던 노래연습장에서 손님들에게 주류를 판매하던 중 경찰관들이 주류 판매 여부를 확인하기 위하여 노래연습장을 찾아가 수색한 것이므로, 피고인의 행위는 음악산업 진흥에 관한 법률 위반죄의 현행범에 해당하고, 단속 경찰관들이 현장에서 피고인을 체포한 것은 형사소송법상 정당한 현행범인체포이며, 이에 수반된 증거수집 차원의 압수수색행위는 사후에 지체 없이 법원의 압수수색 영장을 받은 이상 정당한 압수수색에 해당한다. 그리고 피고인은 종업원으로 하여금 손님들에게 제공했던 주류를 폐기하도록 시도하는 등 현장에서 증거인멸을 시도하고 있었으므로 현행범인 체포 후 지체 없이 압수 수색할 집요성, 즉 긴급성의 요건을 충족한다고 주장하였으나 1, 2, 3심 모두 아래와 같은 이유로 경찰관들의 행위는 적법한 직무집행으로 볼 수 없어 공무집행방해죄를 구성하지 않는다고 보았다. 본 사안은 지역경찰관이 흔히 맞닥뜨리게 되는 단속업무 사안이다. 법원은 강제처분과 영장주의의 예외의 관점에서 판단하는 만큼 그 기준을 숙지하기 위해 수사실무에서 어떻게 대처할지를 고민해 보자.

▣ 풍속영업의 규제에 관한 법률 제9조 제1항의 검사에 해당하는지

경찰관들이 주류판매 여부를 확인하기 위하여 노래연습장을 수색하는 행위는 풍속영업의 규제에 관한 법률 제9조 제1항에서 규정하고 있는 '검사'에 해당하지 않고, 이를 일반적으로 허용하는 법령도 없어서, 원칙적으로 법관이 발부한 영장 없이는 노래연습장 업주의 의사에 반하여 이를 행할 수 없는 수사에 관한 강제처분에 해당한다(대법원 2005. 10. 28. 선고 2004도4731 판결 참조).

▣ 범행 중 또는 범행 직후의 장소에서의 압수로서 적법한지

경찰관들이 이 사건 당일이나 그에 근접한 일시에 이 사건 노래연습장에 대한 112신고 등 첩보를 접수받았음을 인정할 만한 객관적인 자료가없다. 경찰관들은 112신고가 있었다고 진술하고 있으나, 오히려 위 경찰관 중 한 명이 작성한 피고인에 대한 2013. 11. 29.자 풍속영업소단속보고서에는 단속경위란에 '112 신고'가 아닌 '기타(민원,진정 등)'로 체크가 되어 있다. 또 이 사건 노래연습장을 압수수색할 당시 도우미 영업이나 주류 판매가 이루어지고 있다는 구체적인 단서를 가지고 있지도 않았던 것으로 보인다.

② 오히려 CCTV 영상에 의하면, 위 경찰관들은 이 사건 노래연습장에 들어서면서 그곳을 관리하고 있던 피고인에게 자신들의 소속을 밝히거나 단속의 취지나 영장 없이 수색을 하는 이유 등 어떠한 설명도 하지 않은 채, 바로 영업 중인 7번 노래방으로 들어가 그곳에 있는 사람이 도우미인지 아닌지 확인하고, 그곳에 놓인 음료가 주류인지 여부를 확인하려 하였으며, 이에 피고인이 저항하자 동의나 승낙을 구함이 없이 이 사건 노래연습장 입구에 있는 창고와 냉장고를 뒤지는 등 수색업무를 한 것으로 보인다.

③ 이 사건 현장에서 단속 업무를 행한 경찰관 난의 진술에 의하면, 이 사건 발생일로부터 15일 전에도 이 사건 노래연습장에서 도우미이용 및 주류 판매 영업이 이루어진다는 신고를 받고 이 사건 노래연습장에 출동하였으나 현장적발에 실패하였다는 것으로서, 이 사건 노래연습장에서 그와 같이 반복적으로 도우미 이용 및 주류 판매 영업이 이루어지고 있었다면 이는 오히려 사전에 혐의를 소명할 자료를 수집하여 압수·수색·검증영장을 신청할 시간적 여유가 있었다는 점을 뒷받침하는 사정이 되는 점,

④ 설령 피고인이 종업원으로 하여금 주류를 폐기하도록 시도하는 등 현장에서 증거인멸을 시도하였다 하더라도 이는 이 사건 압수수색이 이미 개시된 이후의 사정으로서, 사전에 압수·수색·검증영장을 받지 않은 채 압수수색을 개시할 근거는 될 수 없다고 보이는 점 등을 종합하여 보면, 이 사건 당시 경찰관들의 직무집행은 형사소송법 제216조 제3항이 정하는 '긴급을 요하여 법원 판사의 영장을 받을 수 없는 때'의 요건을 충족하지 못한 것으로 봄이 타당하다.

■ 현행범 체포현장에서의 압수수색

① 이 사건 당일경찰관들이 이 사건 노래연습장에 들어간 시각은 22:25경인데, 당초부터 피고인을 음악산업진흥법 위반죄의 현행범인으로 체포하기 위함이 아니

라, 제보의 내용이 맞는지 확인하기 위하여 노래연습장을 수색하고 관련 증거품을 압수하기 위한 목적이었던 것으로 보이는 점,

② 이러한 압수수색에 대하여 피고인이 저항하자 비로소 경찰관들은 이 사건 당일 23:00 공무집행방해의 점과 함께 음악산업진흥법 위반의 점을 범죄사실로 하여 피고인을 현행범인으로 체포한 점 등을 종합하여 볼 때,

▣ 소결

피고인에 대한 음악산업진흥법 위반의 범죄사실에 대하여 경찰관들이 현행범인 체포에 착수하지 않은 상태에서 범죄사실에 관한 압수수색이 이루어졌다고 판단되므로, 당시 경찰관들의 직무집행은 형사소송법 제216조 제1항 제2호, 제212조가 정하는 '체포현장에서 압수·수색·검증'의 요건을 충족하지 못한 것이다.

노제출은 지역경찰 1년 3개월차다. 불안불안하던 시보기간도 지나고 이제 자신감이 붙을 무렵이다. 아래 이야기는 지난주 야근에 있었던 일이다.

지구대 야간 교대시간 무렵, 누군가가(노몰카) 카메라를 숨기고 수원역 앞 육교 계단 아래에 숨어, 계단을 걸어 올라가는 치마 입은 여성의 사진을 찍는다는 112 신고를 받고 현장에 출동하였다. 출동해 보니 당시 노몰카가 많은 사람들로부터 둘러싸여 있었고, 주변 사람들이 "이 놈이 휴대전화기에 저장된 전자파일을 삭제할까 봐 그의 휴대전화기를 가지고 있다"고 말을 들었다. 그래서 그 사람들로부터 휴대전화기를 받아 저장된 영상을 확인하였다. 그런데 그 휴대전화기에는 동영상이 여러 개 저장되어 있었지만, 모든 영상의 썸네일이 땅을 비추는 모습이었다. 이 놈이 몰카범이 맞구나라는 생각이 들어 노제출을 현행범인으로 체포하여 홍익지구대로 연행한 뒤 휴대전화기를 임의제출받아 압수하였다.

질문: 노제출 경관의 수사방법은 적법한가?

정답: 부적법

1심 재판부는, 아래와 같이 자백보강법칙과 위법수집증거배제법칙을 근거로 무죄판결하였다.

▣ 피고인은 위 공소사실을 자백하였고, 그밖에 이 사건 공소사실에 부합하는 듯한 증거로는 증인 노제출이 이 법정에서 한 진술, 사법경찰리 작성의 장○○에 대한 진술조서의 진술기재가 있다.

1) 증인 노제출의 위 진술은 그 주된 취지가 '증인은 사법경찰리로서 112 신고를 받고 현장에 출동하였는데, 당시 피고인이 다른 남성들로부터 둘러싸여 있었고, 주변 남성들이 "피고인이 휴대전화기에 저장된 전자파일을 삭제할까 봐 자신들이 피고인의 휴대전화기를 가지고 있다"고 하기에 증인이 그 사람들로부터 휴대전화기를 받아 저장된 영상을 확인하였으며, 그 후 피고인을 현행범인 체포하여 홍익지구대로 연행한 뒤 위 휴대전화기를 임의제출 받아 압수하였다'는 것으로서 이는 그 본질이 압수 · 수색 · 검증의 결과와 마찬가지라고 할 것인데, 위 압수 · 수색 · 검증은 지방법원 판사로부터 발부받은 영장에 의하지 아니한 것이고 예외적으로 형사소송법 제216조 내지 제218조의 규정 등에 따라 영장에 의하지 아니하는 강제처분이 허용되는 경우에 해당하지도 아니하므로, 위와 같이 적법절차를 거치지 아니한 강제처분에 의하여 사법경찰리가 지득한 정보를 그 내용으로 하는 위 진술은 증거능력이 없다.

▣ 사법경찰리 작성의 장○○에 대한 진술조서의 진술기재는 그 주된 취지가 '피고인의 휴대전화기에 동영상이 여러 개 저장되어 있었고, 모든 영상의 썸네일이 땅을 비추는 모습이므로 다른 여성의 신체도 촬영한 것으로 추측된다'는 것이어서, 위 증거만으로는, 또는 여기에 사법경찰관 작성의 압수조서의 기재 등을 더하여 보아도 피고인의 자백을 보강하기에 부족하다. 그렇다면 이 사건 공소사실은 피고인의 자백을 보강할 만한 증거가 없어 위 자백은 피고인에게 불리한 유일의 증거에 해당하고 이를 유죄의 증거로 삼을 수 없으므로, 결국 이 사건 공소사실은 범죄의 증명

이 없는 경우에 해당하여 형사소송법 제325조 후단에 의하여 무죄를 선고한다.

▣ 생각건대 자백을 보강할 가장 핵심적인 증거는 스마트폰의 영상자료일텐데, 이에 대한 언급이 없는 것으로 보아, 결정적으로 저장된 영상이 없는 것으로 보인다. 사건에서는 증거물인 휴대폰의 압수방법에 따른 위법수집증거배제법칙 적용과 관련해서는 수사기관의 현행범 체포로 보는 경우와 사인에 의한 현행범 체포로 보는 경우로 나누어 검토할 수 있다.

▣ **본 판결처럼, 처음부터 수사기관이 현행범 체포한 것이라고 본다면,** 압수한 현장에서 압수한 이후 사후영장을 신청하거나 임의제출 받아야 하나, 본 판결은 임의제출의 임의성을 부정하고 위법한 압수로 보았다.

▣ 그러나 더 정확하게는 **경찰관에 의한 현행범 체포가 아니라, 일반 사인이 먼저 현행범으로 체포를 한 뒤 인수를 받은 상황**으로 보인다. 인수와 동시에 미란다 원칙을 고지하고, 증거물인 휴대폰을 들고 있는 일반시민으로부터 임의제출을 받았다면 달리 볼 여지가 있다. 사인에 의한 영장 없는 압수는 불허되나, 사인에 의한 불법압수물을 이어받은 경우 적법성 확보 절차에 대한 규정 내지 법리가 아직 없는 점, 임의제출은 소유자가 아닌 경우에도 적법하게 받을 수 있는 점을 감안하면 위법하게 수집한 증거라고 단정하기 어렵기 때문이다.

❖**불리한 질문을 회피하려는 참고인에 대한 대응 : 침묵**

만약 답변을 회피하고자 하는 참고인의 질문을 받아서 답을 하게 되는 경우, 조사 주제를 전환하고 쟁점을 피하려는 참고인의 의도에 휘말리게 되고, 애초에 목표했던 쟁점을 놓치게 된다. 따라서 당해 질문은 없는 것으로 보고 잠시 침묵하며 기다렸다가 같은 맥락에서 동일한 질문을 하는 것이 적절하다.

> 문 : 그 날 사거리 카페에서 무슨 대화를 나누었나요?
>
> 답 : 아. 글쎄 도대체 나에게 이런 말을 묻는 이유가 무엇인가요?
>
> 문 : (잠시 침묵)
>
> 답 : (함께 침묵)
>
> 문 : 방금까지 피고소인을 카페에서 만난 적이 있다고 했는데. 그곳에서 어떤 대화를 하였나요?

그리고 그 밖에 ❶ 감정적인 대응 내지 논쟁을 일으키려고 의도하는 경우, ❷ 다른 사람에게 알아보면 될 것이라고 답변하는 경우, ❸ 일부만 답변하고 더 이상 답변하지 않는 경우, ❹ 특히 수사관을 모욕하는 경우에도 적용할 수 있다.

> ❶ 그것보다 제가 어떻게 사기 피해를 당했는지를 조사해 주세요. ➡ (침묵) ➡ 그래요. 그 부분도 조사할 예정입니다. 그러나 지금은 업무방해 관련 일단 그 공장을 방문했던 부분을 조사하고. 사기 부분은 나중에 진술할 기회를 드리겠습니다.
>
> ❷, ❸ 그 부분은 마동탁이 잘 압니다. 그 사람에게 확인해 보세요. 왜 저한테 이러나요. ➡ (침묵) ➡ 마동탁에게는 별도로 확인하겠습니다. 하지만 지금은 선생님에게 질문하고 있습니다. 시간을 두고 천천히 잘 생각해서 말씀해 주십시오.
>
> ❹ 저한테 집중적으로 물어보시는데. 당신 몇 년이나 조사한 줄은 모르겠지만, 조사의 기본을 모르네. ➡ (침묵) ➡ 피의자가 사무실에 들어왔을 때, 당시 상황은 어떠했나요?

CHAPTER 4

영상촬영과 음성녹음

스마트폰 보급으로 수사기관 뿐 아니라 개인에 의한 영상 내지 음성을 전자적으로 저장하여 증거로 제출하는 경우가 늘고 있어, 그 증거능력이 문제된다.

1. 비디오 촬영

이른바 영남위원회 판결에서 대법원은, 누구든지 자기의 얼굴 기타 모습을 함부로 촬영당하지 않을 자유를 가지나 이러한 자유도 국가권력의 행사로부터 무제한으로 보호되는 것은 아니고 국가의 안전보장 · 질서유지 · 공공복리를 위하여 필요한 경우에는 상당한 제한이 따른다고 보았다.

따라서 수사기관이 범죄를 수사함에 있어 현재 범행이 행하여지고 있거나 행하여진 직후이고, 증거보전의 필요성 및 긴급성이 있으며, 일반적으로 허용되는 상당한 방법에 의하여 촬영을 한 경우라면 위 촬영이 영장 없이 이루어졌다 하여 이를 위법하다고 단정할 수 없다(99도2317).

> 🔨 이 사건 비디오촬영은 피고인들에 대한 범죄의 혐의가 상당히 포착된 상태에서 그 회합의 증거를 보전하기 위한 필요에서 이루어진 것이고 주거지 외부에서 담장 밖 및 2층 계단을 통하여 집에 출입하는 피고인들의 모습을 촬영한 것으로 그 촬영방법 또한 반드시 상당성이 결여된 것이라고는 할 수 없으며, 영장 없이 촬영한

비디오테이프의 증거능력에 관한 해석을 그르친 잘못이 있다고 할 수 없다고 본 바
있다.[110]

2. 휴대폰 화면을 촬영한 사진

구 정보통신망 이용촉진 및 정보보호 등에 관한 법률에서는 정보통신망을 통하여 공포심이나 불안감을 유발하는 글을 반복적으로 상대방에게 도달하게 하는 행위를 처벌하고 있다. 검사가 위 죄에 대한 유죄의 증거로 문자정보가 저장되어 있는 휴대전화기를 법정에 제출하는 경우 휴대전화기에 저장된 문자정보는 그 자체가 범행의 직접적인 수단으로서 이를 증거로 사용할 수 있다.

(1) 최량증거 규칙

또한 검사는 휴대전화기 이용자가 그 문자정보를 읽을 수 있도록 한 휴대전화기의 화면을 촬영한 사진을 증거로 제출할 수도 있을 것인바, 이를 증거로 사용하기 위해서는 문자정보가 저장된 휴대전화기를 법정에 제출할 수 없거나 그 제출이 곤란한 사정이 있고, 그 사진의 영상이 휴대전화기의 화면에 표시된 문자정보와 정확하게 같다는 사실이 증명되어야 할 것이다.[111]

(2) 전문법칙

따라서 정보통신망을 통하여 공포심이나 불안감을 유발하는 글을 반복적으로 상대방에게 도달하게 하는 행위를 하였다는 공소사실에 대하여 휴대전화기에 저장된 문자정보가 그 증거가 되는 경우와 같이, 그 문자정보가 범행의 직접적인 수단이 될 뿐 경험자의 진술에 갈음하는 대체물에 해당하지 않는 경우에는 형사소송법 제310조의2에서 정한 전문법칙이 적용될 여지가 없다.

---

(110) 대법원 1999. 9. 3. 선고 99도2317 판결
(111) 대법원 2002. 10. 22. 선고 2000도5461 판결 참조

이와 달리 **문자메시지의 형태로 전송된 문자정보를 휴대전화기의 화면에 표시하여 이를 촬영한 이 사건 사진들에 대하여 피고인이 그 성립 및 내용의 진정을 부인한다는 이유로 이를 증거로 사용할 수 없다고 한 원심판결에는, 위 문자정보의 증거로서의 성격 및 위 사진들의 증거능력에 관한 법리를 오해하여 판결 결과에 영향을 미친 위법**이 있다.[(112)]

(3) 동영상 화면캡처의 경우

현장사진은 채증자료(cd)의 동영상 파일을 재생하면서 화면캡처를 하여 사진으로 출력한 것으로서 실질적으로 증거자료가 되는 것은 채증자료(cd)에 저장된 동영상 파일의 내용이므로, 위 채증자료(cd)에 있는 동영상 파일이 증거능력이 있는 증거일 것을 전제로 한다. 하지만 본건에서 채증자료(cd)에 저장되어 있는 동영상 파일은 현장에서 촬영된 원본을 전자적 방법으로 복사한 사본이고, 현재 영상의 원본 파일은 이미 삭제되어 존재하지 않는 것으로 확인된다.

그렇다면 채증자료(cd)에 저장된 사본이 처음 촬영된 디지털 저장매체 원본에 저장된 내용과 똑같은 점(동일성)과 원본이 사본으로 저장될 때까지 변경되지 않았다는 점(무결성)이 인정되어야 형사재판의 증거로 사용할 수 있을 것인데, 본 건에서 검사가 제출한 증거들만으로는 피고인의 행위 당시 현장에서 촬영된 원본이 채증자료(cd)의 사본으로 만들어지는 과정에서 편집되는 등의 인위적 개작 없이 원본의 내용 그대로 복사하여 사본으로 만든 것이라는 점을 인정하기에 부족하므로, 채증자료(cd)는 증거능력이 없다. 그 결과, 여기서 파생된 증거라고 할 수 있는 각 현장사진도 모두 증거로 사용할 수 없다.[(113)]

3. 음성 : 통신비밀보호법

통신비밀보호법은 통신 및 대화의 비밀과 자유에 대한 제한의 대상을 한정하

---

(112) 대법원 2008. 11. 13. 선고 2006도2556 판결
(113) 제주지방법원 2018. 10. 17. 선고 2013고단958 판결

고 엄격한 법적 절차를 거치도록 함으로써 국민의 통신비밀을 보호하고 통신의 자유를 신장함을 목적으로 제정되었다.

제3조(통신 및 대화비밀의 보호) ① 누구든지 이 법과 형사소송법 또는 군사법원법의 규정에 의하지 아니하고는 우편물의 검열·전기통신의 감청 또는 통신사실확인자료의 제공을 하거나 공개되지 아니한 타인 간의 대화를 녹음 또는 청취하지 못한다.

제4조(불법검열에 의한 우편물의 내용과 불법감청에 의한 전기통신내용의 증거사용 금지) 제3조의 규정에 위반하여, 불법검열에 의하여 취득한 우편물이나 그 내용 및 불법감청에 의하여 지득 또는 채록된 전기통신의 내용은 재판 또는 징계절차에서 증거로 사용할 수 없다.

제16조(벌칙) ① 다음 각 호의 어느 하나에 해당하는 자는 1년 이상 10년 이하의 징역과 5년 이하의 자격정지에 처한다. 〈개정 2014. 1. 14., 2018. 3. 20.〉

1. 제3조의 규정에 위반하여 우편물의 검열 또는 전기통신의 감청을 하거나 공개되지 아니한 타인 간의 대화를 녹음 또는 청취한 자
2. 제1호에 따라 알게 된 통신 또는 대화의 내용을 공개하거나 누설한 자

자세한 내용은 후술한다. 한편 공개되지 아니한 타인 간의 대화를 녹음 또는 청취하지 못하도록 한 것은, 대화에 원래부터 참여하지 않는 제3자가 그 대화를 하는 타인들 간의 발언을 녹음 또는 청취해서는 아니 된다.

(1) 3인의 대화에서 그 중 한 사람의 녹음

따라서 3인 간의 대화에서 그중 한 사람이 그 대화를 녹음 또는 청취하는 경우에 다른 두 사람의 발언은 그 녹음자 또는 청취자에 대한 관계에서 통신비밀보호법 제3조 제1항에서 정한 '타인 간의 대화'라고 할 수 없으므로, 이러한 녹음 또는 청취하는 행위 및 그 내용을 공개하거나 누설하는 행위가 통신비밀보호법 제16조 제1항에 해당한다고 볼 수 없다.[114]

🔨 | 공소사실 | 피고인은 개인택시 기사이자 인터넷 개인방송 A의 운영자로

---

(114) 대법원 2006. 10. 12. 선고 2006도4981 판결 등 참조

서, 2012. 12.29. 03:50경부터 04:15경까지 위 택시에 설치한 캠카메라와 무선통신 에그를 이용하여 승객 갑과 을의 동의 없이 이들의 대화내용을 자신이 운영하는 위 A 방송에 실시간으로 전송하여 불특정 다수의 시청자들에게 공개하였다.

| 항소심 | ① 피고인이 이 사건 당시 대화의 주체로서 피해자들과 대화를 나누었다기보다는 인터넷 방송을 위한 목적으로 피해자들에게 질문을 하는 등 피해자들의 대화를 유도한 점, ② 방송 시간 대부분을 차지한 것은 피해자들의 이야기이고, 피고인의 말이 방송된 분량은 극히 적은 점, ③ 대화의 주제가 피해자들의 결혼 문제이고, 피고인에 관한 이야기나 피고인과 공통된 주제에 관한 이야기는 전혀 없었던 점 등을 종합해 보면, 피고인이 방송한 것은 통신비밀보호법상 "타인 간의 대화"에 해당한다고 할 것이므로, 피고인의 이 부분 주장 역시 이유 없다.

| 대법원 | 원심이 인정한 사실에 의하더라도, 택시 운전기사인 피고인이 자신의 택시에 승차한 피해자들에게 질문하여 피해자들의 지속적인 답변을 유도하는 등의 방법으로 피해자들과의 대화를 이어나가면서 그 대화 내용을 공개하였다는 것인데, 피고인이 피해자들 사이의 대화에서 완전히 벗어나 있었다는 사정을 찾아볼 수 없고, 기록에 의하면 피해자들이 피고인의 질문에 응하여 답변하면서 자신들의 신상에 관련된 내용을 적극적으로 이야기한 사실을 알 수 있다.

위 사실관계를 앞서 본 법리에 비추어 살펴보면, 피고인 역시 피해자들과 함께 3인 사이에 이루어진 대화의 한 당사자로 보일 뿐 그 대화에 참여하지 않은 제3자라고 하기는 어려울 것이고, 피고인이 주로 질문을 하면서 듣는 등으로 그 발언 분량이 적었다거나 대화의 주제가 피해자들과 관련된 내용이고 피고인이 대화 내용을 공개할 의도가 있었다고 하여 달리 볼 것은 아니다.

따라서 피해자들의 발언은 피고인에 대한 관계에서 통신비밀보호법 제3조 제1항에서 정한 "타인 간의 대화"에 해당한다고 할 수 없으므로, 피고인이 피해자들 몰래 피해자들의 대화를 소형 촬영기와 무선통신장치를 이용하여 실시간으로 중계하는 방식으로 인터넷을 통하여 불특정 다수의 시청자에게 공개하였다고 하더라도, 피해자들에 대하여 초상권 등의 부당한 침해로 인한 민사상의 손해배상책임을 질 수는 있을지언정, 이를 두고 피고인이 통신비밀보호법 제3조 제1항에 위반하여 지득한 타인 간의 대화 내용을 공개한 것으로서 통신비밀보호법 16조 제1항 제2호에 해당한다고 볼 수는 없다.[115]

---

(115) 대법원 2014. 5. 16 선고 2013도16404 판결

(2) 제3자의 녹음 ★ CASE

전기통신의 감청은 **제3자가 전기통신의 당사자인 송신인과 수신인의 동의를 받지 아니**하고 전기통신 내용을 녹음하는 등의 행위를 하는 것만을 말한다. 그러므로 전기통신에 해당하는 ① **전화통화 당사자의 일방이 상대방 모르게 통화내용을 녹음하는 것은 여기의 감청에 해당하지 아니하지만, ② 제3자의 경우는 설령 전화통화 당사자 일방의 동의를 받고 그 통화내용을 녹음하였다 하더라도 그 상대방의 동의가 없었던 이상, 이는 여기의 감청에 해당하여 법 제3조 제1항 위반이 된다.**

| **공소사실** | 피고인은 <u>아파트 상가 내 피고인이 경영하는 이용원에서 경쟁업체를 공중위생법 위반죄로 고발하는 데 사용할 목적으로 공소외 원×영으로 하여금 같은 상가 내 동우미용실 박☆옥에게 전화를 걸어 '귓불을 뚫어 주느냐'는 용건으로 통화하게 한 다음 그 내용을 녹음</u>함으로써 공개되지 아니한 타인 간의 대화를 녹음하였다

| **원심** | 전기통신에 해당하는 전화통화 당사자의 일방이 상대방 모르게 통화내용을 녹음(법에는 '채록'이라고 규정한다)하는 것은 여기의 감청에 해당하지 아니하지만(따라서 전화통화 당사자의 일방이 상대방 몰래 통화내용을 녹음하더라도, 대화 당사자 일방이 상대방 모르게 그 대화내용을 녹음한 경우와 마찬가지로 법 제3조 제1항 위반이 되지 아니한다), 제3자의 경우는 설령 전화통화 당사자 일방의 동의를 받고 그 통화내용을 녹음하였다 하더라도 그 상대방의 동의가 없었던 이상, 사생활 및 통신의 불가침을 국민의 기본권의 하나로 선언하고 있는 헌법규정과 통신비밀의 보호와 통신의 자유신장을 목적으로 제정된 통신비밀보호법의 취지에 비추어 이는 법 제3조 제1항 위반이 된다고 해석하여야 할 것이다(이 점은 제3자가 공개되지 아니한 타인 간의 대화를 녹음한 경우에도 마찬가지이다).

검사는 피고인에 대한 이 사건 공소사실을 적시함에 있어 피고인이 공소외 원×영을 시켜 박☆옥과 통화하게 한 다음 그 내용을 녹음하였다고 하여 전화통화의 감청 사실을 기재한 후 이를 공개되지 아니한 타인 간의 대화를 녹음한 것이라고 하고 있기는 하나, 위 공소사실은 전체적으로 보아 피고인이 제3자로서 원×영과 박☆옥간의 전기통신에 해당하는 전화통화를 감청한 사실을 기소하고 있다고 보는 것이 타당할 것인바, 이러한 전화통화의 감청이 법 제3조 제1항 위반으로 되지 않기 위하여는 앞서 본 바와 같이 원칙적으로 양 당사자 모두의 동의가 있어야 할 것이

고, 단지 일방 당사자의 동의를 받은 것만으로는 불법감청이 아니라고 할 수 없을 것이다.[(116)]

(3) 수사기관에 의한 사인의 비밀녹음

전기통신에 해당하는 전화통화 당사자의 일방이 상대방 모르게 통화내용을 녹음하는 것은 여기의 감청에 해당하지 않는다. 그러나 제3자의 경우는 설령 전화통화 당사자 일방의 동의를 받고 그 통화내용을 녹음하였다 하더라도 그 상대방의 동의가 없었던 이상, 이는 여기의 감청에 해당하여 법 제3조 제1항 위반이다.[(117)]

| 사실관계 | 공소외인은 2009. 9. 21.경 검찰에서 피고인의 이 사건 공소사실 범행을 진술하는 등 다른 마약사범에 대한 수사에 협조해 오던 중, 같은 달 29일경 필로폰을 투약한 혐의 등으로 구속되었는데, 구치소에 수감되어 있던 같은 해 11. 3.경 피고인의 이 사건 공소사실에 관한 증거를 확보할 목적으로 검찰로부터 자신의 압수된 휴대전화를 제공받아 구속수감 상황 등을 숨긴 채 피고인과 통화하고 그 내용을 녹음한 다음 그 휴대전화를 검찰에 제출한 사실, 이에 따라 작성된 이 사건 수사보고는 '공소외인이 2009. 11. 3. 오전 10:00경 피고인으로부터 걸려오는 전화를 자신이 직접 녹음한 후 이를 수사기관에 임의제출하였고, 이에 필로폰 관련 대화 내용을 붙임과 같이 녹취하였으며, 휴대전화에 내장된 녹음파일을 mp3 파일로 변환시켜 붙임과 같이 첨부하였음을 보고한다'는 내용으로, 첨부된 녹취록에는 피고인이 이전에 공소외인에게 준 필로폰의 품질에는 아무런 문제가 없다는 피고인의 통화내용이 포함되어 있는 사실을 알 수 있다.

| 판단 | 위와 같은 녹음행위는 수사기관이 공소외인으로부터 피고인의 이 사건 공소사실 범행에 대한 진술을 들은 다음 추가적인 증거를 확보할 목적으로 구속수감되어 있던 공소외인에게 그의 압수된 휴대전화를 제공하여 그로 하여금 피고인과 통화하고 피고인의 이 사건 공소사실 범행에 관한 통화내용을 녹음하게 한 것이라 할 것이고, 이와 같이 수사기관이 구속수감된 자로 하여금 피고인의 범행에 관한 통화내용을 녹음하게 한 행위는 수사기관 스스로가 주체가 되어 구속수감된 자

---

(116) 대법원 2002. 10. 8 선고 2002도123 판결
(117) 대법원 2010. 10. 14. 선고 2010도9016 판결

의 동의만을 받고 상대방인 피고인의 동의가 없는 상태에서 그들의 통화내용을 녹음한 것으로서 범죄수사를 위한 통신제한조치의 허가 등을 받지 아니한 불법감청에 해당한다고 보아야 할 것이므로, 그 녹음 자체는 물론이고 이를 근거로 작성된 이 사건 수사보고의 기재 내용과 첨부 녹취록 및 첨부 mp3파일도 모두 피고인과 변호인의 증거 동의에 상관 없이 증거능력이 없다고 할 것이다.

CHAPTER 5

검증과 실황조사

실무상 현장검증 내지 실황조사가 많이 행해진다. 다만, 영장주의가 적용되는 강제처분으로서 수사상 검증과의 관계가 문제된다.

1. 관련조문

> **범죄수사규칙 제135조(실황조사)** ① 경찰관은 범죄의 현장 그 밖의 장소, 신체 또는 물건에 대하여 사실 발견을 위하여 필요가 있을 때에는 실황조사를 하여야 한다.
>
> ② 경찰관은 실황조사를 할 때에는 거주자, 관리자 그 밖의 관계자 등을 참여하게 하고, 그 결과를 실황조사서에 정확하게 기재해 두어야 한다.
>
> **제136조(실황 조사서 기재)** ① 경찰관은 별지 제97호 서식의 실황조사서를 작성할 때에는 범죄현장을 조사하여 객관적으로 정확하게 기재하도록 하고, 현장 도면 및 사진을 첨부하여야 한다.
>
> ② 경찰관은 피의자, 피해자, 참고인 등의 지시, 설명 등 진술을 실황조사서에 기재할 필요가 있는 경우에는 「형사소송법」 제199조(수사와 필요한 조사) 및 제244조(피의자신문조서의 작성)의 규정에 따라야 한다.
>
> ③ 경찰관은 제2항의 경우에 피의자의 진술에 관하여는 미리 피의자에게 제57조의 규정에 따른 진술거부권 등을 고지하고 그 점을 조서에 명백히 해 두어야 한다.
>
> **제137조(피의자의 진술에 의한 실황조사)** 경찰관은 피의자의 진술에 의하여 흉기, 장물

그 밖의 증거자료를 발견하였을 경우에 증명력 확보를 위하여 필요할 때에는 실황조사를 하여 그 발견의 상황을 실황조사서에 정확히 해두어야 한다.

제138조(검증) ① 경찰관은 범죄의 수사에 필요한 때에는 영장을 발부받아 검증을 할 수 있다.

② 경찰관은 검증을 할 때에는 신체의 검사, 사체의 해부, 분묘의 발굴, 물건의 파괴 그 밖의 필요한 처분을 할 수 있다.

③ 경찰관은 검증을 하였을 때에는 검증의 상황 및 경과를 명백히 한 검증조서를 작성하여야 한다.

2. 검증과 실황조사

검증은 수사법원이 행하는 검증과 수사기관의 검증이 있다. 전자의 경우 수소법원이 공판기일에 검증을 행한 경우에는 그 검증결과, 즉 법원이 오관의 작용에 의하여 판단한 결과가 바로 증거가 되고, 그 검증의 결과를 기재한 검증조서가 서증으로서 증거가 되는 것은 아니다.[118]

후자인 수사기관의 검증은 강제처분으로서 원칙적으로 사전영장을 요한다. 이와 관련 경찰실무에서는 실황조사가 이용되고 있으나, 판례는 어디까지나 임의수사의 일종으로서만 허용하고 있다.

(1) 검증과 영장주의

🔨 교통사고조사계 마동탁 경사는 아산시 풍기동 사거리에서 직진 중이던 택시와 좌회전하던 오토바이가 충격하여 오토바이 운전자가 즉사하였다는 신고를 접수하였다. 마경사는 사고 발생 10분 만에 현장에 도착하여 차량의 충격지점과 신호체계 등에 대해 검증을 실시하였다.

① 마동탁 경사는 교통사고 목격자 '다봤다'로부터 택시가 진행방향 정지신호에도 불구하고 계속 직진하는 바람에 오토바이와 충격하여 사고가 발생하였다는 진술

---

(118) 대법원 2009. 11. 12. 선고 2009도8949 판결

을 받아 검증조서에 기재하였다.

② 이어서 택시 운전자 못봤다를 상대로 신호위반과 과속 여부를 물어서 甲으로부터 순간적으로 택시 승객과 대화를 하는 바람에 진행방향 신호를 보지 않고 과속으로 진행하였다는 진술을 받아 검증조서에 기재하였다. 이후 마경사는 못봤다를 교통사고처리특례법 위반죄의 피의자로 조사를 받아 기소의견 송치하였다.

수사기관 작성 검증조서에 참여인의 진술이 기재되었고 그 내용이 검증의 결과와 직접 관련이 없는 경우 증거능력을 인정요건이 문제된다.

1) 검증조서의 증거능력

사법경찰관이 작성한 검증조서에는 이 사건 범행에 부합되는 피의자이었던 피고인의 진술기재 부분이 포함되어 있고 또한 범행을 재연하는 사진이 첨부되어 있으나, 기록에 의하면 피고인이 위 검증조서에 대하여 증거로 함에 동의만 하였을 뿐 공판정에서 검증조서에 기재된 진술내용 및 범행을 재연한 부분에 대하여 그 성립의 진정 및 내용을 인정한 흔적을 찾아 볼 수 없고 오히려 이를 부인하고 있으므로 그 증거능력을 인정할 수 없다. [119]

2) P가 사후에 검증영장을 발부받지 않은 경우

사법경찰관 작성의 검증조서의 작성이 범죄현장에서 급속을 요한다는 이유로 압수수색영장 없이 행하여졌는데 그 후 법원의 사후 영장을 받은 흔적이 없다면 유죄의 증거로 쓸 수 없다. [120]

따라서 이 사건 사법경찰관 사무취급 작성의 검증조서에 의하면 동 검증은 이 사건 발생 후 범행장소에서 긴급을 요하여 법원판사의 영장을 받을 수 없으므로 영장 없이 시행한다고 기재되어 있으므로, 이 검증은 형사소송법 제216조 제3항에 의한 검증이라 할 것임에도 불구하고 기록상 사후 영장을 받은 흔적이 없음은 논지가 지적한 바와 같으니 이러한 검증조서는 피고인에 대한 유죄의 증거로 할

---

(119) 대법원 1990. 7. 24. 선고 90도1303 판결, 1988. 3. 8. 선고 87도2692 판결, 대법원 1982. 9. 14. 선고 82도1479 전원합의체 판결 등, 검증조서 중 범행에 부합되는 피고인의 진술을 기재한 부분과 범행을 재연한 부분을 제외한 나머지 부분만을 증거로 채용하여야 함에도 이를 구분하지 아니한 채 그 전부를 유죄의 증거로 인용한 조치는 위법하다.

(120) 대법원 1990. 9. 14. 선고 90도1263 판결

수 없다.[121]

(2) 범행재연

사법경찰관 작성의 검증조서 중 피고인의 진술기재 부분과 범행재연의 사진영상에 관한 부분에 대하여 원진술자이며 행위자인 피고인에 의하여 진술 및 범행재연의 진정함이 인정되지 아니하는 경우 그 부분은 증거능력이 없다.[122]

(3) 녹취록에 대한 검증

피고인과 상대방 사이의 대화 내용에 관한 녹취서가 공소사실의 증거로 제출되어 녹취서의 기재 내용과 녹음테이프의 녹음 내용이 동일한지에 대하여 법원이 검증을 실시한 경우이다.

증거자료가 되는 것은 녹음테이프에 녹음된 대화 내용 자체이고, 그 중 피고인의 진술 내용은 실질적으로 형사소송법 제311조, 제312조의 규정 이외에 피고인의 진술을 기재한 서류와 다름없어, 피고인이 녹음테이프를 증거로 할 수 있음에 동의하지 않은 이상 녹음테이프에 녹음된 피고인의 진술 내용을 증거로 사용하기 위해서는 형사소송법 제313조 제1항 단서에 따라 공판준비 또는 공판기일에서 작성자인 상대방의 진술에 의하여 녹음테이프에 녹음된 피고인의 진술 내용이 피고인이 진술한 대로 녹음된 것임이 증명되고 나아가 그 진술이 특히 신빙할 수 있는 상태하에서 행하여진 것임이 인정되어야 한다. 또한 대화 내용을 녹음한 파일 등 전자매체는 성질상 작성자나 진술자의 서명 또는 날인이 없을 뿐만 아니라, 녹음자의 의도나 특정한 기술에 의하여 내용이 편집·조작될 위험성이 있음을 고려하여, 대화 내용을 녹음한 원본이거나 원본으로부터 복사한 사본일 경우에는 복사과정에서 편집되는 등의 인위적 개작 없이 원본의 내용 그대로 복사된 사본임이 증명되어야 한다.

🔨 ① 피해자의 대표자 공소외인이 디지털 녹음기로 피고인과의 대화를 녹음한 후 자신의 사무실로 돌아와 디지털 녹음기에 저장된 녹음파일 원본을 컴퓨터에 복

---

(121) 대법원 1984. 3. 13. 선고 83도3006 판결
(122) 대법원 1988. 3. 8. 선고 87도2692 판결

사하고 디지털 녹음기의 파일 원본을 삭제한 뒤 피고인과의 다음 대화를 다시 녹음하는 과정을 반복한 사실,

② 공소외인은 검찰과 제1심 법정에서 이 사건 녹음파일 사본은 피고인과 대화를 자신이 직접 녹음한 파일 원본을 컴퓨터에 그대로 복사한 것으로서 위 녹음파일 사본과 해당 녹취록 사이에 동일성이 있다고 진술한 사실,

③ 피고인도 검찰과 제1심 법정에서 이 사건 녹음파일 사본을 모두 들어본 뒤 일부 파일에 인사말 등이 녹음되지 않은 것 같다는 등의 지적을 한 외에는 녹음된 음성이 자신의 것이 맞을 뿐만 아니라 그 내용도 자신이 진술한 대로 녹음되어 있으며 이 사건 녹음파일 사본의 내용대로 해당 녹취록에 기재되어 있다는 취지로 진술한 사실,

④ 대검찰청 과학수사담당관실에서 이 사건 녹음파일 사본과 그 녹음에 사용된 디지털 녹음기에 대하여 국제적으로 널리 사용되는 다양한 분석방법을 통해 정밀감정한 결과 이 사건 녹음파일 사본에 편집의 흔적을 발견할 수 없고, 이 사건 녹음파일 사본의 파일정보와 녹음 주파수 대역이 위 디지털 녹음기로 생성한 파일의 그것들과 같다고 판정한 사실 등을 알 수 있다.

| 판단 | 이러한 사실관계를 앞서 본 법리에 비추어 살펴보면, 피해자의 대표자인 공소외인이 피고인과 대화하면서 녹음한 이 사건 녹음파일 사본은 타인 간의 대화를 녹음한 것이 아니므로 타인의 대화비밀 침해금지를 규정한 통신비밀보호법 제14조의 적용대상이 아니고, 위 녹음파일 사본은 그 복사 과정에서 편집되는 등의 인위적 개작 없이 원본의 내용 그대로 복사된 것으로 대화자들이 진술한 대로 녹음된 것으로 인정된다.

나아가 녹음 경위, 대화 장소, 내용 및 대화자 사이의 관계 등에 비추어 그 진술이 특히 신빙할 수 있는 상태하에서 행하여진 것으로 인정되므로 위 녹음파일 사본과 해당 녹취록을 증거로 사용할 수 있다.

박다람쥐는 다른 마약사범에 대한 수사에 협조하고 있는 소위 정보원이다. 그러던 어느 날 박다람쥐는 필로폰을 투약한 혐의 등으로 구속되었다.

박다람쥐는 구치소에 수감되어 있던 봉쟁이의 공소사실에 관한 증거를 확보할 목적으로 검찰로부터 자신의 압수된 휴대전화를 제공받아 구속수감 상황 등을 숨긴 채 봉쟁이와 통화하고 그 내용을 녹음한 다음 그 휴대전화를 검찰에 제출하였다. 이에 따라 작성된 이 사건 수사보고는 다음과 같다.

수 사 보 고

박다람쥐가 오전 10:00경 봉쟁이로부터 걸려오는 전화를 자신이 직접 녹음한 후 이를 수사기관에 임의제출하였고, 이에 필로폰 관련 대화 내용을 붙임과 같이 녹취하였으며, 휴대전화에 내장된 녹음파일을 mp3파일로 변환시켜 붙임과 같이 첨부하였음을 보고한다.

붙임 : 녹취록

첨부된 녹취록에는 봉쟁이가 이전에 다람쥐에게 준 필로폰의 품질에는 아무런 문제가 없다는 피고인의 통화내용이 포함되어 있는 사실을 알 수 있다.

 질문: 위 녹취록 및 첨부 MP3파일은 증거능력이 있는가?

정답: 무죄

대법원 2010. 10. 14. 선고 2010도9016 판결의 일부이다.

판례는 위와 같은 녹음행위는 수사기관이 공소외인으로부터 피고인의 이 사건 공소사실 범행에 대한 진술을 들은 다음 추가적인 증거를 확보할 목적으로 구속수감되어 있던 공소외인에게 그의 압수된 휴대전화를 제공하여 그로 하여금 피고인과 통화하고 피고인의 이 사건 공소사실 범행에 관한 통화내용을 녹음하게 한 것이라할 것이다.

이와 같이 수사기관이 구속수감된 자로 하여금 피고인의 범행에 관한 통화내용을 녹음하게 한 행위는 수사기관 스스로가 주체가 되어 구속수감된 자의 동의만을 받고 상대방인 피고인의 동의가 없는 상태에서 그들의 통화내용을 녹음한 것으로서 범죄수사를 위한 통신제한조치의 허가 등을 받지 아니한 불법감청에 해당한다고 보아야 할 것이므로, 그 녹음 자체는 물론이고 이를 근거로 작성된 이 사건 수사보고의 기재 내용과 첨부 녹취록 및 첨부 MP3파일도 모두 피고인과 변호인의 증거동의에 상관 없이 증거능력이 없다.

사례 │33│ 나이트클럽 음란쇼

나범생은 사단법인 '바르게 살자'의 회원이다. 어느 날 나범생은 친구들과 나이트클럽이라는 곳을 태어나서 처음으로 가게 되었다. 광란의 불빛과 스피커 북소리에 문화적 쇼크를 받았다. 그런데 잠시 기다리니, 남성 무용수에 의한 나체쇼가 열리는 것을 목격하게 되었다. '아멘'을 외치며 나범생은 그 자리를 뛰쳐나갔다. 그 이후로 국민신문고에, "2002 나이트클럽에서 남성무용수의 음란한 나체쇼가 계속되고 있다"며 지속적으로 민원을 제기하였다.

국민신문고 민원은 경찰에 이관되어, 담당 경찰관 박촬영에 의해 이를 단속하기로 예정되었다. 나촬영은 어떻게 단속할까 고민하다, 손님을 가장하여 들어가기로 마음먹었다. 계획대로 나촬영 경찰관은 비노출 소형카메라를 이용하여 음란공연을 하는 지온몸의 공연을 촬영한 후, 그 영상을 토대로 수사를 진행하였다. 결국 나촬영은 나이트클럽 운영자, 연예부장, 종업원이자 무용수 지온몸 3인이 공모하여 음란행위 영업을 하였다는 내용의 풍속영업의 규제에 관한 법률 위반으로 기소의견 송치하였다.

> **질문:** 풍속영업의 규제에 관한 법률 위반혐의에 대해 유죄인가 무죄인가?

정답: 무죄(하급심)

제주지방법원 2018. 5. 3. 선고 2017노112 판결이다. 아직 2심이나 수사실무에서 상당한 파장을 가져올 수 있는 판결이다. 기존 대법원의 입장을 먼저 살펴보고 하급심의 태도를 살펴보기로 한다.

- 경찰관들이 나이트클럽에 손님으로 가장하여 들어가 지온몸의 공연을 촬영한 행위는, 수사기관으로서 피고인들의 이 사건 공소사실과 관련된 형사소송에서 사용될 증거를 수집하는 활동으로, 피고인들의 동의나 승낙 없이 피고인들의 직업 선택 및 수행의 자유 등에 대한 제한을 수반한다는 점에서 강제수사에 해당한다.

- 풍속영업의 규제에 관한 법률 제9조는, 경찰서장으로 하여금 특별히 필요한 경우 국가경찰공무원에게 풍속영업소에 출입하여 풍속영업자 등이 준수사항을 지키고 있는 지를 검사하게 할 수 있도록 하고 있다. 그러나 이는 수사기관으로서 강제수사를 하기 위하여 풍속영업소에 출입하는 경우에 적용되는 것이 아니라 경찰행정조사자로서 행정처분 등에 필요한 자료를 수집하는 행정조사를 하기 위하여 풍속영업소에 출입하는 경우에 적용되는 규정일 뿐이다.

- 수사기관의 강제수사와 관련하여서는, 원칙적으로 사전에 영장을 발부받아 이를 제시한 후 집행하여야 하고, 예외적으로 증거보전의 필요성 및 긴급성의 요청에 따라 사전 영장 없이 강제수사를 하더라도 사후에 즉시 영장을 발부받아야 하는 별도의 절차 규정이 헌법과 형사소송법에 마련되어 있다.그러나 경찰관들이 그 과정에서 사전 또는 사후에 영장을 발부받은 사실이 없다. 따라서 위와 같이 촬영한 영상이 수록되어 있는 CD 및 그 영상을 캡처한 현장사진은 모두 위법수집 증거로서, 피고인들과 변호인이 그 증거 사용에 관하여 동의하였더라도 유죄의 증거로 사용할 수 없다.

 유의사항

위 대법원 판결은 외부에서 주거지에 출입하는 사람들을 촬영한 것이나, 본 사안은 나이트클럽에 손님을 가장하여 들어가 촬영하였다는 점이 다르다. 본 하급심도 이를 지적하며 나이트클럽 운영자 등의 동의나 승낙없이 그들의 직업의 자유 등에 대한 제한을 수반한다는 점에서 촬영에 영장을 요하는 강제수사의 일종으로 파악하였다. 지금은 위헌 폐지된 간통죄와 관련된 대법원의 판시사항을 살펴보자.

> 피고인들은 B의 주택 내의 B의 방에서 간통을 할 것이라는 추측하에 이혼소송에 사용할 증거자료 수집을 목적으로 그들의 간통 현장을 직접 목격하고 그 사진을 촬영하기 위하여 주택에 침입한 것으로서 그러한 목적이 피해자의 주거생활의 평온이라는 법익침해를 정당화할 만한 이유가 될 수 없을 뿐 아니라, 피고인들의 위와 같은 행위가 그 수단과 방법에 있어서 상당성이 인정된다고 보기도 어렵고, 피해자의 간통 또는 불륜관계에 관한 증거수집을 위하여 이와 같은 주거침입이 긴급하고 불가피한 수단이었다고 볼 수도 없다. 그렇다면 피고인들의 이 사건 주거침입 행위는 형법 제20조의 정당행위로 볼 수 없다.[123]

두 개의 판결을 감안할 때 채증목적으로 타인의 주거 내지 영업장소에 들어가야만 하는 경우에는 사전에 압수수색영장을 발부받거나, 증거인멸의 우려가 있는 경우에는 범죄장소에서의 압수로 보아 사후 압수수색영장을 신청하는 것이 적법절차에 부합하리라 생각한다.

---

(123) 대법원 2003. 9. 26. 선고 2003도3000 판결

박상해는 별명이 초사동 가스통이다. 기분 나쁘면 주먹이 먼저 나간다. 박상해는 동업 청산문제로 김통신과 언쟁을 벌이고 기분이 안 좋았다. 다시 따져볼 요량으로 김통신을 불러들였다. 김통신은 박상해의 더러운 성질을 아는 까닭에 친구 고비밀에게 자기 전화를 잘 받고 위급하면 도와달라고 요청하였다. 아니나 다를까, 민감한 지분 정산 문제가 나오자, 박상해는 상해의 본능을 숨길 수 없었다. 이상한 기분이 든 김통신은 고비밀에게 도움을 요청했다. 곧이어 김통신은 박상해에게 얻어 맞고 말았다. 마침 고비밀은 통화를 마친 뒤에도 무슨 일이 있을까 전화를 끊지 않고 있었다. 고비밀은 그 상태에서 1～2분간 휴대전화를 통하여 '악' 하는 소리와 '우당탕 소리' 등 몸싸움을 연상시키는 소리를 들을 수 있었고, 이는 자동녹음기능에 의해 고스란히 녹음되었다. 김통신은 억울하여 박상해를 상해죄로 고소했지만, 박상해는 끝까지 잡아떼었다. 김통신은 증거를 찾다가 고비밀 휴대폰에 녹음된 음성을 증거로 제출하였다. 박상해는 상해 부분과 관련하여 위 녹음은 통신비밀보호법에 따라 재판에서 증거로 사용할 수 없는 위법수집증거에 해당한다고 주장하였다.

> **질문:** 고비밀의 휴대폰에 녹음된 음성은 박상해의 상해죄를 입증의 증거로 사용될 수 있는가?

대법원 2017. 3. 15. 선고 2016도19843 판결의 내용이다. 위 녹음이 통신비밀보호법상 타인 간의 대화에 해당하여 증거능력이 없는지, 수사기관이 아닌 개인이 대화에 속하지 않는 사람의 목소리를 녹음하거나 청취하였다는 점에서 증거능력이 인정되는지 문제된다.

▣ 통신비밀보호법상 타인 간의 '대화'가 아님

통신비밀보호법에서 보호하는 타인 간의 '대화'는 원칙적으로 현장에 있는 당사자들이 육성으로 말을 주고받는 의사소통행위를 가리킨다. 따라서 사람의 육성이 아닌 사물에서 발생하는 음향은 타인 간의 '대화'에 해당하지 않는다. 또한 사람의 목소리라고 하더라도 상대방에게 의사를 전달하는 말이 아닌 단순한 비명소리나 탄식 등은 타인과 의사소통을 하기 위한 것이 아니라면 특별한 사정이 없는 한 타인 간의 '대화'에 해당한다고 볼 수 없다.

사안에서 '우당탕' 소리는 사물에서 발생하는 음향일 뿐 사람의 목소리가 아니므로 통신비밀보호법에서 말하는 타인 간의 '대화'에 해당하지 않는다. '악' 소리도 사람의 목소리이기는 하나 단순한 비명소리에 지나지 않아 그것만으로 상대방에게 의사를 전달하는 말이라고 보기는 어려워 특별한 사정이 없는 한 타인 간의 '대화'에 해당한다고 볼 수 없다. 나아가 위와 같은 소리는 막연히 몸싸움이 있었다는 것 외에 사생활에 관한 다른 정보는 제공하지 않는 점, 고비밀이 소리를 들은 시간이 길지 않은 점, 소리를 듣게 된 동기와 상황, 공소외인과 피해자의 관계 등 기록에 나타난 여러 사정에 비추어 볼 때, 통신비밀보호법에서 보호하는 타인 간의 '대화'에 준하는 것으로 보아 증거능력을 부정할 만한 특별한 사정이 있다고 보기도 어렵다.

▣ 사인에 의한 위법수집증거 여부

한편 국민의 인간으로서의 존엄과 가치를 보장하는 것은 국가기관의 기본적인 의무에 속하고 이는 형사절차에서도 구현되어야 한다. 위와 같은 소리가 비록 통신비밀보호법에서 말하는 타인 간의 '대화'에는 해당하지 않더라도, 형사절차에서 그러한 증거를 사용할 수 있는지는 개별적인 사안에서 효과적인 형사소추와 형사절차상 진실발견이라는 공익과 개인의 인격적 이익 등의 보호이익을 비교형량하여 결정하여야 한다. 그런데 대화에 속하지 않는 사람의 목소리를 녹음하거나 청취하는 행위가 개인의 사생활의 비밀과 자유 또는 인격권을 중대하게 침해하여 사회통념상 허용되는 한도를 벗어난 것이라면, 단지 형사소추에 필요한 증거라는 사정만을 들어 곧바로 형사소송에서 진실발견이라는 공익이 개인의 인격적 이익 등 보호이익보다 우월한 것으로 섣불리 단정해서는 안 된다. 그러나 그러한 한도를 벗어난 것이 아니라면 위와 같은 목소리를 들었다는 진술을 형사절차에서 증거로 사용할 수 있다.

사안에서, 공소외인의 청취행위가 피해자 등의 사생활의 영역에 관계된 것이라 하더라도, 위와 같은 청취 내용과 시간, 경위 등에 비추어 개인의 인격적 이익 등을 형사절차상의 공익과 비교형량하여 보면, 공소외인의 위 진술을 상해 부분에 관한 증거로 사용하는 것이 피해자 등의 사생활의 비밀과 자유 또는 인격권을 위법하게 침해한다고 볼 수 없어 그 증거의 제출은 허용된다.

대윤석은 디지털 녹음기로 박달재와의 대화를 녹음한 후 자신의 사무실로 돌아와 디지털 녹음기에 저장된 녹음파일 원본을 컴퓨터에 복사하고 디지털 녹음기의 파일 원본을 삭제한 뒤 박달재와의 대화를 다시 녹음하는 과정을 반복하였다.

대윤석은 검찰과 제1심 법정에서 녹음파일 사본은 박달재와 대화를 자신이 직접 녹음한 파일 원본을 컴퓨터에 그대로 복사한 것으로서 위 녹음파일 사본과 해당 녹취록 사이에 동일성이 있다고 진술하였다.

박달재도 검찰과 제1심 법정에서 이 사건 녹음파일 사본을 모두 들어본 뒤 일부 파일에 인사말 등이 녹음되지 않은 것 같다는 등의 지적을 한 외에는 녹음된 음성이 자신의 것이 맞을 뿐만 아니라 그 내용도 자신이 진술한 대로 녹음되어 있으며 이 사건 녹음파일 사본의 내용대로 해당 녹취록에 기재되어 있다는 취지로 진술하였다.

대검찰청 과학수사담당관실에서 이 사건 녹음파일 사본과 그 녹음에 사용된 디지털 녹음기에 대하여 국제적으로 널리 사용되는 다양한 분석방법을 통해 정밀 감정한 결과 이 사건 녹음파일 사본에 편집의 흔적을 발견할 수 없고, 이 사건 녹음파일 사본의 파일정보와 녹음 주파수 대역이 위 디지털 녹음기로 생성한 파일의 그것들과 같다고 판정하였다.

질문: 위 녹음파일은 증거능력이 인정되는가?

정답: 증거능력 인정

피고인과 상대방 사이의 대화 내용에 관한 녹취서가 공소사실의 증거로 제출되어 그 녹취서의 기재 내용과 녹음테이프의 녹음 내용이 동일한지 여부에 대하여 법원이 검증을 실시한 경우에, 증거자료가 되는 것은 녹음테이프에 녹음된 대화 내용 그 자체이다.

그중 피고인의 진술 내용은 실질적으로 형사소송법 제311조, 제312조의 규정 이외에 피고인의 진술을 기재한 서류와 다름없어, 피고인이 그 녹음테이프를 증거로 할 수 있음에 동의하지 않은 이상 그 녹음테이프에 녹음된 피고인의 진술 내용을 증거로 사용하기 위해서는 형사소송법 제313조 제1항 단서에 따라 공판준비 또는 공판기일에서 그 작성자인 상대방의 진술에 의하여 녹음테이프에 녹음된 피고인의 진술 내용이 피고인이 진술한 대로 녹음된 것임이 증명되고 나아가 그 진술이 특히 신빙할 수 있는 상태하에서 행하여진 것임이 인정되어야 한다.

또한 대화 내용을 녹음한 파일 등의 전자매체는 그 성질상 작성자나 진술자의 서명 또는 날인이 없을 뿐만 아니라, 녹음자의 의도나 특정한 기술에 의하여 그 내용이 편집, 조작될 위험성이 있음을 고려하여, 그 대화 내용을 녹음한 원본이거나 원본으로부터 복사한 사본일 경우에는 복사과정에서 편집되는 등의 인위적 개작 없이 원본의 내용 그대로 복사된 사본임이 입증되어야 한다.[124]

피해자의 대표자인 공소외인이 피고인과 대화하면서 녹음한 이 사건 녹음파일 사본은 타인 간의 대화를 녹음한 것이 아니므로 타인의 대화비밀 침해금지를 규정한 통신비밀보호법 제14조의 적용대상이 아니고, 위 녹음파일 사본은 그 복사 과정에서 편집되는 등의 인위적 개작 없이 원본의 내용 그대로 복사된 것으로 대화자들이 진술한 대로 녹음된 것으로 인정된다. 나아가 녹음 경위, 대화 장소, 내용 및 대화자 사이의 관계 등에 비추어 그 진술이 특히 신빙할 수 있는 상태하에서 행하여진 것으로 인정되므로 위 녹음파일 사본과 해당 녹취록을 증거로 사용할 수 있다.

(124) 대법원 2005. 12. 23. 선고 2005도2945 판결, 대법원 2007. 3. 15. 선고 2006도8869 판결 등 참조

PART 4

인적 증거의 조사
(고소와 고발)

CHAPTER 1. 고소와 고발

CHAPTER 2. 피의자에 대한 수사

CHAPTER 3. 수사보고서의 증거능력

인적 증거의 조사는 수사의 가장 핵심적인 부분이다. 피의자의 자백, 관계자 진술을 통해 수집된 물적 증거의 의미와 내용을 명확하게 하고, 이를 통해 범죄 혐의 유무에 대한 결론에 도달할 수 있기 때문이다. 주로 수사단계에서는 진술조서와 피의자신문조서를 통해 사건관계자의 정리된 진술내용을 조서의 형태로 고착시키게 된다. 본 PART에서는 일선 경제범죄수사에서 주로 문제되는 고소권의 문제, 피의자신문과 진술거부권 관련 내용, 수사보고서의 증거능력 등에 대하여 다룬다.

고소와 고발

사건접수 관련 범죄피해자의 고소권 문제가 있다. 민사의 형사화 경향에 따른 남고소 문제를 해결하는 방안으로 고소권자 여부를 분명히 할 필요가 있다.

1. 고소권자

"고소"란 범죄의 피해자 또는 그와 일정한 관계에 있는 자가 수사기관에 대하여 범죄사실을 신고하여 범인의 처벌을 구하는 의사표시를 말한다.

> **Q.** 상담을 하다보면 차량 명의를 빌려준 분들이 피해를 호소하러 많이 옵니다. 명의만 빌려주면 아무 문제 없게 해주겠다고 해서 인감 등을 주었는데, 대출이 이뤄지고 대출금과 차량의 소재를 모른다고 합니다. 이 경우 피해품을 차량으로 봐야하는지 대출금으로 봐야하는지요?

(1) 범죄로 인한 피해자 등

범죄로 인한 피해자, 피해자의 법정대리인 등은 고소할 수 있다.[125] 특히 재산

---

(125) 형사소송법 제223조, 제225조

범죄에서는 피해자 특정이 중요하며, 이는 민사상 계약당사자의 확정의 법리와 연결된 문제된다.

> 🔨 **| 해설 |** 통상 피해자는 위와 같은 기망에 속아 자신의 명의로 차량을 구입하면서 캐피털대출 및 차량구입 서류에 서명하게 된다. 그러나 피해자는 자신이 어떤 서류에 서명을 했는지도 모르는 경우가 많다. 피해자는 새로 출고되는 차량을 구경도 한 번 해 보지 못하고, 대출금 채무를 지게 된다. 피의자는 출고한 차량을 가지고 사채업자에게 맡겨 돈을 빌리고 갚지 않음으로써 그 차량은 대포차로 처분해 버린다. 일명 차깡이다. 결국 피해자는 캐피털의 대출이자와 원금변제 독촉에 시달리다가 경찰서를 찾게 된다.[126]
>
> **| 계약당사자의 확정 |** 먼저 차량구입계약과 대출계약의 당사자를 결정한다. 다만, 대출 등과 같은 금융계약의 경우에는 고소인인 명의자의 신용을 감안한다는 점에서 행위자인 피의자가 아니라 명의자가 차량매매계약과 차량대금대출계약의 당사자에 해당할 여지가 높다.
>
> **| 차량을 직접 피의자가 수령한 부분 |** 매도인은 매수인에게 차량을 건네주어야 하나, 민사적으로 매수인과 명의대여계약을 체결한 피의자에게 급부의 이행을 단축하여 직접 인도하는 것도 가능하다.
>
> **| 인감도장을 준 점 |** 위임과 인감증명을 내어주는 행위를 대리권을 부여하는 수권행위라고 하며, 이 경우 대리권을 수여한 본인이 계약의 당사자가 된다.
>
> **| 사기죄의 피해객체 |** 처음부터 제대로 할부금을 지급할 의사가 없는 피의자에게 속아 자신의 명의로 차량을 구입한 계약의 당사자가 차량을 피의자에게 건네주었다면, 피해객체는 차량 자체, 즉 재물사기로 취급함이 타당하고, 피해자는 차량의 등록명의자로서 소유권자로 본다.

1) 대리인에 의한 고소의 경우

대리권이 정당한 고소권자에 의하여 수여되었음이 실질적으로 증명되면 충분하고, 방식에 특별한 제한은 없다. 고소를 할 때 반드시 위임장을 제출한다거나 '대리'라는 표시를 해야 하는 것은 아니고, 또 고소기간은 대리고소인이 아니라 정당한

---

(126) 제주서부서/경제2팀/경위 고은호

고소권자를 기준으로 고소권자가 범인을 알게 된 날부터 기산한다.[127]

2) 고소권의 이전문제 ★ CASE

일반적으로 범죄피해자의 고소권은 일신전속적 권리로 설명된다. 다만, 상표권을 이전등록받은 승계인은 그 이전등록 이전에 발생한 침해에 대하여도 **상표권의 성질상 그 권리의 주체로서** 피해자인 지위를 승계한다.[128] **실무상 채권 내지 저당권의 양수인이 고소권을 가지는지가 문제된다.**

(2) 고소권의 제한

제224조(고소의 제한) 자기 또는 배우자의 직계존속을 고소하지 못한다. **제235조(고발의 제한)** 제224조의 규정은 고발에 준용한다.

1) 비친고죄 적용됨

비친고죄에 있어서는 고소의 존부와 무관하게 기소될 가능성이 있으며, 형법상 친고죄로 규정된 범죄 중 실제로 이 사건 법률조항의 규율 대상이 되는 범죄는 비밀침해죄, 업무상비밀누설죄 등 몇몇에 불과한 형편이다.[129]

2) 고소권 제한의 경우

법 제223조, 제225조부터 제228조까지의 규정에 따른 고소권자가 아닌 자가 고소한 경우에는 검찰사건사무규칙 제69조에서 각하사유로 규정한다.

---

(127) 대법원 2001. 9. 4. 선고 2001도3081 판결
(128) 대법원 1995. 9. 26. 선고 94도2196 판결
(129) 헌법재판소 2011. 2. 24. 선고 2008헌바56 전원재판부. 또한 가해자인 직계존속이 법정대리인인 경우에는 피해자인 비속이 직접 고소할 수는 없지만, 비속의 친족이 고소하여 형사절차를 진행시킬 수 있으며, 존속의 비속에 대한 대부분의 재산범죄에는 친족상도례가 적용되므로 고소의 실익도 좁혀진다.

(3) 고소권자가 아닌 자가 고소를 고발로 보는 경우

형사피해자가 아닌 자에 의한 고소는 고소권이 없는 자의 고소이므로 고소로서의 효력이 없고, 고발로서의 효력이 있을 따름이다.[130]

1) 범죄피해자가 수사에 협조하는 경우

따라서 실제 범죄피해자가 수사에 협조하는 경우에는 고소 내지 고발장을 접수하여 보아 사건수사를 진행하는 것이 타당하다.

2) 수사에 불응하는 경우

생각건대 고소장 제출에도 불구하고 실제 범죄 피해자가 출석요구에 불응하거나 소재불명되는 등으로, 고소 · 고발사실에 대한 진술을 청취할 수 없는 경우에는 수사를 진행할 실익이 적어 사건반려 내지 각하함이 타당하다.[131]

2. 캐피털, 채권추심업체 등과 관련된 고소의 경우

실무 경제범죄수사팀은 최근 대부업체, 캐피털 등 채권추심업자들에 의한 고소권남용으로 몸살을 앓고 있다. 각 고소 유형에 따른 쟁점을 살펴본다.

(1) 원 채권자에 의한 고소의 경우

1) 대출금 자체에 대한 금전사기

사안에 따라, 당초부터 편취범위가 인정되는 경우에는 대출금 전액에 대한 사기죄수사가 가능하다. 아래 사안은 이른바 '차깡' 사안이다.

 피고인 김○○, 최○○은 할부금융을 이용하여 차량을 구입한 즉시 이를 매

---

(130) 헌법재판소 1994. 5. 6. 선고 90헌마106, 109(병합)

(131) 검찰사건사무규칙 제69조

도하는 방법(속칭'차깡')으로 금원을 마련하여 사용하기로 마음먹고, 피고인 김○○은 피고인 한○○이 별다른 재산이나 직업이 없어 금융기관 등의 대출자격이 되지 않자, 당시 3,500만 원의 근저당권이 설정되어 있는 송○○ 소유의 부산 동래구 온천동 소재 백향그린빌라 에이동 ×××호를 피고인 한○○이 매입한 사실이 없음에도 실제 소유자인양 한○○ 명의로 이전등기하여 대출자격을 갖추고, 피고인 최○○, 한○○은 자신들의 명의로 차량을 구입하는 속칭 '차바지' 역할을, 피고인 김○○은 구입한 차량을 즉시 되파는 역할을 분담하기로 하였다.

피고인 김○○, 최○○은 공모하여, 부산 부산진구 부전동 소재 기아자동차 부전 영업소에서, 사실은 피해자 주식회사 엘지캐피털로부터 최○○ 명의로 금원을 대출받아 위 영업소에서 카스타 승합차 1대(부산 29로3089호)를 구입하더라도 그 당시 최○○은 일정한 수입이 없어 대출금에 대한 할부금을 정상적으로 변제할 의사나 능력이 없었다. 그럼에도 불구하고 피고인들은 마치 정상적으로 변제할 것 같은 태도를 보이며 최○○ 명의로 대출신청서를 작성, 제출함으로써 이에 속은 피해자 엘지캐피털 직원으로부터 대출금 명목으로 1,250만 원을 교부받았다.

이로써 피의자는 피해자를 기망하여 재물을 교부받았다.[132]

2) 저당권이 설정된 차량의 은닉 : 권리행사방해

무리하게 대출받아 차량을 할부로 구입한 후, 할부금미납으로 저당권을 실행하려고 하나 차량을 찾을 수 없는 경우 대부업체 등에서 저당권의 행사를 방해하였다는 이유로 권리행사방해죄로 고소되는 경우가 빈번한다.

쟁점은 피고소인이 차량인도요구를 받고도 불응하여 차량을 은닉하였는지 여부에 달려 있다. 일반적으로 권리행사방해죄에서 '은닉'이란 타인의 점유 또는 권리의 목적이 된 자기 물건 등의 소재를 발견하기 불가능하게 하거나 또는 현저히 곤란한 상태에 두는 것을 말하고, 그로 인하여 권리행사가 방해될 우려가 있는 상태에 이르면 권리행사방해죄가 성립하고 현실로 권리행사가 방해되었을 것까지 필요로 하는 것은 아니다.[133]

---

(132) 부산지방법원 2004. 2. 9. 선고 2003고단4833-1(분리), 2003고단6335(병합), 2003고단6373(병합), 2003고정1092(병합) 판결의 범죄사실을 재물사기 양식으로 수정하였다.

(133) 대법원 1994. 9. 27. 선고 94도1439 판결 참조

A. 담보제공   피고인은 공소외 1과 사실혼 관계에 있다. 피고인은 2012. 10.
2.경 아산시 (주소 2 생략)에 있는 '현대자동차 △△△△대리점'에서 공소외 1 명
의로 (차량번호 생략) 에쿠스 승용차량을 구입하면서 피해회사인 공소외 13 주식
회사로부터 6,350만 원을 대출받고, 2012. 10. 25. 그 담보로 위 승용차에 피
해 회사를 저당권자로 한 채권가액 4,445만 원의 근저당권을 설정하였다. 피
고인은 공소외 1과 공모하여 2014. 10. 초순경 불상의 장소에서 피해회사의 권
리 목적인 위 승용차를 친구 공소외 14에게 1,800만 원을 빌린 후 담보로 제공
하는 방법으로 넘겨주어 피해 회사가 위 승용차를 찾을 수 없도록 하였다. 이로
써 피고인은 공소외 1과 함께 공모하여 타인의 권리의 목적이 된 자기의 물건
을 은닉하여 타인의 권리행사를 방해하였다.[134]

B. 대포차로 처분한 경우   피고인이 차량을 구입하면서 피해자로부터 차량 매수
대금을 차용하고 담보로 차량에 피해자 명의의 저당권을 설정해 주었는데, 그
후 대부업자로부터 돈을 차용하면서 차량을 대부업자에게 담보로 제공하여 이
른바 '대포차'로 유통되게 한 사안에서, 피고인이 피해자의 권리의 목적이 된
피고인의 물건을 은닉하여 권리행사를 방해하였다.[135]

생각건대 자동차는 이동성을 가지는 점, 저당권설정자가 그대로 점유권을 가
지는 점을 감안하면, ① 주소지를 방문하였을 때 자동차를 발견치 못했거나 차주와
연락이 되지 않는다는 등[136] 단순히 고소인 측에서 차량의 소재를 알아보려는 노력
없이 연락이 어렵다는 등의 사유만으로는 소재발견을 불가능하게 하거나 현저히 곤
란한 정도에 이르렀다고 보기 어렵다.
      반면 ② 다른 사람에게 담보의 제공 내지 대포차로 처분하여 은닉하는 정도에
이르거나 차량의 소재를 알려줄 의사가 없음을 명확히 한 경우 내지 이에 준하는 정
도에 이른 경우라야 권리행사가 방해될 우려가 있는 상태에 이르렀다고 볼 것이다.
      가령 피의자가 저당권 목적물(자동차)을 지인에게 이전등록 없이 매도하였음을
주장할 뿐 그 지인의 연락처와 자동차의 소재를 알고 있으면서도, 고소인 회사에 그
소재를 고지하지 않았고 앞으로도 고지하지 않겠다는 입장을 명확히 한 경우 등도

---

(134) 대법원 2017. 5. 30. 2017도4578, 대전지방법원 2017. 3. 16. 선고 2016노2358 판결
(135) 대법원 2016. 11. 10. 선고 2016도13734 판결
(136) 이장표/청주흥덕/경제팀

이에 해당한다고 본다.[137]

C. **배임**   자동차에 대하여 저당권이 설정되는 경우 자동차의 교환가치는 저당권에 포섭되고, 저당권설정자가 자동차를 매도하여 소유자가 달라지더라도 저당권에는 영향이 없으므로, 특별한 사정이 없는 한 저당권설정자가 단순히 저당권의 목적인 자동차를 다른 사람에게 매도한 것만으로는 배임죄에 해당하지 아니하나, 자동차를 담보로 제공하고 점유하는 채무자가 부당히 담보가치를 감소시키는 행위를 한 경우 배임죄의 죄책을 면할 수 없다.[138]

• 원심은, 피고인이 저당권이 설정된 자동차를 저당권자의 허락을 받지 않고 임의로 제3자에게 양도담보로 제공하였다고 하더라도 저당권에는 영향이 없는 것이어서 배임죄를 구성하지 않는다는 이유로 배임의 점에 관한 이 사건 주위적 공소사실에 대하여 무죄를 선고한 제1심 판결을 그대로 유지하였다.

• 그러나 원심이 유지한 제1심의 채택 증거들에 의하면, 피고인은 그 신원을 정확히 알 수 없는 최사장이라는 사람으로부터 2천만 원을 차용하고 그 담보로 이 사건 자동차를 인도하면서 차량포기각서까지 작성해 준 사실, 이후 피고인은 위 차용금을 변제하지 아니하였을 뿐만 아니라 피해자에 대한 대출금 변제도 중단한 사실, 이에 피해자는 이 사건 자동차에 대한 저당권을 실행하기 위하여 자동차 인도명령을 받았으나 그 소재파악이 되지 않아 결국 집행불능에 이른 사실 등을 알 수 있고, 여기에 정상적인 거래관계였다면 마땅히 수반되어야 할 양도인의 인감증명서 교부 등 자동차관리법 기타 관계 법령에 따른 이전등록에 필요한 조치도 전혀 이루어지지 않았던 것으로 보이는 사정 등을 종합해 보면, 피고인의 이러한 행위는 적어도 미필적으로나마 저당권자인 피해자의 이 사건 자동차에 대한 추급권 행사가 불가능하게 될 수 있음을 알면서도 그 담보가치를 실질적으로 상실시키는 것으로서 배임죄가 성립되는 특별한 사정이 있는 경우에 해당한다고 볼 여지가 있다. 따라서 원심이 그 판시와 같은 이유만으로 이 사건 주위적 공소사실에 대하여 무죄를 선고한 데에는 배임죄에서의 임무위배행위에 관한 법리를 오해하여 필요한 심리를 다하지 아니한 위법이 있고, 이를 지적하는 상고는 이유 있다.

---

(137) 박수만/서울 강서/경제 같은 취지
(138) 대법원 2012. 9. 13 선고 2010도11665 판결

D. 둘 간의 관계   두 죄는 요건이 다르며, 배임죄는 권리행사방해보다 법정형이 더 무겁다. 동시에 성립하는 경우 배임죄 내지 실체적 경합범으로 송치함이 타당하다.

3) 자동차명의자와 실제 소유자가 다른 경우

A. 권리행사방해죄   물건의 소유자가 아닌 사람은 형법 제33조 본문에 따라 소유자의 권리행사방해 범행에 가담한 경우에 한하여 그의 공범이 될 수 있을 뿐이다. 그러나 권리행사방해죄의 공범으로 기소된 물건의 소유자에게 고의가 없는 등으로 범죄가 성립하지 않는다면 공동정범이 성립할 여지가 없다.

> • 공소사실 기재 자동차인 에쿠스 승용차는 피고인과 사실혼 관계에 있던 공소외 1 명의로 등록되어 있는 사실, 공소외 1은 이 사건 권리행사방해의 공모공동정범으로 피고인과 공동으로 공소제기되었다가 2015. 12. 14. 원심에서 분리 선고되면서 유죄가 인정되어 벌금 200만 원을 선고받은 후 이에 불복하여 항소하였는데, 그 항소심에서 이 사건 권리행사방해 범행은 피고인이 공소외 1의 동의 없이 임의로 저지른 것이고, 공소외 1이 이에 공모하였다는 점에 관한 증명이 부족하다는 이유로 무죄판결을 선고받아 확정된 사실이 인정된다.
> • 위에서 본 바와 같이 이 사건 차량의 소유자가 아닌 피고인으로서는 형법 제33조 본문에 따라 그 소유자인 공소외 1의 권리행사방해 범행에 가공하여서만 그의 공범이 될 수 있는데, 공동정범으로 기소된 공소외 1이 무죄인 이상, 피고인 단독으로는 더 이상 권리행사방해죄의 주체가 될 수 없고, 달리 피고인이 이 사건 차량의 소유자임을 인정할 증거가 없다. 그런데 원심은 피고인에 대하여 권리행사방해죄의 공동정범으로 인정하였으니, 결과적으로 원심판결에는 사실을 오인하거나 법리를 오해하여 판결에 영향을 미친 위법이 있다.

B. 배임죄   위 대법원 2012. 9. 13 선고 2010도11665 판결에서 보는 바와 같이 배임죄 성립은 가능하나, 주의할 점은 배임죄의 주체는 대출계약 내지 자동차 매매계약의 실질적 당사자여야 가능하다는 점을 주의할 필요가 있다.

> 다만, 기록에 의하면 피고인은 어머니 공소외인의 명의를 빌려 이 사건 자동차

를 매수하기로 하여 공소외인 명의로 자동차 소유권이전등록을 마쳤고, 위 자동차 매매계약 및 피해자와의 대출계약 당시 피고인이 동석하기는 하였으나 그 계약의 당사자는 모두 피고인이 아니라 공소외인으로 되어 있음을 알 수 있으므로, 환송 후 원심으로서는 피해자에 대한 관계에서 피고인이 자동차 매매계약이나 대출계약의 실질적 당사자로 볼 수 있는지, 가사 그렇지 않더라도 신의성실의 원칙에 비추어 저당권자인 피해자가 그 담보의 목적을 달성할 수 있도록 이 사건 자동차를 보관할 의무가 있다고 볼 사정이 있는지에 관하여 충분히 심리한 다음, 피고인이 과연 배임죄의 주체로서 타인의 사무를 처리하는 자의 지위에 있는지 여부를 판단하여야 한다.

(2) 채권양수인에 의한 고소의 경우 : 사기죄의 피해자와 고소권

채권양수인은 사기죄의 정당한 고소권자라고 볼 수 있는가? 생각건대 ① 일반적으로 차용금 사기는 재물 사기로서 그 피해자는 채권자가 아닌 재물 소유권자일 뿐 채권침해를 처벌하는 것이 아닌 점, ② 일반적으로 고소권은 일신전속적 권리인 점을 감안하면 채권의 양수인은 사기죄에의 피해자가 아니다.

다만, 고발 내지 인지 등 수사단서를 바꿀 여지가 없는 것은 아니나, 사기죄의 수사사항은 원 채권발생단계에서의 구체적 처분 경위 내지 대출심사의 과정 등에 있어 원 채권자 중심으로 수사가 이뤄질 수밖에 없는 점, 원 채권자는 이미 채권양도로 일부 변제받은 점을 감안하면, 개인적 법익에 불과한 사기사건에서 타인의 사기피해 범죄에 대한 고발을 기화로 자신의 채권을 추심받을 것만을 목적으로 한 사건을 적극적으로 수사할 이유는 없는 점을 감안해야 한다.

그러므로 ① 원 채권자의 수사협조의사가 확인되지 않으면 접수가 불가하고, ② 확인되는 경우에는 고소인 위임장을 첨부할 것을 요구하거나 고발장으로 접수한 후 원 채권자 회사 직원을 소환하여 수사를 진행함이 타당하다.[139]

(3) 저당권에 대한 권리행사방해

단순히 채권만을 양수하고, 저당권이전등록은 비용 문제로 저당권이전등기를

---

[139] 실제 수사에서도 상담직원 녹음내역을 제출받고, 신용심사판정 사항 등, 원채권자에 대한 기망행위 내용을 중심으로 수사가 이루어져야 한다.

경료하지 않은 경우에, 채권양수인을 권리행사방해죄에서 말하는 정당한 고소인으로 볼 수 있는가?

1) 저당권의 이전과 고소권자

저당권이 이전됨에 따라 저당권 설정 차량을 은닉한 혐의사실에 대한 고소권이 이전되는가? 견해가 갈릴 수 있다. 만약 고소권이 이전되지 않는다면, 위 채권양수인에 의한 고소의 논의와 동일하다. 그러나 만약 고소권이 인정된다면, 적법한 고소권자는 현재 저당권자로 이전등록된 자여야만 한다. 따라서 이 경우에는 저당권자 아닌 자에 의한 고소가 적법한 것인지가 문제된다.

생각건대 상표권과 저당권은 그 성질이 다른 점에 비추어, 저당권이 이전된다고 하여, 권리행사방해죄의 피해자가 변동된다고 볼 수 없다. 다만, 실무상 저당권의 이전유무와 적법한 고소권 유무를 연계 검토하는 경향이 있어 소개한다.

2) 담보권의 수반성

담보권의 수반성이란 피담보채권의 처분이 있으면 언제나 담보권도 함께 처분된다는 것이 아니라 채권담보라고 하는 담보권 제도의 존재 목적에 비추어 볼 때 특별한 사정이 없는 한 피담보채권의 처분에는 담보권의 처분도 당연히 포함된다고 보는 것이 합리적이라는 것일 뿐이므로, 피담보채권의 처분이 있음에도 불구하고, 담보권의 처분이 따르지 않는 특별한 사정이 있는 경우에는 채권양수인은 담보권이 없는 무담보의 채권을 양수한 것이 되고 채권의 처분에 따르지 않은 담보권은 소멸한다.[140]

3) 저당권부 채권의 양도

한편 저당권은 피담보채권과 분리하여 양도하지 못하는 것이어서 저당권부 채권의 양도는 언제나 저당권의 양도와 채권양도가 결합하여 행해지므로, 저당권부 채권의 양도에는 민법 제449조 내지 제452조의 채권양도에 관한 규정과 함께 민법 제186조의 부동산물권변동에 관한 규정이 적용되어 물권변동의 일반원칙에 따라 저당권을 이전할 것을 목적으로 하는 물권적 합의와 등기가 있어야 저당권이전의

---

(140) 대법원 2004. 4. 28. 선고 2003다61542 판결 등 참조

효과가 발생한다.[141]

나아가 피담보채권과 근저당권을 함께 양도하는 경우에 채권양도는 당사자 사이의 의사표시만으로 양도의 효력이 발생하지만 근저당권이전은 이전등기를 하여야 하므로 채권양도와 근저당권 이전등기 사이에 어느 정도 시차가 불가피한 이상 피담보채권이 먼저 양도되어 일시적으로 피담보채권과 근저당권의 귀속이 달라진다고 하여 근저당권이 무효로 된다고 볼 수는 없으나, 위 근저당권은 그 피담보채권의 양수인에게 이전되어야 할 것에 불과하고, 근저당권의 명의인은 피담보채권을 양도하여 결국 피담보채권을 상실한 셈이므로 집행채무자로부터 변제를 받기 위하여 배당표에 자신에게 배당하는 것으로 배당표의 경정을 구할 수 있는 지위에 있다고 볼 수 없다.[142]

그리고 이와 같은 법리는 피담보채권과 함께 근저당권을 양수한 양수인의 지위에서도 마찬가지라고 할 것이어서 양수인이 일시적으로 근저당권이전의 부기등기를 하지 않고 있다고 하여 담보권이 없는 일반채권을 취득하였을 뿐이라고 볼 수는 없지만, 양수인은 늦어도 근저당권이 경매절차에서 매각 등으로 소멸하기 전까지는 그 앞으로 근저당권이전의 부기등기를 마쳐야 근저당권부 채권을 취득하고, 그렇지 않은 경우에는 무담보의 일반채권을 취득할 뿐이라고 해석함이 타당하다.

4) 결론

위 판례에 비추어, ① 처음부터 근저당권 이전등기를 경료하지 않을 의사인 경우는 담보권 없는 일반채권만을 양수하고, 근저당권은 소멸하였다고 봄이 타당하다. 그러나 ② 등기절차 지연 등의 경우에는 형식적으로 일시 근저당권 이전등기가 경료되지 않았다면 근저당권이 소멸한다고 보기 어렵다. 다만, 진정한 저당권이전등록의사가 있다면, 이와 같은 경우에는 저당권이전등록을 전제로 고소장을 접수하여야 할 것이다.

(4) 자산유동화 특례의 경우

자산유동화에 관한 법률에서는 자산유동화전문회사에 대하여 채권양도와 저

---

[141] 대법원 2005. 6. 10. 선고 2002다15412 판결 등 참조
[142] 대법원 2003. 10. 10. 선고 2001다77888 판결 등 참조

당권이전에서 특례를 다루고 있다. 동법에 의해 설립된 유동화전문회사는 부실채권을 염가에 매수하여, 채무자에 대한 형사고소를 통해 채권을 추심하려는 고소권 남용사례가 문제된다.

다만, 위 특례가 적용되기 위해서는 자산유동화회사로 등록되어 있어야 하며, 동법 소정의 요건을 충족해야 하는 바 이에 대한 검토가 필요하다.

1) 채권양도 대항요건 특례

자산유동화계획에 따른 채권의 양도·신탁 또는 반환은 양도인 또는 양수인이 채무자에게 통지하거나 채무자가 승낙하지 아니하면 채무자에게 대항하지 못한다. 다만, 양도인 또는 양수인이 당해 채무자에게 다음 각 호의 1에 해당하는 주소로 2회 이상 내용증명우편으로 채권양도의 통지를 발송하였으나 소재불명 등으로 반송된 때에는 채무자의 주소지를 주된 보급지역으로 하는 2개 이상의 일간신문에 채권양도사실을 공고함으로써 그 공고일에 채무자에 대한 채권양도의 통지를 한 것으로 본다.

2) 저당권 취득 특례

다만, 자산유동화계획에 따라 양도 또는 신탁한 채권이 질권 또는 저당권에 의하여 담보된 채권인 경우 유동화전문회사 등은 제6조 제1항의 규정에 의한 등록이 있은 때에 그 질권 또는 저당권을 취득한다.

자산유동화전문회사란?

다만, 위와 같은 특례는, 자산유동화전문사회사의 경우에만 해당한다. 유동화회사는 자산유동화 업무를 새롭게 시작하거나, 금융기관에서 자산을 양도 받을 경우 금융감독위원회에 이러한 사실을 전부 등록해야 한다. 이 회사는 유한회사이기 때문에 별다른 영업소를 만들 수 없으며, 서류상으로만 존재하는 회사라서 직원을 고용할 수 없다. 따라서 유동화자산의 관리·운용·처분은 자산 관리자, 이외의 일은 자산 보유자나 제3자에게 위탁하는 형태로 운영한다.

그리고 이 회사는 금융기관 부실채권 매각을 위해 자산담보부채권을 발행한다. 회사는 채권을 개인투자자 혹은 기관투자자에 판매한다. 투자자는 기간이 끝날 때까지 채권에 나와 있는 금리만큼의 이자를 받는다. 또한 기간이 전부 끝나면 원금을 돌려받을 수 있다. 유동화전문회사는 이 모든 과정 가운데서 자산 관리·매각으로 투자 원리금 상환을 위한 자금을 마련한다. 이 작업이 끝나면 회사는 자동으로 해산한다. 우리금융은 우리이에이제삼차유동화전문유한회사라는 유동화회사를 두고 있으며, 동부건설은 동부익스프레스제이차유동화전문유한회사라는 유동화회사를 따로 두고 있다.

3. 고소취소의 경우

고소 또는 고발의 취소는 서면 또는 구술로 검사 또는 사법경찰관에게 하여야 한다. 다만, 구술에 의한 경우에는 조서를 작성하여야 한다(제239조, 제237조).

(1) 민사상의 합의(화해계약의 체결)와 고소취소

범죄피해로 인한 손해와 관련하여 당사자 간에 민사 세칭 합의를 보게 되는데, 민법상 화해계약에 해당한다. 합의서의 제출이 적법한 고소취소의 방법에 해당하는지 문제된다. 판례는 피해자가 경찰에 강간치상의 범죄사실을 신고한 후 경찰관에게 가해자의 처벌을 원한다는 취지의 진술을 하였다가, 그 다음에 가해자와 합의한 후 "이 사건 전체에 대하여 가해자와 원만히 합의하였으므로 피해자는 가해자를 상대로 이 사건과 관련한 어떠한 민·형사상의 책임도 묻지 아니한다"는 취지의 가해자와 피해자 사이의 합의서가 경찰에 제출되었다면, 위와 같은 합의서의 제출로써 피해자는 가해자에 대하여 처벌을 희망하던 종전의 의사를 철회한 것으로서 공소제기 전에 고소를 취소한 것으로 보고 있다.

(2) 경제범죄사건(비친고죄)이 고소취소된 경우

① 수사가 상당부분 진행되어, 증거에 의해 혐의사실인정 및 법령적용이 가능할 만큼 사건이 성숙한 경우에는 고소취소와 무관하게 기소의견 송치한다. ② 그러나 혐의 입증을 위한 추가 수사가 남아 있음에도, 고소보충조서 작성도 불응한 경우

는 각하처리, 고소장 제출 이후 고소·고발인이 출석요구에 불응하거나 소재불명되어 고소·고발사실에 대한 진술을 청취할 수 없는 경우와 같이 추가수사에 불응하는 경우에는 대체로 증거 불충분 혐의 없음 처리한다.

> 🔨 • 경찰에서 송치한 사건에 대해 검찰에서 형사조정 절차를 밟게 되며 이로 인해 경찰 송치 후 처리결과를 보면 킥스상 많은 사건들이 기소중지 처분으로 떠 있는게 현실입니다.
> • 저 같은 경우 1차 피신받을 때 변명하는대로 받아주고 이후 고소취소되면 취소 진술조서를 받아 불기소 처분하는 방식으로 처리합니다.
> • 그러나 피의자가 사기 전과 많고 혐의 명백하면 취소 관계없이 기소로 처리합니다. 요즘은 거의 들어오지 않는 카드대금 고소사건을 처리한 적 있는데 카드사에서 공무원을 카드대금 미변제로 고소하여 충분한 시간을 주었음에도 연락을 회피하길래, 변제능력을 파헤쳐 자백받았고, 그 후에서야 합의서 들고 왔지만, 그대로 기소했더니 검찰에서 기소유예 처분을 받은 경험이 있습니다.[143]

(3) 외상합의 경우

다만, 당사자 간 합의를 통해 고소취소 및 불기소처분이 내려진 다음, 합의사항을 불이행한다는 이유로 재차 고소하는 경우가 빈번하다. 이른바 외상합의 불이행과 재고소의 문제다.

1) 원 사건을 재고소하는 경우

고소내용에 따라 원 사건을 다시 수사해 달라고 고소하는 유형이 있다. 검찰사건사무규칙 제69조에 따르면, 동일사건에 관하여 검사의 불기소처분이 있는 경우에 해당하여 각하사유에 해당한다. 다만, **새로이 중요한 증거가 발견된 경우**에 고소인 또는 고발인이 그 사유를 **소명한 때**에는 그렇지 않다.

---

(143) 설태환(부산청 동부서 경제팀)

2) 속아서 합의를 보았다는 별건 고소의 경우

실무상 접수하여 수사하는 경우도 있으나, 불기소 내지 반려하는 경우가 적지 않다. 다만, 그 논거관련 설명이 분분하다. 생각건대, 비친고죄인 사기죄와 관련, 고소취소의 의사표시와 수사기관의 불기소 처분과의 인과 관계를 인정하기 어려운 점을 감안하면, 화해계약 체결을 통해서 별건 사기죄 수사를 위해서는 ① 재산상 이익의 특정과 ② 처분행위를 구비해야 하고 나아가 ③ 수사에 착수할 실무상의 수사실익이 있어야 한다.

A. **채무이행의 연기**   화해계약체결만으로 채무면제를 목적으로 한 별건의 사기를 인정하기는 어렵다.[144] 그러나 판례는 명시적으로 '채무이행의 연기'도 가액을 산출할 수 없는 재산상의 이익에 해당한다고 보고 있다.[145]

> 🔨 원심은 피고인 1, 2가 유령회사 명의로 약속어음 또는 당좌수표를 발행하여도 그 지급기일에 정상적으로 결제할 의사나 능력이 없음에도 불구하고 약속어음 또는 당좌수표가 정상적으로 지급될 것처럼 각 피해자에게 기존 채무의 변제조로 교부하여 이에 속은 각 피해자로부터 그 채무의 지급을 면하여 각 동액 상당의 재산상 이익을 취득하였다고 판시하였다.

B. **처분행위**   한편 이익사기죄의 처분행위에는 계약체결, 노무제공, 채무면제와 같은 행위는 물론 청구권을 불행사의 부작위도 이에 해당한다.[146] 따라서 합의계약을 체결하는 것 자체의 처분행위성은 인정할 수 있다.

C. **수사실익**   다만, 변제기 연장에 대한 사기죄의 성립을 형식적으로 인정하더라도, 원 피해금액 내지 채무이행의 연기라는 이익이 경미한 점, 애초 차용금 사건에서 형사상의 피해구제의 기회를 부여받았음에도, 스스로 그 기회를 놓

---

(144) 대법원 2012. 4. 13. 선고 2012도1101 판결

(145) 대법원 1998. 12. 9. 선고 98도3282 판결. 다만, 위 약속어음 또는 당좌수표를 수수함에 의하여 피고인 1, 2는 그 지급기일까지 채무이행을 연기받았다고 할 것이고, 채무이행을 연기받는 것도 재산상의 이익이 되므로, 채무이행을 연기받은 사기죄는 성립할 수 있으나, 채무이행을 연기받은 것에 의한 재산상의 이익액은 이를 산출할 수 없으므로 이는 특정경제범죄가중처벌 등에 관한 법률상의 이득액을 계산함에 있어서는 합산될 것이 아니다.

(146) 서울고등법원 2005. 11. 9. 선고 2005노588 판결

치고 재고소를 통해 채권을 추심받으려는 고소권 남용을 통제할 필요가 있는 점을 감안하면 수사착수의 실익을 인정하기 어려운 경우가 많다. 대체로 실무상 반려 내지 불기소되는 경향이 있다.

반대로 허위의 분양계약서나 부도수표 등을 통해 합의와 고소취소를 끌어내는 경우, 채무이행의 연기를 통해 부도 직전의 영업을 당분간 지속하는 경우와 같이 비난 정도가 높거나 국가 손해가 인정되어 수사의 필요성이 있는 사안도 있다.(판례의 태도도 유사)

수사실무에서 사건수사의 착수 여부는 ① 적극적인 기망행위의 유무, ② 채무이행의 연기를 통해 실제 얻게 되는 경제적 이득이라는 관점에서, 재차 수사에 착수하여 고소인을 구제할 필요가 있는지를 검토할 필요가 있다고 생각한다.(147)

🔨 • 처분행위를 형사합의가 아니라 변제기일 연장이라고 보면 재산적 처분행위로 볼 수 있고, 이 경우 허위의 채권양도를 수반한다든지 적극적 기망행위가 존재하면 기소가능 없다면 반려 내지 불기소하고 있습니다. 따라서 합의과정에 대한 조사가 필요합니다.(148)

• 다만, 채무이행 연기는 재산적 이익으로 볼 수 있어, 예를 들어 허위공증이나 근저당 설정해 주고 변제기일 연장을 하는 조건으로 소취하했을 때 이 경우는 변제기일의 연장받을 것을 이익으로 봐서 처리하고 있습니다.(149)

---

(147) 대법원 2005. 9. 15. 선고 2005도5215 판결, 대법원 1997. 7. 25. 선고 97도1095 판결
(148) 임영민(거제/경제팀)
(149) 이승우(경기청/부천오정/경제팀)

고소인 박갑부는 일전에 나사기를 취업미끼 사기로 고소한 적이 있다. 나사기는 '내가 변제금에 대하여 공증을 서겠으니 고소를 취하해 달라'고 박갑부에게 부탁하였다. 순진한 박갑부는 현실로 지급받은 것도 없이 나사기의 말만 믿고, 공증사무소에서 변제금 3,000만 원에 대한 공증을 하고 고소취소장을 작성해 주었다.

나사기는 고소취소장을 검찰에 제출하여 결국 기소유예처분을 받는 데 성공하였다. 그러나 나사기는 박갑부에게 110만 원만 보낸 다음 연락이 두절되었다. 박갑부는 나사기에 대해 2차 사기 피해를 당했다며 고소장을 제출한 상태이다.

> **질문:** 나사기에 대해 별도의 사기죄를 인정할 수 있는가?

정답: 실무상 반려 내지 불기소(혐의 없음)

생각건대 공증서류 작성과정에서 채무이행의 연기라는 이득이 발생할 수 있으나, 원 사건은 이미 형사상 기소유예처분을 받아 이미 형사적 피해구제를 받은 점, 허위의 분양권 내지 부도수표와 같이 적극적인 기망행위가 수반되지 않은 점, 이 사건에서 기존채무에 대한 어떠한 처분행위 없이, 단지 채무이행의 연기를 통해 실질적으로 얻을 이익은 거의 없는 점, 110만 원이라도 일부 변제된 점을 감안하면 수사착수의 실익이 없다고 보인다.

박달재와 피해자는 2013년 초에 우연히 채팅으로 만났던 사이다. 박달재는 2013. 6. 13.경 피해자에게 "아버지의 사망에 따른 상속 사건으로 변호사 선임비와 소송비용이 많이 들어가는 소송을 하는데 네 명의의 신용카드를 내가 사용하게 해주면 상속 지분 중 2억 1,000만 원을 주겠다"고 거짓말하여 피해자로부터 피해자 명의의 삼성카드와 우리은행 신용카드를 받아 사용하였다. 박달재는 2013. 6. 18. 피해자에게 2억 1,000만 원에 관한 준소비대차계약 공정증서를 작성하여 교부하였고, 피해자를 안심시킬 목적으로 "결혼하여 금전 문제를 잘 해결하자"고 제안하여 피해자와 함께 혼인신고까지 하였다. 박달재는 그때부터 2013. 6. 27.경까지 피해자로부터 위와 같은 명목으로 합계 51,761,788원을 교부받았다. 그 후 피해자는 박달재와 연락이 두절되자 박달재를 의심하여 박달재의 혼인관계증명서를 발급받고 비로소 박달재가 다른 사람과 혼인신고를 하였다가 협의이혼을 한 사실을 알게 되자, 그제서야 속은 것을 알게 되어 2013. 7. 4. 박달재를 사기죄로 고소하였다.

한편 피해자와 혼인신고를 하고 피해자의 금원을 편취한 후 잠적할 때까지 박달재는 피해자와 동거하지도 않았고, 함께 거주할 집이나 가재도구 등을 알아보거나 마련한 바도 없다.

질문: 위 사건의 송치의견을 작성하시오.

정답: 기소의견

대법원 2015. 12. 10. 선고 2014도11533 판결의 사실관계이다. 범죄행위 시를 기준으로 배우자 관계에 있었다면 사기죄 고소가 어렵다. 따라서 사안의 쟁점은 이 사건 사기범행의 범죄행위 시가 언제인지, 진정한 혼인 관계로서 유효한지가 문제된다.

- 사기죄 기망행위 시와 처분행위 시가 다른 경우에는 종료 시인 처분행위를 기준으로 하며, 2013. 6. 18. 피고인과 혼인신고를 마쳐 위 범행 당시 피고인의 배우자였던 사실이 인정된다. 포괄일죄 여부가 문제될 수 있다. 원 사건에서는 이에 대한 언급은 없고, 범죄행위를 6. 18.로 특정했다.

- 한편 민법 제815조 제1호는 당사자 사이에 혼인의 합의가 없는 때에는 그 혼인을 무효로 한다고 규정하고 있고, 이 혼인무효 사유는 당사자 사이에 사회관념상 부부라고 인정되는 정신적·육체적 결합을 할 의사를 가지고 있지 않은 경우를 가리킨다. 그러므로 비록 당사자 사이에 혼인신고가 있었더라도, 그것이 단지 다른 목적을 달성하기 위한 방편에 불과한 것으로서 그들 사이에 참다운 부부관계의 설정을 바라는 효과의사가 없을 때에는 그 혼인은 무효라고 할 것이다.

- 피해자로부터 금원을 편취하기 위한 기망의 수단으로 피해자와 혼인신고를 하였을 뿐이고, 그들 사이에 부부로서의 결합을 할 의사나 실체관계가 있었다고 볼 아무런 사정도 없다.

- 배우자관계를 부정하고 친족상도례적용이 없다고 보아 유죄의견이다.

 혼인의 취소사유와 구별

가령 당사자가 상대방에게 자신의 학력, 혼인경력, 출산경력 등을 속이고 혼인한 경우는 취소사유에 해당하며, 살림을 꾸리는 등 정신적, 육체적 결합의사가 없어 혼인의 실체자체가 없는 경우는 무효사유에 해당한다. 참고로 그 혼인을 취소하는 경우, 민법 제824조에 의하면 혼인취소의 효력은 소급하지 않는다.

박신불은 삶이 어렵다. 한때는 사장님 소리를 들었지만 지금은 신용불량자에 불과하다. K은행에 갚아야 할 채무 5,000만 원 가운데 간신히 변제를 하여 지금은 1,000만 원만 남은 상태다. 그런데 어느날 A캐피털에서 사기죄로 고소되었다. 박신불은 자기도 모르게 채무가 넘어갈 수 있냐며 담당 경찰관에게 항의하였다. 사실관계를 확인해 보니 A캐피털은 K은행으로 부터 채권을 염가에 양수하였고, 박신불이 주소지가 불명하여 채권양도 통지를 못했다는 사실을 알게 되었다. 이와 관련 K은행 담당직원은 불량채권을 아주 저렴하게 팔고 끝냈으니 더 이상 사건수사에 관여하고 싶지 않다고 한다.

질문: 경찰관은 사건을 반려할 수 있는지, 있다면 어떤 근거로 할 수 있는가?

정답: 반려할 수 있다.

- 차용금 사기는 재물 사기의 일종이다. 따라서 그 피해자는 채권양수인이 아닌 재물 소유권자이자 원채권자인 K은행이다. 나아가 고소권은 일신전속적 권리로서 양도가 불가하다. 따라서 사기죄의 고소권자는 K은행이며, 채권의 양수인에 불과한 A캐피털은 고소권한이 없다. 범죄수사규칙 제42조 제1항 제6호에 의하여 형사소송법 제223조에 의한 고소제한 규정에 위반하여 고소된 사건에 불과하다.

- 다만, 수사의 필요성이 있는 경우에는 고발 내지 범죄인지 등 수사단서를 바꿀 여지가 없는 것은 아니다. 그러나 사기죄 고발사건으로 사건을 접수하더라도 최초 K은행의 대출심사의 구체적 경위와 과정을 기초로 기망한 사실이 있는지를 수사해야 함에도, 원 채권자는 이미 채권양도로 일부 변제받고 수사과정에 협력할 의사가 없음을 분명히 하였다.

  결론적으로 개인적 법익에 불과한 사기사건에서 타인 사기범죄 고발을 기화로 염가에 채권을 양수한 채권자가 제기한 고소사건을 적극적으로 수사할 필요는 없다고 보인다. 그러므로 고소대리로 보아 K은행의 위임장 첨부를 요구하고, 이에 불응하는 경우 고소를 반려함이 타당하다.

- 한편 범죄수사규칙에서는 아래와 같이 반려제도를 규정하고 있으나 실무적으로 잘 지켜지지 않는 경향이 있다.

제42조 경찰관은 고소ㆍ고발이 있는 때에 다음 각 호의 하나에 해당되는 경우에는 수리하지 않고 반려할 수 있다

1. 고소ㆍ고발사실이 범죄를 구성하지 않을 경우

2. 공소시효가 완성된 사건

3. 동일한 사안에 대하여 이미 법원의 판결이나 수사기관의 처분이 존재하여 다시 수사할 가치가 없다고 인정되는 사건. 다만, 고소ㆍ고발인이 새로운 증거가 발견된 사실을 소명한 때에는 예외로 함

---

4. 피의자가 사망하였거나 피의자인 법인이 존속하지 않게 되었음에도 고소 · 고발된 사건

5. 반의사불벌죄의 경우, 처벌을 희망하지 않는 의사표시가 있거나 처벌을 희망하는 의사가 철회되었음에도 고소 · 고발된 사건

6. 「형사소송법」 제223조의 규정에 의해 고소 권한이 없는 자가 고소한 사건

7. 「형사소송법」 제224조, 제232조, 제235조에 의한 고소 제한규정에 위반하여 고소 · 고발된 사건

그리고 사건을 반려할 시 그 사유와 이의를 제기할 수 있음을 고지하여야 하고, 이의제기가 있는 경우, 심의위원회를 개최하여 수리 여부를 결정할 수 있다

김송구는 상가를 분양받을 수 있다는 박달재의 말에 속아 5,500만 원을 빌려줬다. 하지만 김송구는 1,800여만 원밖에 돌려받지 못하자 박달재를 사기죄로 고소했다. 그리고 김송구는 정상재의 항소심 선고를 앞두고 박달재의 형으로부터 1,300만 원을 변제받고 합의서를 작성해줬다. 박달재는 2008년 6월 항소심에서 징역 4월을 선고받고 형이 확정됐다. 그런데 김송구는 박달재에게 빌려준 5,500만 원 중 1,300만 원은 합의금으로 받은 것이고, 이미 일부 변제받은 1,800여만 원은 이자라면서 박달재를 상대로 나머지 대여금 4,200만 원을 돌려달라는 소송을 냈다. 그러나 박달재는 "형사 고소를 취소하면서 합의금 1,300만 원을 받기로 하고, 향후 민·형사상 어떠한 이의제기도 하지 않기로 합의했다"며 "채권을 포기하거나 채무를 면제해 준 것이어서 김송구의 청구를 받아들일 수 없다"고 주장했다. 반면 김송구는 "박달재의 형이 1,300만 원을 주면서 합의서 작성을 요구해 불러주는 대로 합의서를 작성해 줬을 뿐 정상재에 대해 소송을 내지 않기로 하거나 채권 포기, 채무 면제를 한 것은 아니다"라고 맞섰다.

질문: 김송구는 나머지 손해를 배상받을 수 있는가?

민사판결이지만 수사절차에서 도움이 될만한 사실관계라 소개하였다.

▣ 항소심

합의서에는 "채권에 대한 채무변제를 완료해 원만한 합의를 봤다는 취지로 기재돼 있지만 실제로는 채무가 전부 변제되지 않아 김 씨가 정 씨 측이 요청한 문구대로 합의서를 작성해 준 것으로 보인다"고 밝혔다.

또 "합의금 1,300만 원도 대여금 5,500만 원의 4분의 1에도 미치지 못하는 적은 금액이고, 법정구속된 상태에서 항소심 선고를 앞두고 합의가 절실한 상황으로 형사상 합의가 주요한 목적"이라며 "합의서 문구에도 불구하고 형사처벌을 원하지 않는다는 취지의 형사상 합의에 불과하고, 민사적 책임까지 배제하는 취지의 합의로 볼 수 없다"고 판단해 3,300여만 원을 지급하라는 일부승소 판결을 했다.

▣ 대법원의 파기환송

그러나 대법원은 "합의서에 추후 민사상 청구의 가능성을 유보하는 내용의 문구가 없다"며 "진정한 의사가 형사상 합의만을 위한 것이었을 뿐 민사상으로는 전액을 변제받고자 하는 것이었다면, 김 씨가 이런 취지를 합의서에 기재해 두는 것도 가능했는데 다른 조건 없이 추후 민·형사상 어떠한 이의도 제기하지 않겠다고 명시적으로 합의서에 기재했다"고 밝혔다. 또 "김 씨의 진정한 의사를 합의서 문구와 달리 해석할 만한 사유가 보이지 않고, 김 씨와 정 씨가 합의서를 통해 부제소 합의를 한 것으로 봄이 상당하다"고 보았다.

CHAPTER 2

피의자에 대한 수사

경찰관은 피의자를 신문하는 경우에는 원칙적으로 피의자신문조서를 작성하여야 한다.[150] 범죄사실과 정상에 관한 필요사항을 신문하여할 뿐만 아니라, 그 이익되는 사실을 진술할 기회를 주는 등 변명의 기회를 주어야 하기 때문이다.

1. 개관

(1) 피의자신문을 결략할 수 있는 경우

명백히 ❶ 공소권없는 사건, ❷ 명백히 범죄가 되지 않는 사건, ❸ 각하되어야 할 고소·고발사건 등에 있어서는 군이 신문할 필요가 없으므로 피의자신문없이 사건을 처리하고 있다.[151] 대검찰청예규이기는 하나, 수사사건 처리 간소화 방안[152]을 살펴보자.

> 1. 다음 각 호의 1에 해당하는 경우에는 피의자 신문조서의 작성을 생략할 수 있다.
>
> 가. 공소권 없음에 해당하는 사건 〈단서 삭제(다만, 교통사고처리특례법 위반사건은 제외한다)〉
>
> 나. 피의자가 형사미성년자인 사건

---

(150) 범죄수사규칙 제68조

(151) 사법연수원 수사절차론 61쪽

(152) 대검찰청예규 제504호, 2009. 11. 2. 폐지제정, 시행 2009. 11. 2.

2. 피의자신문조서의 작성을 생략하는 경우에도 피의자에 대한 수사자료표의 작성은 생략할 수 없다.

3. 유의사항

가. 위 1항의 "피의자 신문조서의 작성을 생략할 수 있는 경우"라 함은 피의자 조사없이도 사건결정이 가능한 경우를 말하므로 사건결정에 피의자조사가 필요한 경우에는 이를 생략하여서는 안 된다.

나. 범죄 혐의 없음에 해당하는 사건이나 피의자가 형사미성년자임을 근거로 하는 것 이외의 사유로 죄가 안 됨에 해당하는 사건은 피의자조서를 생략할 수 없다.

(2) 조사 전 의견의 청취

피의자신문에 앞서 피의자에 대한 면담이나 조사가 가능할까? 비록 검찰사건사무규칙은 이를 인정하고 있다.[153]

2. 진술거부권

(1) 진술거부권 고지의 대상이 되는 피의자의 지위

수사기관에 의한 진술거부권 고지의 대상이 되는 피의자의 지위는 형식적인 사건수리 절차를 거치기 전이라도 조사대상자에 대하여 범죄의 혐의가 있다고 보아 실질적으로 수사를 개시하는 행위를 한 때에 인정된다.[154]

---

[153] 검찰사건사무규칙 제13조의5(조사 전 의견청취) 검사는 피의자 또는 피의자 외의 자를 조사하기에 앞서 조사대상자에게 조사의 경위 및 이유를 설명하고 유리한 자료를 제출할 기회를 주거나, 조사 대상자로부터 피의사실에 대한 의견 및 조사 요구 사항 등 조사에 참고할 사항을 들을 수 있다. [본조신설 2008. 1. 7.] 그러나 의견청취 과정은 어디까지나 신문의 전(前) 단계에 불과하다. 본격적인 추궁을 할 것이 아니고, 혐의인정에 대한 상대방의 기본적인 입장을 확인하고 조사요구사항에 대한 의견을 수렴하여 신문 사항을 정함으로써 불필요하게 피의자신문에 소요되는 시간을 줄이기 위한 것이다. 따라서 진술거부권을 고지하지 않은 상태에서 상대를 안심시키고 깊숙한 대화를 주고받는 것은 진술거부권을 침해한다고 본다. 이러한 경우 바로 조서작성 절차에 들어가는 것이 바람직하다고 본다.

[154] 대법원 2001. 10. 26. 선고 2000도2968 판결 등

1) 인정되는 경우 ★ CASE

사례 [40] 나는 피의자인가 참고인인가를 참고한다.

2) 부정되는 경우

⚖️ 이 사건 필로폰이 중국에서 국내로 반입되어 피고인들에게 전달되는 과정에서 공소외 3이 인천국제여객터미널에서 공소외 2로부터 필로폰이 은닉된 곡물포대를 건네받아 이를 피고인들에게 전달하는 역할을 하였다는 것이므로, 그에 의하면 공소외 3이 피고인들과 이 사건 필로폰의 수입 내지 매수에 관한 공범관계에 있을 가능성을 배제할 수는 없지만, ❶ 공소외 3이 피고인들과 공범관계에 있을 가능성 만으로 공소외 3이 이 사건의 참고인으로서 검찰 조사를 받을 당시 또는 ❷ 그 후라도 검사가 공소외 3에 대한 범죄 혐의를 인정하고 수사를 개시하여 공소외 3이 피의자의 지위에 있게 되었다고 단정할 수 없고 그와 같이 볼 만한 아무런 객관적인 자료가 없으며, 검사가 공소외 3에 대한 수사를 개시할 수 있는 상태이었는데도 ❸ 진술거부권 고지를 잠탈할 의도로 피의자 신문이 아닌 참고인 조사의 형식을 취한 것으로 볼 만한 사정도 기록상 찾을 수 없다. 오히려 피고인들이 이 사건 수사과정에서 이 사건 필로폰이 중국으로부터 수입되는 것인지 몰랐다는 취지로 변소하였기 때문에 피고인들의 수입에 관한 범의를 명백하게 하기 위하여 검사가 이 사건 필로폰이 은닉된 곡물포대를 받아 피고인들에게 전달한 공소외 3을 참고인으로 조사한 것이라면, 공소외 3이 수사기관에 의해 범죄 혐의를 인정받아 수사가 개시된 피의자의 지위에 있었다고 할 수 없고, 공소외 3이 피의자로서의 지위가 아닌 참고인으로서 조사를 받으면서 수사기관으로부터 진술거부권을 고지받지 않았다 하더라도 그 이유만으로 그 진술조서가 위법수집증거로서 증거능력이 없다고 할 수 없다.

3) 공동으로 관련성이 있는 경우

특히 조사대상자의 진술내용이 단순히 제3자의 범죄에 관한 경우가 아니라 자신과 제3자에게 공동으로 관련된 범죄에 관한 것이거나 제3자의 피의사실 뿐만 아니라 자신의 피의사실에 관한 것이기도 하여 그 실질이 피의자신문조서의 성격을 가지는 경우에 수사기관은 그 진술을 듣기 전에 미리 진술거부권을 고지하여야 한다.[155]

---

(155) 대법원 2009. 5. 28. 선고 2008도7098 판결 등

(1) 2010. 10. 1. 광주지방검찰청 목포지청에 "B 의원이 A 계장을 과장으로 승진시켜주겠다고 하여 A 계장으로부터 1,000만 원을 받아 쓰고 2년이 넘도록 승진을 시켜주지 않았다"는 내용의 B에 대한 익명의 탄원서가 접수되었다.

(2) 검사 C는 2010. 10. 8. 위 검찰청 수사과에 피진정인 B에 대한 위 탄원서 기재 사실의 유무를 내사하여 범죄의 혐의가 있다고 인정할 때는 검사의 지휘를 받아 입건 수사하고 없을 때에는 수사기록과 함께 그 결과를 2010. 11. 8.까지 보고하도록 내사를 지휘하였다.

(3) 이에 따라 위 검찰청 소속 검찰수사관 D는 2010. 10. 12. 피고인을 소환하여 약 2시간에 걸쳐 위 탄원서 기재 내용의 사실 여부를 확인하였는데, 피고인이 B에 대한 뇌물공여 사실을 부인하고 같은 취지로 진술서를 작성하자 D는 "다 알고 있다, 사실대로 이야기해라"라고 말하면서 피고인으로 하여금 다시 진술서를 작성하도록 하였고, 결국 피고인은 "2007년 가을경 B에게 승진 청탁의 대가로 1,000만 원을 교부하였다가 추석 무렵 아들 명의 계좌로 돌려받았다"는 취지의 진술서를 작성하였다.

(4) D는 2010. 10. 18. 피고인을 B에 대한 특정범죄가중처벌 등에 관한 법률 위반(알선수재) 피의사건의 참고인으로 소환하여 위 진술서 내용과 동일한 취지의 진술조서를 작성하였고, 이어 2010. 10. 27. B를 위 피의사건의 피의자로 소환하여 조사하였으나 B는 피의사실 일체를 부인하였다.

(5) D는 2010. 10. 28. 피고인을 다시 참고인으로 소환하여 조사하였는데, 피고인은 기존 진술을 번복하여 B에게 교부한 돈은 승진 청탁의 대가가 아니라 대여금이고 2010. 9. 27. 아들 명의 계좌로 돌려받았다고 진술하였으며, 이후 2010. 11. 1. 이루어진 참고인 조사에서도 같은 취지로 진술하였다.

(6) 이후 D는 2010. 11. 16. B에 대한 피의자신문을 진행한 후 2010. 12. 14. B와 피고인을 소환하여 대질신문을 실시하였으나, B와 피고인은 승진 청탁의 대가로 돈을 주고받은 적이 없다는 기존 주장을 반복하였다.

(7) 위 검찰청 수사과에서는 2010. 12. 21. "피진정인 B의 범죄를 인정할 만한 증거를 발견할 수 없으므로 내사종결 처리하는 것이 타당"하다는 의견으로 검사 C에게 사건을 송치하였다.

(8) 검사 C는 2011. 1. 12. 피고인을 B에 대한 특정범죄가중처벌 등에 관한 법률 위반(알선수재) 피의사건의 참고인으로 다시 소환하여 진술조서를 작성하였는데, 피고인은 진술이 번복된 경위 등을 추궁 당하게 되자 2010. 9. 27. 피고인의 아들

명의 계좌로 입금된 돈은 2007년 가을경 B에게 빌려준 돈을 돌려받은 것이 아니라 B로부터 빌린 것이라고 진술하였다.

⑼ 검사 C는 2011. 1. 13. 피고인을 뇌물공여 사건의 피의자로 소환하여 피의자신문조서를 작성하였고, 그 후 2011. 5. 17. 뇌물공여죄로 피고인을 기소하였다.

위 사안에서 대법원은, 이 사건 공소사실에 관한 검사의 내사 지휘 이후 작성된 피고인의 진술서 및 피고인에 대한 각 진술조서에 기재된 내용은 내사 대상 범죄로서 이 사건 공소사실인 피고인이 B에게 승진 청탁을 하면서 돈을 주었다는 것과 이를 받은 B가 승진을 시켜주지 않았다는 것과 관련된 사실들로서, 뇌물공여와 알선뇌물수수는 서로 필수적으로 수반되는 행위일 뿐 아니라 뇌물공여는 알선뇌물수수보다 법정형이 더 무거운 죄이므로, B에 대한 알선뇌물수수 피의사실 및 그에 대한 조사·수사는 피고인에 대한 뇌물공여 피의사실 및 그에 대한 조사·수사에 관한 것이라 할 것이다.

당시 수사기관이 피고인을 소환하여 청탁 관련 뇌물 공여·수수 사실을 확인하고 이에 관하여 구체적인 내용을 진술하도록 함으로써 조사한 것은 B의 피의사실에 대한 조사임과 동시에 이미 피고인에 대하여도 뇌물공여의 범죄 혐의가 있다고 보아 수사하는 행위를 한 것이어서, 당시 피고인은 이미 피의자의 지위에 있었다고 봄이 상당하다.

외국인투자촉진법상 외국인이 5,000만 원 이상을 국내에 투자하여 사업을 하면 출입국관리사무소로부터 6개월 이상 장기 체류할 수 있는 기업투자비자(D-8)를 받을 수 있다. 다만, 그 허가 또는 신고와 관련하여 거짓 서류를 제출한 자는 3년 이하의 징역 또는 3천만 원 이하의 벌금에 처한다.

담당 검사는 위 법률 위반 피고인 박봉달에 대해 아래와 같이 공소를 제기하였다.

> 피고인 박봉달은 서울 용사구 가동 소재 위 장소에 손님으로 찾아온 필리핀인 A 로부터 고용허가비자(E-9)로 체류 중이라는 이야기를 듣고, A에게 돈을 주면 국 내에 5,000만 원을 투자한 것처럼 가장하여 장기간 국내에 체류할 수 있는 기업 투자비자를 받아 줄 수 있다고 하면서 기업투자비자를 만들 것을 제의하여 승낙 을 받았다.
>
> 이에 피고인은 2009. 1. 22. 홍콩 소재 환전상(UNITED ASIA IMP.EXP.CO)에 의뢰 하여 A의 은행 계좌로 미화 36,876.55달러(한화 약 5,000만 원 상당)를 송금하게 하였다. 그 후 피고인은 A로 하여금 2009. 1. 23.경 서울 중구 동 2가에 있는 은 행 본점에서 국내에 5,000만 원을 투자하여 인천 부평구 동에서 "인터내셔날이 라는 상호로 무역업을 한다"라는 취지의 외국인투자기업 등록증명 신청서를 작 성한 뒤, 그 신청서와 함께 그 증빙서류로 위 통장사본 등을 제출하도록 하였다.
>
> 그러나 사실 피고인과 필리핀인 A는 국내로 송금된 미화 36,876.55달러를 바로 출금하여 송금한 사람에게 건네줄 의사가 있었을 뿐 신청서에 기재된대로 그 돈 을 투자하여 무역업을 할 의사는 없었다.
>
> 이로써 피고인은 A와 공모하여 외국인투자촉진법에 의한 신고와 관련하여 허위 의 서류를 제출하였다.

검사는 정보원으로부터, 허위로 D-8(기업투자)로 체류자격을 변경한 A 등에 대 한 인적사항을 제출받고, 인천 출입국관리사무소로부터 A의 등록외국인기록표 및 기업투자 체류자격변경 신청서류를 제출받았으며, 2009. 9. 16. A에 대한 외 국인투자기업등록증명서를 발급해 준 우리은행 외국인투자지원팀 담당자와 전 화통화를 통하여 허위의 외국인투자로 의심된다는 진술을 듣는 등의 조사를 거쳤다. 검사는 A를 참고인으로 소환하여 기업투자비자를 발급받기 위해 허위서류를 제출한 것에 관하여 신문하면서 진술조서를 작성하였다.

질문: A에 대한 진술조서를 박봉달의 유죄입증의 증거로 사용할 수 있는가?

판단: 증거능력 없음

대법원 2011. 11. 10. 선고 2010도8294 판결이다.

- 검사는 피고인에 대한 이 사건 공소를 제기하면서 공소사실에 "피고인은 A와 공모하여 외국인투자촉진법에 의한 신고와 관련하여 허위의 서류를 제출하였다"라고 기재한 사실을 알 수 있고, 여기에 A는 외국인투자촉진법에 의한 신고와 관련하여 허위의 서류를 제출하였다는 구성요건의 직접적인 주체로서 정범에 해당하는 점을 보태어 보면, 검사가 A를 소환하여 조사한 것은 이미 사전조사를 거쳐 A의 범죄 혐의가 있다고 보아 수사를 개시하는 행위를 한 것으로 보아야 한다.

- 그렇다면 조사 당시 피의자의 지위에 있었다고 볼 A의 진술을 기재한 서류가 비록 진술조서라는 형식을 취하였다고 하더라도 피의자신문조서와 달리 볼 수 없고, 그런데도 기록상 검사가 위 진술조서 작성 당시 A에게 진술거부권이 있음을 고지한 사실을 인정할 아무런 자료가 없으므로, 위 진술조서는 진술의 임의성이 인정되는 경우라도 위법하게 수집된 증거로서 증거능력이 없어 피고인에 대한 유죄의 증거로 쓸 수 없다.

CHAPTER 3

수사보고서의 증거능력

수사보고서는 일반적으로 수사의 경위 및 결과를 내부적으로 보고하기 위하여 작성된 서류에 불과하다고 설명한다. 그러나 실무상 수사보고서는 두꺼운 수사서류의 친절한 안내자 역할을 수행한다.

다만, 실무상 형사소송법에서 검증조서 내지 진술조서에 기재되어야 하는 내용이 수사보고서에 기재되는 경우도 빈번하나, 대법원은 이를 제한적으로만 인정하는 바 수사보고서의 종류에 따른 증거능력을 살펴본다.

1. 검증의 결과를 기재한 경우 ★ CASE

수사보고서에 검증의 결과에 해당하는 기재가 있는 경우, 그 기재 부분은 검찰사건사무규칙 제17조에 의하여 검사가 범죄의 현장 기타 장소에서 실황조사를 한 후 작성하는 실황조서 또는 사법경찰관리집무규칙 제49조 제1항, 제2항에 의하여 사법경찰관이 수사상 필요하다고 인정하여 범죄현장 또는 기타 장소에 임하여 실황을 조사할 때 작성하는 실황조사서에 해당하지 않는다.

그리고 단지 수사의 경위 및 결과를 내부적으로 보고하기 위하여 작성된 서류에 불과하므로 그 안에 검증의 결과에 해당하는 기재가 있다고 하여 이를 형사소송법 제312조 제1항의 '검사 또는 사법경찰관이 검증의 결과를 기재한 조서'라고 할 수 없을 뿐만 아니라 이를 같은 법 제313조 제1항의 '피고인 또는 피고인이 아닌 자가 작성한 진술서나 그 진술을 기재한 서류'라고 할 수도 없고, 같은 법 제311조, 제315조, 제316조의 적용대상이 되지 아니함이 분명하므로 그 기재 부분은 증거로 할 수 없다.[156]

2. 전화통화내용을 기재한 수사보고의 경우

이와 같은 유형의 수사보고서는 전문증거로서 형사소송법 제310조의2에 의하여 제311조 내지 제316조에 규정된 것 이외에는 이를 증거로 삼을 수 없는 것인데, 위 각 수사보고서는 제311조, 제312조, 제315조, 제316조의 적용대상이 되지 아니함이 분명하므로, 결국 제313조의 진술을 기재한 서류에 해당하여야만 제314조의 적용 여부가 문제될 것인바, 제313조가 적용되기 위하여는 그 진술을 기재한 서류에 그 진술자의 서명 또는 날인이 있어야 할 것이다. 그러나 이 사건의 경우, 위 각 수사보고서에는 검찰주사보의 기명날인만 되어 있을 뿐 원진술자의 서명 또는 기명날인이 없음은 앞서 본 바와 같으므로, 제313조에 정한 진술을 기재한 서류가 아니어서 제314조에 의한 증거능력의 유무를 따질 필요가 없다

| 사실관계 | 검찰주사보가 작성한 위 각 수사보고서는 수사기관인 검찰주사보가 중국에 거주하고 있는 김○수와 김○자에 대한 고소보충 기타 참고사항에 관하여 조사함에 있어서 그들에게 국제전화를 걸어 그 대화내용을 문답형식으로 기재한 후 김현수나 김미자의 서명 또는 기명날인이 없이 위 검찰주사보만 기명날인을 한 것이다

| 판단 | 검찰주사보가 작성한 김○수, 김○자와의 전화통화내용을 기재한 수사보고서는 다음과 같은 이유로 그 증거능력을 인정할 수 없다고 할 것이다.
따라서 이와 같은 검찰주사보 작성의 각 수사보고서는 전문증거로서 형사소송법 제310조의2에 의하여 제311조 내지 제316조에 규정된 것 이외에는 이를 증거로 삼을 수 없는 것인데, 위 각 수사보고서는 제311조, 제312조, 제315조, 제316조의 적용대상이 되지 아니함이 분명하므로, 결국 제313조의 진술을 기재한 서류에 해

---

(156) 대법원 2001. 5. 29. 선고 2000도2933 판결

당하여야만 제314조의 적용 여부가 문제될 것인바, 제313조가 적용되기 위하여는 그 진술을 기재한 서류에 그 진술자의 서명 또는 날인이 있어야 할 것이다.

이 사건의 경우, 위 각 수사보고서에는 검찰주사보의 기명날인만 되어 있을 뿐 원진술자인 김○수나 김○자의 서명 또는 기명날인이 없음은 앞서 본 바와 같으므로, 위 각 수사보고서는 제313조에 정한 진술을 기재한 서류가 아니어서 제314조에 의한 증거능력의 유무를 따질 필요가 없다고 할 것이고, 이는 검찰주사보가 법정에서 그 수사보고서의 내용이 전화통화내용을 사실대로 기재하였다는 취지의 진술을 하더라도 마찬가지라고 할 것이다. 이와 다른 원심 판단은 위 각 수사보고서의 증거능력에 대한 법리를 오해한 위법이 있다.

3. 자료첨부형 수사보고의 경우

수사기관이 수사과정에서 수집한 자료를 기록에 현출시키는 방법으로 위 자료의 의미, 성격, 혐의사실과의 관련성 등을 수사보고의 형태로 요약 · 설명하고 해당 자료를 수사보고에 첨부하는 경우가 있다.

대법원은 그 수사보고에 기재된 내용은 수사기관이 첨부한 자료를 통하여 얻은 인식 · 판단 · 추론이거나 아니면 자료의 단순한 요약에 불과하여 원 자료로부터 독립하여 공소사실에 대한 증명력을 가질 수 없는 성격의 것으로 보고 있다.

🔨 | 사실관계 | 검찰관이 제1심 제1회 공판기일에 **공소외 1이 작성한 제보문건과 대전지방검찰청 검찰주사보가 작성한 수사보고**를 함께 증거로 신청하였는데, 피고인의 변호인은 **고발장에 대하여는 증거로 하는 것에 동의하지 않는다는 의견을 밝혔음에도 같은 고발장을 첨부문서로 포함하고 있는 이 사건 수사보고에 대하여는 증거에 동의한 사실**, 이에 제1심 법원은 제1회 공판기일에서 이 사건 수사보고에 대하여는 증거조사를 마치고 고발장에 대하여는 증거 채부를 보류하였다가 제4회 공판기일에 이르러 검찰관이 고발장에 대한 증거신청을 철회하자 그에 대한 증거조사는 하지 않은 사실, **제1심과 원심은 피고인과 변호인이 이 사건 수사보고와 그에 첨부된 서류에 대하여 분리하여 증거의견을 밝히지 아니한 이상 이 사건 수사보고에 대한 증거 동의의 효력이 그에 첨부된 고발장에도 당연히 미친다고**

보아, 별도의 증거로 신청된 같은 고발장에 대한 피고인과 변호인의 명시적 부동의 의견에도 불구하고 이를 유죄의 증거로 삼은 사실(제1심 판결의 증거의 요지에는 포함되지 않았으나, 피고인과 변호인의 주장을 배척하는 유죄판단에서 위 고발장을 근거로 삼았다)을 알 수 있다.

| 판단 | 이 사건에서 피고인이나 변호인도 이 사건 수사보고의 증명력을 위와 같은 취지로 이해하여 공소사실에 대한 부인에도 불구하고 그 증거능력을 다투지 않은 것으로 보인다. 따라서 만일 검찰관이 이 사건 수사보고를 증거로 신청하면서 그에 첨부된 공소외 1의 고발장을 단순히 공소외 3이 공소외 1에게 새로운 사실확인서를 요구하게 된 계기를 설명하기 위한 자료로 제시하는 것을 넘어 고발 내용이 공소사실과 부합한다는 점을 통해 공소사실을 증명하고자 하였다면, 위 고발장은 이 사건 수사보고의 일부로 편입되거나 양자가 내용상 결합하여 단일한 문서로서의 증명력이나 증거가치를 갖는 것이 아니라 독립한 별개의 증거로서 독자적인 증명력을 갖는 것이므로 마땅히 증거목록에 별도의 표목을 붙여 독립한 증거로 신청하였어야 한다.

그리고 그러한 경우 군사법원으로서는 검찰관의 위 증거신청이 이미 증거목록 순번 11로 제출된 고발장에 대한 증거신청과 중복되므로 이를 철회하도록 하거나, 변호인이 동일한 고발장에 대하여 이미 증거에 동의하지 않는다는 의사를 표시한 바 있으므로 이 사건 수사보고에 관하여 증거로 동의한다는 의사를 표시하더라도 그에 첨부된 고발장을 따로 피고인과 변호인에게 제시하여 해당 부분 증거 동의 여부에 관한 진의를 확인하는 등 적절한 소송지휘권을 행사하였어야 했음에도 불구하고, 이 사건 수사보고에 대한 증거 동의가 있다는 이유로 아무런 지적 없이 그에 첨부된 고발장까지 증거로 채택해 두었다가 판결을 선고하는 단계에 이르러 이를 유죄 인정의 증거로 삼은 것은 실질적 적법절차의 원칙에 비추어 수긍할 수 없다.[157]

(157) 대법원 2011. 7. 14. 선고 2011도3809 판결

사례 |41| 본 대로 적었을 뿐

나폭력은 폭력행위 등 처벌에 관한 법률 위반(야간폭행) 혐의로 기소되었다. 검사는 나폭력의 유죄를 입증하기 위해 담당 경찰관이 작성한 아래와 같은 수사보고서를 증거로 제출하였다.

수 연 경 찰 서

수 신 : 경찰서장

참 조 : 형사과장

제 목 : 수사보고

2018. 2. 23. 02:00경 안양시 동안구 관양2동 소재 백운나이트 앞 노상에서 발생한 폭력행위 등 처벌에 관한 법률 위반 피의사건에 대하여 다음과 같이 수사하였기 보고합니다.

1. 견적서 미첨부에 대하여, 나폭력이 날이 밝으면 견적서를 제출한다 하고

2. 진단서 미제출에 대하여, 나폭력. 너폭력은 서로 왼쪽 눈부위에 타박상이 있고, 피의자 1은 무릎에도 찰과상이 있는데 현재 심야인 관계로 날이 밝으면 치료후 진단서 제출한다 하기에 이상과 같이 수사보고합니다.

경장 조재범

한편 피고인들은 위 수사보고서에 대하여 증거로 함에 동의하지 않았고 제1심 법정에서 증인 조계원이 수사보고서를 진정하게 작성하였다고 진술하고 있다.

질문: 위 수사보고서의 증거능력을 인정할 수 있는가?

정답: 증거능력 없음

대법원 2001. 5. 29. 선고 2000도2933 판결을 각색하였다.

◙ 검증의 결과를 기재한 부분

수사보고서 2번 항목 "서로 왼쪽 눈부위에 타박상이 있고, 피고인 1은 무릎에도 찰과상이 있다"라는 부분은 담당 경찰관이 직접 경험한 사실이며, 법정에서 수사보고서의 성립의 진정을 인정하였으므로 제312조 제3항이나 제313조 제1항의 진술기재서로 인정할 수 있는가?

대법원은 위 본문의 법리를 설시하고, 위 수사보고서 중 "피고인 1, 2 서로 왼쪽 눈부위에 타박상이 있고, 피고인 1은 무릎에도 찰과상이 있다"라는 기재 부분은 증거로 할 수 없다고 보았다.

◙ 피해자의 진술을 기재한 부분

또한 대법원은 위 수사보고서 중 "날이 밝으면 치료 후 진단서 제출한다고 한다"라는 기재 부분은 진술자인 피고인들이 각 상대방에 대한 피해자의 지위에서 진술한 것으로서 진술자들의 자필이 아닐 뿐만 아니라 그 서명 또는 날인도 없으며, 공판준비 또는 공판기일에서 진술자들의 진술에 의하여 그 성립의 진정함이 증명되지도 않았으므로 형사소송법 제313조 제1항의 요건을 갖추지 못하여 그 기재부분 역시 증거로 할 수 없다고 할 것이다.

 유의사항

요증사실과 관련된 수사경찰의 오관에 의한 검증결과의 기재는 실황조사서 형식을 갖추고(과거 폭력현장출동보고서라는 서식이 있었는데 실황조사서와 같은 형식임), **조서에도 꼼꼼히 기재함이 좋겠다.**[158] 상해부분에 관련 동의에 의해 사진을 첨부하는

---

(158) 최상명(인천서부/형사3팀)

등의 방법으로 대체하여야 할 것으로 보인다.[159]

---

(159)   박기형(인천논현 수사)

PART 5

사실의 인정

CHAPTER 1. 자유심증주의

CHAPTER 2. 증거방법에 따른 신빙성 판단

CHAPTER 3. 간접증거에 의한 경우

CHAPTER 4. 목격자의 범인식별진술의 경우

형사절차에서 사실의 인정은, 법관의 자유심증의 결과를 기초로 하여 이뤄진다. 이는 범죄 혐의를 확인하고 증거를 수집해야 하는 수사단계에서도 마찬가지이다. 그러나 현실 실무 사건수사에서의 사실의 인정은 사건담당자 개인의 주관적인 생활경험에 근거하고 있을 뿐이다.[160]

이하 본문에서는 수사실무에서 주의해야 하는 판례가 제시하는 사실인정과 관련된 법리와 사실관계를 언급하기로 한다.

---

(160) 법원 역시 재판에서의 '사실인정'에 관해 체계적으로 교육을 받지 못해 주로 생활경험에 근거해 사실관계를 판단하고 있다는 내용의 법률신문, 2010. 6. 10. 김소영, '판사들 민사사건 사실관계 판단 자신의 생활경험에 근거"

CHAPTER 1

자유심증주의

형사재판에 있어서 유죄의 인정은 법관으로 하여금 합리적인 의심을 할 여지가 없을 정도로 공소사실이 진실한 것이라는 확신을 가지게 할 수 있는 증명력을 가진 증거에 의하여야 한다.

1. 심증의 정도와 한계

따라서 범죄의 증명이 그만한 확신을 가지게 하는 정도에 이르지 못한 경우에는 설령 피고인의 주장이나 변명이 모순되거나 석연치 않은 면이 있어 유죄의 의심이 가는 등의 사정이 있더라도 피고인의 이익으로 판단하여야 한다.[161]

그러나 자유심증주의하에서 증거의 가치판단은 법관의 자유재량에 맡겨져 있기는 하나 자의적인 재량이 허용되는 것은 아니며 합리성과 객관성을 결여한 증거가치의 판단은 위법한 것이라 볼 수밖에 없다.[162]

---

(161) 대법원 2017. 5. 30. 선고 2017도1549 판결
(162) 대법원 1984. 5. 29. 선고 84도554 판결

2. 구체적 판단기준

판례가 제시하는 사실인정의 판단기준은 진술이 일관될 것, 모순되거나 배치되는 것이 없을 것, 시간이 갈수록 명료해지는 증언 등은 배척하고 있다. 그 외에도 개별 사건에서 다음의 기준 등을 사실인정의 근거로 삼고 있다.

(1) 범행의 동기 내지 경위

피고인의 채무규모, 경제적인 어려움 등을 감안할 때 피고인의 운전 부주의로 승용차가 저수지에 추락하여 발생한 것이 아니라, 교통사고를 가장하여 피해자인 자녀들을 살해하였다고 인정하여, 살인의 범의를 인정한 사안이다.[163]

> 원심은 피고인과 공소외인의 불륜관계 및 이로 인한 가정의 파탄, 피고인의 채무규모와 경제적인 어려움, 피고인이 이 사건 발생 2일 내지 5일 전에 종전에 가입한 보험의 기본계약을 변경하고 실효된 보험을 부활시키는 한편 피해자인 자녀들을 피보험자로 하는 4개의 보험에 가입한 경위, 피고인과 피해자 1 사이의 건물 신축공사를 둘러싼 다툼, 피고인의 이 사건 범행 당일의 행적(피해자인 자녀들과 조카들을 승용차에 태우고 다닌 경위, 이 사건 범행 현장인 저수지 주변의 도로를 수차 왕복하면서 피해자 1을 승용차의 조수석에 동승시킨 경위 등), 이 사건 사고가 발생한 도로와 저수지의 상태, 이 사건 승용차가 저수지로 추락하기 직전의 상황, 위 승용차가 추락한 경위와 흔적, 피고인의 이 사건 사고 직후 및 그 이후의 행적 등에 관한 사실을 인정한 다음 이러한 사실관계에 비추어 보면, 이 사건 범행은 피고인의 운전 부주의로 승용차가 저수지에 추락하여 발생한 것이 아니라, 피고인이 교통사고를 가장하여 피해자인 자녀들을 살해하고 보험금을 수령하여 자신의 경제적 곤란을 해결하고 신변을 정리하는 한편, 그 범행을 은폐할 목적으로 보험의 피보험자인 자녀들 외에 조카들과 피해자 1을 승용차에 태운 후에 고의로 승용차를 저수지에 추락시켜 피해자들을 사망하게 한 것으로서 피해자들에 대한 살인의 범의가 인정된다고 판단하였다.[164]

---

(163) 대법원 2001. 11. 27. 선고 2001도4392 판결
(164) 대법원 2001. 11. 27. 선고 2001도4392 판결

(2) 신체조건

✎ 피고인은 46세의 왜소한 부인이고 피해자는 키 171센티미터, 몸무게 85키로 그램의 55세의 건강한 거구를 지닌 남자이고, 서로 얽혀 있는 상태에서 피고인이 피해자의 뺨을 2회 구타하였다 하여 곧바로 치아가 탈구된다는 것은 그 힘의 차이로 보아 쉽사리 수긍이 되지 아니하므로 원래 병약한 상태의 치아이었다는 등 특별한 사정이 없는 한 피해자의 상해가 피고인의 구타로 인한 것이라고 단정하기 어렵다.[165]

(3) 불순한 고발의 경우

일반적으로 불순한 동기를 가지고 타인의 범법을 탐지하여 감독관청에 고자질함을 일삼는 사람의 언행에는 허위가 개입될 개연성이 농후하므로, 이를 신빙하여 유죄의 선고를 함에 있어서는 특히 신중하여야 하는 것임에도, 노래연습장에서의 주류 판매 및 접대부 알선 등의 범법사실을 신고하는 것을 반복하는 자의 진술을 쉽사리 믿어 노래연습장 업주인 피고인이 술을 판매하고 접대부를 알선하였다는 공소사실에 관하여 적극적인 증명이 있다고 본 원심판결을 파기한 사례이다.[166]

(4) 허위 자백의 경우

일반적으로 타인의 범죄를 자기의 범죄라고 거짓 진술하고 처벌을 감수하려할 때에는 그럴 만한 특별한 사정이 있어야 함을 사회통념으로 하고 있으므로 피고인이 범행을 부인하고 있는 사건에서 피고인과 면식이 없는 공소외인이 그 공소범죄 사실이 자기의 소행이라고 증언하고 있다면 비록 피고인과 위 공소외인이 경찰서 유치장에 함께 수감된 일이 있다 하더라도 그것만으로 동인이 피고인의 범행을 덮어쓸 무슨 사정이 있었다고 보기 어려워 동인이 거짓 증언할 특별한 사정의 유무에 관하여 심리함이 없이 동 증언을 배척하였음은 채증법칙 위반 내지는 심리미진의 위법이 있다.

---

(165) 대법원 1983. 4. 12. 선고 82도2081 판결
(166) 대법원 2006. 2. 10. 선고 2005도8965 판결

CHAPTER 2

증거방법에 따른 신빙성 판단

1. 피의자의 자백

자백의 신빙성 유무를 판단함에 있어서는 자백의 진술 내용 자체가 객관적으로 합리성을 띠고 있는지, 자백의 동기나 이유가 무엇이며, 자백에 이르게 된 경위는 어떠한지, 그리고 자백 이외의 정황증거 중 자백과 저촉되거나 모순되는 것이 없는지 하는 점 등을 고려하여 피고인의 자백에 형사소송법 제309조 소정의 사유 또는 자백의 동기나 과정에 합리적인 의심을 갖게 할 상황이 있었는지를 판단하여야 한다.[167]

(1) 객관적인 합리성

🔨 피고인은 검찰 이래 원심 법정에 이르기까지 위 부분 범행을 자백하고 있음을 알 수 있다. 그러나 피고인은 당심에 이르러 이는 허위자백으로 메스암페타민 1g을 물에 타서 마신다면 치사량에 해당되어 있을 수 없는 일이라고 주장하는바, 본래 마약이나 향정신성의약품을 과다하게 투약하면 사망에 이를 위험이 있음은 법원에 현저한 사실이라 할 것이고, 기록에 의하면 피고인은 대마관리법 및 향정신성의약품관리법 위반 등으로 5회에 걸쳐 유죄판결을 선고받을 정도로 마약류

---

(167) 대법원 2001. 9. 28. 선고 2001도4091 판결 등 참조

의 투약경험이 많은 자로서 메스암페타민을 과다하게 투약하면 생명에 위험이 초래될 수 있다는 점을 알고 있었을 가능성이 높아 보이는데, 이러한 피고인이 평소 투약량(피고인이 인정하는 원심 판시 제2 내지 5의 죄의 공소사실에 의하면 피고인은 1회에 각 0.05g의 메스암페타민을 투약한 것에 불과하다)의 20배에 달하는 1g의 메스암페타민을 한꺼번에 물에 타서 마시는 방법으로 투약하였다는 것은 쉽게 믿기 어렵고(이 사건 공소사실 및 원심이 인정한 범죄사실은 다른 기재가 없어 일시에 메스암페타민 1g을 투약한 것으로 기소된 것으로 보지 아니할 수 없다), 또 만약 그렇게 투약하였다면 피고인의 생명이나 건강에 위험이 발생하였을 가능성이 없지 않았을 것으로 보여져 피고인의 위 자백은 그 신빙성이 크게 의심스럽다. 그렇다면 원심으로서는 메스암페타민 1g을 일시에 복용할 경우 생명이나 건강에 위험을 초래하는 여부 및 피고인이 메스암페타민 1g을 한꺼번에 복용하였는지 아니면 여러 번에 걸쳐 나누어 복용하였는지 여부 등을 충분히 심리하여 위 일시에 메스암페타민 1g을 복용하였다는 피고인의 자백을 신빙할 수 있는지 여부 등을 가려 보았어야 할 것이다.[168]

(2) 자백의 동기나 이유

원심은 피고인들이 당초에는 범행을 부인하다가 자백하기는 하였으나 제1심 공판 이후 일관되게 범행을 부인하고 있는 점, 피고인들은 아직 나이가 어리고, 가족이나 보호자의 도움을 받지 못하였던 점, 피고인들이 수사과정에서 다른 피고인들이 이미 범행을 자백한 것으로 오인하거나, 검사가 피고인들에게 범행을 자백하면 선처받을 수도 있다고 말하여 자백한 것으로 보이는 점, 피해자를 아는 사이였는지, 수원역 부근의 여관 주차장에서 먼저 폭행한 사실이 있는지, 그 이후 피고인들 일행과 피해자가 함께 수원고등학교까지 가게 된 경위, 수원고등학교에 정문과 후문 중 어느 쪽으로 어떻게 들어갔는지와 문이 열려 있었는지 여부 및 도착 이후의 상황에 관한 피고인들의 각 자백진술이 서로 모순되거나 불일치하거나 명확하지 아니한 점, 여러 가지 정황에 비추어 피해자를 때릴 만한 음침한 장소를 찾기 위하여 수원고등학교까지 가게 되었다는 피고인들의 진술은 쉽게 믿기 어려운 점, 당시 수원고등학교 정문에 설치되어 있던 무인카메라에 피고인들의 모습이 전혀 찍혀 있지 않고 주위에서 싸우는 소리를 전혀 듣지 못한 점, 범행현장에서 피고인들

---

(168) 대법원 2003. 2. 11. 선고 2002도6766 판결

의 지문이나 유류물 기타 흔적이 전혀 발견되지 않은 점 등에 비추어 피고인들의 검찰에서의 각 자백진술은 그 진실성 및 신빙성이 의심스럽고, 그 밖의 증거들은 이를 믿기 어렵거나 피고인들의 피해자 공소외인에 대한 상해치사의 공소사실을 입증하기에 부족하며, 달리 이를 인정할 증거가 없다고 보아 이 부분 공소사실에 대하여 무죄를 선고하였다.[169]

(3) 기타

🔨 피고인은 초등학교 1학년을 중퇴하였고, 현재 지능지수가 67로서 경도의 정신지체 상태이며, 문장의 의미를 이해하지 못하는 것은 물론, 한글도 알지 못하고 기본지식, 어휘력, 이해력 등도 정상인에 비하여 현저히 떨어지는 상태에 있는 사실을 인정한 후, 원심법정에서의 피고인과의 문답 시에도 도저히 질문의 취지를 제대로 이해하고 대답하는 것으로 보이지 않는 사정 등에 비추어 보면, 아무런 범죄 전력도 없고 과거에 한번도 경찰서에서 조사를 받아 본 적도 없는 피고인이 이 사건으로 체포된 뒤 수사기관 및 제1심 법정에서 조사를 받음에 있어, 자신에게 주어진 질문들의 의미를 제대로 이해하지 못한 상태에서 범행사실을 시인하는 취지의 진술을 하였을 가능성을 배제할 수 없으므로 그 자백의 신빙성이 없다.[170]

2. 과학적 증거방법에 의한 경우

과학적 증거방법이 사실인정에 있어서 상당한 정도로 구속력을 갖기 위해서는 감정인이 전문적인 지식·기술·경험을 가지고 공인된 표준 검사기법으로 분석한 후 법원에 제출하였다는 것만으로는 부족하고, 시료의 채취·보관·분석 등 모든 과정에서 시료의 동일성이 인정되고 인위적인 조작·훼손·첨가가 없었음이 담보되어야 하며 각 단계에서 시료에 대한 정확한 인수·인계 절차를 확인할 수 있는 기

---

(169) 대법원 2010. 7. 22. 선고 2009도1151 판결
(170) 대법원 2008. 6. 26. 선고 2008도1994 판결

록이 유지되어야 한다.[171]

(1) 국립과학수사연구원장의 사실조회회보서

향정신성의약품관리법 위반 사건의 피고인 모발에서 메스암페타민 성분이 검출되었다는 국립과학수사연구소장의 사실조회회보가 있는 경우, 그 회보의 기초가 된 감정에 있어서 실험물인 모발이 바뀌었다거나 착오나 오류가 있었다는 등의 구체적인 사정이 없는 한, 피고인으로부터 채취한 모발에서 메스암페타민 성분이 검출되었다고 인정하여야 하고, 따라서 논리와 경험의 법칙상 피고인은 감정의 대상이 된 모발을 채취하기 이전 언젠가에 메스암페타민을 투약한 사실이 있다고 인정하여야 할 것이다.[172]

(2) 필적감정의 경우

메모지의 필적과 수표상의 필적이 피고인의 필적과 동일한 것이라는 감정은 고도의 개연성이 있는 것에 불과하여 이것만으로 가볍게 동일필적으로 단정할 수는 없을 것이나 감정서의 기재내용과 감정인의 진술내용으로 보아, 메모지의 필적과 수표에 남아 있는 필적 및 피고인의 필적이 동일한 것이라는 감정결과는 고도의 개연성을 담보하고 있다.[173]

그런데, 원심은 제1범행 장소에서 수거된 노란색 메모지 1장에 이름을 기재한 사람이 반드시 범인이라고 인정할 증거가 없으니 메모지의 기재가 범인의 필적임을 전제로 한 감정결과는 유죄의 증거로 될 수 없고, 나아가 앞에서 본 원심설시와 같은 이유로 감정인 김상현 등의 감정결과 또한 믿을 수 없는 것이라 배척하고 있다.

🔨 ① 피해자 2는 제1심 법정 및 경찰에서 메모지 용지는 집에 있던 것이나 메모지의 기재는 피해자 2 가족의 필적이 아니고, 위 건물 3층과 5층의 방 1칸이 비게 되어 1993. 1. 25. 방을 세 놓는다는 광고문을 건물 출입문 앞에 붙여 놓았더니 같

---

(171) 대법원 2010. 3. 25. 선고 2009도14772 판결 등 참조
(172) 대법원 1994. 12. 9. 선고 94도1680 판결
(173) 대법원 1994. 9. 13. 선고 94도1335 판결

은 날 방이 둘다 계약되었고, 피해자 1이 현관문을 들어오면서 범인에게 "그렇게 해도 된다"라고 말하였기 때문에 범인이 방을 얻으러 온 것으로 생각되지만, 메모지가 어떠한 경위로 큰방 바닥에 떨어져 있었는지는 모른다고 진술하였고, 김윤태도 원심법정에서 피해자 2에게 메모지를 확인시킨 후 가족의 필적이 아니라고 하여 메모지의 기재는 범인이 한 것이라고 생각하고 이를 압수하였다라고 진술하였을 뿐이며, 경찰청장 작성의 지문 감정서(수사기록 1229면)의 기재에 의하면 메모지 상의 지문과 피고인 지문의 동일성 여부를 감정하였으나 감정불능으로 감정되었고, 단지 피고인이 두 번째 집 안으로 들어왔을 때 "방을 계약하였던 사람이 오지 아니하면 연락하여 달라"고 하면서 피해자 1에게 적어주었다는 증거능력 없는 피고인의 경찰에서의 진술 이외에는 기록상 메모지의 기재가 범인이 한 것이라고 인정할 만한 아무런 증거가 없으므로 메모지의 기재가 범인의 필적임을 전제로 한 감정결과는 피고인이 범인임을 인정할 증거로는 될 수 없고, ② 나아가 각 감정서의 각 기재를 살펴보면, 감정인은 문자의 구성과 배자 필의 방향과 필순, 기필점과 종필처리부분, 곡획과 굴곡형태, "이"자와 "동우"자의 간격, 자획의 위치와 각도 등에서 상사점을 관찰하였다는 것이나, 메모지 기재의 필적 확대사진(수사기록 134면, 554면)을 자기앞수표 이면 기재의 필적확대사진(수사기록 555면) 및 피고인 시필확대사진(수사기록 132면)과 대조하여 볼 때, 감정인이 동일특징부분으로 주선으로 표시한 부분 중 "이"자와 "동"자 사이의 간격 및 "이"자와 "우"자에서 "아"의 종필처리는 동일성이 있다고 보여지나, "동"자 중 "다"부분의 굴곡형태에 있어서 메모지의 기재는 자기앞수표의 기재나 시필과 동일하다고 보여지지 아니하고, "가"와 "아"이 연결되는 각도도 메모지의 기재가 자기앞수표 기재나 시필보다 훨씬 예각을 이루고 있으며, "아"의 종필점의 처리가 반드시 자기앞수표 기재나 시필과 같은 특징이 있는 것으로 보여지지 아니할 뿐만 아니라 주선으로 표시하지 아니한 부분 중 "동"자의 모음 "가" 부분에서 "가"와 "가"의 연결형태가 메모지의 기재는 자기앞수표 기재 및 시필과는 전혀 다른 것으로 보여지므로 메모지 기재의 필적이 피고인의 필적과 같다는 각 감정서의 각 기재 및 김상현의 원심법정에서의 진술은 이를 그대로 믿을 수 없을 뿐만 아니라 경험칙상 필적 감정은 감정자료가 풍부할수록 정확성이 높고 감정자료가 부족하면 정확성이 낮다고 할 것인데, 과연 "이동우"라는 글자 3자만을 감정자료로서 감정하여 피고인의 필적과 동일한 특징이 관찰된다고 하더라도 그것만으로 메모지 기재의 필적이 피고인의 필적과 동일한 것이라고 단정할 수 있을지도 의문이다.

한편 동일인의 필적이라고 하더라도 필기상태의 차이에 따라 다소 다르게 나타날 수도 있는 것이어서, 이러한 경우, 감정결과에 의문이 생기면, 원래의 감정인에게 물어 보거나 다른 감정인으로 하여금 다시 감정하게 하여 보는 등 의문점을 더 밝혀 보았어야 할 것임에도 이러한 조치를 취하지 아니한 채, 필적의 일정한 특징점을 기준으로 하지 않고 육안으로 보아 일부 자획에 상이한 점이 보인다고 하여 전문가의 감정결과에 대하여 의심을 품고 이를 배척하거나 감정자료가 부족하다는 이유로 감정결과를 배척하는 것은 합리적이라 할 수 없고, 압수된 메모지의 필적이 범인의 것이 아닐 가능성, 범인 이외의 제3자가 수표를 환전하였을 가능성을 전혀 배제할 수는 없다고 할 것이나 메모지의 수거경위(이는 피해자 2가 범행 전에 범행이 이루어진 큰방을 치웠는데 범행 후 그 곳에서 수거되었다는 것이다), 제2범행과 그 범행 현장에서 없어진 수표가 현금으로 교환될 때까지의 시간적 간격, 제2범행의 현장과 수표교환장소의 거리와 제1범행 현장에서 수거된 메모지와 그 범행의 피해자들과는 전혀 관련이 없는 제2범행의 피해품으로서 농협 북대구 지점에서 현금으로 교환되었던 수표의 이면에 다같이 "이동우"라는 이름이 기재되어 있는 점 등을 종합하면, 제1범행의 범인과 제2범행의 범인이 동일하고, 메모지와 수표이면의 배서가 그 범인의 필적이며, 수표교환도 그 범인이 한 것이라고 인정하는 것이 논리와 경험칙에 맞는 것이라 아니할 수 없다.

(3) 유전자검사결과 내지 혈액형검사결과

특히 유전자검사나 혈액형검사 등 과학적 증거방법은 그 전제로 하는 사실이 모두 진실임이 입증되고 그 추론의 방법이 과학적으로 정당하여 오류의 가능성이 전무하거나 무시할 정도로 극소한 것으로 인정되는 경우에는 법관이 사실인정을 함에 있어 상당한 정도로 구속력을 가지므로, 비록 사실의 인정이 사실심의 전권이라 하더라도 아무런 합리적 근거 없이 함부로 이를 배척하는 것은 자유심증주의의 한계를 벗어나는 것으로서 허용될 수 없다.

경찰은 공소외 1에 대한 특수강간미수 등의 범행이 있은 직후 공소외 1로부터 범인의 정액이 묻어 있는 옷을 제출받아 국립과학수사연구소에 유전자감정을 의뢰한 사실, 경찰은 피고인이 위 사건의 범인과 동일인인지 여부를 확인하기 위하여 피고인의 모발 및 타액에 대하여도 국립과학수사연구소에 유전자감정을 의뢰하였는데, DNA분석 결과 피고인의 유전자형이 범인의 그것과 상이하다는 감정 결과가 제1심 법원에 제출된 사실을 인정할 수 있다.

그런데 DNA분석을 통한 유전자검사 결과는 충분한 전문적인 지식과 경험을 지닌 감정인이 적절하게 관리 · 보존된 감정자료에 대하여 일반적으로 확립된 표준적인 검사기법을 활용하여 감정을 실행하고, 그 결과의 분석이 적정한 절차를 통하여 수행되었음이 인정되는 이상 높은 신뢰성을 지닌다 할 것이고, 특히 유전자형이 다르면 동일인이 아니라고 확신할 수 있다는 유전자감정 분야에서 일반적으로 승인된 전문지식에 비추어 볼 때, 위와 같은 감정 결과는 피고인의 무죄를 입증할 수 있는 유력한 증거에 해당한다고 할 것이므로, 이 부분 공소사실은 합리적인 의심을 할 여지가 없을 정도로 입증되었다고 볼 수 없다.

따라서 원심으로서는 위의 각 감정을 시행함에 있어 감정인이 충분한 자격을 갖추지 못하였다거나 감정자료의 관리 · 보존상태 또는 검사방법이 적절하지 못하다거나 그 결론 도출과정이 합리적이지 못하다거나 혹은 감정 결과 자체에 모순점이 있다는 등으로 그 감정 결과의 신뢰성을 의심할 만한 다른 사정이 있는지에 관하여 심리하여 본 다음 피고인의 범행 여부를 판단하였어야 할 것임에도 이에 관하여 아무런 심리 및 판단을 하지 아니하였다.[174]

3. 전문감정인의 의견

형법 제10조 제1항 및 제2항 소정의 심신장애의 유무 및 정도의 판단은 법률적 판단으로서 반드시 전문감정인의 의견에 기속되어야 하는 것은 아니고, 정신분열병의 종류 및 정도, 범행의 동기 및 원인, 범행의 경위 및 수단과 태양, 범행 전후의 피고인의 행동, 증거인멸 공작의 유무, 범행 및 그 전후의 상황에 관한 기억의 유무 및 정도, 반성의 빛 유무, 수사 및 공판정에서의 방어 및 변소의 방법과 태도, 정신병 발병 전의 피고인의 성격과 그 범죄와의 관련성 유무 및 정도 등을 종합하여 법

---

(174) 대법원 2007. 5. 10. 선고 2007도1950 판결

원이 독자적으로 판단할 수 있는 것이다.[(175)]

🔨 원심은 피고인이 이 사건 범행 당시 피해망상을 주증상으로 하는 편집형 정신분열증으로 말미암아 심신상실의 상태에 있었다는 감정인 곽○○ 작성의 감정서의 기재 및 동인에 대한 사실조회 회보서의 기재를 배척하면서, 이 사건 범행의 동기와 범행방법, 범행 후의 정황 등 피고인의 일련의 행위가 정상적인 사람의 행동범위를 크게 벗어나지 아니하고, 피고인의 의식과 지남력, 기억력, 지식, 지능이 모두 정상이며, 착각이나 환각 같은 지각장애가 없는 점 등을 종합하면 피고인은 이 사건 범행 당시 사물의 선악과 시비를 합리적으로 판단하여 구별할 수 있는 능력이나 사물을 변별한 바에 따라 의지를 정하여 자기의 행위를 통제할 수 있는 능력이 미약한 상태에 있었다고 봄이 상당하고, 이에서 나아가 그 사물의 변별력이나 의사결정능력을 상실한 상태에까지 이른 것이라고는 볼 수 없다고 판시하였는 바, 기록에 비추어 보면 원심의 이와 같은 인정과 판단은 정당한 것으로 수긍이 가고 거기에 소론과 같은 책임능력 판단에 있어서의 법리오해 및 사실오인 등의 위법을 발견할 수 없다.

그리고 범행 당시 피고인의 음주명정 정도 등은 전문가로 하여금 감정을 하게 하지 않고서도 다른 거시증거에 의하여 이를 판정할 수 있다.[(176)]

4. 처분문서의 경우

처분문서의 진정 성립이 인정되는 이상, 법원은 반증이 없는 한 그 문서의 기재 내용에 따른 의사표시의 존재 및 내용을 인정하여야 하고, 합리적인 이유 설시도 없이 이를 배척하여서는 안 된다.

그러나 처분문서라 할지라도 그 기재 내용과 다른 명시적·묵시적 약정이 있는 사실이 인정될 경우에는 그 기재 내용과 다른 사실을 인정할 수 있고, 작성자의 법률행위를 해석함에 있어서도 경험법칙과 논리법칙에 어긋나지 않는 범위 내에서

---

(175) 대법원 1994. 5. 13. 선고 94도581 판결
(176) 대법원 1983. 10. 25. 선고 83도2431,83감도422 판결

자유로운 심증으로 판단할 수 있다.[177]

5. 진단서

형사사건에서 상해진단서는 피해자의 진술과 함께 피고인의 범죄사실을 증명하는 유력한 증거가 될 수 있다.

(1) 상해의 부위나 정도의 점에 대한 증거일 뿐

상처를 진단한 의사의 진술이나 진단서의 기재는 폭행·상해 등의 사실 자체에 대한 직접증거가 되는 것은 아니고 다른 증거에 의하여 폭행·상해의 가해행위가 인정되는 경우에 그에 대한 상해의 부위나 정도의 점에 대한 증거가 된다.

(2) 신빙성을 의심할 만한 경우

상해 사실의 존재 및 인과 관계 역시 합리적인 의심이 없는 정도의 증명에 이르러야 인정할 수 있으므로, 상해진단서의 객관성과 신빙성을 의심할 만한 사정이 있는 때에는 증명력을 판단하는 데 매우 신중하여야 한다.

특히 상해진단서가 주로 통증이 있다는 피해자의 주관적인 호소 등에 의존하여 의학적인 가능성만으로 발급된 때에는 진단 일자 및 진단서 작성일자가 상해 발생 시점과 시간상으로 근접하고 상해진단서 발급 경위에 특별히 신빙성을 의심할 만한 사정은 없는지, 상해진단서에 기재된 상해 부위 및 정도가 피해자가 주장하는 상해의 원인 내지 경위와 일치하는지, 피해자가 호소하는 불편이 기왕에 존재하던 신체 이상과 무관한 새로운 원인으로 생겼다고 단정할 수 있는지, 의사가 상해진단서를 발급한 근거 등을 두루 살피는 외에도 피해자가 상해 사건 이후 진료를 받은 시점, 진료를 받게 된 동기와 경위, 그 이후의 진료 경과 등을 면밀히 살펴 논리와 경험법칙에 따라 증명력을 판단하여야 한다. (다음 사례 참조)

(177) 대법원 2006. 4. 13. 선고 2005다34643, 2006. 12. 21. 선고 2004다45400 판결 등

6. 형사재판에서 민사판결의 구속력

형사재판에 있어서 관련된 민사사건의 판결에서 인정된 사실은 공소사실에 대하여 유력한 인정자료가 된다고 할지라도 반드시 그 민사판결의 확정사실에 구속을 받는 것은 아니다.[178]

> 🔨 피고인은 검찰 이래 원심법정에 이르기까지 일관하여 서울 강남구 역삼동 815의 1 대지는 원래 공소외 망 공소외 1과 내연의 관계에 있던 망 공소외 2의 소유로서 피고인에게 명의신탁된 것이므로 위 공소외 2의 상속인인 제1심 공동피고인 1, 2가 피고인을 상대로 명의신탁 해지를 원인으로 한 소유권이전등기청구 소송을 제기하자 이를 인낙한 것일 뿐이고, 또한 그가 직장 상사로 모시던 위 공소외 1로부터 듣거나 그로부터 지시받아 실행한 사실을 판시 법정에서 그대로 증언하였을 뿐 기억에 반하여 허위의 진술을 한 사실이 전혀 없다면서 위 범행사실을 극구 부인하고 있다.
>
> …(중략)… **관련 민사판결(서울고등법원 1992. 4. 28. 선고 91나32437 판결, 서울고등법원 1992. 12. 29. 선고 92나833 판결 및 대법원 1993. 9. 14. 선고 93다11746 판결, 서울고등법원 1994. 1. 18. 선고 91나67136 판결)들은 모두 이 사건에 제출되어 있는 증거들과 동일한 증거자료들에 의하여 사실인정을 한 것으로서 판시와 같이 이 사건에 제출되어 있는 증거들이 위 각 공소사실을 유죄로 인정할 증거로 삼을 수 없거나 부족한 점 및 유죄의 인정에 있어 엄격한 증거를 요하는 형사재판의 특성에 비추어 보아 위 각 민사판결로서 위 각 공소사실을 유죄로 인정하기에 부족하다.**[179]

7. 참고인 내지 증인의 진술

증언의 신빙성은 증인의 입장, 이해관계 및 그 내용은 물론 타의 증거와도 구체적으로 비교 검토하여 합리적으로 판단되어야 한다.[180]

---

(178) 대법원 1983. 6. 28. 선고 81도3011 판결
(179) 대법원 1996. 8. 23. 선고 95도192 판결
(180) 대법원 1979. 12. 26. 선고 77도2381 판결

(1) 이해관계가 상반되는 경우

공소사실에 부합하는 이 사건 피해자의 진술은 그가 피고인과 상반되는 이해관계를 가지는 자이며, 진술을 번복한 일이 있고, 피고인이 일관된 진술로 부인하고 있음에 비추어 믿을 수 없다.

> ⚖ 이 사건 공소사실에 부합하는 피해자 안○○의 진술은 <u>그가 피고인과 상반되는 이해관계를 갖는 자로서 그 자신이 이 사건 사고 당시 오토바이를 운전하였다고 자인하였다가 번복한 일이 있어 이 사건 오토바이를 전혀 운전한 일이 없다고 하는 피고인의 일관된 진술에 비추어 믿을 수 없고, 경찰, 검찰, 제1심 법정 등에서 단계적으로 진술내용이 불어나면서 합리화되어 가고 있는 목격 증인 박계술의 진술내용도 신빙성이 없다고 배척한 후, 그 밖의 증거로는 피고인의 이 사건 범죄사실을 인정하기에 족하지 못하다.</u>[181]

(2) 기억이 처음보다 명료해지는 경우

피해자의 진술은 그가 피고인과 상반되는 이해관계를 가지는 자이며, 진술을 번복하거나 일관성이 없는 부분이 많고, 경찰, 검찰, 제1심 법정에서 단계적으로 진술내용이 불어나면서 구체화, 합리화되어가고 있으며, 사람이 목격하거나 경험한 사실에 대한 기억은 시일이 경과함에 따라 흐려질 수는 있을지언정 오히려 처음보다 명료해진다는 것은 이례에 속하는 것임에 비추어 보아 신빙성이 의심스럽다.

(3) 모순되지 않고 일관될 것

서로 모순되거나 전후가 일관되지 아니하여 신빙성이 박약한 증거들이에 불과한 경우 신빙성을 부정한 사례이다.[182]

> ⚖  (1) 원심은 영진교통주식회사 소속운전자들인 피고인과 원심 공동피고인, 공

---

(181) 대법원 1983. 9. 27. 선고 83도977 판결
(182) 대법원 1990. 2. 27. 선고 89도1521 판결

소외 1, 2가 공동하여 그 판시 일시 및 장소에서 피해자 1이 운전하는 공소외 3주식회사 소속 택시 충북 1바5729호가 정차하고 있는 것을 보고 파업에 협조하지 않는다는 이유로 공소외 1은 발로 위 택시운전석 문짝을 1회 차고 그 문짝을 열은 다음 손으로 피해자의 목을 1회 치고, 2는 발로 위 택시 앞 본네트를 수회차고, 피고인은 발로 위 택시 조수석 문짝을 수회 찼으며, 공소외 3 주식회사 관리과장인 피해자 2가 이를 만류하자 피고인과 공소외 1은 피해자 2의 멱살을 잡고 공소외 1은 피해자 2의 허리를 1회 차고 공소외 2는 이에 가세함으로써 위 택시에 수리비 125,000원 상당이 소요되는 손해를 가하고 피해자 2에게 약 3주간의 치료를 요하는 요부염좌상을 가한 사실을 인정한 1심판결을 정당하다 하여 유지하고 있다.

(2) 원심이 유지한 제1심 판결 채용증거에 의하면, 피고인이 제1심 판시와 같이 피해자 1이 운전하는 택시의 조수석 문짝을 발로 찬 사실은 이를 인정할 수 있으므로 이를 부인하는 논지부분은 이유없다.

(3) 그러나 피고인이 공소외 1, 2와 공동하여 피해자 2에게 폭행을 가하였다는 부분에 관하여 보건대, 이 부분에 관한 제1심 판결 채용증거인 제1심 법정에서의 피해자 2, 공소외 4, 5의 각 증언내용과 위 사람들에 대한 검사 및 사법경찰리 작성의 각 피의자신문조서 및 진술조서의 각 기재내용 등을 살펴보면 아래에서 보는 바와 같이 <u>서로 모순되거나 전후가 일관되지 아니하여 신빙성이 박약한 증거들이라고 하지 않을 수 없다.</u>

(4) 증 피해자 2, 공소외 4, 5는 1심 법정증언 시에는 대체로 원심판시와 부합하는 취지로 진술하고 있으나, 경찰에서 위 공소외 4는 피해자 2가 피고인 등에게 폭행을 당하여 허리가 아픈 것이 아니고 피고인 등 영진교통주식회사 소속기사들을 경찰서로 연행하려고 차에 태우는 과정에서 무리하게 힘을 써서 허리가 아픈 것으로 알며 택시에 태우는 과정에서 서로 치고 받고 한 일이 전혀 없고 다만 택시에 태우려고 하니까 타지 않으려고 하여 서로 밀고 당기고 한 것밖에 없으며, 피고인은 충북 1바5729호 택시의 조수석 문짝을 2, 3회 가량 발로 찬 것외에 달리 폭행을 한 것은 없다고 진술하였고, 또 공소외 5는 경찰에서 피해자 2가 피해자 1에게 폭행을 하던 사람들(공소외 1, 2 및 피고인을 가리킴)을 붙잡고 있었는데 붙잡힌 사람이 팔꿈치로 뿌리치니까 피해자 2가 땅에 넘어졌다는 취지로 진술하고, 검찰에서도 피고인들을 경창서로 연행하려는 과정에서 피고인들이 차에 타지 않으려고 하여 밀리고 밀치는 몸싸움을 하였으나 서로 치고 박고 한 일은 없으며, 다만 피해자 2가 공소외 1을 붙들으니까 공소외 1이 뿌리치느라고 팔을 뒤로 제치는 바람에 피해자 2가

주저앉는 것을 보았다는 취지로 진술하고 있다. 위 각 진술내용에 비추어 보면, 피해자 2가 피고인 등으로부터 멱살을 잡히고 발로 차이는 등 폭행을 당하여 허리를 다쳤다는 피해자 2의 경찰, 검찰 및 1심 법정에서의 진술 및 공소외 4의 1심 법정에서의 진술을 모순되거나 전후가 일관되지 않는 내용이어서 신빙성이 없다고 하지 않을 수 없다.

(5) 오히려 1심 증인 강○○, 김○○, 황○○, 하○○의 각 증언에 의하면, 영진교통주식회사 소속운전사들인 공소외 1, 2, 피고인들이 공소외 3주식회사 소속운전사인 피해자 1이 운전하는 택시를 붙잡고 시비를 하던 중 공소외 3주식회사의 대표이사, 전무 및 관리과장인 공소외 4, 5 및 피해자 2 등이 나타나서 공소외 1과 2를 한사람씩 강제로 잡아 그들의 차에 태운 다음 혼자 떨어져 서 있던 피고인도 강제로 잡아 차에 태워 연행하면서 피고인에게 폭행을 가한 사실이 인정되며, 공소외 4, 5, 피해자 2 등도 공소외 1, 2 및 피고인들을 차례로 한 사람씩 강제로 차에 태워 연행한 사실을 시인하고 있으므로,

(6) 위와 같이 공소외 4 등 여러사람에게 일방적으로 연행당한 피고인이 공소외 1, 2와 공동하여 피해자 2에게 폭행을 가하였다는 피해자 2 등의 진술은 경험칙상 수긍하기 어려운 주장이라고 하지 않을 수 없다.[183]

그러나 피해자의 경찰, 검찰 및 법원에서의 각 진술에 사소한 차이가 있으나 전체적으로 일관성이 있고 모순이 없는 경우 유죄인정의 자료가 될 수 있다.

🔨 원심은 1985 .7. 15자 검사작성의 피고인에 대한 진술조서에 대하여 신빙성이 없다고 배척하고 공소사실에 부합하는 듯한 피해자 박○○의 검찰에서의 진술은 동인의 경찰 및 제1심 법정에서의 각 진술에 비추어 믿기 어렵고, 검거 경찰관인 김명성의 검찰 및 제1, 2심 법정에서의 각 진술과 위 경찰관과 함께 피고인을 검거한 증인 김○○의 검찰 및 원심에서의 각 진술은 본건 공소사실을 인정할 만한 증거로 삼을 수 없다하고 결국 이 사건 공소사실은 이를 인정할 만한 증거가 없다 하여 피고인에게 무죄를 선고하였다.

그러나 원심이 믿기 어렵다고 배척한 피해자 박○○의 진술을 살펴보면 동인은 경찰에서 "제가 촬영을 구경하고 있는데 저의 뒤에서 자꾸 피고인이란 사람이 밀면

---

(183) 대법원 1990. 2. 27. 선고 89도1521 판결

서 부딪치기에 저는 이상한 사람이 왜 밀고 그러느냐고 생각하다가 영화촬영 구경하려고 사람이 많아 미는 줄 알고 가만히 있었는데 나중에 저의 핸드백 속에 든 검정손지갑을 소매치기 당하고 도난신고를 소매치기단속 형사님께 말하고 난 후 약 30분에 소매치기범을 붙잡았다고 말을 하여 확인해 본바, 제가 촬영을 구경할 때 뒤에서 밀던 사람인 것을 알고 그가 소매치기범인 줄 알았습니다. 그리고 손지갑 1개는 근처 상자 뒤에 숨겨버렸다는 것을 되찾아 저에게 되돌려 주기에 받았습니다"라고 진술하고 (수사기록 15정 뒷면, 16정 앞면), 검찰에서 "촬영을 하고 있기에 그 것을 구경하는 많은 인파들에 끼어 저의 손가방을 뒤로하여 손에 잡고서 구경을 하고 있는데 누가 자꾸 뒤에서 밀고 하기에 당시만해도 구경을 하려고 미는가보다 하였는데 제가 뒷짐을 지고 손에 들고 있던 가방이 갑자기 가벼워지는 것 같기에 순간 이상하여 뒤로 돌아다보면서 저의 가방을 보니까 쟈크가 열려 있었고 그 안에 돈 3천 원이 들어 있던 손지갑이 없어졌는데 그때 저의 뒤에 바짝 젊은 사람(피고인)이 서 있다가 저하고 눈이 마주쳤는데 보니까 그사람 앞니가 하나 빠져 있었습니다"(수사기록 45정) "제가 지갑을 도난 당한 후 뒤를 돌아다보니까 그때 이빨 빠진 사람이 서 있다가 저하고 눈길이 마주쳤는데 순간 소매치기범이구나 하고 느꼈으나 그 자리에서 뭐라하면 소매치기들이 가지고 다닌다는 칼로 보복을 당할까봐 아무말도 하지 않고 슬그머니 빠져나와 바로 형사들이 있다는 곳에 가서 형사들에게 이빨 빠진 사람이 저의 손지갑을 꺼내갔으니 잡아주세요라고 하였더니 어디냐고 하여 지금 촬영현장에 쫓아다닌다고 하였더니 형사 두 사람이 쫓아 갔습니다"(수사기록 46정) "제가 조금 기다리고 있으니까 형사가 잡았다고 하면서 이빨 빠진 바로 그 사람을 데리고 왔는데 그 사람이 바로 저의 뒤에서 저를 밀던 사람이었읍니다. 그 붙잡힌 사람을 데리고 그 근방에 지갑을 버렸을 것 같아 그 근처 이곳 저곳을 샅샅이 뒤지다보니 노점 옷장사를 하는 곳의 옷상자 가운데 저의 지갑이 있어서 찾아냈습니다"라고 진술하고, 제1심 법정에서 "영화촬영을 하고 있기에 그것을 구경하려고 저의 손가방을 뒤로 하여 손에 잡고서 구경을 하고 있는데 누가 자꾸 뒤에서 밀기에 돌아다보았더니 이빨이 빠진 사람이 저의 뒤에 있었는데 갑자기 저의 가방이 가벼워져서 손가방을 보니까 손지갑이 없어졌습니다"라고 진술하고 검사가 그때 이빨이 빠진 사람이 피고인이 틀림없는가 라는 질문에 대하여 "예, 그렇습니다"라고 진술하고 이어 "형사가 피고인을 붙잡아 왔는데 그 부근을 이곳 저곳 뒤지어 보니까 피고인이 검거된 장소에서 저의 지갑이 버려져 있어서 찾았습니다"라고 진술하고(이상 공판기록 46, 47정) (공판기록 47정에 의하면 검사가 피해자에게 "그 당시에는 왜

소리를 치지 않았나요"라는 질문에 피해자가 "그 당시에는 범행장소에 피고인이 없었습니다"라고 대답한 진술기재가 있으나 증인신문조서의 전후문맥에 비추어 이는 피해자가 소리치려고 마음먹었을 때에는 이미 피고인이 그 자리에 없었다는 뜻이지 피고인이 범인이 아니라는 취지의 진술이라고 새겨질 수는 없는 것이다), 또 원심법정에서 "증인이 왜 미느냐고 하면서 뒤를 돌아보니 피고인이 있었는데 그때 피고인의 가운데 이빨이 빠진 것을 보았기 때문에 알았습니다", "경찰관과 같이 피고인을 잡았다는 장소로 가보았더니 그 자리에 지갑이 있었습니다", "경찰관이 소매치기를 잡아 놓았으니 가보자고 하여 검거하였다는 장소로 따라 갔더니 그 곳에 증인의 지갑이 있었던 것은 사실이나 피고인이 그 곳에서 검거되었는지는 모릅니다"라고 진술하고 있는바, 그렇다면 피해자 박○○는 경찰에서부터 원심법정에 이르기까지 일관하여 범행 현장(촬영현장)의 피해자 뒤에서 민 사람이 피고인이고 그 사람 앞니가 하나 빠져있었으며 그때 손에 들고 있던 가방이 가벼워져 가방을 보니 쟈크가 열려 있었고 손지갑이 없어졌다는 취지로 진술하여 피고인을 범인으로 지목하고 있으며 굳이 그 진술에 일관성이 없다거나 서로 모순되는바 있다고는 인정되지 아니하고 그밖에 그 진술의 신빙성을 의심할 아무런 사유도 기록상 찾아볼 수 없는 바이고, 그렇다면 피해자 박○○의 위와 같은 진술(기재)에 원심이 굳이 배척하지 아니한 검거경찰관 김△△과 함께 검거한 위 김○○의 원판시 각 진술 내지 진술기재를 덧붙여 검토하면 피고인의 이 사건 범죄사실을 인정할 수 있을 것임에도 불구하고 원심이 피해자 박○○의 경찰, 검찰 및 법원에서의 각 진술에 사소한 표현의 차이가 있다 하여 이를 배척하고 급기야 공소사실을 인정할 만한 증거가 없다고 판단하였은즉 원심은 결국 채증법칙을 어겨 사실인정을 잘못한 위법이 있다 아니할 수 없으므로 이점을 탓하는 논지는 이유 있다.(184)

(4) 직접증거를 뒷받침하는 간접 또는 정황증거가 있는 경우 ★

직접증거를 뒷바침할 수 있는 간접 또는 정황증거가 있는 경우에 그 직접증거를 배척하려면 이를 배척할 수 있는 상당한 합리적 이유가 있어야 한다.

⚖ (1) 원심은 ① 저축예금주인 정달랑의 구좌로부터 주식회사 서울신탁은행본

---

(184) 대법원 1986. 6. 24. 선고 86도555 판결

점 영업 1부에 설치되어 있는 A호 현금자동지급기에서 싸인카드에 의하여 1983. 11. 4. 11:51경 금 500,000원이, 같은 날 11:52경 금 500,000원이 각 인출된 사실, ② 가계종합예금주인 박영식의 구좌로부터 온라인 현금카드에 의하여 1983. 11. 15. 14:09경 위 은행본점 영업 1부에 설치되어 있는 B호 현금자동지급기에서 금 500,000원이, 같은 날 14:10경 위 현금자동지급기에서 금 500,000원이, 같은 날 14:22경 위 은행본점 영업 1부에 설치되어 있는 A호 현금자동지급기에 금 500,000원이 위 B호 현금자동지급기에서 같은 날 14:25경, 같은 달 16. 10:04경, 같은 날 10:05경, 같은 달 17. 15:11경, 같은 날 15:12경 각 500,000원이 각 인출된 사실,

(2) 위 박영식은 1982. 9. 18.경 위 은행수동식 카드발급기에 의하여 비밀번호 0420으로 온라인 현금카드를 발급받고 위 정달랑은 1983. 11.2.경 위 은행자동식 카드발급기에 의하여 비밀번호 1234로 싸인카드를 발급받고 각 그 후 위 카드를 재발급받은 일이 없었던 사실, 위 싸인카드와 온라인 현금카드는 예금주가 통장과 도장이 없이 현금자동지급기에서 현금을 인출할 수 있는 카드로서 위 카드는 그 상단부의 검은색 자기띠지에 계좌번호와 예금주만이 알 수 있는 비밀번호를 수록하고 있으므로 위 비밀번호를 알지 않고는 위 현금자동지급기에서 위카드로 현금을 인출할 수 없는 사실, 위와 같이 현금자동지급기에서 금원을 인출할 때에 기록되어 남겨진 감사테이프에 나타난 본건 범행에 사용된 싸인카드와 온라인 현금카드의 검은색 자기띠지에 수록되어 있는 각 계좌번호의 인영과 위 정달랑, 박영식이 발급받아 소지하고 있는 싸인카드와 온라인 현금카드의 검은색 자기띠지에 수록되어 있는 각 계좌번호의 인영은 유사하지만 문자의 간격에 차이가 있어 본건 범행에 사용된 싸인카드와 온라인현금카드는 예금주인 위 정달랑과 박영식이 발급받아 소지하고 있는 각 카드와는 다른 것인 사실,

(3) 위와 같이 현금자동지급기에서 금원을 인출할 때에 기록되어 남겨진 감사테이프에 나타난 계좌번호의 인영으로 보아 본건 범행에 사용된 싸인카드는 위 은행자동식 카드발급기에 의하여 본건 범행에 사용된 온라인 현금카드는 위 은행 수동식 카드발급기에 의하여 각 만들어진 사실, 그리고 본건 범행은 피고인이 근무하는 은행전산처리과 직원의 소행으로 인정된 사실(이 점은 피고인 자신도 시인하고 있다)을 각 인정하면서도

⑷ 피고인에 대한 공소사실을 뒷받침하는 증인 최은영의 법정에서의 진술과 검사 및 사법경찰관 사무취급작성의 위 최은영에 대한 진술조서의 각 기재와 증인 백승

안의 법정에서의 진술과 검사 및 사법경찰관 사무취급작성의 백승안에 대한 진술 조서의 각 기재는 진술의 일관성이 없고 검사 및 사법경찰관 사무취급작성의 하길 웅, 백승안에 대한 진술조서와 하길웅, 백승안 작성의 각 진술서의 각 기재 증인 유 미정의 법정에서의 진술과 사법경찰관 사무취급작성의 유미정에 대한 진술조서, 위 유미정 작성의 진술서의 각 기재등은 단순한 추측에 불과하다는 이유로 위 각 증거를 배척하고 피고인에 대하여 무죄를 선고한 제1심 판결을 유지하였다.

(5) 그러나 위 최은영은 서울신탁은행 본점 1층 객장에 설치된 현금자동지급기에 서 피고인이 현금을 인출하는 것을 목격하였다는 것으로서 본 건 공소사실 제1항 에 대한 직접증거임에도 불구하고

(6) 원심은 위 최은영의 진술이 피고인의 범행을 목격하였다는 시간과 거리에 관하 여 일관성이 없다 하였는데 그 범행시간에 관하여 경찰에서는 "점심시간이 다 되 어서" 검찰에서는 "11:51경"으로 위 최은영은 검찰에서 "본인은 1983.11.4. 11:30 경부터 12:30경까지 사이에 신탁은행 본점 1층 객장에 앉아서 이야기를 하고 있던 중 동일 11:51경 위 1층 가계종합예금앞에 설치되어 있는 현금자동지급기에서 동 은행 전산부 씨디 담당대리인 임현출이 현금을 인출하는 것"을 본 일이 있다.

(7) "그날 11:30경 1층객장에서 사촌언니 최선희가 찾아와 전화로 잠깐 내려오라 고 하여 내려갔더니 언니는 급히 3,000원이 필요하니 빌려 달라고 하여서 그곳에 앉아서 이야기를 하고 있었습니다"라고 진술하고 있어 그 문맥으로 보아 피고인이 현금을 인출하는 시간은 11:51경이고 그날 11:30경은 사촌언니를 만나기 위하여 1층 객장으로 내려간 시간임이 명백한데 원심은 최은영이 범행을 목격한 시간이 11:30경인 것으로 잘못 판단하고 있다.

(8) 제1심 법정에서는 11:30경으로 최은영은 제1심 법정에서 "증인은 83. 11. 4. 11:30경 서울신탁은행 본점 1층 객장에 설치된 현금자동지급기에서 피고인이 현 금을 인출하는 것을 목격한 사실이 있지요"라는 공판 입회검사의 심문에 대하여 "예, 그러한 사실이 있습니다"라고 대답한 것으로(공판기록 제45정) 되어 있는 것으 로 보아 진술자가 목격시간을 의식하지 아니하고 목격사실 자체를 확인하는 뜻에 서 "네"라고 말한 것으로 풀이되므로 그 시간은 반드시 진술자의 기억을 표시한 것 으로 볼 수 없다.

(9) 원심법정에서는 11:40경으로 각 달리 진술되어 있으나 시계를 보지아니한 상 태에서 약간의 시간적 차이는 있을 수 있는 것이고 그것은 오히려 자연스러운 진술 로 보여지므로 그것만을 가지고 일관성이 없으니 믿을 수 없다고 할 수는 없다.

(10) 또한 위 최은영이 경찰에서 동인이 앉아 있던 자리와 피고인이 현금을 인출한 현금자동지급기와는 약 7~8미터 떨어졌다고 진술하였는데 현장검증결과 그 거리가 약 15미터 정도나 되기 때문에 믿을 수 없다고 판시하고 있으나

(11) 경험사실에 관한 시간과 거리를 정확하게 기억하는 것은 어려운 일이며 다소의 차이가 생길 수 있는 것인바 원심법정에서 최은영은 위와 같은 거리에 대한 실제미터수 차이에 관하여 "재보지 않아서 정확히 목측할 수 없습니다"라고 하면서 "따라서 실제의 거리가 15미터임에도 증인이 경찰에서 진술할 때 7~8미터 정도라고 진술한 것은 증인이 현장을 보지 않았기 때문이 아니라 거리를 추측할 때 생긴 오차에 불과하지요"라는 질문에 "예, 그렇습니다"라고 대답한 것으로 미루어 입증된다.

(12) 뿐만 아니라 피고인이 현금을 인출한 날짜에 관해서 위 최은영은 원심법정에서 "그날(11.4.) 11:30경 사촌언니가 돈 3,000원을 빌려달라고 하였는데 마침 돈이 없어서 내일(11.5.)이 식대가 나오는 날이기 때문에 기억합니다"라고 말하여 최은영이 목격한 날짜가 11.4.이 확실함을 알 수 있다. 그 외에도 기록을 정사하여 보면, 목격장면의 표현에 있어 어떤 때는 더욱 자세하게 어떤 때는 대략적으로 진술하고 있고 그 용어 및 표현방법에 차이가 있는 것은 경찰, 검찰 및 법원에서의 심문방법 또는 조서작성자의 개성의 차이에서 비롯된 것임을 엿볼 수 있을 뿐만 아니라 목격자 최은영은 전산처리과에 근무하는 직원이 아니기 때문에 그 자신이 의심을 받는 처지에 있지 아니하여 거짓말을 할 필요도 없고 일건 기록상 이 건에 관하여 거짓말을 할만한 이유를 찾아 볼 수 없으며 동인의 사촌언니인 최선희의 경찰에서의 진술과 법정에서의 증언도 이에 부합하므로 원심이 인용한 제1심 판결이유만으로 위 최은영의 진술을 믿을 수 없다고 인정할 수는 없다 할 것이다.

(13) 예금주 박영식의 온라인 현금카드를 위조함에 있어서는 카드발급내용이 수동식 카드발급기 내의 감사테이프에 수록되지 않게 하기 위하여 감사테이프의 앞면에 무엇인가를 끼우고 기계를 조작하여 카드를 만들어 냈다는 사실은 원심이 인용한 제1심 판결 이유에서도 명백히 이를 밝히고 있고,

(14) 이 건 공소사실 제2항에 대한 직접증거로서 피고인이 위 은행전산처리과 카드발급실에서 수동식 카드발급기의 감사테이프 앞면에 흰종이를 끼우고 이를 조작하는 것을 목격하였다는 증인 백승안의 진술이 있음에도 불구하고

(15) 원심이 인용한 제1심 판결은 그 이유에서 위 백승안이 경찰에서는 위와 같이 목격한 시간이 83.10.중순이라고 진술하였다가 검찰과 1심 법정에 이르러서는 83.11. 초순이라고 진술하고 있어 그 목격일시에 관하여 일관성이 없다는 이유로

이를 믿을 수 없다 하였으나 위 백승안은 처음부터 동인이 목격한 일시에 관하여 확실하게 단정한 것이 아니고 경찰과 검찰 및 제1심 법정에서의 진술에 다소의 시간적 간격이 있는 것은 사실이나 그와 같은 과정에서도 피고인은 같은 직장의 직속 상사임에도 불구하고 동인이 위와 같은 목격사실을 시종일관하여 동일하게 진술하고 있는 사실로 미루어 보면, 동인의 일관성 없는 진술이 반드시 허위진술에 기인한 것이라고 단정할 수도 없다 할 것이다.

(16) 위 **두 개의 직접증거에 대한 가치판단에 있어** 원심이 이상과 같은 잘못이 사실이고 보면 피고인에 대한 거짓말탐지기시험결과는 이를 차치하고라도

(17) (가) 자동식 카드발급기는 카드를 발급할 때마다 발급된 내용이 티핑테이프에 수록되어 남게 되는데 자동식 카드발급기에 의하여 본건 범행에 사용된 정달랑의 싸인카드가 위조된 83. 10. 13.을 전후한 동월 4부터 동월 15까지의 티핑테이프가 예리한 칼로 절단되어 없어졌으며 그 이외의 티핑테이프는 절단된 일이 없고 이를 절단하는 것은 전산처리과에서는 피고인만이 이를 할 수 있다는 사실(검사 및 사법경찰관 사무취급작성의 하길웅, 백승안에 대한 각 진술조서와 하길웅, 백승안 작성의 각 진술서의 각 기재),

(18) (나) 자동식 카드발급기는 피고인 및 같은 과 직원인 백승안, 유미정만이 수동식 카드 발급기는 피고인 및 유미정만이 조작할 수 있어 혐의대상자는 극히 제한되어 있는데

(19) 카드발급기의 열쇠를 피고인이 관리하고 있는 피고인의 소행으로 보여지며 본건 범행에 사용된 싸인카드와 온라인 현금카드를 만들고 이어 위 카드에 의하여 현금자동지급기에서 금원을 인출하기 위해서는 예금주의 비밀번호를 미리 알고 있어야 하는데

(20) 피고인은 같은 행원인 백승안에게 예금주의 비밀번호를 어떻게 하면 알 수 있느냐고 하여 카드발급대장을 보면 알 수 있다고 알려 준 일이 있는데 피고인은 카드발급업무에 종사하면서 위 카드발급대장을 열람하는 것이 언제나 가능하고 본건 범행에 사용된 싸인카드와 온라인 현금카드에 의하여 현금자동지급기에서 금원을 인출하기 위해서는 예금주의 예금잔고가 많다는 것을 미리 알고 있어야 하는데 이는 위 은행 내부직원만이 확인할 수 있으며 본건 범행후 위 은행 전산처리과 카드발급실에 근무하는 직원들을 상대로 한 조사과정에서 피고인이 제일 초조해 하였다는 취지(증인 유미정의 법정에서의 진술, 검사의 하길웅, 백승안에 대한 진술조서, 사법경찰관의 하길웅, 백승안, 유미정에 대한 진술조서, 하길웅, 백승안, 유미정 작성의 각 진술서),

(다) 수동식발급기로 박영식의 온라인 현금카드를 위조하던 날 유미정은 휴가중이었다는 사실(하길웅, 출근부)과 원심이 모두에서 인정한 위 사실들을 종합하면

(21) 피고인에 대한 본 건 공소사실을 인정할 수 있음에도 불구하고 원심은 위에서 지적한 바와 같이 위 최은영의 목격일시에 관하여 착오로서 증거판단을 잘못하였을 뿐만 아니라 위 최은영 및 백승안의 목격시간과 위 최은영의 목격거리에 관하여 일관성이 없다하여 이를 믿을 수 없다고 판단하였는 바

(22) <u>무릇 직접증거를 뒷받침할 수 있는 간접 또는 정황증거가 있는 경우에 그 직접증거를 배척하려면 이를 배척할 수 있는 상당한 합리적 이유가 있어야 할 것이다.</u>

(23) <u>그런데도 불구하고 원심은 위 직접증거의 증거가치를 배척하기 위한 합리적인 이유에 대한 충분한 심리판단도 없이 막연하게 일관성이 없다는 이유만으로 이들 증거를 모두 배척하고 나머지 정황증거에 대하여는 추측에 불과하여 이건 공소사실을 인정할만한 증거가 없다고 판단하였음은 채증법칙위배로 인한 사실오인 내지 심리미진의 위법이 있다 아니할 수 없으므로 이 점을 탓하는 논지는 이유있다.</u>[185]

(5) 피고인과 피해자의 진술이 불일치하는 경우 ★ CASE

여러 관련 증거들 모두를 검토 비교할 때, 피고인을 유죄로 인정할 증거가 되지 못하는 것이라고 볼 수밖에 없고, 수사과정에서 피고인의 진술은 물론 피해자의 진술까지도 현장의 상황에 맞도록 진술내용을 맞추어 나간 것으로 의심되는 사정이 엿보이고, 나아가 피해자가 스스로 자해하였을 가능성도 배제할 수 없다는 사례이다.

8. 전과관계

유죄로 단죄하기 위한 증거는 범행에 대한 직접증거만이 아니라 정황증거 내지 상황증거도 될 수 있는 것이고 피고인의 경우에 소매치기의 전과가 있을 뿐 아니

---

(185) 대법원 1986. 3. 25. 선고 85도1572 판결

라 현장에서 도주하려고 한 소행으로 보아 범인이 아닌가 하는 의심이 가지 않는 것도 아니나, 유죄증거의 증명력은 유죄 여부에 관한 합리적인 의심을 배제할 정도로 유죄의 확신을 가져올 수 있는 것이어야 하는바, 1심 판결 거시증거들은 피고인을 유죄로 단죄할만한 증명력을 갖춘 증거라고 보기 어렵다.

🔨 **| 원심의 판단 |** 피고인이 1990. 9. 28. 충남 논산군 부적면 아호리 앞 버스정류장에서 논산읍으로 가는 번호미상의 시내버스에 승차한 다음 승객인 피해자 이강열에게 접근하여 피해자의 상의 점퍼를 예리한 칼로 찢고 그 안주머니에서 현금 302,000원, 수표액면 금 300,000원권 10매를 꺼내어 가 이를 절취한 다음, 같은 날 07:05경 위 버스가 충남 논산읍 취암리 소재 목화예식장 앞 버스정류장에 이르러 정차할 무렵 피해자가 위 피해품을 도난당한 사실을 발견하고 소매치기를 당하였다고 소리치면서 위 버스의 출입문으로 빠져 나와 도주하는 피고인을 범인으로 단정하고 그 옷깃을 붙잡자 체포를 면탈할 목적으로 피해자를 팔로 밀쳐 넘어뜨려 피해자에게 약 2주간의 치료를 요하는 두피열창상을 가한 사실을 인정하고, 피고인을 강도상해죄로 의율처단하였다.

| 대법원 | 그러나 피고인은 수사단계에서부터 원심법정에 이르기까지 위 범행을 극구 부인하고 피고인에게는 소매치기의 전과가 있어 누명을 쓸 것이 두려워 현장에서 도주하려고 한 것 뿐이라고 변소하고 있다.

- 1심 판결이 유죄증거로 들고 있는 것들 중 우선 피고인의 1심 법정진술과 검사의 피고인에 대한 피의자신문조서 기재는 피고인이 범행을 부인하는 내용이어서 피고인의 소매치기 범행을 인정할 자료가 되지 못하는 것이다.

- 다음에 공소외 이강열, 오정근의 1심 법정 증언, 사법경찰리 및 검사의 위 사람들에 대한 각 진술조서기재 및 검사의 이강열에 대한 진술조서기재를 보면 피고인이 소매치기하는 것을 보지는 못했으나 피해자가 소매치기 당하였다고 소리치자 피해자 뒤에 서 있던 피고인이 승객을 밀치고 도주하려고 한 것으로 보아 범인으로 짐작된다는 취지이나, 소매치기의 전과가 있는 피고인으로서는 그 변소와 같이 누명을 쓸 것이 두려워 도주할 수도 있는 것이므로 피고인이 도주하였다는 사실만으로 범인이라고 단정할 수는 없다. 이 밖에 위 이강열은 이 사건 범행장소인 버스 안에는 대부분 이웃마을 사람들이었고 피고인과 성명불상자 1명만이 모르는 사람이었는데 소매치기다라고 소리치자 피고인이 도주한 것으로

보아 범인이 틀림없다고 진술하고 있으나, 위 이강열과 같이 피고인을 붙잡은 위 오정근에 대한 사법경찰리작성의 진술조서기재에 의하면 동인은 그날이 논산 장날이고 등교시간이어서 버스승객이 많아 "누가 누구인지 알수 없을 정도로 만원이었다"고 진술하고 있어(수사기록 18정 후면) 위 이강열의 진술과 상반되므로, 이에 비추어 보면 버스안의 승객 중 피고인과 성명불상자 1명만이 모르는 사람이었다는 위 이강열의 진술은 선뜻 믿기 어렵다.

• 그 밖에 압수조서기재의 피해품은 피고인에게서 압수된 것이 아니라 버스승강구에서 수거된 것이고 또 압수물인 피해자의 상의호주머니가 칼로 찢겨 있으나 그 범행에 사용한 칼을 피고인이 소지하였다고 의심할 만한 자료를 기록상 찾아볼 수 없으므로 위 압수조서기재나 압수물의 현존만으로는 피고인이 범인임을 뒷받침할 증거가 되지 못한다.(186)

---

(186) 대법원 1991. 11. 12. 선고 91도2172 판결

피의자 나도신은 피해자 고타짜에 대한 아래와 같은 강도죄를 범하였다는 이유로 수사를 받고 있다.

> 피의자는 피해자 등과 속칭 고스톱이라는 도박을 하여 돈을 잃게 되자 돈을 딴 위 피해자로부터 금품을 강취하기로 마음먹고, 피해자를 협박하여 반항을 억압한 다음 피해자의 상의 안 호주머니에 있던 현금 700,000원과 자기앞수표 100,000원권 2매를 꺼내어 강취하였다.

본 사건의 가장 유력한 증거는 피해자의 진술이다. 피해자의 진술 경찰, 검찰, 법원에서 피해사실 관련 다음과 같이 진술하였다.

〈경찰단계〉

(1) "… 피고인이 앉아 있는 시트의 문짝 쪽에서 왼손으로 망치를 잡고 손을 올리지 않은 채 때리려고 했다", "… 왼손으로 저의 상의 잠바 우측 안 호주머니에 들어 있는 돈을 빼어 가지고는 …"이라고 진술하였다.

(2) 돈을 어떻게 넣고 있었느냐는 질문에는 "좌측 안 호주머니에 돈과 수표를 넣고 있었다"고 진술하였다.

(3) 다시 피고인이 호주머니에서 돈을 빼어 갈 때는 어떤 흉기를 들고 있었느냐는 질문에는 "왼손에 망치를 들고 앉은 상태에서 무릎이 있는 데까지 올려 들고 있었다"고 진술하였다.

〈검찰단계〉

(1) "… 운전석 왼쪽 밑에서 망치를 꺼내어 저를 조수석으로 밀면서 망치를 왼손에 쥐고 저의 머리를 겨누면서 죽인다고 하였고, 그때 제가 살려 달라고 애원을 계속하였더니 망치로 저를 겨누면서 오른손으로 저의 상의 왼쪽 호주머니 속에 있는 돈뭉치를 빼앗아 미터기 위에 그 돈을 두었다"라고 진술하였다.

(2) "…돈을 빼앗고 난 후 망치를 뒷좌석에 두는 것을 보았다. 그 당시 망치자루를 보니까 기름이 묻어 있는 것이 저희 공장 정비소의 망치 같았다"고 진술하

였다가, 다시 피고인과 대질 시에는 "피고인이 저를 겨누고 나서 돈을 빼앗긴 후에 그 망치를 제가 빼앗듯이 받아 차 안의 불빛에 살펴보니 분명 회사의 정비공장에 있던 망치로서 나무에 기름이 묻어 있었다"라고 진술하였다.

〈1심 법원〉

"실내등의 불빛에 망치가 보였으며 돈을 빼앗긴 뒤 그 망치를 받아가지고 뒷좌석에 놓았다"라고 진술하였다.

〈피고인의 처의 진정서와 법정진술〉

피해자는 피고인의 처에게 합의의 대가로 금 15,000,000원과 동침을 요구했다가 그러한 사실이 밝혀지자 한푼도 받지 아니하고 합의를 해 주었다.

질문: 피의자 나도신은 유죄인가?

정답: 무죄

대법원 1993. 3. 9. 선고 92도2884 판결의 내용이다. 원심은 위 강도죄 범죄사실 관련, 유죄를 인정하였다. 그러나 대법원은 아래와 같은 이유로 피해자의 진술의 신빙성을 배척하였다.

- 피해자의 진술은 그가 피고인과 상반되는 이해관계를 가지는 자이며, 진술을 번복하거나 일관성이 없는 부분이 많고, 경찰, 검찰, 제1심 법정에서 단계적으로 진술내용이 붙어나면서 구체화, 합리화되어 가고 있음에 비추어 보거나, 사람이 목격하거나 경험한 사실에 대한 기억은 시일이 경과함에 따라 흐려질 수는 있을지언정 오히려 처음보다 명료해진다는 것은 이례에 속하는 것임에 비추어 보아도 그 신빙성이 의심스럽다고 아니할 수 없다.

- 강도죄에 있어서의 협박이란 피해자에게 해악을 고지하여 공포심을 일으키게 하는 것으로서 그 정도는 사회통념상 객관적으로 상대방의 반항을 억압하거나 항거불능케 할 정도의 것이라야 하는 것이다.

- 설사 이 사건에서 피고인이 어느 정도의 강제력을 행사하여 피해자로부터 판시 금품을 가져갔다고 하더라도, 기록에 나타난 두 사람의 친분관계(10여 년간의 친구로 함께 고스톱 화투를 자주 치는 사이)나 나이, 직업, 재산정도(피고인이 오히려 여유가 있다), 신체상태(피해자가 힘이 더 세다는 것임), 범행의 동기 및 그 전후의 행적 등에 비추어 볼때, 피해자가 반항이 억압되거나 항거불능의 상태에서 금원을 강취당한 것이라고 보기는 어렵다고 보인다.

- 기록에 의하면, 피고인은 당일 16:00경 교대근무차 동남운수 사무실에 갔다가 피해자가 동료운전사인 공소외 3, 5 등과 사기화투를 쳤다고 하여 싸우는 것을 보고, 자기도 피해자에게 1,500,000원 정도를 잃었기 때문에 그 사실 여부를 추궁하기 위하여 피해자를 차에 태워 조용한 곳으로 데리고 갔다는 것인바, 그 후 피고인이 피해자에게 사기화투를 친 것인지 여부를 확인하고 잃은 돈을 되돌려 받을 속셈으로 추궁하였으나 피해자가 순순히 응하지 않으므로 다소의 강제력을 사용하여 피해자로부터 금원을 억지로 되돌려 받은 것이 아닌가 짐작은 가나

그것이 강도죄의 구성요건으로서의 폭행이나 협박에까지 이른다고 인정하기는 어렵다.[187]

 유의사항

시일이 경과할수록 공소사실에 부합되도록 번복되고 있는 목격증인의 진술의 신빙성과 관련하여, 합리적인 사실인정을 위한 아래와 같은 대법원의 논증과정은 수사실무에 참고할 여지가 있어 인용한다.[188]

▣ 항소심은 피고인이 1981.5.5.17:00경 목포시 남교동소재 담양식육점 앞길에서 피해자가 갈비 1짝 대금 28,000원을 주지 아니한다는 이유로 시비끝에 한 손으로 피해자의 멱살을 잡고 주먹과 발로 피해자의 얼굴과 가슴을 수회 때려서 피해자에게 요치 수개월간의 뇌졸중 등의 상해를 가한 사실이 인정된다 하여 피고인의 항소를 기각하였다.

▣ 그러나 대법원은, 원심이 판시상해의 범죄사실을 인정함에 있어서 채용한 증거를 대조하여 종합검토하여, 위 증거들만으로 피고인의 구타행위로 인하여 피해자가 판시와 같은 상해를 입었다고 단정할 수 없다고 보았다.

▣ **피고인의 진술**

피고인은 검찰에서 "판시일시, 장소에서 피해자를 만나 판시와 같은 이유로 언쟁한 사실은 있으나 피해자의 멱살을 붙잡고 피해자의 얼굴과 가슴을 때린 일은 없다"고 진술하였고, 제1심 법정에서는 "판시일시, 장소에서 피해자를 만난 일은 있으나 판시와 같이 언쟁, 구타한 일 없다"고 진술하여 판시 상해사실을 부인한다.

▣ **피해자의 처 공소외 1의 제1심 및 검찰에서의 진술**

범행 일자 21:30경 대문 밖에서 우는 소리가 나는 것 같아 나가보니 피해자가 술에 취해 쓰러져 있고, 코에서는 피가 흐르고 왼쪽 눈두덩이가 파랗게 멍이 들었으며 머리 뒷부분도 무엇에 맞았는지 피가 흐르고 왼쪽허리를 손으로 짚으며 아프다고

---

(187) 대법원 1993. 3. 9. 선고 92도2884 판결
(188) 대법원 1984. 11. 13. 선고 84도22 판결

하였고, 방에 들어와서는 혼자말로 "이놈새끼 내옷 찢었어. 내일 아침 경찰서에 넣어버리겠다" 중얼거리다가 동일 23:00경 잠이 들었는데 그 다음날 01:00경 갑자기 눈을 뒤집으며 입에서는 거품을 내뿜고 전신을 떨며 혼수상태에 빠져 그날 아침부터 한약방에서 침을 맞으며 3일동안 치료하였으나 차도가 없어 성콜롬반병원에 입원하게 되었고, 누가 피해자를 위와 같이 구타하였는지는 모른다고 일관하여 진술하고 있다. 그러므로 위 진술은 피고인이 피해자를 구타하여 판시 상해를 입혔다고 볼 자료는 되지 못한다.

▣ 의사 오시종 작성의 피해자에 대한 진단서

발병 연월일이 1981.5.9 병명이 뇌졸중, 늑골골절(제7,8늑골)로 기재되어 있는바, 발병 연월일이 판시 상해일자와 다를 뿐만 아니라 위 진단서의 기재는 진단 당시 피해자가 그와 같은 상처를 입고 있었다는 소견을 나타내는데 불과한 것이므로 그것만으로 판시 상해의 원인이 피고인의 폭행에 의한 것이라고 단정할 자료는 될 수 없다.

제1심 및 검찰에서의 진술은 공소외 박균배로부터 피고인이 판시와 같은 이유로 "피해자를 한 대 때리고 갈비값을 포기했다는 말을 하더라는 말을 들었다"는 막연한 전문진술에 불과하고 공판기일에 원진술자인 위 박균배의 위와 같은 진술사실의 존부를 조사한 바도 없고 검사의 진술조서에 의하면 같은 취지의 진술이 있으나, 피고인은 위와 같은 말을 한 사실을 부인하고 있다. 그러므로 위 증언만으로는 판시 상해사실을 인정할 증거로 삼기에는 신빙성이 없다.

▣ 피해자에 대한 검사작성의 제1회 진술조서

"피고인이 목포시 남교동 소재 백제약국 뒷골목길에서 판시와 같은 이유로 발로 옆구리를 차고 주먹으로 머리를 때리고 바닥에 넘어뜨려 발로 구타하였다는 취지의 시늉을 하다"라고 기재되고, 동 조서말미에 서명불능이므로 대서 후 무인케 하다라고 기재되어 있어 위 피해자가 판시사실에 부합되는 의사표현(시늉)을 분명하게 한 것으로 보여진다.

이보다 8개월 후에 작성된 제2회 진술조서에는 검사의 "누구로부터 폭행당하였는가요?"라는 물음에 "친구 마봉이 박우동이라 대답하나 명확치 않다"로 기재되어 있다.

"어떻게 구타당하였는가요?"라는 물음에 "발이라고 대답하면서 왼손으로 머리 오른쪽과 오른쪽 허리, 오른쪽 다리 등을 가리키며 그곳을 구타당하였다는 시늉을 하다"라고 기재되어 있다.

"폭행사실을 목격한 사람이 있는가요?"라는 물음에 "피고인이라고 대답하다"라고 기재되었고, "흉기로 구타당하지 않았는가요?"라는 물음에 "없어요라고 대답하다"라고 기재되어 있다.

"맥주병으로 맞지 않았는가요?"라는 물음에 "맥주병이라고 대답하면서 왼손으로 병을 잡고 때리는 시늉을 하다"라고 기재되어 있다.

"길에서 맞았는가요, 방에서 맞았는가요?"라는 물음에 "방에서라고 대답하다"라고 기재되어 있다.

조서 말미에 한자로 "피해자"라고 서명하고 무인하다라고 기재되어 있어, 동 조서의 기재만으로는 피고인이 과연 피해자를 구타하였는지 인정키 어렵고, 제1회 진술 시와는 폭행당한 신체의 부위, 폭행방법, 폭행장소 등에 관한 의사표현(시늉)이 서로 다르다.

나아가 기록에 의하면, 피해자는 뇌졸증으로 인하여 반신마비, 의식장애, 언어장애 등의 후유증이 있어 평생불구자로서 판명되어 더 이상 병원치료를 하지 않고 퇴원하였으나 병원에서 지시한 약을 계속 복용하면서 자가치료한 결과 후유증세가 차츰 호전되어 언어 내지 글씨로서 심문이 가능하다는 이유로, 피해자의 언어장애 등으로 진술이 명료치 못하다는 이유로 기소중지된 이 사건을 수사재개하여 달라고 피해자 자신이 신청하고, 이로 인하여 검사의 제2회 피해자진술조서를 받게된 사실이 인정되는바 그렇다면, 제1회 피해자진술조서는 피해자의 후유증세가 호전되지 아니한 상태에서 작성된 것이라고 보여지는데, 그 의사표현(시늉)에 대한 기재는 후유증세가 호전된 상태하에서 작성한 제2회 피해자 진술조서상의 기재보다 더 명료한 것이 되어 경험칙상 믿기 어렵다 할 것이다.

▣ 목격자 신막녀의 진술

경찰 제1회 진술 시에는 "판시일자에는 함평에 물맞으려 갔다가 오후 7시경 귀가하여 피고인과 피해자가 싸우는 것을 보지도 듣지도 못하였다"라고 진술하였다가,

제2회 진술 시에는 "판시일시경 피고인과 피해자가 판시와 같은 이유로 언쟁하다가 서로 멱살을 잡고 밀치닥거리기에 제가 만류하여 피고인을 집으로 보냈으며 서로 때리고, 피가 나거나 옷이 찢어지는 일은 없었다."고 진술하고,

검찰에서는 "판시일시경 피고인과 피해자가 판시와 같은 이유로 언쟁하다가 서로 멱살을 잡고 밀치닥거리던 중 피고인이 주먹으로 피해자의 이마를 2회 가량 때려서 피해자의 이마에서 약간 피가 났다"라고 진술하고,

제1심 및 원심법정에서는 "확실한 날짜는 기억이 없다"고 하면서 위 검찰진술과 같은 내용의 진술을 하고 있다.

사람이 목격하거나 경험한 사실에 대한 기억은 시일이 경과함에 따라 흐려질 수는 있을지언정, 오히려 처음보다 명료해진다는 것은 이례에 속하는 것임에도 위 신막녀의 경찰, 검찰, 제1심 및 원심법정에서의 각 진술은 특별한 이유 없이 시간이 흐름에 따라 공소사실에 부합되도록 번복되고 있어 그 신빙성이 의심스럽다고 보지 않을 수 없을 뿐만 아니라, 설령 피고인이 피해자와 언쟁하다가 서로 멱살을 잡고 밀치닥거리던 중 피해자의 이마를 주먹으로 2회가량 때렸다는 위 신막녀의 진술이 사실이라 하더라도 피고인이 피해자의 뒷머리를 때렸다거나 발로 가슴을 찼다(이는 공소사실에 포함되어 있다)는 점에 대하여는 위 신막녀의 진술에 의하여도 인정되지 않는다. 그렇다면 피고인이 피해자와 언쟁하였거나 구타하였다는 시간과 피해자가 집에 들어온 시간 간에는 무려 4시간 30분이 경과되었고, 귀가 당시에도 피해자는 술에 취해 있었다는 것이므로 그간의 피해자의 행적에 대하여 더 심리하였어야 할 것이고, 피고인이 피해자와 언쟁하고 이마를 두 번 때렸다하더라도, 그것만으로 피해자의 판시 뇌졸증의 원인이 될 수 있는지 확단할 자료가 없고 특히 피해자의 뒷머리 부분의 상처나 제7, 8 늑골 골절상까지는 생길 이유가 없다 할 것임에도 원심은 충분한 심리도 하지 아니한 채, 위 증거들만으로 피고인의 구타행위로 인하여 피해자가 판시와 같은 상해를 입었다고 단정하였으니 원심판결에는 심리미진 내지 채증법칙 위배로 인한 사실오인의 위법이 있다 할 것이고, 이 점을 지적한 논지는 이유있다.

나범인은 7월 10일 01:00경 혼자서 소태골 식당에 와 술을 마시기 시작하였고, 약 15분 후에 한종석이 도착하여 함께 술을 마셨는데, 다방 여종업원 이현숙이 뒤따라 들어왔다. 이들은 그 직전에 동료 종업원인 안미숙과 함께 4명이 노래방에서 술을 마시며 놀다 2차를 온 것이다.

이현숙은 한종석에게 노래방에서 어울려 놀다가 헤어지는 과정에서 한종석이 안미숙의 뺨을 때린 문제를 따지고 있었다. 이현숙은 참견하려는 나범인에게 "나는 아저씨와 말하기 싫다"며 말을 자르자 나범인은 기분이 상하여 탁자를 쳐 빈 소주병을 바닥에 떨어뜨려 깨뜨렸다. 한종석은 이현숙에게 "그만 가라"고 말하는 한편 나범인에게 "너 그러면 안 돼"라며 나무라는 투로 말하였다.

이현숙이 나간 다음에도 나범인은 한종석과 계속 술을 마시다가 얼마 후 함께 소태골 식당을 떠났다. 그로 부터 약 10분 후 식당 문을 닫고 야식을 먹으러 가던 식당 주인 이규석 부부는 식당으로부터 약 40m 떨어져 있는 한사랑 약국 앞에 쓰러져 있는 한종석을 발견하였다. 이규석은 코를 골고 있는 한종석이 술에 취하여 자는 것으로 생각하고 한종석의 신발로 머리를 받쳐 준 다음 그 장소를 떠났다.

한편 나범인은 같은 날 01:35경과 01:45경 두 차례에 걸쳐 친구인 박복래에게 전화를 걸었으나 그 중 한 차례만 통화가 이루어졌다. 이때 한종석이 술에 취해 쓰러져 있다고 알렸고, 박복래는 02:00경 소태골 식당 앞에서 나범인을 만나 그가 가리키는 한사랑 약국 앞에서 한종석을 발견하고 한종석의 처에게 연락하여 집으로 옮기게 하였다. 나범인은 박복래를 전화로 불러내고 박복래가 나온 뒤 자신의 승용차를 운전하여 집으로 돌아갔다.

한종석은 발견될 당시 왼쪽 이마가 까지고 오른쪽 턱과 귀 사이가 부어 있었으며 평소 착용하던 안경도 없이 티셔츠와 러닝셔츠가 찢어진 상태로 시멘트 바닥 위에 누워 있었다. 한종석은 집에 옮겨졌다가 다시 병원으로 옮겨진 뒤에도 의식을 회복하지 못한 채 약 8일 뒤인 같은 달 18. 사망하였다.

한종석에 대한 부검결과에 의하면 한종석은 두개골골절, 뇌좌상, 뇌출혈 등 고도의 두부손상으로 사망하였고 오른쪽 턱에 광범위한 피하 및 근육 간 출혈이,

오른쪽 귀 뒷부분에 피하출혈이, 좌측 두정골·후두골 봉합 부위에서 시상봉합을 따라 전두골까지 선상골절이 각 존재하는 것으로 드러났는데 한종석의 두부 손상은 전도에 따른 대측충격손상으로 보이는 반면 오른쪽 턱 및 오른쪽 귀 뒷부분은 위와 같은 전도에 따른 손상이라기보다는 직접 외력에 의한 손상으로서 손상을 입힌 물체의 크기나 형상은 둔기로 추정된다. 그러나 폭행에 사용된 둔기나 피해자가 쓰고 있던 안경이 현장에서 발견되지 아니하였다. 한편 나범인은 어릴 때 사고로 오른쪽 팔꿈치 아래 부위를 절단당한 지체장애인이다.

그리고 위와 같은 한종석의 사망 관련, 아래와 같은 수사가 이루어졌다.

박복래의 진술, 나범인의 전화를 받았을 때 "'한종석이 술이 많이 취해 저쪽 약국 앞 길에서 쓰러져 자고 있다'고 하였다"라고 진술하고 있고. 나와 보니 당시 나범인에게는 무슨 상처가 있었다거나 복장에 싸운 흔적은 없었고, 당황하거나 허둥대는 기색은 보지 못했다.

나범인의 진술, 나범인은 한종석과 30년 이상 친하게 지내온 친구 사이로서 이 사건 발생 전에 재산문제나 특별히 다른 문제로 불화가 있지는 않았다. "…기억이 나는 것은 한종석이 … 한우리 약국 앞에 쓰러져 있어서 저 혼자 감당할 수 없어서 친구인 박복래에게 … 전화를 하여 …"라고 진술하거나, "…얼핏 기억이 나는 것은 한우리 약국 앞에 한종석이 쓰러져 있어서 깨우다가 저 혼자 감당하기가 어려워서 친구인 박복래를 부른 것은 기억이 나는데…"라고 진술하였다.

다방 여종원의 진술, 다방 여종업원들이나 노래방 주인의 진술에 따르면 소태골 식당에 가기 전에 들른 노래방에서 나범인과 한종석은 싸운 일이 없고 대화의 분위기도 좋았으며, 식당 주인 부부의 진술에 따르면 비록 다방 여종업원 이현숙이 들렀을 때 술병을 깨는 등의 작은 소란은 있었으나 나범인과 한종석은 서로 싸우거나 언성을 높인 일이 없었고, 식당을 나가면서 서로 술값을 계산하겠다고 하였다.

동선, 피고인과 피해자 는 위 식당을 나와 잠시 같은 방향으로 걸어가는 것이 위 식당 주인 이규석에 의하여 목격되었다. 다만, 피고인과 피해자는 노래방에서 식당에 올 때 각자 따로 왔고 피고인과 피해자의 승용차가 서로 다른 곳에 주차되어 있었다.

부근 상황, 피해자 가 쓰러져 있던 곳 부근은 평소 5일장이 설 정도로 사람의 왕래가 많은 곳인데다가 이 사건 사고 발생 무렵 늦은 시간에도 위 소태골 식당뿐만 아니라 그 근처의 기원이나 야식을 파는 식당이 영업을 할 정도여서 인적이 전혀 없는 곳은 아니다.

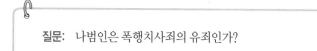

질문: 나범인은 폭행치사죄의 유죄인가?

정답: 무죄

대법원 2003. 10. 10. 선고 2003도3463 판결의 사실관계를 정리하였다. 항소심은 유죄판결을 하였으나 대법원은 무죄취지로 파기환송하였다.

▣ 원심은 다음과 같은 근거로 비록 직접증거는 없지만 피해자를 둔기로 폭행하여 쓰러지게 한 가해자는 피고인일 수밖에 없다고 판단하고 이 사건 공소사실에 대하여 그 범죄의 증명이 있다고 하여 피고인을 폭행치사죄로 처단하였다.

• 피해자가 쓰러진 지점이 피고인과 술을 마셨던 소태골 식당에서 불과 40m 떨어진 지점이고, 피고인이 피해자가 쓰러진 사실을 알리고자 박복래에게 통화를 시도한 시점이 피해자가 피고인과 함께 위 식당을 나온 시점 및 피해자가 이규석에 의하여 발견된 시점과 시간상 매우 근접하여 있으며, 만일 제3자가 피해자를 때렸다면 박복래에게 전화 당시 이를 알렸을 터인데도 단순히 피해자가 술을 먹고 쓰러져 있다는 취지로만 이야기한 점 등을 종합하면, 피고인이 피해자와 함께 위 식당을 나간 시점부터 피해자가 쓰러진 시점까지 피고인 아닌 제3자가 나타나 피해자를 폭행하였을 가능성은 거의 없다.

• 한편 만취상태의 피고인은 소태골 식당에서 자신을 나무란 피해자에게 감정이 남아 있었는데 이는 피고인이 피해자를 폭행할 동기로 작용하기 충분하다.

• 피해자가 폭행당한 얼굴 오른쪽 부위는 피고인이 피해자와 마주보며 왼손으로 폭행하였을 경우의 예상부위와 서로 일치한다.

• 피고인은 수사를 받을 때 "… 그 친구가 넘어지고 내가 박복래에게 전화를 해서…"라고 진술함으로써 피해자가 넘어지는 것을 목격하였다는 취지로 진술하고 있고, 재판과정에 이르기까지 확실하게 자신의 범행을 부인하는 것이 아니라 술에 취해 기억이 나지 않는다고 진술할 뿐이다.

▣ 대법원은 원심의 판단은 다음과 같은 이유로 그대로 수긍하기 어렵다고 보았다. 즉, 목격자의 진술 등 직접증거가 전혀 없는 사건에 있어서는 적법한 증거들에 의하여 인정되는 간접사실들에 논리법칙과 경험칙을 적용하여 공소사실이 합리적인 의심을 할 여지

가 없이 진실한 것이라는 확신을 가지게 할 정도로 추단될 수 있을 경우에만 이를 유죄로 인정할 수 있고, 이러한 정도의 심증을 형성할 수 없다면 설령 피고인에게 유죄의 의심이 간다고 하더라도 피고인의 이익으로 판단할 수밖에 없다는 것이 형사소송의 대원칙이다.[189]

- 피해자가 피고인과 소태골 식당에서 나온 뒤 얼마 되지 아니하여 길에 쓰러져 있는 것이 발견된 점과 피고인이 박복래를 전화로 불러내고 박복래가 나온 뒤 자신의 승용차를 운전하여 집으로 돌아간 것을 보면 비록 피고인이 술에 많이 취해 있었다고 하더라도 피해자와 위 식당에서 나온 뒤에 일어난 일에 관하여 단편적인 기억이나마 남아 있을 것으로 보이는 데도 전혀 기억이 나지 않는다고 진술하고 있고 여기에 피고인에 대한 거짓말탐지기 조사결과를 더하면 피고인의 진술에 신빙성이 부족하여 보이는 점 등을 종합하면, 피고인이 피해자를 폭행하여 쓰러지게 하고도 기억이 나지 않는다고 거짓말을 하는 것으로 의심이 가기도 한다.

- 그러나 우선 피고인이 피해자를 폭행할 동기가 있었는지에 관하여 살펴보면, 피고인은 피해자와 30년 이상 친하게 지내온 친구 사이로서 이 사건 발생 전에 재산문제나 기타 다른 문제로 인하여 그들 사이에 불화가 있었다고 볼 자료는 없고, 위 다방 여종업원들이나 노래방 주인의 진술에 따르면 소태골 식당에 가기 전에 들른 노래방에서 피고인과 피해자는 싸운 일이 없고 대화의 분위기도 좋았으며, 위 식당 주인 부부의 진술에 따르면 비록 다방 여종업원 이현숙이 들렀을 때 술병을 깨는 등의 작은 소란은 있었으나 피고인과 피해자는 서로 싸우거나 언성을 높인 일이 없었고 오히려 식당을 나가면서 서로 술값을 계산하겠다고 할 정도로 우호적인 분위기였음이 분명하다. 사정이 이러하다면 피해자가 식당 안에서 피고인을 잠시 나무라는 듯한 투의 말을 하였다고 하더라도 그것이 오랜 친구를 둔기로 때려 쓰러뜨리게 할 만한 동기로 작용하였다고 보기는 어렵다.

- 다음으로, 피해자의 상처가 피고인의 폭행으로 인한 것으로 볼 수 있는지에 관하여 살펴보면, 피해자는 앞서 본 바와 같이 얼굴 몇 군데에 심한 상처가 생기고 옷이 찢어지며 안경이 벗겨질 정도로 폭행을 당하였던 반면 당시 피고인에게는

---

(189) 대법원 2002. 5. 31. 선고 2000도2716 판결 등 참조

무슨 상처가 있었다거나 복장에 다른 사람과 싸운 흔적이 있었다고 볼 자료가 없고 오히려 박복래가 보기에 당황하거나 허둥대는 기색도 없었는데, 오른팔을 쓸 수 없는 피고인이 피해자와 마주보는 상태에서 양팔을 쓸 수 있는 피해자로부터 아무런 반격을 당하지 아니하고 일방적으로 피해자를 폭행하였다고 보기 어렵다. 따라서 피해자의 상처 부위가 왼팔을 주로 사용하는 사람으로부터 폭행을 당한 형태를 띠고 있다고 하더라도 그것이 피고인의 폭행으로 인한 것이라고 단정할 수는 없다.

• 한편 피고인이 소태골 식당을 나와 피해자가 쓰러질 때까지 피해자와 함께 있었는지에 관하여 살펴보면, 피고인과 피해자는 위 식당을 나와 잠시 같은 방향으로 걸어가는 것이 위 식당 주인 이규석에 의하여 목격되기는 하였지만, 피고인과 피해자는 노래방에서 위 식당에 올 때에도 각자 따로 왔고 피고인과 피해자의 승용차가 서로 다른 곳에 주차되어 있었으며 피해자가 위 식당을 나서서 쓰러져 있는 상태로 발견되기까지 약 10분 정도의 시간적 여유가 있었던 점에 비추어 보면 그 사이에 피고인과 피해자가 계속 함께 있었다고 단정하는 데는 무리가 있다. 또한, 피고인이 경찰에서의 수사과정에서 원심이 지적한 바와 같은 진술을 하기는 하였으나 "…기억이 나는 것은 피해자가 … 한우리 약국 앞에 쓰러져 있어서 저 혼자 감당할 수 없어서 친구인 박복래에게 … 전화를 하여 …"라고 진술하거나, "…얼핏 기억이 나는 것은 한우리 약국 앞에 피해자가 쓰러져 있어서 깨우다가 저 혼자 감당하기가 어려워서 친구인 박복래를 부른 것은 기억이 나는데…"라고 진술하기도 하였고, 박복래도 "피고인이 '종열이가 술이 많이 취해 저쪽 약국 앞 길에서 쓰러져 자고 있다'고 하였다"라고 진술하고 있는데, 이러한 진술들을 종합하면 피고인은 위 식당을 나와 피해자가 쓰러지는 순간까지 함께 있었다기보다는 잠시 떨어져 있다가 피해자가 길에 쓰러져 있는 것을 발견하고는 술에 취해 잠을 자는 것으로 오해하고 박복래에게 도움을 요청하였고, 피해자가 제3자로부터 폭행당하는 장면을 목격하지 못하여 박복래에게 그러한 말을 하지 아니한 것으로 볼 여지가 없지 아니하다.

• 피해자가 피고인이 아닌 제3자로부터 폭행을 당하였을 가능성에 관하여 살펴보면, 소태골 식당에서 피해자가 쓰러져 있던 곳까지는 약 40m 정도밖에 되지

아니하여 술에 취한 사람이라도 걸어서 1분 안에 갈 수 있는 거리이므로 피해자가 위 식당을 나가 쓰러진 채 발견되기까지 약 10분 정도의 시간은 피해자가 제3자와 우발적으로 시비가 붙어 폭행을 당하기에 충분한 시간으로 보이고, 피해자가 쓰러져 있던 곳 부근은 평소 5일장이 설 정도로 사람의 왕래가 많은 곳인데다가 이 사건 사고 발생 무렵 늦은 시간에도 위 소태골 식당뿐만 아니라 그 근처의 기원이나 야식을 파는 식당이 영업을 할 정도여서 인적이 전혀 없는 곳이라고 볼 수 없으며, 앞서 본 바와 같이 피해자의 상처 등이 피고인의 일방적인 폭행으로 인한 것이라고 보기에는 석연치 않은 면이 있고, 피해자를 폭행하는 데 사용된 둔기나 피해자가 쓰고 있던 안경이 현장에서 발견되지 아니하였는데 술에 취한 피고인이 이를 의도적으로 치웠다고 보기 어려운 점 등을 종합하면, 피해자가 피고인이 아닌 제3자와 우발적으로 시비가 붙어 싸우다가 둔기로 폭행을 당하였을 가능성을 완전히 배제할 수는 없다.

• 그렇다면 피해자가 폭행을 당하여 쓰러지는 장면을 목격한 사람의 진술 등 직접증거가 전혀 없는 이 사건에 있어서 원심이 인정한 간접사실들에 논리법칙과 경험칙을 적용하여 보면 피해자가 피고인이 아닌 제3자에 의하여 폭행을 당하였을 가능성마저 합리적인 의심 없이 배제되지 않으므로 비록 피고인에게 유죄의 의심이 간다고 하더라도 피고인의 이익으로 판단할 수밖에 없다고 할 것임에도 불구하고, 원심이, 피고인이 둔기로 피해자를 폭행하여 쓰러뜨리고 사망에 이르게 하였다고 판단한 것은 논리법칙이나 경험칙 또는 채증법칙을 위배하여 사실을 오인하거나 필요한 심리를 다하지 아니하여 판결 결과에 영향을 미친 위법을 범한 것이다.

질문: 아래 사실관계는 신임병에 대한 살인미수 사건에 대한 사실관계의 일부이다. 피의자에 대하여 유죄판결을 할 수 있는지 검토해 보시오.

[공소사실]

피고인은 소속대 간부식당 취사병으로 근무하는 상병으로서, 같은 곳에서 근무하는 피해자가 전입 온 지 얼마 되지 않는 후임병임에도 불구하고 평소 군기가 없고 건방진 행동을 하자 이에 불만을 품고 있던 중, 1996. 4. 30.(이하 일자의 기재에서 연도는 생략한다) 04:35경 간부식당 취사장에서 피해자가 화장실에 가면서 피고인에게 "휴지 어디에 있는지 아십니까"라고 물어 피고인이 "그걸 내가 어떻게 알아, 이 새끼야"라고 욕설을 하자 피해자가 "에이 씨"라고 말하는 것을 듣고 피해자의 건방진 태도에 화가 나서 피해자를 살해하기로 마음먹고 04:45경 간부식당 진열대에 보관되어 있는 과도(길이 22㎝, 칼날길이 11㎝) 1개를 전투복 하의 우측 건빵주머니에 휴대하고 간부식당 지하 보일러실로 내려가 그 곳에 숨어 있는 피해자에게 "야, 이 새끼야, 불 켜. 너 거기 있는 줄 알아"라고 말하여 피해자로 하여금 보일러실의 불을 켜게 한 후, 피해자에게 다가가서 "여기 온 지 얼마나 되었는데 휴지가 어디에 있는지를 모르냐. 왜 올라오지 않고 여기 짱 박혀 있어, 개새끼야"라고 욕을 하고, 이에 피해자가 "에이 씨, 제가 뭘 잘못했습니까"라고 대꾸하자, 건빵주머니에서 과도를 꺼내어 우측 손에 든 후 피해자에게 "너 죽을래"라고 말하며 피해자의 얼굴 등을 향하여 과도를 마구 휘둘러 피해자의 우측 머리, 손 등에 상처를 입게 하고, 피해자가 생명의 위험을 느끼고 보일러실 안쪽으로 도망가자, 쫓아가서 과도로 피해자의 배 부분을 12회 찔러 쓰러뜨리고 보일러실 바닥에 엎어놓은 후, 피해자가 자살한 것처럼 가장하기로 마음먹고 피해자의 좌측 손목 안쪽 부분을 10여 회, 우측 손목 안쪽 부분을 약 2회 그어 피해자에게 약 3개월간의 치료를 요하는 위장파열, 좌측 전완부 요골동맥 및 척골동맥 파열, 우측 전완부 요골동맥 및 요골신경 파열 등의 상해를 가하여 살해하려 하였으나, 그 날 05:00경 이병 전중천 외 1명이 피해자를 발견, 후송조치함으로써 그 뜻을 이루지 못하고 미수에 그쳤다.

▣ **범행현장 등의 상황**

피해자는 간부식당 지하 보일러실에서 엎어진 채 신음중인 상태로 발견되었으며, 그 부근에서 과도(증 제1호)와 피해자의 손목시계(증 제3호), 안경과 배수펌프의 전선 및 플러그(증 제2호)가 잘린 채 발견되었다. 위 보일러실은 간부식당 건물의 북쪽에 면하여 있으며, 간부식당의 서쪽에는 취사장이 붙어 있고, 간부식당 내부에는 무대로 사용되는 단상이 있는데, 당시에는 사단 기동훈련으로 취사작업을 하는 인원이 많았던 관계로 위 무대는 병사들의 취침장소로 사용되고 있었으며, 무대 위에서 과도가 들어 있던 상자(증 제4호)가 발견되었다. 한편 피해자는 좌측 손목 부분에 요골동맥 및 척골동맥 파열, 요골신경 및 척골신경 파열, 다발성 굴곡건 파열상, 우측 손목 부분에 요골동맥 및 요골신경 파열, 다발성 굴곡건 파열상, 복부에 10여 곳의 자상 및 우측 머리 부분 등에 상해를 입고, 사단 의무대와 춘천병원 및 청평병원을 거쳐 그 날 10:20경 국군수도병원에 도착하여 수술을 받았다.

▣ **피고인이 범인으로 지목된 경위**

군사법경찰은 사건현장의 상황과 피해자의 상해정도로 보아 피해자에 대하여 누군가가 가해를 하였을 가능성이 있다고 판단하고 취사반원들을 중심으로 수사를 계속하던 중, 5. 5. 10:30경 피고인이 5. 3. 19:00경 세탁을 하기 위하여 대야에 전투복 상하의(증 제5호)와 흰색 티셔츠(증 제6호)를 물에 담가 세제를 풀어둔 것을 발견하고 그 의복에서 혈흔으로 추정되는 흔적을 발견하여 이를 증거물로 압수하고, 피해자가 발견되던 당시 피고인이 흰색 티셔츠를 입었었다는 목격자들의 진술을 확보하여, 피고인이 전투복을 입고 범행을 한 다음 흰색 티셔츠로 바꾸어 입은 것으로 의심하고 수사를 진행하였다.

■ **피고인의 자백진술**

① 피고인은 군사법경찰에 연행되어 조사를 받고 5. 5. 범행을 인정하는 내용의 진술서를 작성하였으나, 5. 6. 14:00 진술조서 작성 시에는 범행을 부인하였으며, 그 날 20:20 이후 제1, 2회 피의자신문조서 작성 시에는 다시 자백을 하였다. 그러다가 5. 14. 이루어진 현장검증 시에는 범행을 부인하였으며, 5. 21. 국군수도병원에서 이루어진 제3회 피의자신문조서 작성 시에는 처음에 결백을 주장하다가 대질한 피해자가 피고인을 범인으로 지목하자 범행을 다시 자백하였고, 5. 22.에 이루어진 현장검증에서는 자백진술에 따라 범행을 재연하였다. 피고인이 군검찰에 송치된 다음 군검찰에서의 신문과 제1심의 재판과정에서는 범행을 자백하였다.

그런데 피고인은 원심에 이르러 범행을 다시 부인하고, 피고인이 군사법경찰에서는 수사관으로부터 폭행과 협박으로 자백을 강요받아 자포자기의 상태에서 범행을 자백하였던 것이고, 피고인이 같은 장소에 그대로 구금된 상태에서 군검찰의 조사와 제1심 재판까지 받게 되었을 뿐 아니라, 피해자가 피고인을 범인으로 지목하는 상황에서 무죄판결을 받기는 어렵다고 생각하여 범행을 인정하고 선처를 기대하기로 하여 제1심에서까지 자백하였던 것일 뿐, 피고인은 결코 범행을 한 바 없고 오히려 피해자가 자살을 결의하고 자해하였을 것이라고 주장하고 있다.

■ **피고인의 진술과 관련증거의 검토**

① 피고인은 보일러실에서 과도를 휘두를 때 피해자가 배수펌프의 플러그를 뽑아 양손으로 잡고 얼굴 부분을 방어하는 과정에서 전선이 과도에 잘라졌다고 진술하였다. 그러나 잘라진 플러그 부분은 검게 타 있어서 그것이 전원에 연결된 상태로 손상을 당하여 합선된 것으로 추정되므로, 피해자가 플러그를 뽑아들고 공격을 막다가 잘라진 것으로 보기는 어려우므로, 피고인의 위 진술은 증거물의 객관적 상황에 들어맞지 않는다.

② 피해자의 상처에 관하여, 우선 피고인은 피해자의 우측 머리 부분의 상처는 피고인이 휘두른 과도에 의하여 생긴 것이라고 진술하였으나, 군사법경찰관의 수사보고에 따르면 우측 머리 부분의 상처는 과도에 의한 것이 아니라 피해자가

넘어지면서 모서리 부분에 부딪혀 난 것으로 보인다.

그리고 피고인은 피해자가 보일러 배관에 몸을 기대고 앉아 좌측 손으로 피가 흐르는 우측 손을 감싸고 있는 상태에서 과도로 복부를 12회 찔렀다고 진술하였다. 그런데 기록에 의하면 피해자의 복부 상처는 칼날을 수평으로 한 상태로 거의 나란하게 나 있으며, 드러난 복부의 11개 자상 중 5곳은 복벽을 관통하여 4곳은 위▥천공이 되고, 그 중 1곳은 위 뒷벽까지 깊숙이 들어갔으며, 위천공을 낸 상처는 깊이가 10cm 가량 된다는 것이고, 기록상 피해자의 손이나 팔, 기타 복부에 인접한 부분에 복부 상해의 과정에서 생긴 상처가 드러난 바는 없으며, 피해자가 입고 있던 전투복 상의도 손상이 없었던 것으로 여겨진다(상고 후에 제출된 최환준, 이명준의 각 진술서에 의하면 전투복에 칼자국이 없었다는 것이고, 피해자를 치료한 군의관 김대한, 전투복을 가위로 잘라 낸 정준모의 진술도 피해자의 전투복 상의의 상태는 뚜렷한 기억이 나지 않는다는 것이다). 그리고 피고인은 사건 다음날 점심식사 배식 후에야 기동훈련을 떠났고, 5. 3. 16:00경 훈련에서 돌아왔다는 것이므로, 훈련을 떠나기 전과 돌아온 이후 5. 5. 10:30경 압수당할 때까지 혈흔이 묻은 전투복 등을 세탁할 만한 시간의 여유는 충분하였고, 세탁기는 항상 사용이 가능하였다는 것임에도, 피고인이 누구나 열어볼 수 있는 관물함에 혈흔이 묻은 전투복을 넣어둔 채 훈련을 떠났다가 돌아온 다음 5. 3. 19:00경에야 전투복 등을 세제를 푼 물에 담가만 놓고 세탁도 하지 않았다는 것은 범인의 행동으로서는 납득하기 어렵다고 하지 않을 수 없다.

③ 공소사실에 의하면 피고인은 당일 04:45부터 04:55 사이에 이 사건 범행을 한 것으로 되어 있다. 그런데 피고인은 5. 6.자 범행을 부인하면서 당일의 행적을 자세히 진술하고 있는데, 위 범행시간 내에 이루어진 것이라고 피고인이 주장하는 행적 중에서, 피해자가 취사장에서 나간 이후 피고인은 취사장으로 들어와서 일을 하였고 화장실로 가서 머리를 감고 왔다는 부분은 전중천, 김준호의 진술에 의하여 뒷받침되고 있고, 피고인이 취사지원을 나온 잠자는 병사들을 깨웠다는 부분은 박경재의 진술에 의하여 확인되며, 박종우에게 전원철은 어제 야식준비를 했으니 좀 있다가 깨우라고 말하였다는 부분은 박종우의 진술에 의하여 사실로 인정할 수 있으므로, 피고인을 유죄로 인정하기 위하여는 위와 같은 피고

인의 행적과 범행시간에 대하여 납득할 만한 설명이 있어야 할 것이다.

④ 한편 피해자가 소속부대에 배속된 지 4일에 이 사건이 발생하였다.

■ 피해자의 진술

① 피해자는 사건 당일 05:35경 사단 응급실에 도착하여 군의관 정준모에게, 또 그 날 10:20경 국군 수도병원에 도착하여 군의관 이일철에게 수차례 피해자가 스스로 자해한 것이라는 취지로 진술하였다가, 5. 2.에 이르러 사실은 고참병에게 과도로 찔린 것인데 당시 고참병은 술이 약간 취한 상태였다고 말한 바 있고, 다시 5. 8.에는 누군가로부터 피해를 당하였으나 가해자의 얼굴도 보지 못하고 목소리도 구분할 수 없어 가해자를 기억할 수가 없으며, 단지 평상시에 피해자를 나쁘게 대하던 상병 김준호가 의심이 가나 범인이 누구인지는 모르겠다고 진술하였는데, 그 진술이 끝난 후 수사관이 당시까지의 수사결과에 의하면 피고인이 범인으로 규명되었다고 알려준 것으로 되어 있고, 그 이후 피해자는 5. 18. 진술 시에 비로소 피고인을 범인으로 지목하면서도, 피해자가 자살을 기도하여 스스로 우측 손목을 과도로 3회 긋고 벽면에 기대어 있을 때 피고인이 찾아와 칼을 뺏아 들고 피해자의 좌측 손목을 마구 난자질을 하였으며 피해자가 피신하여 배관에 주저앉자 복부를 마구 찔렀다고 진술하였고, 5. 20. 수사관과 사고경위에 관하여 녹음을 한 다음 5. 21.부터는 피고인이 과도를 가져와 처음부터 범행을 한 것이라고 진술을 바꾸었다.

② 피해자는 위와 같이 진술을 번복한 이유에 대하여, 처음부터 피고인이 가해자임을 알고 있었지만 소속부대에 복귀할 경우 피고인의 보복이 두려워 범인을 밝히지 못했다고 하고 있으나, 피해자가 진술과정에서 다른 선임병인 김준호에게 의심을 두는 진술을 하는가 하면, 그 이후에는 피고인을 범인으로 지목하면서도 범행의 경위에 대하여는 피해자가 자살을 실행하고 있던 중에 피고인이 범행을 하였다고 진술하였다.

③ 피해자의 진술내용을 살펴보면, 우선 피해자는 사건 당일 04:35경 공소사실과 같이 피고인에게 불만을 표한 후 화장실 쪽으로 가고 있는데 피고인이 약 5m 뒤에서 쫓아오고 있어서 식당 밖으로 나와 보일러실에 들어가 숨었고, 그로부터 1, 2분 지난 뒤에 피고인이 찾아왔다고 진술하였으나, 피고인은 자백진술에서

도 피해자가 나간 후 취사장으로 돌아와 취사작업을 하다가 피해자를 찾아나섰다고 하였으며, 공소사실도 피해자가 나간 시각과 피고인이 따라 나간 시각과의 사이에 10분간의 차를 두고 있어 피해자의 위 진술은 공소사실과도 맞지 아니한다.

④ 또한 피해자는 5. 18. 진술 시에는 당일 04:35경 보일러실로 내려가 전등 스위치를 켜고 배수펌프의 코드를 꽂은 다음 컵으로 바닥에 고인 물을 4회 붓고 2, 3분간 자살을 망설이다가 칼로 우측 손목을 3회 그었다고 진술하였으며, 피고인도 피해자와 대질하기 전의 자백진술에서는 보일러실에서 배수펌프 가동소리가 들리고 불빛이 있었다고 함으로써 피해자의 위 진술과 일치하고 있었는데, 피고인과 피해자가 대질한 5. 21. 이후에는 피해자와 피고인의 진술 모두가 공소사실과 같이 피해자가 피고인을 피하여 보일러실로 들어가 불을 끈 채 철문을 닫고 숨어 있었는데 피고인이 쫓아가서 불을 켜라고 하였다고 내용이 변경되었으나, 원심 법정에서 피해자는 다시 원래의 진술과 같이 보일러실 전등을 켠 채 배수펌프를 작동하고 바닥의 물을 퍼부은 사실이 있음을 인정하고 있다.

⑤ 참고인 전중천, 이규봉, 진호섭, 최환준, 이명준, 박종우, 전원철의 진술

이들의 진술은 피해자가 발견될 당시를 전후하여 피고인이 흰색 티셔츠를 입고 있는 것을 보았다는 내용으로서, 피고인이 전투복 상하의를 입고 범행을 한 후 흰색 티셔츠로 갈아 입었다는 입증을 위하여 제출된 것이다. 피고인은 당초 사고 당일 피해자가 발견되어 후송되기까지 전투복 상하의를 입고 있었다고 진술하였다.

⑥ 피해자를 치료한 군의관들의 진술을 보면, 피해자의 상해의 정도로 볼 때 자해라고 보기는 어렵고 가해자가 있을 것으로 생각하였다고 진술하였으나, 자해에 의하여서는 그와 같은 상해를 입는 것이 물리적으로 불가능하다는 의미는 아니며, 가령 왼손잡이인 피해자가 좌측 손으로 우측 손목과 복부를 차례로 자해한 다음 자살 목적을 쉽게 이루지 못하자 다시 우측 손으로 좌측 손목을 자해하였을 가능성 등은 여전히 남아 있는 것이며, 기록상 피해자에게 자살을 기도할 만한 성격상의 장애가 있음이 엿보이기도 하므로, 이 사건을 타인에 의한 가해라고 속단할 수 없을 뿐더러, 위 진술이 피고인에 대한 유죄의 증거가 될 수는 없다.

■ **증거물과 국립과학수사연구소의 감정서**

① **과도**(증 제1호). 국립과학수사연구소의 감정결과, 압수된 과도에서 피해자의 혈액형과 동일한 O형의 혈흔이 검출되었으나, 피고인이 위 과도를 범행에 사용하였다고 볼 단서는 찾아볼 수 없다.

② **전투복 상하의와 흰색 티셔츠**(증 제5, 6호). 국립과학수사연구소의 감정결과, 티셔츠에서는 혈흔이 발견되지 않았고, 전투복 상의 우측 소매와 하의 좌측 주머니에서 혈흔반응이 나타났으나, 시료 부족으로 그에 대한 인혈판정과 혈액형 판정은 불능에 그쳤다.

③ **손목시계**(증 제3호). 피해자의 손목시계가 손상된 상태로 현장에 떨어져 있었다.

④ **절단된 전선과 플러그**(증 제4호).

⑤ **과도상자**(증 제3호). 이는 당일 06:30경 군사법경찰의 실황조사 당시 간부식당 내부의 무대 위에서 발견되었다. 그러나 피해자는 5. 18.자 진술에서, 당일 04:35 경 과도 1개를 들고 나가 과도상자는 무대 앞쪽에 버렸다고 스스로 진술하였고 (수사기록 209쪽), 그 장소는 과도상자가 발견된 지점과도 들어맞고 있다.

⑥ 또한 공소사실에는 피해자가 04:35경 보일러실로 간 후 피고인이 04:45경 과도를 가지고 따라갔다고 되어 있다. 그런데 박석희는 그 날 04:20경 기상하여 피해자가 무대 앞에 서 있다가 떠난 후에 그 곳에서 과도상자를 발견하였다고 진술하고 있다.

대법원 1997. 5. 23. 선고 97도852 판결의 사실관계이다. 1심, 2심은 살인미수 혐의에 대하여 유죄판결을 하였으나 대법원은 이를 뒤집어 무죄판결하였다. 피의자 입장에서는 지옥과 천당을 오간 셈이다. 어떤 논리로 사실인정을 하였는지를 천천히 살펴보자.

▣ 2심은 위 공소사실 중 피고인이 살해를 결의한 과정에 관하여, 처음에는 피해자를 혼내주기 위하여 과도를 휴대하고 보일러실로 내려갔으나 피해자가 대꾸를 하는 것에 격분하여 살해를 결의한 것으로 고친 것 외에는 공소사실을 그대로 인정하여 피고인을 유죄로 판단하였고, 원심도 그 판시와 같이 제1심의 판단이 정당하다 하여 제1심 판결을 유지하였다.

▣ 대법원은 위와 같은 원심의 판단은 도저히 수긍할 수 없다고 보았다. 아래에서 기록에 나타난 객관적인 상황과 피고인이 범인으로 지목되기에 이른 경위 및 원심이 공소사실을 유죄로 인정함에 있어 채택한 증거에 대하여 차례로 살펴보기로 한다.

▣ **피고인의 자백진술**
① 피고인의 자백의 경위, 피고인은 군사법경찰에 연행되어 조사를 받고 5. 5. 범행을 인정하는 내용의 진술서를 작성하였으나, 5. 6. 14:00 진술조서 작성 시에는 범행을 부인하였으며, 그 날 20:20 이후 제1, 2회 피의자신문조서 작성 시에는 다시 자백을 하였다. 그러다가 5. 14. 이루어진 현장검증 시에는 범행을 부인하였으며, 5. 21. 국군수도병원에서 이루어진 제3회 피의자신문조서 작성 시에는 처음에 결백을 주장하다가 대질한 피해자가 피고인을 범인으로 지목하자 범행을 다시 자백하였고, 5. 22.에 이루어진 현장검증에서는 자백진술에 따라 범행을 재연하였다. 피고인이 군검찰에 송치된 다음 군검찰에서의 신문과 제1심의 재판과정에서는 범행을 자백하였다.
그런데 피고인은 원심에 이르러 범행을 다시 부인하고, 피고인이 군사법경찰에서는 수사관으로부터 폭행과 협박으로 자백을 강요받아 자포자기의 상태에서 범행

을 자백하였던 것이고, 피고인이 같은 장소에 그대로 구금된 상태에서 군검찰의 조사와 제1심 재판까지 받게 되었을 뿐 아니라, 피해자가 피고인을 범인으로 지목하는 상황에서 무죄판결을 받기는 어렵다고 생각하여 범행을 인정하고 선처를 기대하기로 하여 제1심에서까지 자백하였던 것일 뿐, 피고인은 결코 범행을 한 바 없고 오히려 피해자가 자살을 결의하고 자해하였을 것이라고 주장하고 있다. 기록에 의하면, 피고인을 조사한 군사법경찰 조사관들이 피고인에 대하여 자백을 강요하면서 폭행 등의 가혹행위를 한 것으로 의심할 만한 사정이 있다고 인정되고, 피고인은 군사법경찰의 조사를 받은 곳에서 구금된 상태로 군검찰의 조사와 제1심의 재판까지 받게 된 것으로 보이며, 거기에다가 피고인이 위와 같이 진술을 번복한 과정을 더하여 보면 피고인이 허위의 자백을 하였을 가능성이 있다고 할 것이다.

② 피고인의 자백진술의 의문점

(ㄱ) 피고인은 보일러실에서 과도를 휘두를 때 피해자가 배수펌프의 플러그를 뽑아 양손으로 잡고 얼굴 부분을 방어하는 과정에서 전선이 과도에 잘라졌다고 진술하였다. 그러나 잘라진 플러그 부분은 검게 타 있어서 그것이 전원에 연결된 상태로 손상을 당하여 합선된 것으로 추정되므로, 피해자가 플러그를 뽑아들고 공격을 막다가 잘라진 것으로 보기는 어려우므로, 피고인의 위 진술은 증거물의 객관적 상황에 들어맞지 않는다.

(ㄴ) 피해자의 상처에 관하여, 우선 피고인은 피해자의 우측 머리 부분의 상처는 피고인이 휘두른 과도에 의하여 생긴 것이라고 진술하였으나, 군사법경찰관의 수사보고에 따르면 우측 머리 부분의 상처는 과도에 의한 것이 아니라 피해자가 넘어지면서 모서리 부분에 부딪혀 난 것으로 보인다는 것이어서 이 또한 사실에 부합하지 아니하는 것으로 보인다.

그리고 피고인은 피해자가 보일러 배관에 몸을 기대고 앉아 좌측 손으로 피가 흐르는 우측손을 감싸고 있는 상태에서 과도로 복부를 12회 찔렀다고 진술하였다. 그런데 기록에 의하면 피해자의 복부 상처는 칼날을 수평으로 한 상태로 거의 나란하게 나 있으며, 드러난 복부의 11개 자상 중 5곳은 복벽을 관통하여 4곳은 위[胃]천공이 되고, 그중 1곳은 위 뒷벽까지 깊숙이 들어갔으며, 위천공을 낸 상처는 깊이가 10cm가량 된다는 것이고, 기록상 피해자의 손이나 팔, 기타 복부에 인접한 부분에 복부 상해의 과정에서 생긴 상처가 드러난 바는 없으며, 피해자가 입고 있던 전투복 상의도 손상이 없었던 것으로 여겨진다(상고 후에 제출된 최환준, 이명준의 각 진술서에 의하면 전투복에 칼자국이 없었다는 것이고, 피해자를 치료한 군의관 김대한, 전투복을 가위로 잘라 낸 정준모의 진술도 피해자의 전투복 상의의 상태는 뚜렷한 기억이 나지 않는다는 것이다).

위의 사실에 의하여 볼 때, 첫째 설사 피해자가 선임병인 피고인의 가해행위에 대하여 저항하지는 않았다고 하더라도 복부를 공격당함에 있어서는 상체를 구부리는 등 최소한의 방어자세는 취하였을 것으로 여겨짐에도, 피고인이 아무런 방해도 받지 아니하고 앉아 있는 피해자의 복부를 정확히 겨냥하여 12회나 깊숙이 찌를 수 있다고는 경험칙상 수긍하기 어렵고, 둘째 피고인이 가해를 한 것이라면 피해자가 전투복과 내의를 착용한 상태에서 과도로 찔렀을 터이므로 피해자의 전투복 상의에 상당한 손상이 있었을 것임에도 피해자를 구호한 병사들이나 군의관들이 이를 발견하지 못하였다는 것은 이해하기 어려우며, 끝으로 피해자가 저항이나 방어하는 과정에서 입은 상해가 전혀 발견되지 않았을 뿐 아니라 서 있는 상태의 피고인이 앉아 있는 피해자의 복부를 찌른 것이라면 칼날의 방향이 수평으로 되어 있다는 점도 이해하기 어렵다.

또한 피해자가 복부의 상해를 당한 상태로 쓰러졌다고 하더라도 전혀 저항이 불가능한 상황은 아니었을 것으로 여겨짐에도, 피고인이 쓰러진 피해자를 엎어놓은 다음 좌우측 손을 차례로 들어 손목에 중대한 상해를 가할 때까지 아무런 저항을 받지 않았다는 것도 납득하기 어렵다.

㈀ 피고인이 공소사실과 같이 피해자의 복부에 10여 회나 깊은 상해를 가한 다음 다시 양손목의 동맥을 절단하기까지 한 것이라면, 피고인의 의복과 신발 및 신체에는 상당한 분량의 혈흔이 묻게 될 것으로 보임에도, 그 범행의 흔적이 당시에 이미 기상하여 있던 많은 병사들에게 전혀 발각된 바가 없을 뿐 아니라, 다음에서 보는 바와 같이 그 전투복을 대야에 세제를 풀어 물에 담가 놓았다고 하여 거기에 인혈 여부의 판정조차 불가능할 정도로 미미한 분량의 혈흔만이 남아 있게 되었다는 것도 수긍하기 어렵다. 게다가 피고인은 사건 다음날 점심식사 배식 후에야 기동훈

런을 떠났고, 5. 3. 16:00경 훈련에서 돌아왔다는 것이므로, 훈련을 떠나기 전과 돌아온 이후 5. 5. 10:30경 압수당할 때까지 혈흔이 묻은 전투복 등을 세탁할 만한 시간의 여유는 충분하였고, 세탁기는 항상 사용이 가능하였다는 것임에도, 피고인이 누구나 열어볼 수 있는 관물함에 혈흔이 묻은 전투복을 넣어둔 채 훈련을 떠났다가 돌아온 다음 5. 3. 19:00경에야 전투복 등을 세제를 푼 물에 담가만 놓고 세탁도 하지 않았다는 것은 범인의 행동으로서는 납득하기 어렵다고 하지 않을 수 없다.

㈃ 공소사실에 의하면 피고인은 당일 04:45부터 04:55 사이에 이 사건 범행을 한 것으로 되어 있다. 그런데 피고인은 5. 6.자 범행을 부인하면서 당일의 행적을 자세히 진술하고 있는데, 위 범행시간 내에 이루어진 것이라고 피고인이 주장하는 행적 중에서, 피해자가 취사장에서 나간 이후 피고인은 취사장으로 들어와서 일을 하였고 화장실로 가서 머리를 감고 왔다는 부분은 전중천, 김준호의 진술에 의하여 뒷받침되고 있고, 피고인이 취사지원을 나온 잠자는 병사들을 깨웠다는 부분은 박경재의 진술에 의하여 확인되며, 박종우에게 전원철은 어제 야식준비를 했으니 좀 있다가 깨우라고 말하였다는 부분은 박종우의 진술에 의하여 사실로 인정할 수 있으므로, 피고인을 유죄로 인정하기 위하여는 위와 같은 피고인의 행적과 범행시간에 대하여 납득할 만한 설명이 있어야 할 것이다.

㈄ 피고인이 피해자에 대하여 살인의 고의를 가지고 범행을 하였다고 인정하기 위하여는 피고인에게 그 범행에 이를 만한 동기가 인정되어야 할 것인데, 공소사실에 적시된 사실만으로써는 피고인이 이 사건 범행을 할 만한 동기로서는 미약하다고 하지 않을 수 없고, 기록에 의하여 살펴보아도 소속부대에 배속된 지 4일에 불과한 피해자에 대하여 최선임병인 피고인이 이 사건 범행을 할 만한 동기를 찾아볼 수 없다.

㈅ 결국 피고인의 자백진술은 그 신빙성을 인정하기 어렵다고 하지 않을 수 없고, 위에서 지적한 점들은 오히려 피고인의 주장과 같이 피해자가 스스로 자해를 한 것으로 의심할 만한 사정이 된다고 할 것이다.

◼ 피해자의 진술

① 진술의 번복경위, 피해자는 사건 당일 05:35경 사단 응급실에 도착하여 군의관

정준모에게, 또 그 날 10:20경 국군 수도병원에 도착하여 군의관 이일철에게 수차례 피해자가 스스로 자해한 것이라는 취지로 진술하였다가(수사기록 363쪽, 공판기록 287쪽), 5. 2.에 이르러 사실은 고참병에게 과도로 찔린 것인데 당시 고참병은 술이 약간 취한 상태였다고 말한 바 있고(공판기록 315쪽), 다시 5. 8.에는 누군가로부터 피해를 당하였으나 가해자의 얼굴도 보지 못하고 목소리도 구분할 수 없어 가해자를 기억할 수가 없으며, 단지 평상시에 피해자를 나쁘게 대하던 상병 김준호가 의심이 가나 범인이 누구인지는 모르겠다고 진술하였는데, 그 진술이 끝난 후 수사관이 당시까지의 수사결과에 의하면 피고인이 범인으로 규명되었다고 알려준 것으로 되어 있고, 그 이후 피해자는 5. 18. 진술 시에 비로소 피고인을 범인으로 지목하면서도, 피해자가 자살을 기도하여 스스로 우측 손목을 과도로 3회 긋고 벽면에 기대어 있을 때 피고인이 찾아와 칼을 뺏어들고 피해자의 좌측 손목을 마구 난자질을 하였으며 피해자가 피신하여 배관에 주저앉자 복부를 마구 찔렀다고 진술하였고, 5. 20. 수사관과 사고경위에 관하여 녹음을 한 다음 5. 21.부터는 피고인이 과도를 가져와 처음부터 범행을 한 것이라고 진술을 바꾸었음을 알 수 있다.

피해자는 위와 같이 진술을 번복한 이유에 대하여, 처음부터 피고인이 가해자임을 알고 있었지만 소속부대에 복귀할 경우 피고인의 보복이 두려워 범인을 밝히지 못했다고 하고 있으나, 피해자가 진술과정에서 다른 선임병인 김준호에게 의심을 두는 진술을 하는가 하면, 그 이후에는 피고인을 범인으로 지목하면서도 범행의 경위에 대하여는 피해자가 자살을 실행하고 있던 중에 피고인이 범행을 하였다고 진술한 점 등으로 보아 피해자의 위 진술은 납득하기 어려울 뿐 아니라, 사람이 경험한 사실에 대한 기억은 시일이 경과함에 따라 흐려질 수는 있을지라도 오히려 처음보다 명료해진다는 것은 이례에 속하는 것임에도, 피해자의 진술은 특별한 이유도 없이 수사관과 사고경위에 관하여 녹음을 한 5. 20. 이후에 사고현장의 상황에 부합하도록 진술내용이 번복되고 있어 그 신빙성을 의심하지 않을 수 없다.[190]
② 진술내용의 의문점, 피해자의 진술내용을 살펴보면, 우선 피해자는 사건 당일 04:35경 공소사실과 같이 피고인에게 불만을 표한 후 화장실 쪽으로 가고 있는데

---

[190] 대법원 1984. 11. 13. 선고 84도22 판결 참조

피고인이 약 5m 뒤에서 쫓아오고 있어서 식당 밖으로 나와 보일러실에 들어가 숨었고, 그로부터 1, 2분 지난 뒤에 피고인이 찾아왔다고 진술하였으나, 피고인은 자백진술에서도 피해자가 나간 후 취사장으로 돌아와 취사작업을 하다가 피해자를 찾아나섰다고 하였으며, 공소사실도 피해자가 나간 시각과 피고인이 따라나간 시각과의 사이에 10분간의 차를 두고 있어 피해자의 위 진술은 공소사실과도 맞지 아니한다.

또한 피해자는 5. 18. 진술 시에는 당일 04:35경 보일러실로 내려가 전등 스위치를 켜고 배수펌프의 코드를 꽂은 다음 컵으로 바닥에 고인 물을 4회 붓고 2, 3분간 자살을 망설이다가 칼로 우측 손목을 3회 그었다고 진술하였으며(수사기록 209쪽), 피고인도 피해자와 대질하기 전의 자백진술에서는 보일러실에서 배수펌프 가동소리가 들리고 불빛이 있었다고 함으로써 피해자의 위 진술과 일치하고 있었는데, 피고인과 피해자가 대질한 5. 21. 이후에는 피해자와 피고인의 진술 모두가 공소사실과 같이 피해자가 피고인을 피하여 보일러실로 들어가 불을 끈 채 철문을 닫고 숨어 있었는데 피고인이 쫓아가서 불을 켜라고 하였다고 내용이 변경되었으나, 원심법정에서 피해자는 다시 원래의 진술과 같이 보일러실 전등을 켠 채 배수펌프를 작동하고 바닥의 물을 퍼부은 사실이 있음을 인정하고 있으므로, 오히려 피해자의 공소사실에 부합하는 진술보다는 원래의 진술이 더 신빙성이 있어 보이기도 한다.

상해경위에 관하여도 피해자는, 피고인이 피해자의 우측 손을 잡아 손목 안쪽을 여러 번 긋고, 도망하는 피해자를 쫓아와 배 부분을 찔렀다고 진술하고 있으나 그 상해의 경위는 공소사실과도 다르다.

위와 같이 내용이 번복된 이후의 피해자의 진술내용에는 범행의 중요 부분 또는 그 직전의 상황에 관하여 공소사실과 맞지 아니하거나 진술 시마다 내용이 엇갈리고 있어 그 신빙성을 인정하기 어렵다고 하지 않을 수 없다.

▣ 참고인들의 진술

① 전중천, 이규봉, 진호섭, 최환준, 이명준, 박종우, 전원철의 진술

이들의 진술은 피해자가 발견될 당시를 전후하여 피고인이 흰색 티셔츠를 입고 있는 것을 보았다는 내용으로서, 피고인이 전투복 상하의를 입고 범행을 한 후 흰색

티셔츠로 갈아 입었다는 입증을 위하여 제출된 것이다.

피고인은 당초 사고 당일 피해자가 발견되어 후송되기까지 전투복 상하의를 입고 있었다고 진술하였으나, 설사 위 진술이 사실과 달리 진술된 것이라고 하더라도 다음에서 보는 바와 같이 압수된 전투복이 범행에 사용되었다고 볼 증거가 없는 이상, 위 참고인들의 진술도 피고인의 범행에 대한 증거가 될 수 없는 것이다.

② 김대한, 정준모의 진술

이들은 피해자를 치료한 군의관들로서, 피해자의 상해의 정도로 볼 때 자해라고 보기는 어렵고 가해자가 있을 것으로 생각하였다고 진술하였으나, 자해에 의하여서는 그와 같은 상해를 입는 것이 물리적으로 불가능하다는 의미는 아니며, 가령 왼손잡이인 피해자가 좌측 손으로 우측 손목과 복부를 차례로 자해한 다음 자살목적을 쉽게 이루지 못하자 다시 우측 손으로 좌측 손목을 자해하였을 가능성 등은 여전히 남아 있는 것이며, 기록상 피해자에게 자살을 기도할 만한 성격상의 장애가 있음이 엿보이기도 하므로, 이 사건을 타인에 의한 가해라고 속단할 수 없을 뿐더러, 위 진술이 피고인에 대한 유죄의 증거가 될 수는 없다.

■ 증거물과 국립과학수사연구소의 감정서

① 과도(증 제1호)

국립과학수사연구소의 감정결과, 압수된 과도에서 피해자의 혈액형과 동일한 O형의 혈흔이 검출되었으나, 피고인이 위 과도를 범행에 사용하였다고 볼 단서는 찾아볼 수 없다.

② 전투복 상하의와 흰색 티셔츠(증 제5, 6호)

국립과학수사연구소의 감정결과, 티셔츠에서는 혈흔이 발견되지 않았고, 전투복 상의 우측 소매와 하의 좌측 주머니에서 혈흔반응이 나타났으나, 시료부족으로 그에 대한 인혈판정과 혈액형판정은 불능에 그쳤다.

그런데 피고인은 취사병으로서 평소 육류와 생선류를 취급하고 있고, 사고 전날과 당일에도 쇠고기, 닭고기 등을 재료로 한 식단이 있었다는 것이므로, 그 혈흔이 육류에서 나온 것일 가능성을 배제할 수 없을 뿐더러, 더욱이 위 전투복에서 발견된 혈흔이 피해자의 것이라고 볼 증거는 아무 것도 없다.

③ 손목시계(증 제3호)

피해자의 손목시계가 손상된 상태로 현장에 떨어져 있었다는 점은 그것이 피고인이 범인이라는 점에 대한 증거가 될 수 없다.

④ 절단된 전선과 플러그(증 제4호)

위 피고인의 진술에 대한 판단에서 본 바와 같이 이 또한 피고인의 범행에 대한 증거가 될 수 없으며, 공소사실에도 피고인의 행위로 전선이 잘라졌다는 취지는 포함되어 있지 않다.

⑤ 과도상자(증 제3호)

이는 당일 06:30경 군사법경찰의 실황조사 당시 간부식당 내부의 무대 위에서 발견된 것으로, 피고인의 자백 외에는 피고인이 과도를 꺼내고 위 과도상자를 떨어뜨렸다고 볼 자료가 없다. 오히려 피해자는 5. 18.자 진술에서, 당일 04:35경 과도 1개를 들고 나가 과도상자는 무대 앞쪽에 버렸다고 스스로 진술하였고(수사기록 209쪽), 그 장소는 과도상자가 발견된 지점과도 들어맞으므로, 위 진술과 같이 피해자가 과도를 꺼내어간 것으로 의심이 되기도 한다.

또한 공소사실에는 피해자가 04:35경 보일러실로 간 후 피고인이 04:45경 과도를 가지고 따라갔다고 되어 있다. 그런데 박석희는 그 날 04:20경 기상하여 피해자가 무대 앞에 서 있다가 떠난 후에 그 곳에서 과도상자를 발견하였다고 진술하고 있으므로(수사기록 327쪽, 328쪽), 이에 따르면 피고인이 피해자를 찾아나서기 이전에 이미 과도상자가 떨어져 있었던 것이 되어 피고인이 위 과도상자를 떨어뜨린 것이라고 볼 수는 없다.

◾ 결론

결국 원심이 채용한 증거들은 모두가 피고인을 유죄로 인정할 증거가 되지 못하는 것이라고 볼 수밖에 없을 뿐 아니라 기록상 군사법경찰의 수사과정에서 피고인의 진술은 물론 피해자의 진술까지도 현장의 상황에 맞도록 진술내용을 맞추어 나간 것으로 의심되는 사정이 엿보이고, 나아가 피해자가 스스로 자해하였을 가능성도 배제할 수 없음은 위에서 본 바와 같다.

강동필 수사관은 상해 범죄사실 관련 아래와 같이 수사하였다.

> '피의자는 부산 동구에 있는 파라빌오피스텔 1층 관리사무실에서 위 오피
> 스텔 704호의 세입자였던 피해자 김보증(63세)과 보증금 반환 문제로 언쟁
> 을 하던 중 피해자가 피의자의 앞을 가로막자, 비키라고 하면서 양손으로
> 피해자의 상의 가슴쪽 옷을 잡아당겨 옆으로 밀어 넘어뜨려 약 2주간의 치
> 료를 요하는 요추부 염좌상을 가하였다.

■ **수사사항**

① 피고인은 순간적으로 피해자를 잡아 당겨 넘어뜨렸음이 인정된다. ② 피해자
가 범행 당시 만 62세의 고령이었다. ③ 피해자가 이 사건 범행 다음날 허리 부
위에 통증을 느껴 다발행 정형외과 병원을 방문하였다. ④ 병원 의사 안아파는
피해자가 호소하는 통증과 피해자에 대한 방사선 촬영검사 결과를 종합하여 피
해자의 상태를 요치 2주의 요추부염좌로 진단한 후 피해자에게 2일치의 진통,
소염제, 골격근이완제 등 약물을 처방하였다. ⑤ 문진과 방사선 촬영검사 외에
물리치료 등 그가 호소하는 통증에 대하여 별다른 치료를 받은 바가 없고, 처방
받은 약품은 구입하지 않았으며, 이후 다시 병원을 방문하거나 허리 부위와 관
련하여 치료를 받지 않았다. ⑥ 피해자는 이 사건 범행이 있은 날로부터 7개월이
다 된 시점에서 상해진단서와 함께 피고인을 고소하였다. 처음에는 고소할 생
각이 없어서 다발행 정형외과 병원에서 치료만 받고 진단서를 발급받지 않았다
가 고소를 하기 위해, 고소 직전인 2014. 6. 19. 이 사건 상해진단서를 발급받았
다. ⑦ 상해진단서에 기재된 피해자의 병명은 요추부 염좌로 수상일로부터 2주
간 치료를 요하는 것으로 되어 있다. 한편 요추부염좌의 경우 짧게는 5일에서 1
주일, 길게는 2주에서 3주 사이의 치료가 필요하다. ⑧ 그런데 상해진단서의 발
행일은 범행 다음날인 2013. 11. 28.로 기재되어 있고, 이에 대해 '다발행' 정형
외과 병원장은 '상해진단서가 2013. 11. 28. 이미 발급되어 있었으나 피해자가
찾아가지 않고 있다가 2014. 6. 19. 내원해서 발급받아 갔다'는 취지로 사실조회

회신을 하였다. ⑨ 피해자를 진료하고 실제 진단서를 발급한 안아파 의사는 제1심 법정에서 '밀쳐서 다쳤고, 요추부 동통이 있다'는 피해자의 진술과 방사선 촬영검사 결과 피해자의 요추부가 일자로 서 있는 것을 보고 위와 같은 내용의 상해진단서를 발급하였다고 증언하였다. ⑩ 그러나 다른 한편으로, '방사선 촬영 검사 결과 일자형 요추가 확인되기는 하였으나 퇴행성. 즉 노화의 흔적도 보였고 일자형 요추가 있다고 해서 바로 요추부 염좌라는 진단을 내릴 수 없지만 피해자가 요추부 동통을 호소하였기 때문에 요추부 염좌로 진단한 것이며, 동통은 여러 원인에 의해 발생할 수 있는데 이를 확인할 수는 없으므로 환자가 호소하는 대로만 기록하고 환자가 허리가 아프다고 하면 요추부 염좌 2주 진단은 얼마든지 나갈 수 있다'는 취지로 진술하기도 하였다.

질문: 상해죄는 유죄인가?

대법원 2016. 11. 25. 선고 2016도15018 판결이다. 본 사건의 1심과 2심은 상해죄 유죄를 인정하였으나, 대법원은 아래와 같은 이유로 무죄판결을 하였고, 공소사실에 이미 포함된 폭행죄 인정과 관련, 불처벌의 의사표시가 지역경찰 앞에서 표명된 점에서 비추어 공소기각판결 가능성을 언급하고 있다.

- 상해죄의 상해는 피해자의 신체의 완전성을 훼손하거나 생리적 기능에 장애를 초래하는 것을 의미한다. 폭행에 수반된 상처가 극히 경미하여 폭행이 없어도 일상생활 중 통상 발생할 수 있는 상처나 불편 정도이고, 굳이 치료할 필요 없이 자연적으로 치유되며 일상생활을 하는 데 지장이 없는 경우에는 상해죄의 상해에 해당된다고 할 수 없다. 그리고 피해자의 신체의 완전성을 훼손하거나 생리적 기능에 장애를 초래하였는지는 객관적, 일률적으로 판단할 것이 아니라 피해자의 연령, 성별, 체격 등 신체, 정신상의 구체적 상태 등을 기준으로 판단하여야 한다.[191]

- 상해진단서의 발급 경위, 진단 내용과 치료 경과, 의사가 진술하는 진단서 발급의 근거 등 여러 사정을 앞서 본 법리에 비추어 보면, 피해자가 피고인의 행위에 의하여 요추부 염좌라는 상해를 입었다고 쉽게 단정하기는 어렵다.

- 그럼에도 원심은 위와 같은 점을 제대로 살피지 아니한 채 그 판시와 같은 이유만으로 이 사건 공소사실을 유죄로 인정하였으니, 거기에는 논리와 경험칙에 의하여야 할 자유심증주의의 한계를 벗어나거나 필요한 심리를 다하지 아니한 잘못이 있다. 이 점을 지적하는 취지의 상고이유 주장은 이유 있다.

- 나아가 이 사건 공소사실에는 폭행의 점이 포함되어 있으므로 심리결과 상해 사실이 인정되지 않는다고 하더라도 폭행죄가 인정되면 유죄의 판결을 하고, 공소권이 없으면 공소기각의 판결을 하여야 한다.

그런데 기록에 의하면, 피해자는 이 사건 직후 현장에 출동한 지구대 경찰관 앞에서 피고인의 행위에 대해 처벌을 원하지 않는다는 의사를 표시하였다. 이러한

---

(191) 대법원 2005. 5. 26. 선고 2005도1039 판결 등 참조

피해자의 처벌불원의사가 명백하고 믿을 수 있는 방법으로 표현되었다고 평가되는 경우라면, 반의사불벌죄에서 처벌을 희망하지 아니하는 의사를 명시적으로 표시한 이후에는 다시 처벌을 희망하는 의사를 표시할 수 없는 것이므로, 피고인에 대한 이 사건 공소제기는 공소제기의 절차가 법률의 규정에 위반하여 무효인 때에 해당한다고 볼 여지마저 없지 아니하다.

봉쟁이는 마약류 관리에 관한 법률 위반(향정)죄로 형을 복역하고 만기 출소하였다. 그런데 재차 마약을 투약하다. 포상금을 탐낸 지인의 제보로 경찰 첩보망에 걸려들었다. 결국 봉쟁이의 소변·머리카락에 대한 압수수색영장이 발부되었다.

봉쟁이는 수연경찰서에 자진출석하여 메트암페타민(필로폰)을 투약한 사실이 없다고 주장하였고, 담당 경찰관으로부터 소변과 머리카락을 임의로 제출하라는 요구를 받고 이에 동의하였다.

그런데 경찰관이 조사실에서 아퀴사인 시약으로 봉쟁이가 받아 온 소변에 필로폰 성분이 있는지를 검사하였으나 결과는 음성이었다. 그 직후 소변을 증거물병에 담고 봉인용 테이프로 붙이지 않은 채 조사실 밖으로 가지고 나갔고, 봉쟁이의 머리카락도 뽑은 후 그 자리에서 별다른 봉인 조치를 하지 않고 조사실 밖으로 가지고 나갔다. 그런데 조사실 책상 위는 컴퓨터와 수사서류가 있는 등 공간이 협소하여 불편하였기 때문에 자신이 근무하는 사무실 책상에서 소변을 밀봉하고, 모발채집종이에 머리카락을 붙이게 되었다. 경찰관은 조사실 밖에서 봉인하여 가져온 소변·머리카락 봉합지에 봉쟁이의 날인을 받았고, "직접 저의 소변과 모발을 채취하여 봉합지에 넣어 날인하였습니다."라고 기재된 소변모발채취동의서에 봉쟁이의 무인을 받았다.

수연경찰서는 압수수색검증영장을 반환하고, 같은 날 소변·머리카락에 대한 마약성분 검출 여부 감정을 국립과학수사연구원에 의뢰하였는데, 필로폰 성분이 검출되었다는 감정결과가 회신되었다.

봉쟁이는 "2016. 9. 17.부터 같은 달 26.까지 사이 알 수 없는 시간에 서울, 인천 또는 천안시 동남구의 알 수 없는 장소에서 알 수 없는 양의 메트암페타민을 알 수 없는 방법으로 투약하였다."는 공소사실로 기소되었는데, 국과수의 감정결과가 필로폰 투약 사실에 대한 유일한 증거이다.

질문: 마약류 관리에 관한 법률 위반 유죄인가?

정답: 무죄

대법원 2018. 2. 8. 선고 2017도14222 판결의 사실관계이다.

- 피고인은 수사를 받기 시작한 때부터 줄곧 공소사실을 부인하였다. 공소사실 기재에서 알 수 있듯이, 검사는 피고인이 메트암페타민을 투약한 일시, 장소, 방법 등을 명확히 밝히지 못하였다. 이러한 경우 피고인을 유죄로 판단하려면, 적어도 2016. 9. 17.부터 같은 달 26.까지 사이 메트암페타민 투약사실은 합리적 의심의 여지가 없을 만큼 확실히 증명되어야 한다.

그런데 거시된 유죄의 증거 중 2017. 2. 22.자 통신사실자료 조회회신으로는, 메트암페타민을 투약하거나 매도한 전력이 있는 공소외인과 피고인이 2016년 9월에 여러 번 통화한 사실만 알 수 있다. 결국 피고인의 투약 사실에 대한 직접적인 증거로는, 피고인의 소변과 머리카락에서 메트암페타민 성분이 검출되었다는 국립과학수사연구원의 감정결과가 있을 뿐이[a]다.

- 피고인으로부터 소변과 머리카락을 채취해 감정하기까지 증거에 의해 알 수 있는 아래 사정을 종합해 보면, <u>국립과학수사연구원의 감정물이 피고인으로부터 채취한 것과 동일하다고 단정하기 어려우므로, 그 감정결과의 증명력은 피고인의 투약 사실을 인정하기에 충분하지 않다.</u>

- 경찰관은 그 직후 피고인 소변을 증거물 병에 담고 봉인용 테이프를 붙이지 않은 채 조사실 밖으로 가지고 나갔다. 경찰관은 피고인의 머리카락도 뽑은 후 그 자리에서 별다른 봉인 조처를 하지 않고 밖으로 가지고 나갔다. 그런데도 경찰관은 피고인으로부터 "직접 저의 소변(20cc)과 모발(50수)을 채취하여 봉합지에 넣어 날인하였습니다"라고 기재된 소변모발채취동의서에 무인을 받았다. 피고인의 눈앞에서 소변과 머리카락이 봉인되지 않은 채 반출되었음에도, 그 후 조작·훼손·첨가를 막기 위하여 어떠한 조처가 행해졌고 누구의 손을 거쳐 국립과학수사연구원에 전달되었는지 확인할 수 있는 기록은 증거로 제출되지 않았다. 감정물인 머리카락과 소변에 포함된 세포의 디엔에이[DNA] 분석 등 피고인의 것임을 과학적 검사로 확인한 자료는 증거로 제출되지 않았다.

참고 **마약류 투약범죄에서 공소사실 특정**

한편 마약류 투약범죄는 그 범행이 은밀한 공간에서 목격자 없이 이루어지는 경우가 많고 관련 증거를 확보하기도 어렵다. 그러므로 그 공소사실의 특정 여부를 판단함에 있어서도 해당 범죄의 특성이 고려될 필요가 있다.

마약투약범죄에서, 공소사실의 특정은 대부분 투약일시 특정이 가장 결정적인 부분이 된다. 이 경우 모발검사 내지 소변검사결과에 기초하여 특정하고 있으나 대법원은 모발감정과 소변검사의 결과를 구별하여 공소사실의 특정성 인정을 달리 보고 있다.

❖ **모발감정의 경우**

피고인이 투약사실을 부인하고 있고 그에 관한 뚜렷한 증거가 확보되지 않았음에도 모발감정결과에 기초하여 투약가능기간을 추정한 다음 개괄적으로만 그 범행시기를 적시하여 공소사실을 기재한 경우에 그 공소내용이 특정되었다고 볼 것인지는 매우 신중하게 판단하여야 한다.

아래와 같은 범죄사실은 특정되었다고 볼 것인가?

> ① 2010. 11. 초순부터 2011. 1. 하순까지 사이, ② 2011. 2. 초순부터 2011. 4. 하순까지 사이, ③ 2011. 5. 초순부터 2011. 7. 하순까지 사이, ④ 2011. 8. 초순부터 2011. 10. 하순까지 사이에 각 고양시 덕양구 주교동 (지번 생략)에 있는 피고인이 운영하는 식당 등지에서 필로폰 불상량을 정확히 알 수 없는 방법으로 투약하였다.

우선 마약류 투약사실을 밝히기 위한 모발감정은 그 검사 조건 등 외부적 요인에 의한 변수가 작용할 수 있고, 그 결과에 터 잡아 투약가능기간을 추정하는 방법은 모발의 성장속도가 일정하다는 것을 전제로 하고 있으나 실제로는 개인에 따라 그 성장속도에 적지 않은 차이가 있고, 동일인이라도 모발의 채취 부위, 건강상태 등에 따라 편차가 있으며, 채취된 모발에도 성장기, 휴지기, 퇴행기 단계의 모발이 혼재함으로 인해 그 정확성을 신뢰하기 어려운 문제가 있다.

또한 모발감정결과에 기초한 투약가능기간의 추정은 수십 일에서 수개월에 걸쳐 있는 경우가 많은데, 마약류 투약범죄의 특성상 그 기간 동안 여러 번의 투약 가능성을 부정하기 어려운 점에 비추어 볼 때, 그와 같은 방법으로 추정한 투약가능기간을 공소제기된 범죄의 범행시기로 인정하는 것은 피고인의 방어권 행사에 현저한 지장을 초래할 수 있고, 매 투약 시마다 별개의 범죄를 구성하는 마약류 투약범죄의 성격상 이중기소 여부나 일사부재리의 효력이 미치는 범위를 판단함에 있어서도 곤란한 문제가 발생할 수 있다. 따라서 모발감정결과만을 토대로 마약류 투약가능기간을 추정하고 투약장소나 방법에 관해서도 별다른 사실적 근거 없이 막연한 추정만으로 기재한 공소사실은 특별한 사정이 없는 한 '범죄의 시일, 장소와 방법을 명시하여 사실을 특정할 수 있도록' 기재한 것이라고 할 수 없으므로, 이는 공소제기의 절차가 법률의 규정에 위반하여 무효인 경우에 해당한다.[192]

❖ 소변검사의 경우

> 범죄일시를 '2009. 8. 10.부터 2009. 8. 19.까지 사이'로 열흘의 기간 내로 표시하고, 장소를 '서울 또는 부산 이하 불상'으로 표시한 경우

검사는 향정신성의약품인 메스암페타민의 양성반응이 나온 소변의 채취일시, 메스암페타민의 투약 후 소변으로 배출되는 기간에 관한 자료와 피고인이 체포될 당시까지 거주 또는 왕래한 장소에 대한 피고인의 진술 등 기소 당시의 증거들에 의하여 이를 구체적으로 특정하였으며, 나아가 피고인이 자신의 체내에 메스암페타민이 투약된 사실을 인정하면서도 위 투약은 공소외인이 위 범죄일시로 기재된 기간에 해당하는 2009. 8. 19. 피고인 몰래 피고인의 음료에 메스암페타민을 넣어서 생긴 것이므로 위 투약에 관한 정을 몰랐다는 취지로 변소하자 이에 대응하여 위 공소외인에 대한 수사기관의 수사와 제1심의 증거조사까지 이루어졌음을 알 수 있다.

위와 같은 이 부분 공소사실 기재의 경위 및 피고인의 변소와 그에 대한 증거조사 내용에다가 앞서 본 향정신성의약품투약 범죄의 특성 등에 비추어 볼 때 이 부분 공소사실은 피고인의 방어권을 침해하지 않는 범위 내에서 범죄의 특성을 고려하여 합리적인 정도로 특정된 것으로 볼 수 있다.[193]

---

(192) 대법원 2013. 5. 23. 선고 2012도16200 판결
(193) 대법원 2010. 8. 26. 선고 2010도4671 판결

CHAPTER 3

간접증거에 의한 경우

1. 간접증거에 의하는 경우

형사재판에서 유죄 심증이 반드시 직접증거에 의하여 형성되어야만 하는 것은 아니고 **경험칙과 논리법칙에 위배되지 아니하는 한 간접증거에 의하여 형성되어도** 된다. 간접증거가 개별적으로는 범죄사실에 대한 완전한 증명력을 가지지 못하더라도 **전체 증거를 상호 관련하에 종합적으로 고찰하여 그와 같은 증명력이 있다고 판단되면** 간접증거에 의하여도 범죄사실을 인정할 수 있다.[(194)]

(1) 간접증거의 범위

피고인이 혐의사실을 부인하는 경우에는 사물의 성질상 그와 상당한 관련성이 있는 간접사실을 증명하는 방법에 의하여 이를 입증할 수도 있고, 이러한 경우 무엇이 상당한 관련성이 있는 간접사실에 해당할 것인가는 **정상적인 경험칙에 바탕을 두고 치밀한 관찰력이나 분석력에 의하여 사실의 연결상태를 합리적으로 판단**하는 방법에 의하여야 한다.

---

(194) 대법원 2001. 11. 27. 선고 2001도4392 판결 등 참조

(2) 범의 내지 미필적 고의의 경우

범죄구성요건의 주관적 요소로서 미필적 고의라 함은 범죄사실의 발생 가능성을 불확실한 것으로 표상하면서 이를 용인하고 있는 경우를 말하고, 미필적 고의가 있었다고 하려면 범죄사실의 발생 가능성에 대한 인식이 있음은 물론 나아가 범죄사실이 발생할 위험을 용인하는 내심의 의사가 있어야 하며, 그 행위자가 범죄사실이 발생할 가능성을 용인하고 있었는지의 여부는 행위자의 진술에 의존하지 아니하고 외부에 나타난 행위의 형태와 행위의 상황 등 구체적인 사정을 기초로 하여 일반인이라면 당해 범죄사실이 발생할 가능성을 어떻게 평가할 것인가를 고려하면서 행위자의 입장에서 그 심리상태를 추인하여야 하고, 이와 같은 경우에도 공소가 제기된 범죄사실의 주관적 요소인 미필적 고의의 존재에 대한 입증책임은 검사에게 있다.[195]

(3) 사기죄 고의 인정의 경우

사기죄의 주관적 구성요건인 편취의 범의는 피고인이 자백하지 않는 이상 범행 전후의 피고인 등의 재력, 환경, 범행의 경위와 내용, 거래의 이행과정 등과 같은 객관적인 사정 등을 종합하여 판단할 수밖에 없다.

1) 사례 1

🔨 피고인이 피해자로부터 위 예금통장 등을 받아 합계 24,616,900원을 인출한 사실 및 이를 피해자에 대한 기존 3,870만 원의 미수금채권에 충당한 사실은 다투지 않은 채, 단지 위 예금통장은 피해자가 피고인에 대한 종전 채무를 변제하는 방법으로 교부하겠다고 하여 이를 수령한 후 그 취지에 따라 그 인출금을 자신의 채권 회수에 충당한 것일 뿐, 위 인출금을 반드시 ○○유통의 물품대금에 충당한다는 등의 제한이나 이에 관한 약속이 없었다는 취지로 주장하고 있는 이 사건에서, 피고인에 대한 사기죄의 이 사건 공소사실을 유죄로 인정하기 위해서는 무엇보다 먼저 피해자가 위 예금통장 등을 교부할 당시 피고인에게 그 통장에 입금된 돈을 ○○유통의 물품대금 한도 내에서는 그대로 △△씨푸드에 전달하도록 제한한 사

---

(195) 대법원 2004. 5. 14. 선고 2004도74 판결

실이 인정되어야 하고, 다음으로 피고인이 그러한 제한을 인식하면서 이를 약속하거나 요구하였어야 한다.

그러나 위와 같은 통장 사용의 제한이나 이에 관한 피고인의 약속 또는 요구의 점에 관하여는 피해자의 수사기관 및 제1심 공판과정에서의 진술 외에 다른 뚜렷한 증거가 없고, 이 부분 피해자의 진술도 다음과 같은 점에서 그대로 신빙하기 어렵다.

먼저 피해자의 주장은 위 예금통장이 오로지 △△씨푸드와 ○○유통 사이의 물품거래를 위하여 ○○유통의 카드결제 대금을 수령하는 수단으로 사용되었음을 전제로 하나, 기록에 의하면 위 예금통장에는 ○○유통과 무관하거나 △△씨푸드로부터 공급받은 물품에 관한 것이 아닌 대금의 입금이나 카드결제도 상당수 이루어지고 있을 뿐만 아니라, △△씨푸드와 ○○유통 사이의 거래가 종료된 이후에도 계속하여 돈이 입금되고 피고인이 이를 인출하여 사용하였음에도 피해자가 문제 삼지 않았음을 알 수 있어, 위 예금통장에 입금된 돈이 ○○유통의 △△씨푸드에 대한 물품대금으로 특정되었다고 보기 어렵다. 한편 제1심 증인으로서 ○○유통의 운영자인 공소외인의 증언에 의하면 그는 피해자가 피고인에게 위 예금통장 등을 교부하기 전에도 피해자에 대하여 카드결제 또는 현금지급 등으로 물품대금을 모두 지급하였다는 것인데, 그럼에도 ○○유통의 △△씨푸드에 대한 미수금이 계속 발생하였다는 것은 피해자가 ○○유통으로부터 수금한 돈을 ○○유통의 △△씨푸드에 대한 물품대금으로 사용하지 않고 그때그때 형편에 따라 다른 용도로 전용하였다는 것을 의미하므로, 피고인에 대한 위 예금통장 등의 교부도 이러한 용도 외 사용의 한 형태에 지나지 않을 가능성을 배제할 수 없다. 그리고 피해자의 진술에 의하더라도 피고인에게 위 예금통장을 교부할 당시 피해자로서는 △△씨푸드가 ○○유통에 계속하여 물품을 공급하도록 하는 것이 최우선의 목적이었고 그때문에 위 예금통장 입금액 중 일부가 피고인에 대한 채무변제에 충당되는 것도 양해했다는 것이므로 피해자로서는 피고인에 대한 채무변제가 그의 협력을 얻어 △△씨푸드와 거래를 계속할 수 있는 최선의 방법이라고 여겼다면 피고인에 대한 채무변제에 반대하거나 이를 거절할 처지에 있지 않았을 것이고, 그로 인하여 ○○유통의 물품대금 채무가 일시적으로 미수금으로 남더라도 △△씨푸드의 물품공급만 계속되면 나중에 피해자가 적절히 자금을 융통하여 해결할 수 있다고 믿었을 수 있다. 더군다나 피해자가 처한 상황이 위와 같다면 비록 피해자로서는 피고인에게 위 예금통장 등을 교부하면서 그 통장에 입금된 돈에서 ○○유통의 △△씨푸드에 대한 물품대금을 우선적으로 결제해 줄 것을 내심 기대하였을지는 모르나 이를 피고인에게 명시적으로 요구하거나 그에 관한 약속을 받아냈을 것이라고까지는 보기 어렵고, 결국 피고인으로서는 피해자의 내심의 의사와 무관하게 피해자가 자신에 대한 채무변제를 통하여 △△씨푸드와의 계속 거래를 희망하는 것으로만 인식하였을 가능성도 있다.

이러한 여러 사정에 비추어 보면, 설령 피고인의 진술이나 주장에 일부 불분명하거나 그 진실성을 의심할 만한 여지가 없지 않더라도 원심이 인용한 제1심 판결의 채용 증거만으로는 이 사건 공소사실 기재와 같은 피고인의 기망행위나 그 편취 범의가 합리적 의심을 배제할 정도로 입증되었다고 보기 어려움에도, 원심은 이러한 증명력을 갖추었다고 볼 수 없는 위 증거만으로 피고인에게 이 사건 공소사실에 대하여 유죄로 판단하였으니, 원심판결에는 유죄의 형사판결에서 요구되는 입증의 정도나 사기죄에서 편취 범의의 증명에 관한 법리를 오해하여 판결에 영향을 미친 위법이 있다 할 것이고, 이를 지적하는 상고이유의 주장에는 정당한 이유 있다.[196]

2) 사례 2 ★ CASE

사건과 같이 사업의 수행과정에서 이루어진 소비대차거래에 있어서 그 채무불이행이 사전에 예측된 결과라고 하여 그 사업경영자에 대한 사기죄의 성부가 문제가 된 경우에, 그 차용시점에서 그 사업체가 경영부진의 상태에 있었기 때문에 사정에 따라서는 채무불이행에 이를 수 있다고 예견하고 있었다는 것만으로 곧바로 사기죄의 미필적 고의가 있다고 하는 것은 발생한 결과에 의하여 범죄의 성부를 결정하는 것과 마찬가지이므로 부당하고, 위와 같은 경우에 기업경영자들이 채무불이행의 가능성을 인식하고 있었다고 하더라도 그러한 사태를 피할 수 있는 가능성이 상당한 정도로 있다고 믿고, 성실하게 계약이행을 위한 노력을 할 의사가 있었을 때에는 편취의 범의가 있었다고 단정하기는 어렵다.[197]

(196) 대법원 2012. 5. 10. 선고 2010도6659 판결
(197) 대법원 2015. 6. 11. 선고 2015도1809 판결

(4) 절도

1) 유죄사례 – 도품소지의 경위가 석연치 않은 경우

피고인이 도난사고가 발생한 뒤 68시간이 지난 시점에서 도난당한 주택복권을 소지하고 그 범행장소인 편의점에 다시 들러 다른 종류의 복권으로 바꿀 수 있는지 문의하다가 체포된 사건에서, 주택복권을 소지하게 된 경위에 관한 변명이 거짓으로 보이며, 절도 이외의 다른 사유로 주택복권을 소지하게 된 것이라면 그 소지 경위에 대하여 허위의 변명을 할 별다른 이유가 없는 점, 피고인은 소지하고 있던 주택복권이 도난당한 것과 같은 것이라는 사실이 밝혀질 상황에 처하자 도주하였고, 피해자에게 체포된 뒤 절도범행을 시인하는 듯한 말을 한 점, 절도의 습벽이 있는 것으로 보이는 점 등을 감안하여 유죄판결을 한 사례가 있다.[198]

2) 무죄로 본 사건

✎ **| 원심 |** 윤영희가 2001. 9. 2. 18:00경부터 그 다음날 18:00경까지 사이에 자기앞수표 100만 원짜리와 50만 원짜리 각 1장 및 현금 30만 원 등을 도난당하였고, 피고인이 2001. 10. 5. 그 중 100만 원짜리 수표를 김화자가 경영하는 식당에서 음식값으로 교부한 사실을 인정하고, 이러한 사실에 위 100만 원짜리 수표에 배서인으로 기재되어 있는 사람이 실제로 존재하지 아니하는 사람이고 또 피고인이 일관되게 위 수표를 김화자에게 교부한 사실 자체를 부인하고 있는 점 등을 종합하여, 피고인이 윤영희 소유의 수표 등을 절취한 것으로 인정하고 있다.

| 대법원 | 원심이 인정한 바와 같이 윤영희가 진해시 소재 그의 집에서 수표 등을 도난당하고, 그가 도난당한 100만 원짜리 수표를 피고인이 창원시 소재 식당에서 김화자에게 음식값으로 교부한 사실은 충분히 인정되지만, 피고인이 윤영희로부터 그 수표를 절취하여 소지하고 있다가 김화자에게 교부하였다고 인정할 수 있는 증거는 전혀 없다. 따라서 피고인이 절도죄나 그 동종의 죄로 여러 차례 처벌받은 전력이 있고, 피고인이 위 100만 원짜리 수표를 소지하고 있다가 김화자에게 음식값으로 교부한 사실 자체를 부인하는 등 그 진술에 신빙성이 없어, 피고인이 그 수표를 직접 절취한 것이 아닌가 하는 의심이 드는 것은 사실이지만, 피고인이 장물인 수표를 소지하고 있었다는 점 등에 관하여 거짓말을 하고 있고 그 수

---

(198) 대법원 2003. 6. 27. 선고 2002도7289 판결

표에 실제로 존재하지 아니하는 사람의 배서가 있다는 등의 정황 등만으로는 피고인이 그 수표를 다른 사람으로부터 건네받아 소지하고 있었을 가능성을 배제할 수 없어 합리적인 의심의 여지 없이 피고인이 그 수표를 직접 절취한 것이라고 인정할 수 없다.[199]

(5) 공갈

공갈죄의 수단으로서 협박은 사람의 의사결정의 자유를 제한하거나 의사실행의 자유를 방해할 정도로 겁을 먹게 할 만한 해악을 고지하는 것을 말하고, 해악의 고지는 반드시 명시의 방법에 의할 것을 요하지 아니하며 언어나 거동에 의하여 상대방으로 하여금 어떠한 해악에 이르게 할 것이라는 인식을 갖게 하는 것이면 족한 것이고, 또한 직접적이 아니더라도 피공갈자 이외의 제3자를 통해서 간접적으로 할 수도 있으며, 행위자가 그의 직업, 지위 등에 기하여 불법한 위세를 이용하여 재물의 교부나 재산상 이익을 요구하고 상대방으로 하여금 그 요구에 응하지 아니한 때에는 부당한 불이익을 초래할 위험이 있다는 위구심을 야기하게 하는 경우에도 해악의 고지가 된다.[200]

🔨 피고인은 원래 위 호텔의 직원들이나 관계자와는 전혀 알지 못하는 사이로서, 2001. 2.경부터 2002. 2.경까지 위 호텔에 투숙할 당시에는 이미 사업이 부도 난 상태였던 관계로 자신의 자력만으로는 적지 않은 호텔 이용료를 부담할 수 없었던 상황이었음에도 불구하고, 위와 같은 투숙 과정에서 피고인 혼자서만 위 호텔을 이용한 것이 아니라 공소외 1, 장병환, 안무정, 이두화 등으로 하여금 피고인 명의로 위 호텔을 이용하게 하였을 뿐만 아니라, 공소외 1도 피고인, 허관호, 김상하 등으로 하여금 공소외 1 명의로 위 호텔을 이용하게 하였던 사실, 또한 공소외 1은 대구시 내 폭력조직과 잘 알고 지냈던 관계로, 피고인은 공소외 1 등과 함께 위 호텔의 직원들이 보는 앞에서 한눈에도 폭력배로 보이는 다수의 사람들로부터 인사를 받고 이에 적극적으로 응대하는 방식으로 위세를 과시함으로써 수시

---

(199) 대법원 2002. 12. 24. 선고 2002도5662 판결
(200) 대법원 2001. 2. 23. 선고 2000도4415 판결, 2002. 8. 27. 선고 2001도6747 판결, 2002. 12. 10. 선고 2001도 7095 판결 등 참조

로 공포분위기를 조성하여 직원들로 하여금 겁을 먹게 하였고, 이에 따라 위 호텔 직원들은 2001. 5. 28.경부터 호텔 이용료를 연체하고 있는 피고인이 객실을 달라고 일방적으로 요구해도 이를 거부하거나 따지지 못한 채 객실을 내주었을 뿐만 아니라, 어렵게 피고인에게 연체된 이용료를 결제하여 달라고 요구하여도 피고인은 속칭 폭력배들이 취하는 전형적인 태도를 보이면서 반말로 "나중에 주겠다"거나 "알았다"는 식으로 거절하였는데, 이러한 사정은 위 호텔의 직원으로서 퇴직 시 책임을 져야 했던 원심 증인 피해자 2의 경우에도 마찬가지였고, 특히 피해자 2의 경우에는 나중에 자신이 책임을 져야 하는데도 불구하고 피고인의 위세에 눌린 나머지 피고인에게 연체된 호텔 이용료를 달라는 요구조차 제대로 하지 못하였던 사실, 이에 따라 피고인은 위 호텔의 객실을 이용함에 있어서 요금의 40%가 할인되는 혜택을 받으면서도 2002. 2. 11.경 장기 투숙을 마칠 때까지 40회에 걸쳐 공소사실과 같이 9,875,258원 상당의 호텔 이용료를 지급하지 아니하였을 뿐만 아니라, 2001. 10. 11.경부터는 공소외 1까지 같은 방식으로 가세하여 공소외 1은 피고인과는 별도로 2002. 2. 16.까지 위 호텔을 이용하면서 22회에 걸쳐 합계 1,570,966원 상당의 이용료를 지급하지 아니하였던 사실, 그 후 피고인과 공소외 1은 2002. 4.경 첩보를 입수한 경찰이 이 사건 범행에 대한 조사에 착수하여 본격적인 수사에 들어가자 2002. 5.경에야 비로소 나타나 위와 같이 연체된 호텔 이용료를 변제하였는데, 피고인의 경우에는 자력이 없었던 관계로 아는 선배로부터 돈을 빌려 이를 갚았던 사실, 공소외 1은 위와 같은 행위로 말미암아 공갈죄로 약식기소되어 벌금 300만 원의 형이 확정된 사실을 알 수 있는바, 사정이 이러하다면 원심이 내세우는 원심 증인 피해자 2의 일부 증언은 그대로 채용하기 어려운 것일 뿐만 아니라, 이러한 사실관계를 앞서 본 법리에 비추어 보면, 이 사건에 있어서 피고인 등이 취한 일련의 거동은, 폭력배와 잘 알고 있다는 지위를 이용하여 불법한 위세를 보임으로써 재산상 이익을 요구하고 상대방으로 하여금 그 요구에 응하지 아니한 때에는 부당한 불이익을 초래할 위험이 있다는 위구심을 야기하게 하는 해악의 고지에 해당한다.[201]

---

(201) 대법원 2003. 5. 13. 선고 2003도709 판결

(6) 배임죄

업무상배임죄의 주관적 요소로 되는 사실(고의·동기 등의 내심적 사실)은 피고인이 본인의 이익을 위하여 문제가 된 행위를 하였다고 주장하면서 범의를 부인하고 있는 경우에는 사물의 성질상 고의와 상당한 관련성이 있는 간접사실을 증명하는 방법에 의하여 입증할 수밖에 없다.

🔨 원심은 제1심 판결이 채용한 증거들과 원심 증인 김용녀의 증언을 종합하여, 피고인은 실질적 차주인 공소외 1 주식회사가 1995. 초 덕산그룹의 부도 이후 기존의 대출금이나 이자조차도 제대로 내지 못할 정도로 자금사정이 더욱 나빠져 있었고 그 이후에도 모든 자금을 피고인이 근무하던 공소외 2 주식회사(금융회사) 광주지점으로부터 대출의 형식으로 조달하고 있다는 점을 잘 알고 있으면서도, 공소외 1 주식회사에 대한 대출에 있어서 투자형태나 자금종류, 액수, 매출액규모, 담보조건 등을 따진 후 제출된 담보물의 진위 여부를 확인하는 절차를 거의 형식적으로 하였을 뿐만 아니라 그 담보로 제출된 지급보증서의 진위 여부 확인이 아주 용이함에도 이를 하지 아니하였고, 융자취급예정서를 지급보증서 발급 은행에 직접 보내지 않음은 물론 공소외 1 주식회사 자금담당 상무이사 공소외 3에게 교부하거나 아예 교부조차도 하지 않음으로써 그 위조를 더욱 용이하게 하였으며, 공소외 1 주식회사의 대출한도가 초과되어 다른 회사의 명의를 모용하거나 차용하여 대출받는 것을 알면서도 대출명의 회사에 명의 대여 여부를 확인하거나 상담 등도 하지 않고 대출신청서의 회사 이름과 등기부상 회사의 이름이 상이한 경우에도 전혀 확인하지 않았고, 담보로 제출된 예금질권설정서나 약속어음에 대하여도 진위 여부를 확인하지 않았으며, 피고인이 그 재임기간 중 위 공소외 3과 거의 가족처럼 지내면서 정도가 지나친 향응을 장기간 계속하여 받아왔을 뿐만 아니라 수시로 상당한 금전까지 교부받아 온 사실을 인정한 후, 이러한 사정에 비추어 볼 때, 피고인에게 배임의 고의가 있었던 것으로 추단할 수밖에 없다고 판단하여, 피고인에 대하여 이 사건 특정경제범죄가중처벌 등에 관한 법률 위반(배임) 범죄사실을 모두 유죄로 인정하여 처벌하고 있다.[202]

---

(202) 대법원 1999. 7. 9. 선고 99도1864 판결

(7) 문서위조의 경우 ★

특정된 용도로 본인이 직접 발급받은 인감증명서가 첨부되어 있고 그 특정된 용도에 맞게 같은 인감도장에 의하여 작성된 위 동의서는 특별한 사정이 없는 한 본인인 공소외 1이나 그로부터 정당한 권한을 위임받은 자에 의하여 그 권한의 범위 안에서 적법하게 작성된 것으로 보아야 할 것이므로, 뚜렷한 증거가 없는 한 쉽사리 이를 위조된 문서라고 인정할 것은 아니라고 할 것이다.[203]

> 사건 대지 및 건물에 관한 소유권분쟁으로 말미암아 피고인과 이해관계가 서로 대립되는 지위에서 한 진술로서 그 진술에 일관성이 부족하고, 이 사건 진술에 이른 경위라든가 다른 증거자료에 의한 뒷받침이 없는 점 등에 비추어 보더라도 그 객관적 신빙성이 매우 의심스럽다 한 사례이다.

(8) 수뢰죄

뇌물죄에 있어서 수뢰자로 지목된 피고인이 수뢰사실을 시종일관 부인하고 있고 이를 뒷받침할 금융자료 등 **물증이 없는 경우에 증뢰자의 진술만으로 유죄를 인정하기 위하여는** 증뢰자의 진술이 증거능력이 있어야 함은 물론 합리적인 의심을 배제할 만한 신빙성이 있어야 하고, 신빙성이 있는지 여부를 판단함에 있어서는 그 진술내용 자체의 합리성, 객관적 상당성, 전후의 일관성 등 뿐만 아니라 그의 인간됨, 그 진술로 얻게 되는 이해관계 유무, 특히 그에게 어떤 범죄의 혐의가 있고 그 혐의에 대하여 수사가 개시될 가능성이 있거나 수사가 진행 중인 경우에는 이를 이용한 협박이나 회유 등의 의심이 있어 그 진술의 증거능력이 부정되는 정도에까지 이르지 않는 경우에도 그로 인한 궁박한 처지에서 벗어나려는 노력이 진술에 영향을 미칠 수 있는지 여부 등도 아울러 살펴보아야 한다.[204]

---

(203) 대법원 1995. 6. 30. 선고 94도1286 판결
(204) 대법원 2008. 5. 8. 선고 2008도801 판결

질문: 경제범죄수사팀 수사관 마동탁은 차용금 사기 고소 사건 관련 범죄사실을 아래와 같이 작성하고 수사하였다. 이와 관련 기소와 불기소의견을 정하시오.

 범죄사실

① 피의자 B는 처남이 운영하는 E여행사에 투자할 돈이 필요하여 아내인 피의자 A에게 지인들로부터 돈을 빌릴 것을 요구하고, 피의자 A는 2007. 5. 11.경 이웃에 거주하여 25년간 알고 지내던 나대주에게 "돈이 급하게 필요하니 빌려달라. 곧 변제하겠다"고 거짓말하였다. 그러나 사실은 당시 위 여행사는 직원들에 대한 급여도 제대로 지급하지 못하는 상태였고, 피의자들의 채무가 5억 원 상당이었으며, 피의자들이 소유하던 부동산에는 그 시가를 초과하는 담보권이 설정되어 있었으므로 나대주로부터 돈을 빌리더라도 이를 변제할 의사와 능력이 없었다. 그럼에도 피의자들은 공모하여 위와 같이 나대주를 기망해 이에 속은 나대주로부터 같은 날 차용금 명목으로 2,000만 원을 피의자 B 명의의 국민은행 계좌로 입금받아 이를 교부받았다.

② 피의자 B는 재정상황 악화로 채무변제를 하기 위해 피의자 A에게 지인으로부터 돈을 빌려올 것을 요구하고, 피의자 A는 2007. 6. 11.경 나대주에게 "남편이 운영하는 회사가 부도 위기에 있는데 돈을 좀 빌려 달라, 내일 들어올 돈이 있으니 바로 갚겠다"고 거짓말하였다. 그러나 사실은 피의자 B가 운영하는 여행사는 직원들에 대한 급여도 제대로 지급하지 못하는 상태여서 수익이 날 가능성이 없었고, 피의자들의 개인 채무는 5억 원 상당이었으며, 소유 부동산에는 그 시가를 초과하는 담보권이 설정되어 있었고, 피의자들에게 2007. 6. 12. 들어올 돈이 없었으며, 나대주로부터 빌린 돈의 대부분을 피의자들의 개인채무 변제 명목으로 사용할 생각이었으므로, 나대

주로부터 돈을 빌리더라도 이를 변제할 의사 및 능력이 없었다. 그럼에도 피의자들은 공모하여 위와 같이 나대주를 기망해 이에 속은 나대주로부터 같은 날 차용금 명목으로 4,500만 원을 피의자 B 명의의 국민은행 계좌로 입금받아 이를 교부받았다.

③ 피의자 B는 여행사 운영을 위해 지인 F로부터 빌린 돈을 변제하기 위하여 피의자 A에게 돈을 빌려올 것을 요구하고, 피의자 A는 2008. 11. 10. 나대주에게 "G아파트에 입주하게 되었는데 등기비용이 필요하니 돈을 빌려주면 그 전에 갚지 못했던 돈까지 모두 갚겠다"고 거짓말하였다. 그러나 사실은 피의자들은 나대주로부터 돈을 빌려 등기비용으로 사용할 의사가 없었고 F에 대한 채무변제에 사용할 의도였으며, 피의자 B는 신용불량 상태에 있는 등 부채가 많아 나대주로부터 돈을 빌리더라도 기존 차용금을 포함하여 이를 변제할 의사나 능력이 없었다. 그럼에도 피의자들은 공모하여 위와 같이 나대주를 기망해 이에 속은 나대주로부터 같은 날 차용금 명목으로 500만 원을 피의자 A 명의의 우리은행 계좌로 입금받아 이를 편취하였다.

▣ 재산상태

① 피의자 B가 소유하고 있던 서울 강동구 H아파트에 대하여 재건축사업이 시행되었고, 그 재건축사업이 완료된 후 피의자 B가 분양받은 서울 강동구 I에 있는 G아파트 124동 1102호(이하 '이 사건 아파트'라고 한다)에 관하여 2009. 1. 12. 피의자 B 명의로 소유권보존등기가 마쳐졌으며, 같은 날 채권최고액 합계 5억 6,000만 원이 넘는 근저당권 3건이 설정된 점에 비추어 피의자들이 위와 같이 나대주로부터 돈을 빌릴 당시 피의자 B가 소유하고 있던 이 사건 아파트에 관한 분양권의 가치는 적어도 5억 원 정도는 되었을 것으로 보인다. 반면 피의자 B는 위 H아파트에 대한 재건축사업이 진행되면서 이주비를 대출받았는데, 재건축사업이 완료된 후 위 이주비 채무를 담보하기 위하여 이 사건 아파트에 관하여 채권최고액 117,000,000원인 근저당권을 설정해 준 사정을 고려하면 위 이주비 채무는 약 1억 원 상당이었을 것으로 보인다.

② 피의자 A는 나대주로부터 돈을 빌릴 당시 서울 강동구 J빌라 4동 301호에 관해 2억 원의 임대차보증금반환채권을 가지고 있었다.

③ 한편 피의자 B는 나대주로부터 돈을 빌릴 당시인 2007. 5.경의 채무상황에 관한 질문에 대하여 '개인사채업자로부터 1억 8,000만 원, 친척 및 지인으로부터 3억 원 등을 차용하여 5억 원 상당의 채무를 부담하고 있었고, 당시 자신 명의로 아파트 1채, 빌라 1채가 있었는데 이 부동산들은 모두 이미 대출 담보로 제공되어 더 이상 대출이 곤란하였다'는 취지로 진술하였으나, 피의자 B는 원심에서부터 위와 같은 진술에 대하여 피의자들의 재정상태가 악화된 2009년 이후의 부채상황을 착오로 잘못 진술한 것이라고 주장하고 있다.

- 이와 관련하여 실제로 부동산등기부상으로는 피의자들이 위와 같이 나대주로부터 돈을 빌릴 당시 피의자들의 채무는 앞서 본 이주비 채무만 인정되고(피의자 B는 2006. 3. 10.경 그 소유의 서울 강동구 K빌라 4동 303호를 매각하였고, 당시 위 부동산에는 채권최고액 1억 8,000만 원인 근저당권만 설정되어 있었는데, 위 부동산의 당시 시가에 비추어 볼 때 위 K빌라 4동 303호에 설정되어 있던 근저당권은 매각하면서 변제되었을 것으로 추정됨).

- 달리 피의자들이 2007. 5.경 피의자 B의 검찰 진술과 같이 사채업자나 지인들로부터 5억 원 상당의 채무를 부담하고 있었음을 인정할 수 있는 자료는 없다.

- 위와 같이 돈을 빌릴 당시 피의자 B는 위 H아파트만 소유하고 있었을 뿐이고, 그 소유였던 위 K빌라는 당시 이미 매각하여 소유하고 있지 않았으며, 이 사건 아파트에 관하여 2009. 1. 12.에야 비로소 앞서 본 바와 같이 채권최고액 합계 5억 6,000만 원이 넘는 근저당권 3건이 설정된 이후, 근저당권의 해지 및 설정이 반복되다가 2011. 12. 29. 이 사건 아파트가 임의경매로 매각되었다.

■ 나대주와 피의자의 관계 및 고소 경위

피의자 A와 나대주는 이웃에 거주하면서 25년간 알고 지냈으며, 나대주는 피의자 A에게 이 사건에서 문제된 각 차용일 이전인 2003. 12. 23. 1,000만 원, 2005. 10. 25. 2,000만 원을 이자나 변제기의 정함이 없이 각 대여한 사실이 있다. 그리고 나대주는 마지막 대여일인 2008. 11. 10.로부터 약 5년이 지난 2013. 10. 10.

무렵에서야 피의자들을 사기 혐의로 고소하였다.

▣ 채무이행상황

- 피의자들은 2007. 8.경부터 2008. 11.경까지 나대주에게 매달 이자 명목으로 100만 원 가량을 지급하였다. 또, 피의자들이 2008. 11. 10. 등기비용 명목으로 돈을 빌린 후 실제로 2009. 1. 12. 이 사건 아파트에 관하여 피의자 B 명의로 소유권보존등기가 마쳐졌다.

- 나아가 피의자 B는 2006. 3.경까지 주식회사 L에 근무하다 퇴직한 후 처남이 운영하던 위 E여행사에 투자를 하였는데, 처남이 2007. 6.경 여행사 채무 부담으로 자살하자 피의자 B가 이를 직접 운영하면서부터 피의자 B의 재정상태가 급격히 악화된 것으로 보인다. 피의자 B는 실제 많은 돈을 투자하여 회사를 살려보려고 애썼으나 위 여행사의 재정상태가 계속 악화되자 결국 2008년 연말 또는 2009년 연초 무렵에 위 여행사를 폐업하고, 그 이후부터는 나대주에 대하여 원금은 물론 이자까지도 지급하지 못하고 있다.

정답: 무죄

대법원 2015. 6. 11. 선고 2015도1809 판결의 사실관계이다.

▣ 사업의 수행과정에서 이루어진 소비대차거래에 있어서 그 채무불이행이 사전에 예측된 결과라고 하여 그 사업경영자에 대한 사기죄의 성부가 문제가 된 경우에, 그 차용시점에서 그 사업체가 경영부진의 상태에 있었기 때문에 사정에 따라서는 채무불이행에 이를 수 있다고 예견하고 있었다는 것만으로 곧바로 사기죄의 미필적 고의가 있다고 하는 것은 발생한 결과에 의하여 범죄의 성부를 결정하는 것과 마찬가지이므로 부당하고, 위와 같은 경우에 기업경영자들이 채무불이행의 가능성을 인식하고 있었다고 하더라도 그러한 사태를 피할 수 있는 가능성이 상당한 정도로 있다고 믿고, 성실하게 계약이행을 위한 노력을 할 의사가 있었을 때에는 편취의 범의가 있었다고 단정하기는 어렵다.(205)

▣ 피고인 B의 검찰 조사 당시 재산상황에 대한 진술은 위 차용일로부터 검찰 조사를 받을 때까지 오랜 시간이 지남에 따라 일으킨 착오에 의하여 진술된 것으로 보인다. 이와 같은 피고인들의 재산 상황을 고려하면 피해자로부터 위와 같이 돈을 빌릴 당시 피고인들에게 그 돈을 갚을 능력이 없었다고 보이지는 아니한다.

▣ 더욱이 공소사실에 적힌 바와 같이 피고인 A는 2007. 6. 11.경 피해자로부터 4,500만 원을 빌리면서 피해자에게 "남편이 운영하는 회사가 부도 위기에 있다"고 말하여 피고인 B가 운영하는 여행사의 재정상황이 어렵다는 점을 숨기지 않고 알려주었다. 또 비록 피고인 A가 피해자에게 한 말과 달리 빌린 다음날 피고인 B에게 돈이 입금되지 않았으나 일주일 뒤인 2007. 6. 19.부터 같은 달 22.까지 위 차용금액을 넘는 8,000만 원이 피고인 B의 국민은행 계좌로 입금되었다. 이러한 점을 고려하면 피고인 A가 "다음날 들어올 돈이 있다"는 취지로 말한 것은 급박한 재정위기에 처하여 다른 수입금의 입금예정시기에 관하여 다소 과장하여 표현한 것으로 보일 뿐이지 속였다고 단정하기는 어렵다.

---

(205) 대법원 2001. 3. 27. 선고 2001도202 판결 참조

▣ 피해자가 단순히 돈을 갚겠다는 피고인 A의 말만을 믿고 돈을 대여해 주었다기 보다는 오랜 기간 알고 지낸 인간관계로 인한 신뢰에 터잡아 돈을 빌려준 것으로 볼 여지도 있어 보인다.

▣ 피고인들이 피해자에게 위와 같이 돈을 빌릴 당시 돈을 나중에 갚겠다고 진술한 외에, 변제 자력을 과시하기 위하여 허위 서류를 작성하여 제시하였다는 등 적극적인 기망행위를 하였음을 인정할 자료는 없다.

▣ 이러한 사정을 종합하여 보면, 원심이 든 사정이나 검사가 제출한 증거들만으로는 피고인들에게 이 사건 각 차용 당시부터 그 차용금을 변제할 의사와 능력이 없었다거나 위 각 차용금을 편취할 의사가 있었다는 사실이 합리적 의심 없이 증명되었다고 보기 어렵다.

사례 | 48 | 문서위조죄

> **질문:** 경제범죄수사팀 수사관 강동필은 문서위조죄 고소 사건 관련 범죄사실을 아래와 같이 작성하고 수사하였다. 이와 관련 기소와 불기소의견을 정하시오.

[범죄사실]

피의자 염아들은 1988. 3.경 서울 구로구 시흥동 883의 5, 6 대지에 피의자와 그의 어머니인 염정아 명의로 지하 2층, 지상 7층인 빌딩 건축허가를 받아 신축하던 중 1989. 3.경 위 건물의 건축허가명의를 피의자 단독명의로 변경하기로 마음먹고 위 건물 부근에 있는 건축사 김영식의 사무소에서 행사할 목적으로 백지에 타자기로 염정아가 위 건물의 건축허가명의를 피의자와 염정아에서 피의자 단독으로 변경하는 데에 동의한다는 내용의 건축주명의변경동의서를 타자하고 염정아의 이름을 적어 넣은 다음 이름 기재 옆에 염정아의 인감도장을 함부로 찍어 권리의무에 관한 사문서인 염정아 명의의 동의서 1매를 위조하고, 그 때쯤 구로구청 건축과에서 성명불상의 직원에게 위조한 위 동의서를 건축주명의변경신청서류에 첨부, 제출하여 이를 행사한 것이다

■ **피의자의 주장**

피의자가 건물을 신축하면서 금 2,000,000,000원 가량의 신축자금을 융자받음에 있어 건축주명의를 염정아와 공동명의로 하면 불편하여 어머니인 동인에게 말하니 염정아가 피의자 단독명의로 변경하도록 승낙하였고, 그 명의변경에 필요한 인감증명서도 직접 발급받아 주었으며, 염정아가 준 인감도장을 날인하여 위 동의서를 작성한 것이라는 취지로 일관되게 위 공소사실을 부인하고 있다.

■ **어머니 염정아의 진술**

• 염정아는 검찰에서 아들인 피의자 염아들이 승용차에 타라고 하여 같이 동사무소까지 가서 앉아 있다가 온 일은 있으나, 피의자에게 인감증명서를 발급받

아 주거나 건축주명의변경에 동의한 사실은 없으며, 건물 준공 후 사위인 나 피해로부터 들어 명의변경 사실을 비로소 알게 되었다고 진술하다가,

- 제1심 공판정에서는 인감증명서는 남편인 공소외 3과 같이 가서 발급받은 것 인데 어디에 어떤 용도로 사용하는 것이었는지는 남편이 말해주지 않아 모르 며, 위 검찰진술 시와 마찬가지로 건물 완공 후 나피해로부터 들어 명의변경 사실을 비로소 알게 되었다고 진술하였다.

▣ 증인 나피해

- 한편 증인 나피해는 검찰 및 제1심 공판정에서 자신은 피의자의 자형으로서 관리이사라는 직책으로 건물의 신축 및 분양업무에 관여하다가 건물 완공(기 록에 의하면 1990. 9. 3. 준공검사를 받았다) 후인 1990. 10.경 피의자와 갈등이 생겨 그만두었는데, 증인이 김영식 설계사무소에서 건축주명의변경사실을 알고 피 의자에게 어떻게 된거냐고 물어보았더니 증인은 참견말라고 하여 더 이상 관 여하지 않았으며,

- 염정아가 뒤늦게(구체적인 일시의 특정없이 애매하게 진술하고 있다) 건축주명의변 경 사실을 전해 듣고 울고 불고 증인에게도 공모한 것이 아니냐면서 야단을 쳤다는 취지로 진술하였다.

▣ 관할구청에 제출한 서류 및 관련 서류의 기재

- 피의자 염아들이 건물에 관한 건축주명의변경을 하기 위하여 동의서와 함께 관 할구청에 제출한 염정아의 인감증명서는 염정아가 대리인을 통하지 않고 본인 이 직접 발급, 교부받은 것이고, 그 용도 역시 "명의이전용"으로 특정되었다.

- 그리고 1989. 9. 8. 피의자 염아들이 주채무자가 되고, 그의 처와 아들이 연대 보증인이 되어 부림상호신용금고로부터 금 130,000,000원을 대출받음에 있 어, 염정아가 특별대리인으로서 직접 자필로 관계서류에 서명, 날인하고, 이에 필요한 자신의 인감증명서를 제출하였다.

▣ 고소 경위 및 관련사건에서 진술

- 염정아는 1990. 10.경 피의자 염아들이 나피해를 해고한 이후부터 피의자와

의 사이가 나빠져서 아들의 집을 나와 사위인 나피해의 집에 거주하면서 그 후 아들인 피의자를 상대로, 피의자가 아버지의 인감도장을 절취하여 증여계약서를 위조한 다음 이에 기하여 임의로 피의자와 공소외 4, 5 등 3인 공유로 대지에 관한 소유권이전등기를 경료하였다고 주장하면서,

- 피의자 등 3인 명의의 등기의 말소를 구하는 민사소송과 함께 형사고소도 제기하였으나, 그 민사사건에서는 피의자 등의 승소판결이 확정되고 위 형사사건 역시 무혐의 불기소처분으로 종결되었다.

- 염정아는 1991. 1.경 위 형사사건의 고소인으로 진술할 당시와 달리 1990. 7.경에 대지에 관한 피의자 등 앞으로의 이전등기 및 건물에 관한 건축주명의 변경 사실을 알게 되었다고 진술하였고, 피의자 염아들의 형도 건물의 골조가 다 되었을 무렵 염정아가 자신에게 대지에 관하여 피의자 등 명의로 이전등기가 경료되었다는 이야기를 하더라고 진술하였다.

- 염정아는 건물이 피의자 단독명의로 완공된 후 위 형사고소사건에서는 물론 피의자 염아들 등에 대한 수사가 개시된 이후에도 위 동의서 위조문제를 전혀 거론하지 않다가 뒤늦게 검찰에 의해 피의자가 위 동의서를 임의로 위조한 것이 아닌가 하는 의혹이 제기되자 비로소 참고인으로 출석하여 피의자가 자신의 승낙 없이 함부로 위 동의서를 작성하여 행사한 것이라는 취지로 진술하기 시작하였다.

대법원 1995. 6. 30. 선고 94도1286 판결의 사실관계이다.

▣ 특정된 용도로 본인이 직접 발급받은 인감증명서가 첨부되어 있고 그 특정된 용도에 맞게 같은 인감도장에 의하여 작성된 위 동의서는 특별한 사정이 없는 한 본인인 공소외 1이나 그로부터 정당한 권한을 위임받은 자에 의하여 그 권한의 범위 안에서 적법하게 작성된 것으로 보아야 할 것이므로, 뚜렷한 증거가 없는 한 쉽사리 이를 위조된 문서라고 인정할 것은 아니라고 할 것이다.

▣ 피고인 1이 위 동의서를 위조했다는 점에 부합하는 공소외 1, 2의 진술은 이 사건 대지 및 건물에 관한 소유권분쟁으로 말미암아 피고인과 이해관계가 서로 대립되는 지위에서 한 진술로서 그 진술에 일관성이 부족하고, 이 사건 진술에 이른 경위라든가 다른 증거자료에 의한 뒷받침이 없는 점 등에 비추어 보더라도 그 객관적 신빙성이 매우 의심스럽다 할 것이므로, 원심이 동인들의 진술만을 믿은 나머지 피고인 1과 공소외 1과의 모자관계가 악화되기 이전에 공소외 1의 명의이전용 인감증명서까지 첨부되어 작성된 위 동의서가 피고인에 의해 위조된 것이라고 단정한 제1심 판결을 그대로 유지한 것은, 결국 증거가치에 대한 판단을 그르쳤거나 위 동의서에 첨부된 인감증명서나 차용금증서 등 다른 증거자료에 관한 필요한 심리를 다하지 아니함으로써 판결에 영향을 미친 위법을 저지른 것이다.

CHAPTER 4

목격자의 범인식별진술의 경우

범인식별 절차에 있어 용의자 한 사람을 단독으로 목격자와 대질시키거나 용의자의 사진 한 장만을 목격자에게 제시하여 범인 여부를 확인하는 것은 기억력의 한계 및 부정확성과 그 사진상의 인물이 범인으로 의심받고 있다는 무의식적 암시를 목격자에게 줄 수 있다는 점에서 그 신빙성이 낮다.

1. 판례상 범인식별절차

판례는 범인식별 절차에 있어 목격자의 진술의 신빙성을 높게 평가할 수 있게 하려면, 아래와 같이 ❶ 사전기록, ❷ 복수대면, ❸ 사전접촉금지, ❹ 과정결과의 기록을 요구하고 있다.

범인의 인상착의 등에 관한 목격자의 진술 내지 묘사를 사전에 상세히 기록화한 다음, 용의자를 포함하여 그와 인상착의가 비슷한 여러 사람을 동시에 목격자와 대면시켜 범인을 지목하도록 하여야 하고, 용의자와 목격자 및 비교대상자들이 상호 사전에 접촉하지 못하도록 하여야 하며, 사후에 증거가치를 평가할 수 있도록 대질 과정과 결과를 문자와 사진 등으로 서면화하는 등의 조치를 취하여야 한다.

그리고 위와 같은 법리는 사진제시, 동영상제시, 가두식별에 의한 범인식별 절차에 있어서도 기본적으로 이러한 원칙에 따라야 한다고 보고 있다.

2. 단수대면의 경우

(1) 신빙성이 낮은 경우

1) 공동주거침입

🔨 |**공소사실**| 피고인 2가 주거침입절도 범행의 의도하에 피해자의 출입문 초인종을 눌러 집 안에 사람이 없음을 확인하여 피고인 1에게 알려주는 등 피고인 1과 공동하여 주거침입의 범죄를 저질렀다는 내용의 공소사실에 대하여, 인터폰 모니터를 통하여 본 초인종을 누른 범인이 피고인 2라는 취지의 피해자의 경찰, 검찰 및 법정진술만으로는 공소사실을 인정하기에 부족하고 달리 증거가 없다고 판단하였다.

[**판단**| 기록에 의하면, 경찰에서는 피고인 2를 공동피고인 1과 함께 울산남부경찰서 감식반에 세워놓고 피해자에게 확인을 시켰고, 검찰에서는 울산지방검찰청 담당검사의 검사실 옆 대기실에 피고인 2를 데려다 놓은 후 피해자에게 확인시켰음을 알 수 있어, 비록 피해자의 진술이 일관되고 구체적인 내용을 포함하고 있는 등 신빙성이 있다고 볼만한 사정이 있기는 하나 앞의 법리에 비추어 범인식별 절차에서 신빙성을 높이기 위하여 준수하여야 할 절차를 제대로 지키지 못하였다고 볼 수밖에 없다.

또한 피해자의 진술에 의하면 처음 초인종을 누른 사람이 모자를 눌러 쓰고 고개를 약간 숙인 상태에서 초인종을 눌렀고 잠시 후 다시 초인종을 누를 때는 자신의 모습이 보이지 않도록 몸을 숨겼다는 것이므로, 피해자는 그 사람의 얼굴 중 아래 부분만 본 것으로 보일 뿐만 아니라 절도 범행을 저지르려는 자가 초인종을 눌러보면서 처음에는 자신의 모습을 인터폰 모니터에 그대로 노출시켰다가 얼마 후 다시 초인종을 누르면서 자신의 모습이 보이지 않도록 몸을 숨긴다는 것은 이례적이라 할 것이어서, 처음에 초인종을 누르던 사람과 나중에 초인종을 누른 사람이 동일인이 아닌 가능성이 더 큰 점 등을 참작하면, 피해자의 위와 같은 진술내용만으로는 피고인 2가 피고인 1의 주거침입 범행에 가담하였음을 인정하기에 부족하고 달리 공

소사실을 인정할 증거가 없다.[(206)]

2) 강도범행

야간에 짧은 시간 동안 강도의 범행을 당한 피해자가 어떤 용의자의 인상착의 등에 의하여 그를 범인으로 진술하는 경우이다(사례참조).

(2) 부가적 사정이 있는 경우

따라서 그러한 방식에 의한 범인식별 절차에서의 목격자의 진술은, 그 용의자가 종전에 피해자와 안면이 있는 사람이라든가 피해자의 진술 외에도 그 용의자를 범인으로 의심할 만한 다른 정황이 존재한다든가 하는 등의 부가적인 사정이 없는 한 그 신빙성이 낮다.

1) 목격자의 범인 식별진술 외에 용의자가 범인이라고 의심할 만한 다른 정황이 존재하는 경우

공소외 1은 메스암페타민 100g을 소지하고 공소외 2에게 이를 판매하려다가 2000. 12. 4. 23:00경 검찰 수사관에 의하여 체포된 후 부산지방검찰청에 인치되어 이 사건 메스암페타민의 출처에 대하여 추궁을 받고 "친구인 공소외 2가 히로뽕 100g을 구하여 달라고 하여 평소 알고 지내던 공소외 3에게 전화하여 히로뽕을 구해 달라고 하니 공소외 3이 '성불상 천'이라는 동생에게 연락을 하라면서 휴대폰 번호를 알려 주어 그 번호로 전화를 하여 2000. 12. 4. 22:55경 부산 수영구 수영동 소재 유토피아호텔 앞 노상에서 '성불상 천'을 만나 400만 원을 주고 메스암페타민 100g을 교부받았다"는 취지의 진술서를 작성한 사실, 검찰은 이 진술서에 나타난 위 휴대폰의 가입자를 조회하여 가입자의 주소가 '부산 금정구 회동동 (이하생략)'으로 되어 있음을 알아내고 회동동사무소에 비치된 주민등록등 · 초본을 열람하여 피고인의 이름 끝자가 '천'인 것이 확인되자 사진이 첨부된 피고인의 주민등록초본을 모사전송받아 공소외 1에 대한 제1회 피의자신문시 그 사진을 제시하였

(206) 대법원 2005. 6. 24. 선고 2005도734 판결

고, 이에 공소외 1은 그 사진상의 인물이 자신에게 이 사건 메스암페타민을 판매한 '성불상 천'이 맞다고 진술한 사실, 공소외 1은 위 사건으로 징역 1년 6월을 선고받고 복역 중 피고인의 소재가 밝혀진 후 2002. 3. 18. 이후 검찰에서 참고인으로 3회 진술하였는데, 그 때는 공소장 기재 일시·장소에서 '성불상 천'으로부터 이 사건 메스암페타민을 구입한 사실은 인정을 하면서도 '성불상 천'은 피고인과는 다른 사람이라고 하면서, 제1회 피의자신문 시에는 '성불상 천'의 인적사항에 대하여 정확히 몰랐고 당시 상황이 너무 혼란스러워 수사관들이 핸드폰번호를 추척하여 피고인의 이름을 대길래 '성불상 천'의 이름 끝자가 동일하여 자세히 확인해 보지도 않고 위와 같이 진술하였다고 종전 진술을 번복한 사실, 피고인은 시종일관 자신은 이 사건 범인이 아니라고 변소하고 있는 사실 등을 알 수 있다.

| 판단 |　이와 같은 관점에서 공소사실에 부합하는 공소외 1의 진술의 신빙성을 살펴보면, 검찰은 공소외 1로부터 그가 이 사건 메스암페타민을 매수하면서 목격한 판매자의 연령과 키·몸무게 등 체격조건에 관한 간략한 진술만을 확보한 다음, 공소외 1이 이 사건 메스암페타민을 매수하기 직전에 매수장소 등을 정하기 위하여 통화하였다는 휴대폰번호의 가입자 주소지를 조회하여 그 주소지를 관할하는 동에 주소를 둔 피고인의 이름 끝 자가 '천'인 것으로 확인되자 피고인의 사진이 첨부된 주민등록초본을 모사전송받아 그 사진을 공소외 1에게 제시하였고, 이에 공소외 1이 그 사진상의 인물이 이 사건 메스암페타민을 판매한 '성불상 천'이 맞다고 진술하였는바, 공소외 1의 이러한 진술은 범인식별 절차에서 신빙성을 높이기 위하여 준수하여야 할 절차를 제대로 지키지 못하였을 뿐만 아니라, 그 식별절차 이전의 과정에 비추어 볼 때 제시된 사진상의 인물인 피고인이 위 핸드폰의 가입명의자임을 알게된 공소외 1에게 피고인이 범인일 가능성이 있다는 암시가 주어졌을 개연성이 있다는 점에서 높은 정도의 신빙성이 있다고 하기는 어렵다.

그러나 기록에 의하면, 공소외 1은 이 사건 메스암페타민을 구입하기 직전에 수차례에 걸쳐서 피고인 명의로 된 핸드폰으로 범인과 통화를 한 것으로 인정되는 점, 피고인은 선배인 김원대가 신용불량자이어서 핸드폰 가입이 되지 않는다고 하여 그의 부탁으로 자신의 명의를 빌려주어 김원대가 피고인 명의로 핸드폰을 가입하여 사용하다가 사망하기 전에 핸드폰을 반환받아 그 후로는 자신이 사용한 것이라고 하고 있는데, 김원대는 2000. 11. 11. 사망한 것으로 보이므로 피고인의 변소에 의하더라도 이 사건 당시인 2000. 12. 4.에는 피고인이 그 핸드폰을 사용하고 있었

다고 보여지는 점, 그 무렵 위 핸드폰을 통하여 피고인이 잘 알고 지내는 공소외 3, 공소외 4 등의 핸드폰과 통화가 이루어졌음은 물론 피고인의 집 전화와도 통화가 이루어진 점, 피고인은 이 사건 범행 시 누군가가 자신의 핸드폰으로 공소외 1과 이 사건 메스암페타민의 판매를 위한 통화를 하고 이를 판매하였을 것이라고 변소하나 그 변소의 진실성을 담보할 만한 사정은 기록상 전혀 찾아볼 수 없는 점 등을 종합하면, 이 사건 당시 위 핸드폰으로 공소외 1과 통화를 한 사람은 피고인이라고 보아야 할 것이고, 이러한 부가적 사정을 보태어 보면 범인식별에 관한 공소외 1의 검찰 진술은 그 절차상의 하자에도 불구하고 높은 정도의 신빙성을 인정할 수 있다고 할 것인바, 여기에다가 원심이 인용한 제1심 거시의 다른 증거들을 종합하여 살펴보면 피고인을 이 사건 범인으로 인정할 수 있다고 할 것이다.

2) 범죄 발생 직후 목격자의 기억이 생생한 경우

범죄 발생 직후 목격자의 기억이 생생하게 살아있는 상황에서 현장이나 그 부근에서 범인식별 절차를 실시하는 경우에는, 목격자에 의한 생생하고 정확한 식별의 가능성이 열려 있고 범죄의 신속한 해결을 위한 즉각적인 대면의 필요성도 인정할 수 있으므로, 용의자와 목격자의 일대일 대면도 허용된다.

🔨 피해자가 2007. 11. 4. 04:30경 부산 남구 (이하 생략)에 있는 집으로 귀가하기 위하여 ○○동 소재 ○○동 주민자치센터(동사무소) 앞길을 혼자 걸어가고 있던 중, 뒤편에서 범인이 피해자의 겨드랑이 사이로 두 손을 넣어 가슴을 움켜쥐었다가 피해자가 놀라 비명을 지르자 피해자를 밀쳐 땅바닥에 넘어뜨리고 몸 위에 올라타 피해자의 어깨와 가슴 부위를 주먹으로 2회 정도 때린 뒤 일어나 태연히 걸어간 사실, 피해자는 범인을 뒤쫓아 가다가 때마침 순찰활동 중이던 경찰차에 탑승하여 경찰관들과 함께 범인을 추적하게 된 사실, 경찰관들은 곧바로 도주하는 범인을 발견하고 경찰차로 추격하였는데, 범인이 오른쪽으로 나 있는 작은 골목길 쪽으로 사라지는 바람에 약 20m의 거리를 두고 시야에서 놓쳐 버렸으며, 그로부터 약 3초 만에 위 골목길 입구에 이르러 경찰차에서 내린 다음 골목길 주변을 둘러보았으나 범인은 발견되지 않은 사실, 위 골목길은 입구에서 우측으로 두 채, 좌측으로 한 채의 주택이 면하여 있는 길로서, 끝 부분에는 약 1.5m 높이의 담장이 가로막고 있고 그 위로는 쇠창살이 설치되어 있는 사실, 경찰관들은 위 골목길에 면해 있는 주택을

탐문하여 우측 입구 주택 2층에 부부가 젊은 아들 및 딸과 함께 거주한다는 내용의 진술을 들은 사실, 경찰관은 위 주택 2층에 거주한다는 젊은 남자가 범인인지 여부를 확인하기 위하여 피고인의 아버지 승낙을 받아 위 주택 2층의 피고인 방에 들어가게 된 사실, 경찰관들은 집 앞에서 기다리고 있던 피해자를 데려와 피고인과 대면을 시킨 다음 범인이 맞는지 물어보아 맞다는 대답을 듣고는, 피고인을 체포한 사실을 알 수 있다. 앞서 본 법리에 비추어 보면, 이 사건과 같이 피해자가 경찰관과 함께 범행 현장에서 범인을 추적하다 골목길에서 범인을 놓친 직후 골목길에 면한 집을 탐문하여 용의자를 확정한 경우에는 그 현장에서 용의자와 피해자의 일대일 대면이 허용된다고 할 것이다. 나아가 원심판결 및 원심이 적법하게 조사한 증거 등에 의하면, 피해자는 4회에 걸쳐 범인의 얼굴을 보았다고 진술하고 있는데 그 중 적어도 범인이 피해자의 뒤에서 겨드랑이 사이에 두 손을 넣어 가슴을 움켜쥐는 순간 뒤돌아보았을 때와 범인이 피해자를 밀쳐 땅바닥에 넘어뜨리고 몸 위에 올라타 폭행을 가할 때에는 이 사건 범인의 얼굴과 인상착의를 제대로 확인할 수 있었을 것으로 판단되는 점, 피해자의 진술에 의하면 범인은 소매 없는 검은색 패딩잠바를 입고 챙 있는 야구모자와 안경을 쓰고 있었다는 것인데, 앞서 본 바와 같은 경위로 피고인의 방에 들어갔을 때 피고인은 소매 없는 검은색 패딩잠바와 안경을 벗어 놓고 두터운 후드 상의와 청바지를 입고 양말도 신은 채로 잠을 자고 있었다고 말하였던 점, 당시 범인이 쓰고 있던 모자의 색상에 관해서는 피해자와 함께 범인을 추격하던 경찰관들 사이에서도 인지한 색상이 일치하지 아니하고 당시 야간이어서 어두웠던 사정을 고려하면 모자의 색상에 관한 진술로 피해자 진술의 전체적인 신빙성을 판단하는 것은 적절하지 않다고 보이는 점, 피해자는 이 사건 범행 직후 피고인과 일대일 대면을 한 순간 자신을 추행한 남자가 틀림없다고 진술하였고 이러한 진술은 수사기관 이래 원심법정에 이르기까지 일관되어 있는바, 피해자는 원심법정에서 "경찰관이 재차 범인이 맞느냐고 물어보아 맞는 것 같다고 대답을 하였다. 피고인과 대면하고 범인이 맞느냐고 물어보았을 때 곧바로 대답을 하였는지 여부는 기억이 없다"고 진술하면서도 "지금 생각해 볼 때도 당시의 범인이 피고인이 분명하다고 생각한다"고 진술하고 있는 점 등을 모아 보면 피해자 진술을 쉽사리 배척할 것은 아니라고 할 것이다.[207]

---

(207) 대법원 2009. 6. 11. 선고 2008도12111 판결

3) 기타 부가적 사정

✎ 원심판결 및 원심이 인용한 제1심 판결의 채용증거들을 위 법리와 기록에 비추어 살펴보면, 피해자 공소외 1이 범인식별 절차에서 피고인을 범인으로 지목한 진술은 2005. 9. 1. 대전둔산경찰서 사무실 가운데 소파에 용의자인 피고인을 포함하여 여러 사람을 동시에 앉혀 놓은 상태에서 범인을 지목하는 방식으로 이루어진 것이기는 하나 피해자 공소외 2의 진술에 의하면 그 전날 이미 용의자로 지목된 피고인의 사진이 피해자 공소외 1에게 제시되었다는 것이고, 피해자 공소외 3, 공소외 4 등이 범인식별 절차에서 피고인을 범인으로 지목한 진술 또한 2005. 9. 1. 위 경찰서 사무실에서 용의자로서는 피고인 한 사람만의 목소리를 단독으로 들려 주고 범인 여부를 확인하게 하여 위 피해자들이 그 목소리가 범인의 목소리가 맞다고 진술하였다는 것인바, 위 피해자들의 이러한 진술은 범인식별 절차에서 신빙성을 높이기 위하여 준수하여야 할 절차를 제대로 지키지 못한 것으로서 절차상의 하자가 있기는 하나, 한편 기록에 나타난 바와 같이, 피해자 공소외 1은 피고인이 이 사건 범행 당시 얼굴에 마스크를 하고 있지 않아 그 얼굴을 정확히 보았고 범행과정에서 약 20분간 여러 가지 대화를 나누어 그 목소리를 분명히 기억하고 있다고 진술하고 있고, 피해자 공소외 5 역시 이 사건 범행 직전 잠시 밖에 나갔다가 들어오면서 잠겨있던 점포의 출입문을 두드리자 원심 공동피고인과 피고인이 문을 열어주었는데 당시 모두 마스크를 하고 있지 않아 피고인의 얼굴을 보았다고 진술하고 있는 점, 이 사건 첫 번째 범행의 피해품(약 618만 원 상당) 가운데 소비된 것으로 보이는 현금 30여 만 원을 제외한 나머지 피해품은 그 일부를 원심 공동피고인이 전당포에 저당잡히고 현금 약 24만 원을 받아 소비하였고 그 나머지 전부는 모두 피고인이 소지하고 있다가 체포되면서 압수되었는데, 원심 공동피고인과 함께 이 사건 각 강도범행을 저지른 공범이 피고인이 아닌 제3자라고 가정할 경우 그 제3자가 분배받아간 피해품은 전혀 없고 오로지 원심 공동피고인과 피고인만이 위 피해품들을 나눈 셈이 되어 쉽사리 납득되지 않는 점, 피고인과 원심 공동피고인 모두 이 사건 각 범행 시간대 및 그 전후의 상당한 시간 동안 휴대폰의 통화기록이 전혀 없는 점, 원심 공동피고인은 이 사건 각 강도범행을 함께 저지른 공범에 대하여 피고인이 아니라 김영철이라는 사람이라고 하나, 김영철이라는 사람의 나이가 자신보다 4살 적다는 것 이외에는 다른 인적사항에 대하여 전혀 밝히지 못하고 있고, 또한 그 범행 경위에 대하여도 진주에 있는 찜질방에서 김영철이라는 사람을 우연히 만나 그 다음날 이 사건 첫 번째 범행을 하고 아무런 약속 없이

헤어진 다음 두 번째 범행 역시 길을 걸어가던 중 승용차를 운전하고 지나가던 김영철이라는 사람이 우연히 자신을 발견하고 또 다시 범행을 제의하여 저지르게 된 것이라고 하나, 안면이 전혀 없던 사람을 2번 모두 우연히 만나 만날 때마다 잘 알지도 못하는 사람과 함께 대전으로 원정하여 강도범행을 저지른다는 것 역시 납득되지 않는점, 피고인은 자신이 소지하고 있다가 체포되면서 압수된 이 사건 각 강도범행의 피해품에 대하여 원심 공동피고인으로부터 자신의 여자친구 것인데 좀 갖고 있어 달라고 부탁을 받아 보관하고 있었을 뿐이라고 하나, 이와 달리 피고인이 그 후 위탁자라는 원심 공동피고인의 동의도 없이 자신의 여자친구에게 위와 같이 보관 부탁받았다는 반지를 마음대로 선물하였다는 것은 결코 보관자로서의 행동이라고는 볼 수 없는점 등을 종합하면, 원심 공동피고인과 함께 이 사건 각 강도범행을 저지른 공범은 김영철이라는 사람이 아니라 실제로는 피고인이라고 볼 수밖에 없으므로, 이러한 부가적인 사정을 보태어 보면, 범인식별에 관한 피해자 공소외 1 등의 진술은 그 절차상의 하자에도 불구하고 높은 정도의 신빙성을 인정할 수 있다 할 것인바, 여기에 원심판결 및 원심이 인용한 제1심 판결의 다른 증거들을 종합하여 살펴보면, 원심이 원심공동피고인과 함께 이 사건 각 범행을 저지른 공범을 피고인이라고 인정하여 피고인에 대한 이 사건 각 범죄사실을 모두 유죄로 판단한 것은 정당하다.[208]

3. 동영상제시 내지 가두식별

이러한 원칙은 동영상제시·가두식별 등에 의한 범인식별 절차와 사진제시에 의한 범인식별 절차에서 목격자가 용의자를 범인으로 지목한 후에 이루어지는 동영상제시·가두식별·대면 등에 의한 범인식별 절차에도 적용되어야 한다.

4. 성추행 피해 아동의 진술

 강간 피해자가 수사기관이 제시한 47명의 사진 속에서 피고인을 범인으로 지

---

(208) 대법원 2006. 9. 28. 선고 2006도4587 판결

목하자 이어진 범인식별 절차에서 수사기관이 피해자에게 피고인 한 사람만을 촬영한 동영상을 보여 주거나 피고인 한 사람만을 직접 보여 주어 피해자로부터 범인이 맞다는 진술을 받고, 다시 피고인을 포함한 3명을 동시에 피해자에게 대면시켜 피고인이 범인이라는 확인을 받은 사안에서, 위 피해자의 진술은 범인식별 절차에서 목격자 진술의 신빙성을 높이기 위하여 준수하여야 할 절차를 지키지 않은 상태에서 얻어진 것으로서 범인의 인상착의에 관한 피해자의 최초 진술과 피고인의 그것이 불일치하는 점이 많아 신빙성이 낮다.[209]

증거로 제출된 성추행 피해 아동이 검찰에서 한 진술의 신빙성을 판단함에 있어서는, 아동의 경우 질문자에 의한 피암시성이 강하고, 상상과 현실을 혼동하거나 기억내용의 출처를 제대로 인식하지 못할 가능성이 있는 점 등을 고려하여, 아동의 나이가 얼마나 어린지, 그 진술이 사건 발생 시로부터 얼마나 지난 후에 이루어진 것인지, 사건 발생 후 그러한 진술이 이루어지기까지의 과정에서 최초로 아동의 피해 사실을 청취한 보호자나 수사관들이 편파적인 예단을 가지고 아동에게 사실이 아닌 정보를 주거나 반복적인 신문 등을 통하여 특정한 답변을 유도하는 등으로 아동 기억에 변형을 가져 올 여지는 없었는지, 그 진술 당시 질문자에 의하여 오도될 수 있는 암시적인 질문이 반복된 것은 아닌지, 같이 신문을 받은 또래 아동의 진술에 영향을 받은 것은 아닌지, 면담자로부터 영향을 받지 않은 아동 자신의 진술이 이루어진 것인지, 법정에서는 피해사실에 대하여 어떠한 진술을 하고 있는지 등을 살펴보아야 하며, 또한 검찰에서의 진술내용에 있어서도 일관성이 있고 명확한지, 세부내용의 묘사가 풍부한지, 사건 · 사물 · 가해자에 대한 특징적인 부분에 관한 묘사가 있는지, 정형화된 사건 이상의 정보를 포함하고 있는지 등도 종합적으로 검토하여야 한다.[210]

5. 성인지 감수성의 고려

법원이 성폭행이나 성희롱 사건의 심리를 할 때에는 그 사건이 발생한 맥락에

---

(209) 대법원 2008. 1. 17. 선고 2007도5201 판결
(210) 대법원 2008. 7. 10. 선고 2006도2520 판결

서 성차별 문제를 이해하고 양성평등을 실현할 수 있도록 '성인지 감수성'을 잃지 않도록 유의하여야 한다(양성평등기본법 제5조 제1항 참조).

우리 사회의 가해자 중심의 문화와 인식, 구조 등으로 인하여 성폭행이나 성희롱 피해자가 피해사실을 알리고 문제를 삼는 과정에서 오히려 피해자가 부정적인 여론이나 불이익한 처우 및 신분 노출의 피해 등을 입기도 하여 온 점 등에 비추어 보면, 성폭행 피해자의 대처 양상은 피해자의 성정이나 가해자와의 관계 및 구체적인 상황에 따라 다르게 나타날 수밖에 없다.

따라서 개별적, 구체적인 사건에서 성폭행 등의 피해자가 처하여 있는 특별한 사정을 충분히 고려하지 않은 채 피해자 진술의 증명력을 가볍게 배척하는 것은 정의와 형평의 이념에 입각하여 논리와 경험의 법칙에 따른 증거판단이라고 볼 수 없다.[211]

---

(211) 대법원 2018. 10. 25. 선고 2018도7709 판결

강경한 경감은 추적 및 검거기법이 우수하다고 평가받는 자타공인 체포왕이다. 하루는 여자만 살고 있는 개인사찰에 강도가 들었다는 신고를 받고 형사팀을 이끌고 출동하게 되었다.

피해자는 영천시 소재 금호사의 주지승(여. 65세)과 1명의 여보살(여. 72세)이었다. 강경감은 여보살에게 피해 경위를 청취하였다. 여보살은 사건 당일 "범인은 2명으로서 1명은 방에 침입하였고 다른 1명은 탑 주위에서 망을 보고 있었는데, 침입한 한 명은 사찰의 큰방으로 들어가 여보살의 우측 팔을 걷어차면서 손으로 목을 조른 다음 다시 주지승의 방문을 발로 걷어차고 안으로 들어가 주지승에게 고함치면서 발로 다리와 가슴을 걷어찬 후 여보살 소유의 현금 100만 원을 빼앗고 달아났다"는 것이다. 주지승 역시 사건 당일 경찰조사 시에 여보살과 같은 취지의 진술을 하였다. 그런데 용의자 인상착의와 관련 피해자들은 모두 사건 발생 직후 방에 침입한 범인의 키가 170cm 정도이며 얼굴에 광대뼈가 조금 나왔다고 하였고, 주지승은 범인의 얼굴이 검은 편이라고 하였다. 계속하여 범행현장에 남겨진 것으로 추정되는 족적에 대한 감식절차를 마쳤다.

한편 강경감은 사찰 주위를 수색하던 중 그 부근을 지나가던 화물차량이 수상하여 이를 추적하게 되었다. 강경감은 차량의 타이어를 향하여 권총까지 발사하였으나 그 차량의 탑승자 2명이 차에서 내려 도주하고 말았다.

그런데 버려진 차량에 비계파이프가 다량 적재되어 있는 점으로 보아, 부근의 고물상에서 일하는 우범자와 나공범이 고물상 주인의 휴대전화기를 갖고 그 동안 비계파이프 절도와 강도범행을 모두 저지른 것으로 의심하여 수사를 진행기 시작했다.

그런데 사건 발생 직후 범행 장소 부근에서 경찰의 추적을 받다가 도주한 우범자가 도주 직후 짧은 시간 내에 3회에 걸쳐 소지하고 있던 휴대전화기를 사용하여 전화통화를 하였는데, 그 상대방이 역시 같은 고물상에서 일하는 나공범의 동생인 나범인로 밝혀지자, 나범인도 우범자와 함께 강도범행과 비계파이프 절취 범행을 저지르고 차량에 탑승하다가 경찰의 추적을 받고 도주한 것으로 의심하게 되었다.

강경한 경감은 피해자들에게 범행 이틀 후에 주민등록표상 사진의 확대복사본을 제시하면서 범인 여부를 확인해 달라는 부탁을 하였다. 피해자들은 충분히 위 사진을 살펴 본 후에 "범인과 다르다"고 답변하였다.

강경감은 나범인에게 출석을 요구하였다. 자진출석한 나범인의 키는 164cm 정도이고 얼굴에 광대뼈가 거의 나오지 않았으며, 그 얼굴은 검다기 보다는 흰 편에 가까웠다. 개인별 주민등록표상에 첨부된 나범인의 사진이 이 사건 발생 후 촬영한 나범인의 최근 사진 사이에는 두발 모양이 약간 다른 점 외에는 나범인의 얼굴 모습은 거의 차이가 없었다.

나범인 자신은 이 사건 전날 중노동을 하고 저녁에 술에 상당히 취한 채 집에서 잠을 자다가 이 사건 당일 새벽 5시경 우범자의 전화를 받고 그를 만나러 간 사실이 있을 뿐이지 신흥사에 들어가 이 사건 강도상해 범행을 저지른 적이 없다고 부인하고 있다.

한편 범인식별실에서 나범인을 피해자들에게 보인 결과 피해자들로부터 범인이 맞다는 확인 진술을 듣게 되었다. 강경한은 피해자와 대질신문을 시켰다. 나범인과의 대질신문을 하게 되자 주지승은 "자신이 잠자던 방에는 1명이 들어 왔으나 여보살로부터 범인이 1명 더 있다는 말을 들었다"고 진술하였다. 한편 족적과 나범인과의 관련성은 입증되지 않았다.

강경감은 여러 수사결과를 종합한 끝에 나범인과 우범자는 범인이 맞다고 결론을 내리고 이들을 위 강도사건의 범인으로 기소의견 송치하였다.

사건을 송치받은 검찰은 피해자들의 진술 등을 증거로 삼아 나범인에 대하여 우범자와 함께 이 사건 범행을 저지른 것으로 공소를 제기하였다. 그런데 그 후 우범자가 경찰에 자수하여 자신은 비계파이프 절취 범행만 저질렀을 뿐 이 사건 범행은 저지른 바 없다고 부인하고 자신과 함께 절취 범행을 저지른 후 도주한 사람은 나범인이 아니라 허명미상자이며 이 사건 당일 새벽의 나범인과의 전화 통화는 이 사건 범행과는 아무런 관련이 없는 것이라고 진술하게 되었다.

담당 검사는 나범인이 우범자 아닌 성명미상자와 함께 이 사건 범행을 저지른 것으로 공소장을 변경하였고, 제1심은 나범인이 성명미상자와 함께 이 사건 범행을 저질렀다고 인정할 증거가 없다면서 나범인의 단독 범행으로 인정하였다.
한편 우범자는 성명미상자와 함께 비계파이프 절취 범행을 하였다는 범죄사실
만으로 공소를 제기되었다.

질문: 나범인은 유죄인가?

대법원 2001. 2. 9. 선고 2000도4946 판결의 사실관계를 정리하였다. 벌써 20년 전 사건이라, 트럭에 총을 쏘는 등 무리하게 수사진행한 모습이 눈에 띈다. 대법원의 치열한 사실인정의 고민을 엿볼 수 있는 사건이라 리딩케이스로 선정하였다. 본 사건은, 피고인에 대한 유죄의 직접적 증거로 피해자들의 수사기관 및 법정에서의 진술뿐인 경우로, 이 사건의 핵심은 피해자들 진술의 신빙성 유무에 달려 있다.

• 한편 야간에 짧은 시간 동안 강도범행을 당한 피해자가 어떤 용의자의 인상착의 등에 의하여 그를 범인으로 진술하는 경우, 용의자가 종전에 피해자와 안면이 있는 사람이라든가 피해자의 진술 외에도 그 용의자를 범인으로 의심할 만한 다른 정황이 존재한다든가 아니면 피해자가 아무런 선입견이 없는 상태에서 그 용의자를 포함하여 인상착의가 비슷한 여러 사람을 동시에 대면하고 그 중에서 범인을 식별하였다든가 하는 부가적인 사정이 있다면, 직접 목격자인 피해자의 진술은 특별히 허위진술을 할 동기나 이유가 없는 한 그 증명력이 상당히 높다.

• 그러나 피해자가 범행 전에 용의자를 한 번도 본 일이 없고 피해자의 진술 외에는 그 용의자를 범인으로 의심할 만한 객관적인 사정이 존재하지 않는 상태에서, 수사기관이 잘못된 단서에 의하여 범인으로 지목하고 신병을 확보한 용의자를 일대일로 대면하고 그가 범인임을 확인하였을 뿐이라면, 사람의 기억력의 한계 및 부정확성과 위와 같은 상황에서 피해자에게 주어질 수 있는 무의식적인 암시의 가능성에 비추어 그 피해자의 진술에 높은 정도의 신빙성을 부여하기 곤란하다.

• 나범인은 이 사건 전날 낮에 중노동을 하고 저녁에 술에 만취된 채 집에서 잠을 자다가 이 사건 당일 새벽 5시경 우범자의 전화를 받고 그를 만나러 간 사실이 있을 뿐이지, 이 사건 당일 새벽 2시경 신흥사에 들어가 이 사건 강도상해 범행을 저지른 적이 없는 데도 제1심이 나범인을 유죄로 인정한 것은 부정확하고 모순된 피해자들의 진술과 경찰의 허술한 짜맞추기식 수사결과를 믿은 것으로 위법하다고 항소하고 있다.

• 피해자들이 불켜진 방에서 바로 곁에 있는 침입자의 얼굴을 자세히 보고 수사기

관이래 제1심 법정 내지 원심 법정에 이르기까지 한결같이 나범인이 범인임에 틀림없다고 진술하고 있고, 또한 나범인이 평범하게 생겨 쉽게 잊어버릴 정도의 얼굴은 아니므로 불도를 수행하고 있는 종교인들인 피해자들이 이 사건 당일 나범인의 얼굴을 보지 못하였다거나 보아도 기억을 하지 못하거나 혹은 착각하고서 굳이 처음 보는 나범인을 범인으로 몰거나 누명을 덮어씌울 동기나 이유도 찾아볼 수 없으므로, 피해자들의 진술이 신빙성이 없는 것이라고 할 수 없고, 다만 피해자들이 한때 경찰에서 범인이 밖에서 망을 본 자까지 포함하여 2명이라고 진술한 적이 있으나 이는 범행을 당한 직후 당황한 나머지 착각하거나 추측하여 신고할 수도 있는 것으로서 그 후에는 그와 같은 이야기를 한 바 없으며, 또한 피해자들이 나범인의 개인별 주민등록표에 첨부된 나범인의 사진을 보고서도 범인의 얼굴이 아니라고 말한 적이 있지만, 복사된 사진을 보고 범인을 식별함에 있어서는 상당한 오류나 착각이 있을 수 있는 것이므로 피해자들이 한때 위와 같은 진술을 한 적이 있다는 점만으로는 피해자들의 진술의 신빙성에 금이 가지 않으며, 한편 나범인이 이 사건 당일 새벽 우범자와 전화통화를 한 횟수조차 제대로 모르고 경찰진술 시 그 날 새벽 우범자를 만난 이후의 행적에 관하여 진술을 번복한 점, 우범자의 자수경위, 나범인의 전과 내용 등 여러 사정에 비추어 보면 나범인의 부재증명(알리바이) 주장은 모순되거나 합리성이 없어 믿기 어렵다는 이유로, 위 항소이유를 배척하고 제1심 판결을 그대로 유지하였다.

▣ **대법원의 판단** 나범인는 경찰이래 원심법정에 이르기까지, 자신은 이 사건 전날 중노동을 하고 저녁에 술에 상당히 취한 채 집에서 잠을 자다가 이 사건 당일 새벽 5시경 우범자의 전화를 받고 그를 만나러 간 사실이 있을 뿐이지 신흥사에 들어가 이 사건 강도상해 범행을 저지른 적이 없다고 일관되게 부인하고 있다.

그런데 이 사건에서 피해자들이 나범인을 이 사건 범행의 범인으로 진술하게 된 경위를 보면, 경찰이 이 사건 범행 신고를 받고 출동하여 사찰 주위를 수색하던 중 그 부근을 지나가던 화물차량이 수상하여 이를 추적하다가 위 차량의 타이어를 향하여 권총까지 발사하였으나 그 차량의 탑승자 2명이 차에서 내려 도주한 후, 그 차량에 비계파이프가 다량 적재되어 있는데다가 부근의 고물상에서 일하는 우범자

나공범이 고물상 주인 나공범의 휴대전화기를 갖고 그동안 우범자가 비계파이프 절도와 이 사건 범행을 모두 저지른 것으로 단정하여 수사를 진행하여 오던 중, 우범자가 사건 당일 새벽 위 휴대전화기로 통화한 상대방이 역시 위 고물상에서 일하며 위 나공범의 동생인 나범인으로 밝혀지자, 나범인도 우범자와 함께 이 사건 범행과 위 비계파이프 절취 범행을 저지르고 위 차량에 탑승하고 있다가 경찰의 추적을 받고 도주한 것으로 의심하고, 이에 따라 자진출석한 나범인을 피해자들에게 보인 결과 피해자들로부터 범인이 맞다는 확인 진술을 듣게 된 것인바, 기록에 의하여 살펴보아도 나범인이 과연 이 사건 범행 직후 범행현장 근처에서 우범자와 함께 위 화물차량을 타고 가다가 도주한 사람과 동일 인물인지를 단정할 만한 객관적인 증거가 없고 따라서 나범인을 이 사건 범행의 범인으로 의심하게 된 단서 사실 자체를 인정하기가 어려우므로(검찰은 위와 같은 수사의 결과로 얻어 낸 피해자들의 진술 등을 증거로 삼아 나범인에 대하여 우범자와 함께 이 사건 범행을 저지른 것으로 공소를 제기하였다가, 그 후 우범자가 경찰에 자수하여 자신은 비계파이프 절취 범행만 저질렀을 뿐 이 사건 범행은 저지른 바 없다고 극구 부인하고 자신과 함께 위 절취 범행을 저지른 후 도주한 사람은 나범인이 아니라 허명미상자이며 이 사건 당일 새벽의 나범인과의 전화통화는 이 사건 범행과는 아무런 관련이 없는 것이라고 진술하자, 나범인이 우범자 아닌 성명미상자와 함께 이 사건 범행을 저지른 것으로 공소장을 변경하였고, 제1심은 나범인이 성명미상자와 함께 이 사건 범행을 저질렀다고 인정할 증거가 없다면서 나범인의 단독 범행으로 인정하였으며, 한편 검찰은 우범자에 대하여는 허명미상자와 함께 위 비계파이프 절취 범행을 하였다는 범죄사실만으로 공소를 제기하였다. 이 사건 기록에 나타난 모든 자료에 의하더라도 이 사건 당일 새벽에 있었던 나범인과 우범자 사이의 전화 통화가 이 사건 범행과 관련된 것임을 알아볼 만한 아무런 자료가 없다), 결국 위에서 본 이 사건 피해자들이 나범인을 범인으로 지목한 진술은 달리 나범인을 범인으로 의심할 만한 아무런 단서 사실이 없음에도 경찰이 잘못된 단서에 따라 나범인을 용의자로 지목하여 확인을 의뢰하자 피해자들이 생면부지의 나범인을 보고 범인임에 틀림없다고 확인하였고 그 후 같은 진술을 반복한 것에 지나지 아니하므로, 그와 같은 피해자들의 진술만으로 나범인을 이 사건 범행의 범인으로 단정하는 것은 무리라고 하지 않을 수 없다.

더구나 이 사건 피해자 1은, 이 사건 당일 경찰조사 시에 "범인은 2명으로서 1명은 방에 침입하였고 다른 1명은 탑 주위에서 망을 보고 있었다"고 진술하였고, 피해자 2 역시 이 사건 당일 경찰조사시에 피해자 1와 같은 취지의 진술을 하였고 3일 후에 있은 나범인과의 대질신문 시에는 "자신이 잠자고 있던 방에는 1명이 들어왔으나 피해자 1로부터 범인이 1명 더 있다는 말을 들었다"는 취지로 진술하였다가, 피해자들 모두 제1심 법정에 이르러서는 "범인은 1명밖에 보지 못하였으며 범인이 2명이라고 진술한 적이 없다"면서 진술을 번복한 점, 나범인의 개인별 주민등록표상에 첨부된 나범인의 사진(1998. 10. 31. 제출)과 이 사건 발생 후 촬영한 나범인의 최근 사진 사이에는 두발 모양이 약간 다른 점 외에는 나범인의 얼굴 모습은 거의 차이가 없어 보이는 데도 불구하고, 피해자들은 이 사건 범행 이틀 후에 경찰로부터 위 주민등록표상 사진의 확대복사본을 제시받으면서 범인 여부를 확인해 달라는 부탁을 받았을 때 충분히 위 사진을 살펴본 후에 "범인과 다르다"고 답변하면서도, 이 사건 범행 3일 후 경찰서 범인식별실에 있는 나범인을 보고서는 나범인이 범인임에 틀림없다고 진술한 점, 피해자들은 모두 사건 발생 직후 방에 침입한 범인의 키가 170cm 정도이며 얼굴에 광대뼈가 조금 나왔다고 하였으나, 나범인의 키는 164cm 정도이고 얼굴에 광대뼈가 거의 나오지 않았으며, 한편 피해자 2는 범인의 얼굴이 검은 편이라고 하였으나 나범인의 얼굴은 검다기 보다는 흰 편에 가까운 점 등도, 피해자들 진술의 정확성과 신빙성을 의심스럽게 하는 대목들이다.

나아가 이 사건에서 범인 여부를 가릴 수 있는 유일한 물증은 범인이 범행현장에 남긴 것으로 추정되는 족적인데 그 족적과 나범인과의 관련성이 전혀 입증되지 아니하였으며, 제1심과 원심이 인정한 대로 이 사건 강도 범행이 나범인의 단독범행이라면 그 날 아침에 있었던 나범인과 우범자 사이의 전화통화는 그야말로 설명이 불가능해지는 점, 나범인이 범인이라고 하는 경우 피해자들에게 얼굴과 인상착의가 노출된 강도상해 범인이 자신의 근무장소인 고물상 사무실이 수사대상으로 된 것을 알 수 있는 상태에서 태연하게 근무장소로 출근하고 또 경찰의 연락을 받고 경찰서에 자진 출두하여 수사에 협조할 수 있을까 하는 점 등도 나범인을 이 사건 범행의 범인으로 단정함을 주저하게 하는 사정들이다.

▣ 형사재판에서 공소된 범죄사실에 대한 입증책임은 검사에게 있는 것이고, 유죄의 인정은 법관으로 하여금 합리적인 의심을 할 여지가 없을 정도로 공소사실이 진실한 것이라는 확신을 가지게 하는 증명력을 가진 증거에 의하여야 하므로, 그와 같은 증거가 없다면 설령 나범인에게 유죄의 의심이 간다 하더라도 나범인의 이익으로 판단할 수밖에 없다.

▣ 이 사건에서는, 1명도 아닌 2명의 피해자가 허위 진술을 할 만한 동기가 없음에도 불구하고 분명하고 일관되게 나범인을 범인으로 단정하여 진술하고 있는 데다가, 이 사건 발생 직후 범행 장소 부근에서 경찰의 추적을 받다가 도주한 우범자가 도주 직후 짧은 시간 내에 3회에 걸쳐 소지하고 있던 휴대전화기를 사용하여 나범인의 휴대전화기로 전화한 점, 그런데 전날 저녁 술에 취하여 잠이 든 나범인이 잠을 자다가 이른 새벽에 우범자의 전화를 받고 영문도 모른 채 자신의 화물차량을 운전하고 우범자가 나오라고 하는 장소까지 나갔다는 나범인의 변명은 선뜻 납득하기 어려운 점, 나범인이 그 날 새벽 우범자의 전화를 받고 집을 나가 우범자를 만나 자신과 우범자가 근무하는 고물상 사무실에 돌아올 때까지의 행적 및 위 고물상 사무실에 돌아온 시각과 관련하여 경찰에서 엇갈리게 진술한 점 등 나범인을 이 사건 범행의 범인으로 의심할 만한 사정이 있는 것도 사실이다.

그러나 이 사건 공소사실에 대한 직접적인 증거인 피해자들의 각 진술에 신빙성이 없음은 앞서 본 바와 같고, 나범인과 우범자와의 전화 통화 및 그 후의 나범인의 행적에 관한 나범인의 변명이 사실이 아니라고 볼 결정적인 증거도 찾아볼 수 없는 이상, 이 사건 공소사실은 합리적인 의심이 없을 정도로 증명되었다고 보기 어렵고, 달리 이를 인정할 만한 증거가 기록상 보이지 아니함에도 불구하고, 원심이 피해자들의 진술을 그대로 받아들여 이 사건 공소사실을 유죄로 인정한 조치는 결국 증거의 가치판단을 그르친 나머지 채증법칙을 위반하여 사실을 잘못 인정한 위법을 저지른 것으로서, 이는 판결 결과에 영향을 미쳤음이 명백하므로, 이 점을 지적하는 상고이유의 주장은 이유 있다.

PART 6

수사의 종결

CHAPTER 1.   의견서의 작성

CHAPTER 2.   기소의견의 작성

CHAPTER 3.   불기소의견의 작성

피의자에 대한 유죄 확신과 그에 필요한 증거를 얻었다면 기소, 그렇지 못하다면 불기소 의견을 작성하여 송치한다. 기소의견은 공소제기를 위해 필요한 ① 범죄사실과 ② 적용법조를 기재해야 한다. 반면 불기소의견은 사건관계자를 납득시킬 수 있도록 ① 피의사실의 요지와 ② 불기소이유를 기재한다.[212] 먼저 의견서의 일반적인 작성방법을 보고, 기소의견의 기재와 불기소의견의 기재방법을 확인한다. 그 전에 공소시효 관련된 사안을 살펴보기로 한다.

---

(212) 지금까지 경찰에서 송치하는 의견서(수사결과보고서)의 양식은 기소와 불기소의견을 구별하지 않고 있다. 그러나 후자는 범죄사실 작성이 어려운 경우가 적지 않아, 기소와 불기소의견의 작성법은 이를 달리할 필요가 있다. 이에 발맞추어 현재 검찰청은 2가지 작성방식을 달리하여 작성하고 있다. 아래 내용은 검찰 불기소결정문 실무 작성요령과 작성례에서 발췌하여 경찰실무에 적합하도록 변형한 부분이다. 향후 경찰 송치에서도 다음과 같은 불기소 사건의 경우 이와 같은 작성 방식이 널리 활용되기를 바란다.

CHAPTER 1

의견서의 작성

사법경찰관은 사건을 수사하고 형사소송법 등 관계법령에 의하여 서류와 증거물을 송부할 때, 피의자 인적사항, 범죄사실, 적용법령, 수사결과에 대한 처리의견 등을 기재한 사건송치서류인 의견서를 작성하게 된다.

의견서는 ① 피의자의 인적사항, ② 형사처벌 유무, 범죄경력 등, ③ 범죄사실, ④ 적용법조, ⑤ 증거관계에 따라 수사한 결과 및 의견 등으로 구성되어 있다. 따라서 다음과 같은 사항에 유의해야 한다.

1. 피의자 특정

개인에 대한 형사처벌을 위한 것으로 피의자의 인적사항(성명 또는 별명이나 특정할 수 있는 특징, 주민등록번호)은 착오나 표시에 오류가 없도록 정확하게 기재하여야 한다.

2. 형사처벌 및 기소유예처분 유무

피의자의 형사처벌 유무는 누범, 집행유예 결격 사유, 적용법조 특정에 있어 중요한 판단 자료이므로, 범죄경력 조회서에 따라 정확하게 기재한다.

3. 범죄사실 작성

범죄사실은 죄명별 전형적인 작성례를 참고하여 범죄구성요건 요소가 빠지지 않게 '범죄사실 작성례'에 따라 작성하는 것이 바람직하다. 다만, 불기소 송치의 경우는 피의사실의 요지를 작성함에 그친다고 살펴보았다.

4. 적용법조

피의자의 범죄에 대해서 행위시의 법령의 변·개폐가 있는지 여부, 가중 및 감경사유, 전과 유무에 따른 달리 적용되는 법령 등을 확인하여 정확한 적용법조를 기재하여야 한다.

5. 수사한 결과

수사결과는 관계서류, 증거물, 당사자들의 진술, 참고인들의 진술, 확보된 각종 자료, 유사한 판례 등을 종합적으로 검토한 후 결론을 기재하도록 한다. 아울러 수사한 관계서류, 증거물 등을 토대로 객관적이고 논리적으로 작성하고, 사건 당사자 등으로부터 공정성과 신뢰성을 해칠 수 있는 추측과 비약, 주관적인 의견은 지양하여야 한다.

(1) 인정되는 사실

관계서류, 증거물 등에 부합되거나 당사자 간 다툼이 없는 내용 중 중요한 것을 간단하게 요약하여 기재한다

 예시

피의자가 ① 2017. 4. 30. ○○산업(주)의 대표이사로 취임한 사실, ② ○○산업(주) 법인계좌에서 9억 3,950만 원을 인출한 사실, ③ ○○산업(주) 소유의 토지에 ○○○을 위하여 전세권을 설정해 준 사실은 모두 인정된다.

(2) 고소인의 주장

범죄사실이 고소인의 주장이므로, 중복하여 단순 기재하지 말고, 특히 주목할 만한 것을 정리하여 기재한다. 고소사건 수사 결과는 고소인이 제출한 고소장에 기재된 민원에 대한 회신과 같으므로, 고소인의 주장을 먼저 기재하고, 범죄사실에 해당되지 않지만 참작할 만한 고소인의 주장이 있으면 이를 기재하는 것이 바람직하다.(이는 불기소 처분 등을 할 때 고소인신의 주장이 결정에 반영되었음을 인식하고 공정성과 신뢰성을 담보하는 효과가 있음)

(3) 피의자의 주장

피의자가 고소인의 주장에 대하여 해명 또는 반박하는 내용을 관계서류 및 증거물과 부합되게 객관적, 논리적으로 기재하도록 한다. 피의자가 여러 명 있는 경우는 각 피의자별로 주장을 나누어 기재하고, 각 피의자의 주장이 대동소이大同小異한 경우 전체를 하나로 합해서 기재하는 것도 좋을 것이다.

(4) 참고인의 진술

참고인은 그 사건의 결정에 있어서 중요한 자이므로, 객관성과 공정성을 해치지 않도록 작성하고, 사건의 직접적인 당사자가 아니므로 '주장'이라는 용어 대신 '진술'로 기재한다.

(5) 판단

판단 대신 '결론', '소결', '살피건대', '생각건대' 등으로도 기재한다. 적용법조, 혐의유무 등을 결정할 때 쟁점이 되는 사안은 실무에서 모두冒頭에 「이 사건의 쟁점은 …………라 할 것이다」라고 기재를 하고, 그 쟁점에 대해서 관계서류, 증거물, 사건관계자들의 주장을 증거법적으로 접근하여 객관적이고 논리적으로 결론을 기재한다.

(6) 의견

범죄의 혐의유무, 불기소(검찰사건사무규칙 제69조 참조) 등 의견작성은 실제 수사기록에 있는 관계서류, 증거물에 의하여 관련판례 및 적용법령 해석을 검토한 후 수사기록내용과 일치하도록 작성하여야 한다.

〈의견서 작성례〉

1. 피의자 인적사항

성명 : 김○○

주민등록번호 : 630202 – 1234576

주거 : 아산시 남부로 ○○, 111동 1111호(○○동, ○○아파트)

2. 범죄경력자료 및 수사경력자료

(생략)

3. 범죄사실

가. 사기

피의자는 2017. 4. 15. 15:00경 서울 강남구 청담동에 있는 리베라 호텔 커피숍에서 피해자 이정식(45세)에게 "△△건설의 총무부장을 잘 알고 있는데 그에게 부탁하여 △△건설 사원으로 취직시켜 주겠다."고 거짓말을 하였다. 그러나 사실은 피해자를 위 회사에 취직시켜 줄 의사나 능력이 없었다.

피의자는 이와 같이 피해자를 기망하여 이에 속은 피해자로부터 그 자리에서 교제비 명목으로 3,000,000원을 교부받았다.

나. 업무상횡령

2008. 12. 23.경부터 2014. 7. 31.경까지 고소인 (주)○○○을 위하여 업무상 보관 중이던 의류 판매대금 53,138,546원을 임의로 개인적인 용도에 소비하여 업무상횡령[213]

4. 수사결과 및 의견

가. 사기

○ 고소인의 주장, 참고인 홍길동의 진술, 기록에 편철된 계약서(제14쪽), 무통장입금증(제15쪽), 판결문(제16쪽)에 각 기재된 내용에 비추어 피의자의 혐의가 인정된다.

---

[213] 불기소의 경우 범죄사실이 아니라 피의사실의 요지를 작성하는 것이 현재 검찰의 실무임은 앞서 밝혔다.

○ 기소의견임.

나. 업무상횡령

○ 피의자가 2008. 12. 23.경 고소인과 판매점 계약을 체결하면서 고소인으로부터 공급받은 의류를 판매하여 2개월 후 '5일' 고소인에게 위 대금을 지급하기로 약정한 사실, 피의자가 2008. 12. 23.경부터 2014. 7. 31.경까지 의류를 판매하였음에도 고소인에게 의류 판매대금 53,138,546원을 지급하지 아니한 사실은 인정된다.

○ 고소인은 피의자는 위탁판매자이므로 의류 판매대금은 곧바로 고소인의 소유이고, 피의자가 고소인에게 이를 지급하기 전까지는 피의자가 위 금원을 고소인을 위하여 보관하는 것에 불과함에도 피의자가 이를 임의로 소비하였으므로 피의자를 업무상횡령으로 처벌해 달라고 주장한다.

○ 피의자는 부족한 사업 운영비에 사용하느라 이 사건 의류 판매대금을 고소인에게 지급하지 못하였는데, 고소인이 2014. 7. 31. 이전까지는 미수금에 대하여 문제제기를 하지 않았기 때문에 고소인이 양해해 주는 것으로 생각하고 그 지급을 연체했을 뿐이라고 주장한다.

○ 이 사건 고소 경위에 대하여 고소인은 2014. 여름경 피의자가 제때에 대량의 재고물품을 반납하지 못하여 재고조사를 하게 되었는데 그 때 피의자가 보관 중이던 약 1억 원이 넘는 의류가 없어진 것을 확인하고 이 사건 의류 판매대금 미지급도 업무상횡령 혐의로 고소하게 되었다고 진술하는 점, 고소인의 거래처원장 내역(454쪽)에 의하면 피의자는 2009. 4. 30.경부터 꾸준히 일부 의류 판매대금을 약정한 날 지급하지 못하였고 고소인은 이를 '외상매출금'으로 관리하여 온 점 등에 비추어 고소인이 이 사건 의류 판매대금을 피의자가 우선 사용하고 추후 변제하도록 묵시적으로 동의했다고 볼 여지가 있고, 적어도 피의자가 고소인의 의사를 그와 같이 추단하는 데에 정당한 이유가 있었다고 보이는 바, 피의자에게 이 사건 의류 판매대금에 관한 횡령의 고의가 있었다고 보기에 부족하고, 달리 이를 입증할 증거가 없다.

○ 증거 불충분하여 혐의 없음 의견임.

2018. 11. 15.

수연경찰서

사법경찰관 강동필 ㉑

○○지방검찰청 검사장 귀하

CHAPTER 2

기소의견의 작성

1. 개요

기소의견은 ① 범죄사실과 ② 적용법조를 기재해야 한다. 그리고 기소의 이유와 근거를 명확하게 제시하고, 공소유지를 위해 재판과정에서 증거로 사용될 수 있는 자료 등을 기재하여야 한다.

예시

위에서 살펴본 고소인의 주장, 참고인 홍길동의 진술, 기록에 편철된 계약서(제14쪽), 무통장입금증(제15쪽), 판결문(제16쪽)에 각 기재된 내용에 비추어 피의자의 혐의가 인정된다.

2. 범죄사실의 작성

범죄구성요건의 요소가 빠뜨림 없이 모두 포함된 전형적인 작성례가 통용되고 있으므로 그러한 작성례를 참고하여 그에 맞춰 의견서 범죄사실을 작성하는 것이 바람직하다.

(1) 문장의 주어 등 구성요소 명기

종전 범죄사실에서 피의자의 범죄사실이 여러 개일 경우 주어는 각 항에 공통된 모두사실의 피의자이므로 항이 바뀌어도 주어를 반복하지 않았으나, 이러한 경우 새로운 작성방식에서는 각 항을 별개의 문장으로 작성하게 되므로 각 문장마다 주어를 명기하여 작성한다.

> **예시** 🖊
>
> 피의자는 2013. 12. 16. 23:00경 서울 서초구 반포동 123-1 앞길에서 교통정리를 하고 있는 서초경찰서 소속 순경 이경석으로부터 교통신호를 위반하여 서울51사2300호 택시를 운행하였다는 이유로 단속되었다.
>
> 피의자는 위 경찰관으로부터 운전면허증의 제시를 요구받자 피의자의 차만 단속한다고 불평하면서 오른쪽 주먹으로 위 경찰관의 얼굴을 1회 때리고 오른 발로 옆구리를 2회 걷어차는 등 폭행하여 위 경찰관의 교통단속에 관한 정당한 직무집행을 방해하였다.

(2) 피의자 내지 죄명이 다수인 경우

피의자나 죄명이 다수이거나, 범죄사실이 여러 개이고 내용 또한 복잡한 경우에는 개별 범죄사실마다 「1., 가., ⑴, ㈎」 등 항을 나누어 번호를 붙여서 기재하였으나, 새로운 작성방식에서는 그 번호와 함께 적절한 제목을 붙여서 작성하여 전체적인 내용을 쉽게 파악하도록 한다.

1) 피의자가 여러 명이고 죄명이 각 1개 : 피의자 이름을 제목으로

> **예시** 🖊
>
> 1. 피의자 하대근(제목)
>
> 피의자는 2013. 2. 9. 10:00경 강원 평창군 봉평면 유포리 산 38의4 피해자 김상길 소유의 임야에서 .... 절취하였다.
>
> 2. 피의자 장길수(제목)
>
> 피의자는 2013. 2. 9. 12:00경 강원 평창군 진부면 한진부리 55 피의자가 운영하는 '동명 목재소'에서 .... 하여 장물을 취득하였다.

2) 피의자가 1명이고, 죄명이 여러 개인 경우: 죄명을 제목

예시

1. 상습절도

가. 피의자는 2013. 2. 9. 10:00경 강원 평창군 봉평면 유포리 산 38의4 피해자 김상길 소유의 임야에서 .... 절취하였다.

나. 같은 해 5. 7. 23:30경 위와 같은 곳에서 .... 이를 절취하였다.

　이로써 피의자는 2회에 걸쳐 상습으로 타인의 물건을 절취하였다.

2. 도로법 위반

　2013. 12. 18. 18:20경 판교-구리 간 고속도로 성남방향 5.1킬로미터 지점에서 .... 도로관리청의 운행차량 제한에 위반하였다

3) 피의자가 여러 명, 죄명도 여러 개인 경우

각 항의 행위 주체인 피의자 이름과 각 항의 죄명을 제목으로 활용한다.

예시

피의자 김지홍은 .... 집행을 종료하였다.

1. 피의자들의 공동범행

가. 폭력행위등 처벌에 관한 법률 위반(공동폭행)

　피의자들은 2013. 4. 6. 15:30경 서울 중구 봉래동 소재 서울역 대합실에서 ..... 폭행하였다.

　이로써 피의자들은 공동하여 피해자를 폭행하였다.

나. 강도상해

　피의자들은 2013. 4. 6. 17:30경 위와 같은 장소에서 ..... 절취하였다. 계속하여 다른 물건을 물색하던 중 ... 붙잡히게 되었다. 그러자 체로를 면탈할 목적으로 ...... 하였다.

　이로써 피의자들은 공모하여 피해자 장근혁에게 약 3주간의 치료를 요하는 비골골절 등의 상해를 가하였다.

2. 피의자 김강현

가. 상습절도

⑴ 피의자는 2013. 2. 15. 22:00경 .... 절취하였다.

⑵ 피의자는 2013. 4. 7. 23:30경 .... 절취하였다.

　이로써 피의자는 2회 걸쳐 상습으로 타인의 물건을 절취하였다.

나. 상해

　피의자는 2013. 4. 8. 00:00경 .... 가하였다.

4) 피의자가 여러 명, 죄명도 여러 개이고, 범죄전력이 많은 경우

범죄전력과 범죄사실을 별개의 제목으로 구분하고, 각 항의 행위 주체인 피의자 이름과 죄명을 제목으로 활용한다.

 예시

범죄전력

피의자 김지홍은 .... 집행을 종료하였다.

피의자 문정기는 .... 가석방기간을 경과하였다.

피의자 김강현은 .... 약식명령을 받았다.

범죄사실

1. 피의자 김지홍, 피의자 문정기, 피의자 김강현의 공동 범행

가. 총포 · 도검 · 화약류 등 단속법 위반

　피의자들은 2013. 5. 2. 14:00경 ..... 전자충격기 1대를 ...... 보관하여 이를 소지하였다. 그 때 피의자들은 주소지 관할 경찰서장의 전자충격기 소지 허가를 받지 아니하였다.

나. 강도예비

　피의자들은 2013. 4. 6. 17:30경 .... 대상자를 물색하기 위해 동정을 살피는 등 강도를 예비하였다.

2. 피의자 김강현, 피의자 문정기, 피의자 김강현, 피의자 이성남의 공동 범행

가. 폭력행위 등 처벌에 관한 법률 위반(공동폭행)

　피의자들은 2013. 5. 6. 15:30경 서울 중구 봉래동 소재 서울역 대합실에서 .... 폭행하였다.

나. 강도상해

3. 피의자 김강현

가. 상습절도

(1) 피의자는 2013. 2. 15. 22:00경 .... 절취하였다.

(2) 피의자는 2013. 4.7. 23:30경 .... 절취하였다.

이로써 피의자는 2회 걸쳐 상습으로 타인의 물건을 절취하였다.

나. 상해

피의자는 2013. 4. 8. 00:00경 .... 가하였다.

5) 직업을 기재하는 방식

관행적으로 기재하던 직업은 구성요건 요소일 경우에만 기재하고, 구성요건 요소가 아닐 경우는 기재할 필요가 없다.

예시

피의자는 2002. 3. 20.경부터 2017. 6. 15.까지 서울 서초구 서초동 78에 있는 영동건설주식회사의 상무이사로서 위 회사의 자금조달 업무에 종사하였다.

피의자는 2017. 5. 21. 10:00경 서울 서초구 서초동 89에 있는 하나은행 서초동 지점에서 위 회사의 운영자금을 조달하기 위하여 위 회사 소유인 용인시 마평동 산 56에 있는 임야 30,000평에 관하여 위 은행에 근저당권설정등기를 하여 주고 돈 1억 원을 대출받았다.

피의자는 위 대출금 1억 원을 위 회사를 위하여 보관하던 중 2017. 5. 22. 14:00경 위 회사 사무실에서 그 중 7,000만 원을 자신과 불륜관계를 맺어 온 위 회사 경리사원 이혜숙에게 관계 청산을 위한 위자료 명목으로 마음대로 지급하여 이를 횡령하였다.

3. 범죄전력 기재례 작성 요령[214]

(1) 누범전과[215]가 있는 경우

1) 기재례

 예시

피의자는 2008. 1. 18. 서울북부지방법원에서 사기죄로 징역 1년 6월(또는 징역 1년 6월의 형)을 선고받고, 2009. 4. 6. 안양교도소에서 그 형의 집행을 종료하였다.

2) 감형되어 형의 집행기간이 단축된 경우

감형되어 형의 집행기간이 단축된 경우, 감형일자, 감형근거, 감형된 형기, 감형 문구 설시한다.

 예시

피의자는 2008. 10. 21. 서울중앙지방법원에서 사기죄로 징역 1년을 선고받은 후, 2008. 12. 24. 특별사면에 의하여 징역 6월로 감형되어 2009. 2. 23. 영등포교도소에서 그 형의 집행을 종료하였다

3) 형 선고의 대상 죄명이 여러 개인 경우

 예시

피의자는 2017. 9. 5. 서울중앙지방법원에서 특정범죄가중처벌 등에 관한 법률 위반(도주차량)죄 등으로 징역 1년 6월을 선고받고 2008. 9. 21. 안양교도소에서 그 형의 집행을 종료하였다. ⇨ 형 선고의 대상 죄명이 수개여서 그 중 대표적인 죄명만을 기재하는 경우에는, 반드시 죄명 뒤에 '등'이라는 문구를 기재하여야 한다.

---

(214) 현재 경찰수사실무에서는 송치 시 범죄전력을 자세히 기재하지 않고 있음에 주의한다.

(215) **제35조(누범)** ① 금고 이상의 형을 받아 그 집행을 종료하거나 면제를 받은 후 3년내에 금고 이상에 해당하는 죄를 범한 자는 누범으로 처벌한다.
② 누범의 형은 그 죄에 정한 형의 장기의 2배까지 가중한다.

(2) 집행유예 전과가 있는 경우

1) 집행유예 기간 중인 전과

예시 ✏️

피의자는 ① 2009. 2. 5. 서울중앙지방법원에서 강도죄로 징역 3년에 집행유예 5년을 선고받고(집행유예형 선고사실) ② 2009. 2. 13. 위 판결이 확정되어(판결확정일자를 반드시 기재하여야 함) ③ 현재 집행유예기간 중이다.

2) 집행유예 선고가 실효된 전과

예시 ✏️

피의자는 ① 2006. 12. 23. 전주지방법원에서 절도죄로 징역 1년에 집행유예 2년을 선고받고(집행유예 형 선고사실) ② 그 유예기간 중인 2017. 8. 9. 서울중앙지방법원에서 절도죄로 징역 1년을 선고받아(유예기간 중 다른 사건으로 형 선고받은 사실) ③ 2017. 10. 5. 그 판결이 확정됨으로써(다른 사건 판결이 확정된 사실) ④ 위 집행유예의 선고가 실효되었으며(집행유예 선고가 실효된 취지) ⑤ 2009. 3. 30. 안양교도소에서 위 각(집행된 형이 수개이므로 '각'이라는 기재가 누락되지 않도록 유의하여야 함) 형의 집행을 종료하였다.(집행종료사실)

3) 집행유예가 취소된 전과

예시 ✏️

피의자는 ① 2017. 12. 22. 서울서부지방법원에서 폭력행위 등 처벌에 관한 법률 위반(공동상해)죄로 징역 1년에 집행유예 2년을 선고받아(집행유예 형 선고사실), ② 2017. 12. 30. 위 판결이 확정되었으나(판결확정사실) ③ 2008. 8. 16. 위 집행유예의 선고가 취소되어(집행유예 취소사실, 취소일자를 반드시 기재) ④ 2009. 2. 27. 안양교도소에서 그 형의 집행을 종료하였다.(집행종료사실)

4) 피의자 2명인 경우

예시 ✏️

피의자 신경황은 2017. 9. 15. 서울중앙지방법원에서 특정범죄가중처벌 등에 관한 법률 위반(도주차량)죄로 징역 2년에 집행유예 3년을 선고받고 2017. 9. 22. 그 판결이 확정되어 현재 집행유예기간 중이다.

피의자 문창조는 2017. 10. 13. 서울남부지방법원에서 사기죄로 징역 8월에 집행유예 2년을 선고받고 2017. 10. 20. 그 판결이 확정되어 현재 집행유예기간 중이다.

(3) 가석방된 전과가 있는 경우

1) 가석방기간 경과된 전과

예시

피의자는 ① 2006. 9. 3. 서울중앙지방법원에서 특수강도죄로 징역 3년을 선고받고 ② 안양교도소에서 그 형의 집행 중 ③ 2008. 10. 20. 가석방되어 ④ 2009. 4. 17. 가석방기간을 경과하였다.

2) 가석방기간 중인 전과

예시

피의자는 ① 2007. 2. 1. 서울중앙지방법원에서 특정범죄가중처벌 등에 관한 법률 위반(절도)죄로 징역 3년을 선고받고 ② 2007. 2. 9. 위 판결이 확정되어 ③ 안양교도소에서 그 형의 집행 중 ④ 2009. 4. 3. 가석방되어 ⑤ 그 가석방기간(2009. 12. 24. 형기종료 예정) 중이다.

(4) 상습범에 해당하는 전과 등이 있는 경우

예시

— 2003. 1. 6. 서울지방법원 동부지원에서 특수절도죄 등으로 징역 1년에 집행유예 2년을 선고받았다. 그 후 2006. 3. 2. 서울중앙지방법원에서 특정범죄가중처벌 등에 관한 법률 위반(절도)죄로 징역 3년을 선고 받고 2009. 2. 1. 안양교도소에서 그 형의 집행을 종료하였다.

— 피의자는 2008. 8. 4. 서울동부지방법원에서 특수절도죄로 징역 1년에 집행유예 2년을 선고받고 같은 날 그 판결이 확정되어 현재 집행유예기간 중이다. 그 외에도 2002. 3. 7. 서울지방검찰청에서 특수절도죄로 기소유예 처분을, 2003. 6. 7. 수원지방검찰청에서 특수절도죄로 소년보호사건 송치처분을, 2006. 4. 9. 서울중앙지방검찰청에서 특정범죄가중처벌 등에 관한 법률 위반(절도)죄로 소년보호사건 송치처분을 각각 받았다.

— 피의자 서억만은 2005. 12. 8. 서울북부지방법원에서 폭력행위 등 처벌에 관한 법률 위반(야간·공동공갈)죄로 징역 1년 6월을 선고받아 2006. 12. 19. 서울구치소에서 그 형의 집행을 종료하였고, 2017. 3. 6. 서울중앙지방법원에서 도박죄로 벌금 50만 원의 약식명령을, 2008. 12. 19. 서울북부지방법원에서 상습도박죄로 벌금 100만 원의 약식명령을, 2009. 8. 28. 서울중앙지방법원에서 상습도박죄로 벌금 300만 원의 약식명령을 각각 받았다.

(5) 형법 제37조 후단 경합범(사후적 경합범)[216]의 경우

예시 🖋

— 피의자는 ① 2009. 3. 14. 춘천지방법원 속초지원에서 사기죄로 징역 1년에 집행유예 2년을 선고받고(형 선고받은 사실), ② 2009. 3. 22. 위 판결이 확정(판결 확정된 사실)되었다.[217]

— 피고인은 ① 2008. 4. 1. 서울중앙지방법원에서 절도죄로 징역 1년을 선고받고, ② 2008. 4. 9. 위 판결이 확정되어 ③ 2009. 3. 2. 영등포교도소에서 그 형의

---

(216) 사후적 경합범 : 수죄 중 일부에 대해 금고 이상의 형에 처한 확정판결이 있는 경우 나머지 죄를 사후에 판결하게 되는 경합범이다.

(217) • 금고 이상의 형에 처한 판결이 확정된 죄와 그 판결확정 전에 범한 죄만이 사후적 경합범이 된다. 따라서 판결확정 전후의 죄는 경합범이 아니다. 그러므로 갑이 A, B, C죄를 범한 후 A죄에 대하여 금고 이상의 형에 처한 확정판결을 받았는데, 그 후 다시 D, E죄를 범한 경우에 A죄(금고의 이상의 형에 처한 판결이 확정된 죄)와 B, C죄(그 판결확정 전에 범한 죄)는 사후적 경합범이고, D, E죄는 동시적 경합범, A, B, C죄와 D, E죄는 경합범이 아니다. 따라서 두 개의 형이 병과되고 형의 합계도 문제되지 않는다.
• 금고 이상의 형에 처한 판결이 확정된 죄와 그 판결확정 전에 범한 죄만이 사후적 경합범이 된다. 따라서 2013. 1. 3. 범한 사문서위조죄로 2013. 7. 1. 금고이상의 판결이 확정되었는데, 2013. 4. 3. 범한 야간주거침입절도죄가 그 이후에 발각되어 판결을 받음에 있어 사문서위조죄와 야간주거침입절도죄 상호 간에는 사후적 경합범이다.

집행을 종료하였다.

(6) 다른 사건으로 기소되어 재판 계속 중인 경우

예시

─피의자는 2008. 11. 6. 서울남부지방법원에서 교통사고처리특례법 위반 등으로
징역 1년에 집행유예 2년을 선고받고 2008. 11. 14. 그 판결이 확정되어 현재 집행
유예기간 중이다. 또한 2009. 6. 5. 서울중앙지방법원에서 사기죄 등으로 징역 6
월을 선고받고 항소하여 현재 그 재판 계속 중이다.

─피의자는 2017. 7. 16. 서울중앙지방법원에서 식품위생법 위반으로 벌금 200만
원의 약식명령을 받고 정식재판을 청구하여 현재 그 재판 계속 중이다.

─피의자는 2006. 10. 13. 서울중앙지방법원에서 배임죄로 징역 8월을 선고받고
2017. 6. 11. 서울구치소에서 그 형의 집행을 종료하였고, 2009. 7. 31. 서울중앙
지방법원에 권리행사방해죄로 구속 기소되어 현재 재판 계속 중이다.

4. 적용법조의 기재

적용법조는 죄명과 함께 범죄사실을 특정(법 제254조 제4항)하는데 보조적 역할
을 한다.

(1) 법률과 조문의 기재

적용법조의 기재는 법률명 다음에 해당 법률의 조문을 기재하고, 개정 전의 법
률을 적용하는 경우 법률명 앞에 '구'라고 기재하고 법률명 뒤에 해당 법률의 번호를
괄호 안에 기재하고 이어서 해당 법률의 조문을 기재한다.

예시

○ 특정범죄가중처벌 등에 관한 법률

○ 구 폭력행위 등 처벌에 관한 법률 위반(법률 제4590호)

법률의 조문에 조·항·호·목의 구별이 있는 경우에는 이를 정확하게 표기하고 숫자로 구별되는 조·항·호에 대해서는 반드시 그 앞에 '제'자를 붙인다.

조·항·호·목이 분류개념상 높은 수준에서 낮은 수준으로 순차 적시되는 경우에는 각 항목 사이에 ',' 표기할 필요는 없으나, 직전 항목과 같은 수준 또는 그보다 높은 수준의 항목을 순차 적시할 경우에는 각 항목 사이에 ',' 표기를 한다.

예시

○ 근로기준법 제110조 제1항 제1호, 제22조 제1항

○ 집회 및 시위에 관한 법률 제8조 제1항 제1호, 제2호, 제2항

(2) 구성요건 및 법정형을 표시하는 규정

1) 형법 각 본조

우선 범죄구성요건과 법정형을 규정하는 형벌법규의 각 본조 조문이 2개 항 이상이 있거나 본문과 단서, 전단과 후단 등으로 구분되어 있을 때에는 원칙적으로 항, 본문·단서, 전단·후단 등을 특정하여야 한다.

각 본조가 다른 법조를 인용하고 있는 경우에는 그 인용되는 법조도 병기하여야 한다. ① 상습으로 절도행위를 한 범죄사실에 대한 경우 ② 2인 이상이 공동하여 감금행위를 한 범죄사실에 대한 경우에는 다음과 같이 적용법조를 기재한다.

예시

○ 상습절도 : 형법 제332조, 제329조

○ 공동감금 : 폭력행위 등 처벌에 관한 법률 위반 제2조 제2항 제2호, 형법 제276조 제1항

2) 특별법 위반의 경우

특별법의 경우 금지 또는 명령에 관한 규정과 그 금지 또는 명령에 위반하는 경우 형벌을 과한다고 하는 내용의 처벌에 관한 규정이 따로 존재하는 경우가 많다.

이러한 경우에는 양 법조 모두 형벌법규의 내용이 되므로 이를 모두 기재하고,

그 순서는 처벌법조, 금지 또는 명령규정 순으로 한다. 도로교통법 위반(무면허운전)의 경우 다음과 같이 기재한다.

예시

도로교통법 제152조 제1호, 제43조

제152조(벌칙) 다음 각 호의 어느 하나에 해당하는 사람은 1년 이하의 징역이나 300만 원 이하의 벌금에 처한다.

1. 제43조를 위반하여 제80조에 따른 운전면허(원동기장치자전거면허는 제외한다. 이하 이 조에서 같다)를 받지 아니하거나(운전면허의 효력이 정지된 경우를 포함한다) 또는 제96조에 따른 국제운전면허증을 받지 아니하고(운전이 금지된 경우와 유효기간이 지난 경우를 포함한다) 자동차를 운전한 사람

제43조(무면허운전 등의 금지) 누구든지 제80조에 따라 지방경찰청장으로부터 운전면허를 받지 아니하거나 운전면허의 효력이 정지된 경우에는 자동차등을 운전하여서는 아니 된다.

3) 형법총칙

형법 제13조(고의), 제14조(과실), 제17조(인과 관계) 등 형법총칙 규정은 범죄사실의 특정과는 관계가 없으므로 원칙적으로 반드시 이를 기재할 필요는 없고, 미수범의 경우 형벌법규에 이를 처벌하는 규정이 있는 경우에 한하여 처벌하므로 그 해당 조문을 기재하면 충분하고 총칙상 미수규정(형법 제25조~제29조의 중지, 불능 장애미수 등)은 기재할 필요가 없다.[218]

4) 형법총칙의 규정을 각 본조와 함께 병기하는 경우

① 공동정범(형법 제30조), 교사범(형법 제31조 제1항), 종범(형법 제32조), 간접정범(제34조 제1항)에 관한 규정은 각 본조와 더불어 범죄사실 특정을 위하여 필요하기 때문에 각 본조와 함께 병기하여야 한다.

그러나 합동범, 필요적 공범, 폭력행위 등 처벌에 관한 법률 제2조 제2항처럼 각 본조가 공범을 특별구성요건으로 하고 있는 경우에는 형법총칙의 공범에 관한

---

(218) 예컨대, 강도미수죄의 경우 형법 제342조〔형법 제342조(미수범) 제329조 내지 제341조의 미수범은 처벌한다. 제333조가 강도죄임〕, 사기미수죄의 경우 형법 제352조〔형법 제352조(미수범) 제347조 내지 제348조의2, 제350조와 제351조의 미수범은 처벌한다. 제347조가 사기죄임〕

규정은 기재하지 않는다.

② 합동범, 특별구성요건에 해당하는 공범과 공모관계는 인정되나, 실행행위에는 가담하지 아니한 자를 공모공동정범으로 기소하는 경우에는 형법총칙의 공동정범에 관한 규정(형법 제30조)을 추가 기재하여야 한다.

③ 신분범에 가공한 비신분자의 경우 형법 제33조에 따라 공범관계가 인정되므로 신분범에 관한 적용법조에 이어 형법 제33조를 기재하고 해당되는 공범 조항을 기재하여야 한다.

예시 🖊

비신분자가 업무상횡령죄에 가공한 경우 적용법조 기재례

○ 형법 제356조, 제355조 제1항, 제33조, 제30조

(3) 형의 가중·감경사유 등에 관한 규정

1) 각칙 본조에 의한 가중(형법 제56조 제1호)[219]

형법 제56조 제1호의 '가중' 규정은 일반구성요건에 대한 특별구성요건 및 가중된 법정형을 규정하는 각칙의 특별규정이다. 따라서 이에 해당되는 경우, 예컨대 일반구성요건으로서의 사기범행을 상습으로 한 경우에 상습사기죄에 해당되어 이를 처벌하는 각칙의 특별규정(제351조)에 해당되는 경우에는 그 특별규정을 먼저 기재하고 이어서 일반구성요건에 관한 처벌법규(제347조 제1항)을 기재한다.

2) 형법 제34조 제2항[220]의 가중(형법 제56조 제2호)

① 각칙 본조에 의한 가중 후에 형법 제34조 제2항의 가중을 한다. 형법 제34

---

[219] **제56조(가중감경의 순서)** 형을 가중 감경할 사유가 경합된 때에는 다음 순서에 의한다.
　1. 각칙 본조에 의한 가중
　2. 제34조 제2항의 가중
　3. 누범가중
　4. 법률상 감경
　5. 경합범가중
　6. 작량감경

[220] **제34조(간접정범, 특수한 교사, 방조에 대한 형의 가중)** ② 자기의 지휘, 감독을 받는 자를 교사 또는 방조하여 전항의 결과를 발생하게 한 자는 교사인 때에는 정범에 정한 형의 장기 또는 다액에 그 2분의 1까지 가중하고 방조인 때에는 정범의 형으로 처벌한다.

조 제2항에서 말하는 지휘·감독의 범위는 법령, 계약, 사무관리에 한하지 않고 사회관습상 사실상의 지휘·감독관계가 있는 것을 포함한다.

② 또 동 조항은 일반적으로 특수한 교사·방조범은 물론 특수한 간접정범에 관해서도 규정한 것으로 해석된다. 동 조항은 총칙규정이므로 각칙 규정을 모두 기재한 후에 총칙규정과 함께 기재해야 한다.

가령 자신의 지휘·감독하에 있는 직원을 교사하여 상습으로 사기행위를 한 후 스스로 절도범행을 저지른 경우 적용법조는 다음과 같이 기재한다.

> **예시** 🖋

> ○ 형법 제351조, 제347조 제1항, 제329조, 제34조 제2항, 제1항, 제31조 제1항,
>   제37조, 제38조

3) 상상적 경합(형법 제40조)

1개의 행위가 수개의 죄에 해당하는 경우인 상상적 경합은 가장 중한 죄에 정한 형으로 처벌하여야 하므로 이에 해당되는 때에는 처벌범위의 특정을 위하여 형법 제40조를 기재한다.

4) 누범가중(형법 제56조 제3호)

누범의 형은 그 죄에 정한 형의 장기의 2배까지 가중하여야 하므로(형법 제35조 제2항) 이에 해당되는 경우 그 처벌범위의 특정을 위하여 형법 제35조를 기재한다. 누범은 금고 이상의 형을 받아 그 집행을 종료하거나 면제를 받은 후 3년 내에 금고 이상에 해당하는 죄를 범한 자를 말한다.(형법 제35조 제1항)

5) 법률상 감경(형법 제56조 제4호)

법률상 감경은 이를 필요적 감경사유와 임의적 감경사유로 구분하여 볼 수 있다.

① 필요적 감경사유가 있다고 인정하여 기소하는 경우에는 처벌범위 특정을 위하여 그 사유를 규정하는 조문을 기재한다. 예컨대, 심신미약(형법 제10조 제2항), 농아자(형법 제11조), 중지범(제26조), 종범(제32조 제2항) 등이다. 다만, 심신미약의 경우 이를 명백히 인정할 수 없으면 법원의 판단에 맡기고 공소장에 해당 조문을 기재하

지 않음이 원칙이다.

② 임의적 감경사유(221)의 경우에는 감경 여부가 판결선고 시에 법원의 재량에 의하여 결정되므로 기소 시점에서 해당 조문을 공소장에 기재할 필요는 없다.

6) 경합범 가중(형법 제56조 제5호)

① 판결이 확정되지 아니하는 수개의 죄 사이에 성립하는 형법 제37조 전단의 경합범은 '형법 제37조(또는 형법 제37조 전단), 제38조'와 같이 기재한다. 금고 이상의 형에 처한 판결이 확정된 죄와 그 판결확정 전에 범한 죄 사이에 성립하는 형법 제37조 후단의 경합범은 '제37조 후단, 제39조 제1항'으로 기재한다.

② 형법 제37조 전단과 후단의 경합범이 동시에 성립하는 경우에는 '형법 제37조, 제38조, 제39조 제1항'으로 기재한다.

예컨대, 확정판결 이전에 甲, 乙의 죄를 범하고, 그 후 丙, 丁의 죄를 순차로 범한 경우, 甲, 乙의 죄는 상호 간 형법 제37조 전단의 경합범이면서 동시에 판결이 확정된 죄와는 형법 제37조 후단의 경합범이고, 한편 丙, 丁의 죄는 이와는 별도로 형법 제37조 전단의 경합범에 해당한다.

7) 작량감경(형법 제56조 제6호)

이는 판결선고 시에 법원이 재량에 의하여 감경하는 경우이므로 기소 당시에는 감경사유가 있다고 하더라도 공소장에 기재하지 않는다.

(4) 기타 법조

① 공소장에 적용법조를 기재하는 것은 범죄사실을 특정하는 외에 법원에 대하여 법령의 정당한 적용을 청구하는 의미가 있어, 형법상 주형과 부가형(추징을 포함)에 관한 형벌법규의 법조를 기재하여야 한다.

② 따라서 몰수·추징에 관한 규정, 형의 병과에 관한 규정, 소년범에 대한 사형·무기형의 완화(소년법 제59조) 및 부정기형(같은 법 제2조, 제60조 제1항)에 관한 규

---

(221) 과잉방위(제21조 제2항), 과잉피난(제22조 제3항, 제21조 제2항), 과잉자구행위(제23조 제2항), 미수범(제25조), 불능범(제27조), 자수·자복(제52조) 등

정, 특정강력범죄의 특칙(특정강력범죄의 처벌에 관한 특례법 제4조 제1항, 제2항[222]])에 관한 규정 등도 기재한다.

③ 다만, 임의적 몰수 · 추징이나 형의 임의적 병과의 경우 이를 구형하지 아니할 때에는 해당 법조를 기재할 필요가 없으나, 도박죄의 경우 도박자금은 임의적 몰수의 대상이라고 하더라도 도박자금이 압수되어 있는 경우에는 반드시 몰수 구형을 하고 적용법조에 형법 제48조 제1항[223]을 기재하는 것이 실무의 관행이다.

④ 또 공무원의 뇌물수수 등에 있어서는 뇌물을 몰수하거나, 그 상당액을 추징할 때 공무원범죄에관한몰수특례법도 적용하여야 한다. 이와 관련하여 형법에 의해서도 불법수익을 모두 환수하는 경우에는 실무상 형법만을 적용한다.

(5) 적용법조 기재순서

구성요건 및 법정형을 표시하는 규정은 특별형법법규 또는 형법각칙을 기재한 다음 형법총칙을 규정하고, 형법총칙의 규정은 기본적으로 형법 제56조의 순서에 따라 기재한다.(형법의 감금, 폭처법(공동감금)일 경우는 '형법 제276조 제1항'은 1회만 기재)

예시

제56조(가중감경의 순서) 형을 가중감경할 사유가 경합된 때에는 다음 순서에 의한다.

1. 각칙 본조에 의한 가중

2. 제34조 제2항의 가중

3. 누범가중

4. 법률상 감경

5. 경합범가중

6. 작량감경

---

(222) **제4조(소년에 대한 형)** ① 특정강력범죄를 범한 당시 18세 미만인 소년을 사형 또는 무기형에 처하여야 할 때에는 「소년법」 제59조에도 불구하고 그 형을 20년의 유기징역으로 한다.
② 특정강력범죄를 범한 소년에 대하여 부정기형(不定期刑)을 선고할 때에는 「소년법」 제60조 제1항 단서에도 불구하고 장기는 15년, 단기는 7년을 초과하지 못한다.[전문개정 2010. 3. 31.]

(223) **제48조(몰수의 대상과 추징)** ① 범인 이외의 자의 소유에 속하지 아니하거나 범죄 후 범인 이외의 자가 정을 알면서 취득한 다음 기재의 물건은 전부 또는 일부를 몰수할 수 있다.
1. 범죄행위에 제공하였거나 제공하려고 한 물건
2. 범죄행위로 인하여 생하였거나 이로 인하여 취득한 물건
3. 전 2호의 대가로 취득한 물건

1) 특별법상 또는 형법각칙상 규정

예시

○ 특정범죄가중처벌 등에 관한 법률, 특정경제범죄가중처벌 등에 관한 법률, 폭력행위 등 처벌에 관한 법률, 교통사고처리특례법 등

○ 형법각칙상 상습범 · 특수가중(제135조, 제144조 제1항, 제278조, 제284조 등[224])

2) 형법총칙의 규정

예시

○ 신분범에 가공한 비신분범(제33조)

○ 공동정범(제30조) · 간접정범(제34조 제1항, 제2항) · 교사범(제31조 제1항) · 종범(제32조) · 중지범(제26조)

3) 법률상 감경

예시

○ 형법총칙의 필요적 감면사유(심신미약 · 농아자 등)

○ 내란예비음모의 자수(제90조 제1항 단서), 일반이적예비음모의 자수(제101조 제1항 단서), 장물범 · 본범 간의 친족상도례(제365조 제2항 본문) 등에 관한 법조

4) 기타 법조

예시

○ 소년범의 부정기형에 관한 규정(특정강력범죄의 처벌 등에 관한 특례법 제4조 제1항, 제

---

(224) **제135조(공무원의 직무상 범죄에 대한 형의 가중)** 공무원이 직권을 이용하여 본장 이외의 죄를 범한 때에는 그 죄에 정한 형의 2분의 1까지 가중한다. 단, 공무원의 신분에 의하여 특별히 형이 규정된 때에는 예외로 한다.
제144조(특수공무방해) ① 단체 또는 다중의 위력을 보이거나 위험한 물건을 휴대하여 제136조, 제138조와 제140조 내지 전조의 죄를 범한 때에는 각조에 정한 형의 2분의 1까지 가중한다.
제278조(특수체포, 특수감금) 단체 또는 다중의 위력을 보이거나 위험한 물건을 휴대하여 전 2조의 죄를 범한 때에는 그 죄에 정한 형의 2분의 1까지 가중한다.
제284조(특수협박) 단체 또는 다중의 위력을 보이거나 위험한 물건을 휴대하여 전조 제1항, 제2항의 죄를 범한 때에는 7년 이하의 징역 또는 1천만 원 이하의 벌금에 처한다.

2항, 소년법 제2조, 제60조 제1항), 형의 병과에 관한 규정(예, 관세법 제275조), 몰수 · 추징에 관한 규정(형법 제48조 1항)

1. 甲이 乙, 丙과 합동하여 타인의 재물을 절취하고, 또 甲이 단독으로 사기범행을 한 혐의가 인정되어 기소하는 경우

2. 누범 전과자가 음주상태에서 승용차를 운전하다가 중앙선을 침범하여 반대 차선을 주행하는 택시를 들이받아 그 택시의 승객으로 하여금 상해를 입게 하고 택시를 손괴한 후 도주하였고, 그 사고 후 음주하다가 타인과 시비 중 그 타인에게 상해를 가한 경우

〈답〉

1. 형법 제331조 제2항, 제1항, 제347조 제1항, 제37조, 제38조

2. 특정범죄가중처벌 등에 관한 법률 제5조의3 제1항 제2호, 형법 제268조, 도로교통법 제148조, 제54조 제1항, 제148조의2 제1호, 제44조 제1항, 형법 제257조 제1항, 제40조, 제35조, 제37조, 제38조[225]

---

[225] **특정범죄가중처벌등에관한법률 제5조의3(도주차량 운전자의 가중처벌)** ① … 피해자를 구호(救護)하는 등 … 따른 조치를 하지 아니하고 도주..다음 각 호의 구분에 따라 가중처벌한다.

2. 피해자를 상해에 이르게 한 경우

형법 제268조(업무상과실·중과실 치사상) 업무상과실 또는 중대한 과실로 인하여 사람을 사상에 이르게 한 자는 …

도로교통법 제148조(벌칙) 제54조 제1항(위반)

도로교통법 제54조(사고발생 시의 조치) ① … 사람을 사상(死傷)하거나 물건을 손괴(이하 "교통사고"라 한다)한 경우에는 그 차의 운전자나 그 밖의 승무원(이하 "운전자 등"이라 한다)은 즉시 정차하여 사상자를 구호하는 등 필요한 조치를 하여야 한다.

도로교통법 제148조의2(벌칙) ① 다음 각 호의 어느 하나에 해당하는 사람은 1년 이상 3년 이하의 징역이나 500만 원 이상 1천만 원 이하의 벌금에 처한다.

1. 제44조제1항을 2회 이상 위반한 사람으로서 다시 같은 조 제1항을 위반하여 술에 취한 상태에서 자동차등을 운전한 사람

도로교통법 제44조(술에 취한 상태에서의 운전 금지) ① 누구든지 술에 취한 상태에서 자동차 등(…)을 운전하여서는 아니 된다.

형법 제257조(상해, 존속상해) 제40조(상상적 경합) 1개의 행위가 수개의 죄에 해당하는 경우에는 가장 중한 죄에 정한 형으로 처벌한다.

제35조(누범) ① 금고 이상의 형을 받아 그 집행을 종료하거나 면제를 받은 후 3년 내에 금고 이상에 해당하는 죄를 범한 자는 누범으로 처벌한다.

② 누범의 형은 그 죄에 정한 형의 장기의 2배까지 가중한다.

제37조(경합범) 판결이 확정되지 아니한 수개의 죄 또는 금고 이상의 형에 처한 판결이 확정된 죄와 그 판결확정 전에 범한 죄를 경합범으로 한다.

제38조(경합범과 처벌례) ① 경합범을 동시에 판결할 때에는 다음의 구별에 의하여 처벌한다.

1. 가장 중한 죄에 정한 형이 사형 또는 무기징역이나 무기금고인 때에는 가장 중한 죄에 정한 형으로 처벌한다.

2. 각 죄에 정한 형이 사형 또는 무기징역이나 무기금고 이외의 동종의 형인 때에는 가장 중한 죄에 정한 장기 또는 다액에 그 2분의 1까지 가중하되 각 죄에 정한 형의 장기 또는 다액을 합산한 형기 또는 액수를 초과할 수 없다. 단 과료와 과료, 몰수와 몰수는 병과할 수 있다.

3. 각 죄에 정한 형이 무기징역이나 무기금고 이외의 이종의 형인 때에는 병과한다.

② 전항 각 호의 경우에 있어서 징역과 금고는 동종의 형으로 간주하여 징역형으로 처벌한다.

CHAPTER 3

불기소의견의 작성

1. 불기소

　　불기소 이유는 피의자별로 작성한다.[226] 그리고 피의사실과 불기소이유란에는 불기소처분의 대상이 되는 피의사실의 요지와 공소를 제기하지 아니하는 이유를 기재한다. 처분하는 피의사실의 요지를 간략하게 기재하고 바로 그 밑에서 해당 불기소이유를 같은 항에서 함께 기재한다.

작성 예시

2010. 5. 17. 피해자 김상도 소유인 '잠원아파트 입주자 현황' 파일을 컴퓨터에서 출력하여 가져가 절도

○ 피의자가 2010. 5. 17. 서울특별시 서초구 잠원동 34-1 .....동 101호에 있는 잠원아파트 관리사무소에서 공용컴퓨터 내에 들어 있는 '잠원아파트 입주자 현황' 파일을 미리 준비한 A4 용지 10장에 함부로 출력하여 가져간 사실은 인정된다.

○ 절도죄의 객체는 관리 가능한 동력을 포함한 재물에 한하고, 그 재물 소유자의 점유 내지 이용가능성을 배제하고 이를 자신의 점유하에 배타적으로 이전하는 행위가 있어야 할 것인데, 컴퓨터에 저장되어 있는 파일은 재물이라고 볼 수 없고, 이를 출력하였다 하더라도 소유자의 점유를 침해하거나 이용가능성을 감소시키는

---

(226) 피의자의 인권, 특히 사생활보호의 측면을 고려하여 원칙적으로 공범의 경우나 동일한 불기소 이유가 반복된다 하더라도 피의자별로 분리하여 작성한다. 다만, 당사자의 인권침해나 사생활의 보호가 문제되지 않아 불기소이유를 무의미하게 반복 기재할 필요가 없다고 판단되는 경우에는 기존 방식을 따른다.

것은 아니다.

○ 범죄 인정되지 아니하여 혐의 없음 의견임.

작성 예시

2011. 8. 26. 고소인 김경수가 소지한 수표를 복지은행 상일동지점에 거짓으로 분실신고하여 부정수표단속법 위반

○ 홍규석이 2011. 8. 26. 10:00경 서울특별시 강동구 상일동에 있는 복지은행 상일동지점에서 고소인이 정당하게 수취하여 소지하고 있는 동부건설 주식회사 대표이사 홍규석 발행의 당좌수표 1장이 분실된 사실이 없음에도 불구하고 홍규석 명의로 거짓 분실신고를 한 사실은 인정된다.

○ 한편 피의자는 동서인 홍규석으로부터 피의자가 결제하기로 하고 수표 3장을 빌려 그중 1장을 고소인에게 물품대금으로 지급하였는데 이를 결제할 수 없는 상황에서 고소인이 약정된 기일 전에 수표를 지급제시하려고 하자 홍규석의 부도를 막기 위해 그에게 위 수표를 분실하였으니 신고하라고 권유하여 이를 믿은 홍규석과 함께 위 은행에 가서 그로 하여금 분실신고를 하게 한 사실도 인정된다(피의자의 진술, 홍규석의 진술, 고소인의 진술, 기록 제2권 제51쪽 당좌수표)

○ 부정수표단속법 제4조 위반죄는 그 주체가 발행인에 한정되는 일종의 신분범으로서 제3자가 거짓 신고의 범의가 없는 발행인을 이용하여 거짓 신고한 경우에는 그 죄를 구성하지 아니한다.

○ 범죄 인정되지 아니하여 혐의 없음 의견임.

(1) 피의사실의 작성요령

1) 특정할 수 있는 범위에서 간략하게 기재

❶ 피의사실의 요지를 기재함에 있어서는 범죄사실 기재요령과 달리 상세하게 기재할 필요가 없다. 불기소하는 피의사실의 요지만을 특정할 수 있는 범위 내에서 간략하게 기재하면 된다. 피의자의 범죄 전력도 범죄사실 기재의 경우와는 달리 특별한 사유가 없는 이상 기재할 필요가 없다.

❷ 따라서 ① 일시, ② 객체, ③ 행위와 결과 등 핵심적인 내용만 기재하면 된다. (다른 범죄사실과 구별되고, 공소시효의 판단기준 제공의 의미)

❸ 범행 장소, 동기, 수단, 방법 등은 생략하고, 범행 일시의 기재도 범행시각의 기재는 생략한다. 다만, 다른 범행과 구분하여 특정할 필요가 있는 경우에는 기재할 수 있다.

  ① 피의자가 같은 날 동일한 피해자를 상대로 장소를 달리하여 여러 번 폭행을 가한 사건에 대하여 각각의 불기소 사유가 다른 경우

  ② 피의자가 같은 날 동일한 피해자를 상대로 여러 건의 돈을 교부받은 사건의 경우에 그 명목 등이 다르고, 서로 다른 이유로 불기소처분을 하는 경우

2) 의율하는 죄명으로 종결

피의사실 요지의 말미 부분은 형법범의 경우에는 죄명으로 종결하고, 형법 이외의 특별법 위반의 경우에도 '…법 위반'이라고 기재하는 방식으로 종결은 죄명으로 한다. 피의사실 중 행위와 죄명을 연결하는 표현은 일반적으로 '…하여 또는 …가 (죄명)' 형태를 사용한다.

구체적인 예를 들어보면 다음과 같다.

작성 예시 ✎

○ 2006. 7. 12. 고소인 A 소유의 예금통장, 주민등록증 1장을 가져가 절도

○ 2006. 5. 20.부터 같은 달 30.까지 고소인 B로부터 500만 원을 교부받아 사기

(2) 불기소의견의 종류

① 혐의 없음, ② 죄가 안 됨, ③ 공소권 없음, ④ 각하, ⑤ 기소중지, ⑥참고인중지가 있다. 먼저 각하, 이송, 기소중지의 경우를 서술하고, ①②의견은 별도로 정리한다. 주의할 점은 아래와 같이, 각하 · 이송 · 기소중지 · 참고인중지 · 이송 의견으로 의견서를 작성하는 경우에도 그때까지 조사된 내용, 즉 고소인의 주장이나 진술 등을 의견서에 기재한다.

다만, 혐의 없음 의견은 다시 ① 범죄인정 안 됨, ② 증거 불충분의견으로 나뉘며 그 구체적 작성방법을 다음에서 살펴본다.

2. 범죄인정 안 됨

구성요건해당성이 없어 범죄인정되지 아니한 경우의 작성순서는 ① 인정되는 사실, ② 법률판단, ③ 의견의 순서에 따라 기재한다. 범죄인정 안 됨의 유형은 다시 4가지가 있다.

즉, ① 피의사실 자체로 구성요건에 해당하지 않는 경우, ② 피의사실이 구성요건에 해당하는 외관을 갖추고 있으나 법리상 범죄를 구성하지 아니하는 경우, ③ 피의사실이 구성요건에 해당하는 외관을 갖추고 있으나 고의·과실·인과 관계 등이 명백히 인정되지 아니하는 경우, ④ 피의사실이 인정되지 아니하는 경우가 있다.

(1) 피의사실 자체로 구성요건에 해당하지 않는 경우

1) 모욕죄 범죄인정 안 됨 기재례

예시

○ 피의자가 고소인에게 "이 사기꾼 같은 놈아!"라고 말한 사실은 인정된다.

○ 피의자와 고소인 이외에는 다른 사람이 없었고, 문도 닫혀져 있어서 다른 사람이 피의자의 말을 들을 수 있는 상태가 아니었으므로(피의자와 고소인 진술) (공연성)을 인정할 수 없다.

○ 범죄 인정되지 아니하여 혐의 없음 의견임.

2) 절도죄 범죄인정 안 됨 기재례

예시

○ 피의자가 피해자의 컴퓨터에 접속하여 저장장치에 저장되어 있는 이 사건 문서 파일을 피의자의 이메일 주소로 전송한 사실은 인정된다.

○ 컴퓨터에 저장된 정보는 절도죄 대상 재물이라고 할 수 없다.

○ 범죄 인정되지 아니하여 혐의 없음 의견임.

3) 손괴죄 범죄인정 안 됨 기재례

예시

○ 피의자가 피해자로부터 빌린 자동차를 운전하다가 가로수를 들이받아 피해자 소유인 자동차를 손괴한 사실은 인정된다.

○ 도로교통법 제151조의 처벌대상은 사고차량을 제외한 다른 사람의 재물을 손괴한 경우를 말하며 사고차량 자체가 손괴된 것에 대하여는 처벌하는 규정이 없다.

○ 범죄 인정되지 아니하여 혐의 없음 의견임.

4) 유가증권위조죄 범죄인정 안 됨 기재례

예시

○ 피의자가 칼라복사기로 복제하는 방법으로 고소인 회사 명의로 된 10,000,000 원 권 약속어음을 작성한 사실은 인정된다.

○ 위 어음은 대학교수인 피의자가 견본으로 작성하여 강의 부교재로 사용하였던 것인데, 학생인 홍길동이 강의 시에 견본으로 받아 두었다가 이를 사용한 것이므로 (피의자와 홍길동 진술), 피의자에게 위 약속어음을 행사할 목적이 있었다고 할 수 없다.

○ 범죄 인정되지 아니하여 혐의 없음 의견임.

(2) 피의사실이 구성요건에 해당하는 외관을 갖추고 있으나 법리상 범죄를 구성하지 아니하는 경우

1) 사기죄 범죄인정 안 됨 기재례 1

예시

○ 피의자가 고소인에게 아무런 청구원인 없음에도 허위의 사실을 주장하여 법원으로부터 고소인의 부동산에 대하여 가압류 결정을 받아 가압류등기를 마친 사실은 인정된다.

○ 가압류는 강제집행의 보전방법에 불과한 것이어서 허위의 채권에 기하여 가압류를 하였다고 하더라도 현실적으로 청구의 의사표시를 한 것이라고 볼 수 없어 사기죄의 실행에 착수하였다고 할 수 없다.

○ 범죄 인정되지 아니하여 혐의 없음 의견임.

2) 사기죄 범죄인정 안 됨 기재례 2

예시

○ 피의자가 게임기 등을 구입하면서 그 대금으로 훔친 자기앞수표를 지급한 사실은 인정된다.

○ 자기앞수표는 그 수표금액을 즉시 지급받을 수 있어 현금을 대신하는 기능을 하고 있으므로 훔친 자기앞수표를 현금 대신 건네주는 행위만으로는 추가적인 법익침해가 발생하지 아니하므로 절도죄와 별도로 사기죄는 구성하지 아니한다.

○ 범죄 인정되지 아니하여 혐의 없음 의견임.

3) 사기죄 범죄인정 안 됨 기재례 3

예시

2011. 5. 12.경 고소인 황당해에게 교통사고 합의금 1,000만 원을 지급하지 아니하여 사기

○ 피의자가 2011. 5. 12. 서울서초경찰서에서 고소인에게 다음날까지 교통사고 피해 변상 명목으로 1,000만 원을 지급하기로 고소인과 합의한 후 이를 이행하지 아니한 사실은 인정된다.

○ 고소인이 교통사고 합의를 해주었다는 것만으로는 재산적 처분행위를 하였다고 볼 수 없고, 피의자가 합의로 인해 구속을 면하였다 해도 재산상 이익을 취득한 것이라고 보기 어렵다.

○ 범죄 인정되지 아니하여 혐의 없음 의견임.

4) 횡령죄 범죄인정 안 됨 기재례 1

예시

○ 피의자가 사망한 아버지인 김준상 명의로 등기되어 있던 위 부동산을 고소인 김한영 등과 공동으로 상속받아 점유 관리하고, 피의자가 위 부동산을 신문선에게 매도하는 계약을 체결한 사실은 인정된다.

○ 위 김준상 명의로 등기되어 있는 부동산을 피의자가 점유 관리하고 있다는 사실만으로는 피의자가 위 부동산을 처분할 수 있는 보관자의 지위에 있다고 볼 수 없다.

○ 범죄 인정되지 아니하여 혐의 없음 의견임.

5) 횡령죄 범죄인정 안 됨 기재례 2

예시

○ 피의자가 고소인으로부터 고소인이 한강은행에서 2억 원을 대출받은 데 대한 사례금으로 은행직원 김두진에게 전달해 달라는 부탁을 받고 500만 원을 건네받아 보관 중 임의로 자신의 채무변제 등으로 사용한 사실은 인정된다.

○ 금융기관의 직원에게 그 직무와 관련하여 금품을 공여하는 행위는 범죄를 구성하고 그러한 범죄 목적에 제공하기 위하여 건넨 이 사건 돈은 불법원인급여에 해당되어 제공자인 고소인이 반환을 청구할 수 없고, 그 소유권은 피의자에게 귀속되어 피의자가 타인의 물건을 보관하는 자의 지위에 있다고 보기 어렵다.

6) 횡령죄 범죄인정 안 됨 기재례 3

예시

2008. 9. 1.경 필승개발 주식회사의 주식납입금 4억 원을 보관하다가 2008. 9. 2.경 채무변제 명목으로 임의 사용하여 업무상횡령

○ 피의자가 2008. 9. 1.경 안재승으로부터 차입한 4억 원을 필승개발 주식회사의 주식납입금으로 예치하고 위 은행으로부터 주식납입금보관증명서를 발급받은 직후 4억 원을 인출하여 2008. 9. 2.경 안재승에게 변제한 사실은 인정된다.

○ 타인으로부터 금원을 차용하여 주금을 납입하고 증자등기 후 바로 인출하여 차용금 변제에 사용하는 행위는 실질적으로 회사의 자본을 증가시키는 것이 아니고 등기를 위하여 납입을 가장하는 편법에 불과하여 주금의 납입 및 인출의 전과정에서 회사의 자본금에는 실제 아무런 변동이 없으므로 피의자에게 회사의 돈을 임의로 유용한다는 불법영득의 의사가 있다고 보기 어렵다.

○ 범죄 인정되지 아니하여 혐의 없음 의견임.

7) 횡령죄 범죄인정 안 됨 기재례 4

예시

등기를 마쳐 보관하던 중, 2010. 8. 12. 임의 양도하여 횡령

○ 피의자가 2010. 1. 5.경 경기도 파주시 문산읍 당동리 350에 있는 전 1,500㎡에 관하여 고소인과 2분의 1씩 총 100,000,000원을 출자하여 경매물건인 위 부동산

을 경락받아 대금을 완납하고, 2010. 2. 5. 피의자 명의로 소유권이전등기를 경료한 후 김정화에게 위 부동산을 대금 150,000,000원에 매도하고 2010. 8. 12. 김정화 명의로 소유권이전등기를 마쳐 준 사실은 인정된다.

○ 부동산의 입찰절차에서 수인이 대금을 분담하였다고 하더라도 입찰절차의 낙찰명의인이 대내외적으로 경락 부동산의 소유자라 할 것이므로 피의자가 고소인을 위하여 위 부동산을 보관하는 자의 지위에 있다고 볼 수 없다.[227]

○ 범죄 인정되지 아니하여 혐의 없음 의견임.

8) 횡령죄 범죄인정 안 됨 기재례 5

 예시

2008. 2. 19. 황재복이 고소인 민범상으로부터 명의신탁받아 보관 중이던 임야에 피의자 명의로 근저당권설정등기를 경료하여 횡령

○ 피의자가 위 일시경 황재복이 고소인으로부터 명의신탁 받아 소유권이전등기한 서울 강남구 세곡동 산 21-3 임야 1,890㎡에 대하여 피의자를 근저당권자로 하는 채권최고액 3,000만 원의 근저당권설정등기를 경료 받은 사실은 인정된다.

○ 한편 위 임야는 원래 평해 구씨 계산공파 종중의 소유로서 구의현의 이름으로 명의신탁 되어 있던 것인데 무권리자인 구태현이 구의현의 서류를 위조하여 문래홍에게 매도한 이후 위 임야에 관하여 문래홍, 고소인, 황재복 명의로 원인무효인 소유권이전등기가 순차 경료되었고, 이에 위 종중이 문래홍과 고소인 및 황재복을 상대로 각 원인무효등기의 말소청구소송을 제기하여 승소판결을 받고 확정된 사실도 인정된다.(황재복, 고소인, 참고인 구태현의 진술, 제130쪽 판결문)

○ 그렇다면 고소인 앞으로 경료된 소유권이전등기는 부적법한 등기로서 고소인이 위 임야의 소유자라고 할 수 없고 황재복과 위 종중 사이에 위 임야에 관한 법률상 또는 사실상의 위탁신임관계도 없으며 황재복은 위 임야를 제3자에게 유효하게 처분할 수 있는 권능을 갖지 아니하므로 위 임야를 보관하는 자의 지위에 있지 아니하고, 이를 전제로 피의자가 황재복의 범행에 가담한 것이라고 볼 수 없

---

[227] 대판 2000. 9. 8. 2000도258, 부동산 입찰절차에서 수인이 대금을 분담하되 그 중 1인 명의로 낙찰받기로 약정하여 그에 따라 낙찰이 이루어진 경우, 그 입찰절차에서 낙찰인의 지위에 서게 되는 사람은 어디까지나 그 명의인이므로 입찰목적부동산의 소유권은 경락대금을 실질적으로 부담한 자가 누구인가와 상관없이 그 명의인이 취득한다 할 것이므로 그 부동산은 횡령죄 객체인 타인의 재물이라고 볼 수 없어 명의인이 이를 임의로 처분하더라도 횡령죄를 구성하지 않는다.

다.(228)

○ 범죄 인정되지 아니하여 혐의 없음 의견임.

9) 배임죄 범죄인정 안 됨 기재례

예시

2008. 5. 10. 고소인 정운희에게 매도한 임야를 2008. 6. 30. 채경진에게 이중으로 매도하고 소유권이전등기를 해 주어 배임

○ 피의자가 2008. 5. 10.경 고소인에게 토지거래계약 허가구역에 있는 경기도 광주시 도척면 상림리 183-6 임야 1,100㎡를 매도하고, 그 계약금 및 중도금을 지급받은 후, 2008. 5. 26.경 채경진에게 위 임야를 이중으로 매도하고, 2008. 6. 30.경 그에게 위 임야에 대한 소유권이전등기를 마쳐준 사실은 인정된다.

○ 이 사건 임야는 2002. 11. 20. 토지거래계약 허가구역으로 지정된 사실 및 고소인이 피의자와 위 매매계약을 체결한 이후 위 임야에 관하여 토지거래계약허가를 받지 아니한 사실도 각각 인정된다.(고소인 진술, 피의자 진술, 경기도 광주시청 민원지적과 토지정보팀 소속 김만종 진술, 제242쪽 토지이용계획확인서)

○ 고소인이 위 임야에 관하여 토지거래계약 허가를 받지 아니하여 피의자와 고소인의 위 매매계약은 '채권적 효력도 없는 것'이므로 피의자에게 고소인에 대하여 위 임야의 소유권이전등기에 협력할 의무가 생겼다고 할 수 없어서 피의자를 배임죄의 주체인 '타인의 사무를 처리하는 자'에 해당한다고 할 수 없다.

○ 범죄 인정되지 아니하여 혐의 없음 의견임.

10) 직무유기죄 범죄인정 안 됨 기재례

예시

○ 피의자가 충청남도도지사의 허가 없이 유흥음식점을 경영한다는 사실을 확인하고도 이를 보고하지 아니하고 그러한 사실이 없다는 취지로 허위로 출장복명서

---

(228) 대판 2017. 5. 30. 2017도1082. 임야의 진정한 소유자와는 전혀 무관하게 신탁자로부터 임야 지분을 명의신탁받아 지분등기를 경료한 수탁자가 신탁받은 지분을 임의로 처분한 경우, 소유자와 수탁자 사이에 위 임야 지분에 관한 법률상 또는 사실상 위탁신임관계가 성립하였다고 할 수 없고, 또한 어차피 원인무효인 소유권이전등기의 명의자에 불과하여 위 임야 지분을 제3자에게 유효하게 처분할 수 있는 권능을 갖지 아니한 수탁자로서는 위 임야 지분을 보관하는 지위에 있다고도 할 수 없으므로, 그 처분행위가 신탁자에 대해서나 또는 소유자에 대하여 위 임야 지분을 횡령한 것으로 된다고 할 수 없다.

를 작성하여 위법사실을 은폐한 사실은 인정된다.

○ 공무원은 직무상 의무에 따른 적절한 조치를 취하지 아니하고 위법사실을 적극적으로 은폐할 목적으로 허위공문서를 작성, 행사한 경우에는 작위범인 허위공문서작성 및 그 행사죄만 성립하고 부작위범인 직무유기죄는 따로 성립하지 아니한다.

○ 범죄 인정되지 아니하여 혐의 없음 의견임.

11) 공문서부정행사 범죄인정 안 됨 기재례

예시

○ 피의자가 김공택의 주민등록등본을 제시하여 행사한 사실은 인정된다.

○ 주민등록등본은 그 사용권한자가 특정되어 있다고 할 수 없고, 용도도 다양하며, 반드시 등본을 세대원만 사용할 수 있는 것이 아니어서 타인의 주민등록등본을 그와 아무런 관계없는 사람이 자신의 것처럼 행사하였다고 하더라도 공문서부정행사죄가 성립하는 것은 아니다.

○ 범죄 인정되지 아니하여 혐의 없음 의견임.

12) 위조사문서행사 범죄인정 안 됨 기재례

예시

가. 2009. 7. 10. 고소인 김진성 명의의 차용증서 1장을 작성하여 사문서위조

나. 2009. 7. 10. 위 차용증서를 김영수에게 교부하여 위조사문서행사

○ 피의자는 고소인으로부터 2009. 7. 초순경 1,000만 원을 빌리는데 있어서 고소인을 연대보증인으로 하는데 필요한 문서를 작성할 수 있도록 승낙을 받은 후 그의 인감증명서와 인감도장 등을 교부받았으며, 2009. 7. 10.경 김영수로부터 1,000만 원을 빌리면서 고소인을 그 차용금에 대한 직접 채무자로 하는 내용의 차용증서를 작성하여 김영수에게 교부한 사실은 인정된다.

○ 피의자가 고소인으로부터 위 차용금에 관하여 그를 연대보증인으로 하는데 필요한 권한을 부여받은 이상 이는 같은 금액 상당의 채무를 부담하는 내용으로 문서

를 작성할 수 있도록 허락받은 것으로 보아야 하고[229], 비록 위 차용증서에 고소인을 연대보증인으로 하지 않고 직접 차용인으로 기재하였다 하더라도 그 문서는 정당한 권한에 기하여 그 권한의 범위 안에서 적법하게 작성된 것으로 보아야 한다.

○ 따라서 위 차용증서는 위조사문서에 해당하지 아니하고, 위 차용증서가 위조임을 전제로 하는 위조사문서행사도 성립하지 아니한다.

○ 범죄 인정되지 아니하여 혐의 없음 의견임.

13) 공정증서원본부실기재죄 범죄인정 안 됨 기재례

예시

가. 피의자 박천수는 2017. 4. 16. 손대홍이 작성한 허위의 현금지불각서를 교부받았음을 기화로 공증담당변호사 김공증에게 위 현금지불각서를 제출하여 윤석평에게 양도하는 것처럼 허위 신고하여 김공증으로 하여금 위 합동법률사무소 명의의 채권양도계약 공정증서에 불실의 사실을 기재하게 하여 공증원본불실기재

나. 그 무렵 위 합동법률사무소에 불실기재된 위 채권양도계약 공정증서를 비치하게 하여 불실기재공정증서원본행사

○ 피의자가 그 정을 모르는 공증담당변호사로 하여금 고소인 손대홍에 대한 허위의 채권을 윤석평에게 양도하는 내용의 채권양도계약 공정증서를 작성한 사실은 인정된다.

○ 이 사건 공정증서가 증명하는 사항은 채권양도의 법률행위가 진정으로 이루어졌다는 것일 뿐 양도되는 채권이 진정하게 존재한다는 사실까지 증명하는 것으로 볼 수 없다.

○ 위에서 본 바와 같이 피의자가 허위의 채권에 관하여 그 정을 모르는 윤석평과 실제로 채권양도의 법률행위를 한 이상 이 사건은 공정증서에 불실의 사실을 기재하게 한 때에 해당되지 아니하여 공정증서원본불실기재 및 불실기재공정증서원본행사죄가 성립하지 아니한다.

○ 범죄 인정되지 아니하여 혐의 없음 의견임.

---

[229] 대판 1984. 10. 10. 84도1566, 피해자들이 일정 한도액에 관한 연대보증인이 될 것을 허락하고 이에 필요한 문서를 작성하는데 쓰일 인감도장과 인감증명서(대출보증용)를 채무자에게 건네준 취지는 채권자에 대해 동액 상당의 채무를 부담하겠다는 내용의 문서를 작성하도록 허락한 것으로 보아야 할 것이므로 비록 차용금 증서에 동 피해자들을 연대보증인으로 하지 않고 직접 차주로 하였을지라도 그 문서는 정당한 권한에 기하여 그 권한의 범위에 안에서 적법하게 작성된 것으로 보아야 한다.

(3) 피의사실이 구성요건에 해당하는 외관을 갖추고 있으나 고의·과실·인과 관계 등이 명백히 인정되지 아니하는 경우

예시

○ 피의자가 승용차를 운전하다가 피해자가 운전하는 승용차를 충격하여 피해자에게 약 3주간의 치료가 필요한 상해를 입게 하는 사고를 일으킨 후 구호 등 필요한 조치를 취하지 않은 사실은 인정된다.

○ 피의자는 자신도 사고로 인하여 중상을 입고 현장에서 즉시 병원으로 후송되어 치료를 받는 바람에 구호조치를 취하지 못한 것이지 도주한 것이 아니라고 주장한다.

○ 사고현장에 출동하여 거동을 제대로 하지 못하는 피의자를 병원으로 후송하였다는 취지로 119 구급대원이 작성한 구급일지 기재내용(제69쪽)과 얼굴과 다리를 크게 다친 상태로 후송된 피해자를 치료하였다는 제일병원 의사 김철수의 진술 등이 피의자의 주장에 일치한다.

○ 피의자에게 도주의사가 없었다는 것이 명백하므로 범죄 인정되지 아니하여 혐의 없음 의견임.

(4) 피의사실이 인정되지 아니하는 경우

예시

○ 피의자는 피해자에게 상해를 가한 사실이 없음은 물론 범행 일시경에 피해자를 만난 사실조차 없다고 주장한다.

○ 피해자는 경찰에서는 피의자로부터 맞아 상해를 입었다고 주장하였으나, 검찰에서 번복하여 사실은 등산 중 넘어져 다쳤는데 피의자 동생이 피해자로부터 빌린 돈을 갚지 않고 잠적하고 피의자 동생의 소재를 알려주지 않아 억울한 나머지 피의자로부터 맞았다고 허위로 고소하였다고 진술하고, 박병정도 피해자 부탁에 따라 피해자가 피의자로부터 맞는 것을 목격한 것처럼 허위로 진술한 것이라고 진술한다.

○ 피해자의 상해가 피의자의 행위로 인한 것임을 인정할 증거가 없음이 명백하다.

○ 범죄 인정되지 아니하여 혐의 없음 의견임.

3. 증거 불충분 의견의 작성

(1) 피의자가 일부 부인하고 증거가 불충분한 경우 기재순서

증거가 불충분한 경우는 ① 인정되는 사실, ② 고소인, 고발인, 제보자 등의 주장과 이에 부합하는 증거, ③ 피의자 변명내용 및 그에 부합하는 증거, ④ 피의자의 변명 또는 고소인 주장에 서로 배치되는 증거 및 그 배척 이유, ⑤ 의견 순서에 의하여 기재한다.

예시 🖊

○ 피의자가 김상수로부터 그가 절취하여 온 30년생 소나무 50주를 매입한 사실은 인정된다.

○ 고소인은 피의자가 김상수로부터 그가 절취하여 가지고 온 이 사건 소나무 50주를 장물인 정(情)을 알면서 매입하였다고 주장한다.

○ 이에 대하여 피의자는 그것이 장물이라는 점을 몰랐다는 취지로 주장한다.

○ 본범인 김상수도 자신이 필요하여 타인으로부터 나무를 구입했으나, 갑자기 사정이 생겨서 급히 처분을 해야 될 입장이라서 팔게 되었다는 취지로 피의자를 속였다고 주장하여 피의자 주장과 같은 취지이다.

○ 이에 어긋나는 고소인의 진술내용은 피의자의 경력에 비추어 위 소나무가 장물인 정을 몰랐을 리 없다는 것이나, 이는 추측에 불과하여 피의자 주장을 뒤집기에 부족하다.

○ 달리 피의 사실을 인정할 만한 증거를 발견할 수 없다.

○ 증거 불충분하여 혐의 없음 의견임.

(2) 피의자가 전부 부인하고 증거가 불충분한 경우 기재순서

이와 같은 경우는 사안별로 상이하겠지만 다툼 없이 인정되는 사실의 기재를 생략하고, ① 고소인, 고발인, 제보자 등의 주장과 이에 부합하는 증거, ② 피의자 변명내용 및 그에 부합하는 증거, ③ 피의자의 변명에 배치되는 고소인, 고발인, 제보자의 주장, 증거 및 그 배척 이유, ④ 의견'의 순서에 따라 기재한다.

1) 사기죄 증거 불충분 기재례 1

예시

○ 고소인은 피의자가 처음부터 1,000만 원을 변제하지 않기로 마음먹고 고소인을 속이기 위하여 2008. 12.까지의 이자만 지급하였다고 주장한다.

○ 이에 대하여, 피의자는 고소인으로부터 월 3%로 이자를 정하고 1,000만 원을 빌려 2008. 12.까지 이자를 지급하여 오다가 2009. 1.경부터 피의자가 경영하던 건축자재 판매 사업이 부진하게 되어 자금회전이 여의치 않아 빌린 돈에 대한 이자와 원금을 변제하지 못하고 있을 뿐 변제할 의사나 능력 없이 돈을 빌린 것은 아니라고 주장하고, 박정식, 김영호 진술도 피의자의 주장과 일치한다.

○ 피의자가 원금과 이자를 지급하지 않았다는 사실만으로는 피의자에게 사기의 범의가 있었다고 인정하기에 부족하고 달리 이를 인정할 증거가 없다.

○ 증거 불충분하여 혐의 없음 의견임.

2) 사기죄 증거 불충분 기재례 2

예시

3,000,000원을 빌려주었는데 피의자가 돈을 갚지 않고 행방을 감춘 점에 비추어 처음부터 돈을 갚을 의사나 능력이 없이 고소인을 속여 차용금을 교부받았다고 주장하였다.

○ 이에 대하여 피의자는 다음과 같이 주장한다.

피의자는 위 행복은행 앞길에서 고소인으로부터 단순 차용금으로 돈을 빌린 것이 아니라 서울특별시 서초구 서초동 지하철 교대역 부근에 있는 상호를 알 수 없는 음식점에서 포커도박을 하던 중 도박자금으로 돈을 빌린 것이다.

피의자는 그 돈으로 도박을 한 후 고소인에게 그 날 이자 명목으로 200,000원을 우선 갚고, 며칠 후인 2017. 8. 20.경 도박판에서 딴 1,000,000원권 자기앞수표 2장과 현금 1,000,000원으로 차용금을 갚았다는데 그 수표들이 사고신고가 되는 바람에 제대로 지급되지 않은 것이지 처음부터 갚을 생각 없이 빌린 것은 아니다.

피의자는 이 사건 이외에 2회 가량 고소인으로부터 도박자금을 빌려 변제한 사실도 있다.

○ 피의자가 고소인으로부터 도박자금으로 3,000,000원을 빌리는 것을 보았다는 취지의 참고인 서용석의 진술이 피의자의 주장과 일치한다.

○ 고소인의 위와 같은 경찰에서의 1회 진술은 경찰에서의 2회 진술 및 검찰에서의 진술 당시 피의자에게 단순 대여금이 아닌 도박자금으로 돈을 빌려주었고, 이사건 이전에도 2회 정도 피의자에게 도박자금을 빌려주었다가 변제받았다고 진술을 번복하는 점에 비춰 믿기 어렵고, 달리 이를 인정할만한 증거가 없다.

○ 증거 불충분하여 혐의 없음 의견임.

3) 사기죄 증거 불충분 기재례 3

예시

2010. 8. 2. 고소인 주점엽으로부터 2,000만 원을 교부받아 사기

○ 피의자가 역삼파출소 관내에 있는 섹시클럽 유흥주점 업주인 고소인으로부터 역삼파출소장이 나엄혜에게 청탁하여 역삼파출소의 단속을 무마해 주겠다는 명목으로 2010. 8. 1. 1,000만 원을, 2010. 8. 2. 1,000만 원을 각각 교부받은 사실은 인정된다.

○ 고소인은 피의자에게 교제비로 2,000만 원을 준 지 며칠 되지 않아 역삼파출소로부터 위 유흥주점이 단속을 당하였고, 피의자가 경찰에서 1차 조사를 받을 때에 단속 무마와 관련하여 돈을 받지 않았다고 부인하였던 것으로 보아 나엄혜를 알지도 못하여 처음부터 역삼파출소의 단속을 무마해 줄 의사나 능력 없이 위 금원을 교부받을 생각이었던 것이 틀림없다는 취지로 주장한다.

○ 이에 반하여 피의자는 고소인으로부터 위 교제비를 받은 다음 고향 후배인 나엄혜를 만나 섹시클럽 유흥주점을 단속대상에서 제외해 달라고 부탁하였으나 그녀가 거절하는 바람에 역삼파출소의 단속을 막아주지 못한 것이지 처음부터 단속을 무마해 줄 의사나 능력이 없음에도 교제비 명목으로 위 금원을 교부받은 것은 아니라고 주장하고, 피의자가 위와 같이 섹시클럽 유흥주점을 단속대상에서 제외해 달라고 여러 번 부탁하였으나 거절하였다는 나엄혜의 진술도 의자의 주장과 일치한다.

○ 고소인의 위 주장은 추측에 불과하여 이러한 주장만으로는 피의사실을 인정하기 부족하고 달리 이를 인정할 증거가 없다.

○ 증거 불충분하여 혐의 없음 의견임.

4) 배임죄 증거 불충분 기재례

예시 🖉

○ 피의자가 계원들로부터 계 불입금을 수령하고도 계금지급기일에 고소인에게 계금을 지급하지 아니한 사실은 인정된다.

○ 고소인은 피의자가 계불입금을 수령하고도 계주로서의 임무에 위배하여 고소인에게 계금을 지급하지 아니하였다고 주장한다.

○ 이에 대하여, 피의자는 본건 계의 규약상 계금을 수령하는 계원이 앞으로의 계 불입금에 대한 담보를 제공하도록 되어 있는데, 고소인은 위 담보를 제공하지 않은 채 계금의 지급을 요구하여 고소인에게 계금을 지급하지 아니하고 계금을 은행에 예치하였다고 주장하고, 계원인 정희숙, 김영숙의 진술과 은행에 계금이 예치되어 있는 예금통장(제57쪽)의 기재내용은 피의자 주장과 일치한다.

○ 증거 불충분하여 혐의 없음 의견임.

5) 강제집행면탈죄 증거 불충분 기재례

예시 🖉

○ 피의자가 위 일시경 서울특별시 서초구 서초동 123-12에 있는 대지 210㎡ 및 그 시장 2층 주택 1동에 관하여 매매를 원인하여 어구동 앞으로 소유권이전등기를 마쳐 준 사실은 인정된다.

○ 고소인 마구만은 피의자에 대한 가구납품거래 미수금 3,800만 원 정도가 남아 있는 상황에서 피의자의 부도설이 나돌아 2010. 2. 초순경부터 피의자에게 미수금의 변제를 수차례 독촉하고 있었는데, 피의자가 계속 위 주택에서 살고 있으면서도 2010. 3. 3.자로 친구인 어구동에게 위 주택의 소유권을 넘겨준 점으로 보아 피의자가 강제 집행을 면할 목적으로 위 주택을 허위 양도한 것이라고 주장한다.

○ 이에 대하여 피의자는 위 주택의 당시 시세가 약 10억 원이었는데 위 주택에는 신한은행이 채권자로 된 채권최고액 8억 원의 근저당권이 설정되어 있어 어구동이 위 근저당권의 부담을 승계하기로 하였고, 어구동에게 차용금 1억 원과 가구거래로 인한 미지급금 6,000만 원의 채무가 있어 그 채무에 대한 이자 등을 합하여 합계 10억 원을 매매대금으로 정하여 어구동에게 위 주택을 실제로 양도한 것이지 허위양도한 것이 아니며, 위 주택 외에는 마땅히 갈 곳이 없어 어구동의 양해하에

위 주택양도 후에도 계속 거주한 것일 뿐이라고 주장한다.

○ 어구동, 김수미의 각 진술도 피의자의 위 주장과 일치하고, 위 주택의 시세가 2010. 초경 약 10억 원이었다는 신한은행 서초남지점 대출담당 최신안의 진술도 피의자의 위 주장과 일치하며 피의자와 어구동 간에 위 주택의 매매대금을 10억 원으로 하되 신한은행 앞으로 설정된 채권최고액 8억 원의 근저당권의 부담을 어구동이 승계하기로 약정한 부동산매매계약서(제44쪽) 기재내용, 어구동이 피의자에게 빌려준 돈 1억 원의 출처로 제시된 예금거래내역서(제156쪽)의 기재내용 또한 피의자의 위 주장과 일치한다.

○ 고소인의 주장만으로는 피의사실을 인정하기에 부족하고, 달리 이를 인정할만한 증거가 없다.

○ 증거 불충분하여 혐의 없음 의견임.

6) 상해죄 증거 불충분 기재례

예시

○ 고소인은 위 일시 · 장소에서 술에 취하여 걸어가는데 누군가가 뒤에서 갑자기 뒷머리를 세게 때리므로 쓰러졌다가 곧 일어나 뒤돌아보았더니 평소 안면이 있는 피의자임에 틀림없는 것으로 짐작되는 남자가 뒷모습을 보이며 급히 달아나고 있더라는 취지로 주장한다.

○ 이에 대하여 피의자는 고소인을 때려서 상해를 가한 사실이 전혀 없고, 위 일시에는 위 장소로부터 약 10km나 떨어진 ○○주점에서 술을 마시고 있었다는 취지로 변명하며 그 범행을 부인한다.

○ 위 주점 종업원인 참고인 갑의 진술내용도 이와 같다.

○ 고소인의 주장은 당시 고소인이 술에 취하여 있었던 점, 위의 일시 · 장소는 야간으로서 가로등이 없는 어두운 골목길인 점, 고소인도 피의자로 짐작되는 남자의 뒷모습을 보았을 뿐 그 얼굴을 확인하지는 못한 점 등에 비추어 그대로 받아들이기는 어려워 피의자의 변명을 뒤집고 그 범행을 인정하는 자료로 삼기에 부족하다.

○ 달리 피의자의 범행을 인정할만한 뚜렷한 자료를 발견할 수 없다.

○ 증거 불충분하여 혐의 없다.

4. 죄가 안 됨 의견

죄가 안 됨 의견은, ① 위법성조각사유에 해당하는 경우, ② 책임조각사유에 해당하는 경우, ③ 기타 형법 각 본조 등에서 '처벌하지 아니한다'라고 규정한 경우 등에 기재한다.

(1) 위법성조각사유에 해당하는 경우

1) 정당행위(형법 제20조)

○ 피의자는 1990. 6. 12. 이 사건 아파트에 관하여 소유권이전등기를 마치고 이 사건 아파트에서 거주하여 오던 중, 이 사건 아파트가 2002. 10. 14. 공소외 4 앞으로 경락되자, 2002. 10.경 매형인 공소외 5로 하여금 공소외 4로부터 이 사건 아파트를 다시 매수하게 하여 계속 거주하여 온 사실, ② 그러던 중 피의자는 2003. 1.경 이 사건 아파트를 대금 1억 3,500만 원에 공소외 6에게 매도하면서 2003. 1. 18. 공소외 6과 사이에, '위 대금 1억 3,500만 원 중 4,000만 원을 임대차보증금으로 하고, 임대차기간은 2003. 3. 1.부터 36개월로 하되, 피의자가 만기가 되어 나갈 때에는 위 보증금 4,000만 원을 포기하고, 공소외 6의 사정으로 만기 이전에 임대차계약이 무효가 될 경우에는 공소외 6이 피의자에게 위 보증금 4,000만 원을 지급하기로 하는' 임대차계약을 체결하고, 2003. 2. 8. 확정일자를 받은 사실, ③ 그런데 이 사건 아파트에 관하여 2005. 2. 10. 설정된 근저당권에 기하여 임의 경매절차가 개시되어, 피해자 공소외 1이 위 경매절차에서 동생인 공소외 2 명의로 이 사건 아파트를 경락받아 그 대금을 완납하고, 2005. 6. 3. 공소외 2 앞으로, 이어 2005. 12. 19. 처인 공소외 3 앞으로 각 소유권이전등기를 마친 사실, ④ 이어 피해자는 이 사건 아파트에 관하여 서울서부지방법원 2005타기1717호로 부동산 인도명령을 신청하여 2005. 8. 12. 인도명령을 받았는데, 이에 대하여 피의자가 서울서부지방법원 2005라130호로 항고하였으나 2005. 11. 1. 그 항고가 기각되었고, 다시 피의자가 대법원 2005마1194호로 재항고한 사실, ⑤ 피해자는 피의자의 위 항고가 기각되자 이 사건 아파트에 관하여 인도 집행을 하려고 하였으나, 피의자가 서울서부지방법원 2005카기2966호로 강제집행정지 신청을 하여 2005.

11. 24. 위 법원으로부터 위 재항고결정시까지 위 강제집행을 정지한다는 결정을 받음으로써 다시 이 사건 아파트에 관한 점유를 회복한 사실, ⑥ 그 후 피의자가 2006. 3. 6. 위 재항고가 기각되었음에도 자신이 대항력을 갖춘 적법한 임차인임을 주장하며 이 사건 아파트를 계속 점유하자, 피해자는 2006. 3. 10. 15:30경 집행관에게 위임하지 않은 채 임의로 이 사건 아파트의 출입문 자물쇠를 교체하였고, 피의자가 다시 2006. 3. 11. 11:00경 위 자물쇠를 부수고 다른 자물쇠를 설치한 사실, ⑦ 한편 공소외 7이 서울서부지방법원 2006가단58632호로 피의자를 상대로 이 사건 아파트 명도소송을 제기하였으나, 위 법원은 2006. 11. 24. 피의자가 대항력 있는 임차인이라는 이유로 공소외 7의 청구를 기각하였고, 이에 공소외 7이 서울서부지방법원 2006나9815호로 항소하였으나 피의자가 더 이상 이 사건 아파트를 점유하고 있지 않다는 이유로 항소가 기각되어, 그 무렵 판결이 확정된 사실을 인정할 수 있다

○ 피의자가 피해자가 임의로 바꿔서 설치한 자물쇠를 손괴한 행위는 점유의 침탈이라는 부당한 침해를 배제하기 위한 긴급하고 유일한 행위로서 상당한 이유가 있는 것으로 보이고, ④ 더욱이 피해자 소유의 자물쇠 손괴는 침해된 피고인의 법익에 비추어 그 피해 정도가 무겁지 아니한바, 결국 위와 같은 사정에 비추어 보면 피고인이 이 사건 아파트에 대한 자신의 점유를 회복하는 과정에서 피해자 소유의 자물쇠를 손괴한 행위는 사회상규에 위배되지 아니한 행위로서 정당행위에 해당한다.

○ 죄가 안 됨 의견임.

2) 정당방위(형법 제21조 제1항)

예시

○ 술에 취한 피해자와 그의 일행인 … 피의자에게 시비를 걸고 피의자를 앞뒤에서 붙잡은 후 주먹으로 피의자의 얼굴을 여러 차례 때리므로 이를 피하기 위하여 피의자가 뒤에서 붙잡은 피해자의 얼굴을 팔꿈치로 상해를 가한 사실이 인정된다.

○ 피의자의 행위는 피해자의 부당한 폭력행사에서 벗어나거나 이를 방위하기 위한 행위로서 정당방위에 해당한다.

○ 죄가 안 됨 의견임.

3) 기타

긴급피난(형법 제22조 제1항), 자구행위(형법 제23조 제1항), 피해자의 승낙에 의한 행위(형법 제24조) 등이 있다.

(2) 책임조각사유에 해당하는 경우

형법상 책임조각사유에는 형사미성년자의 행위, 심신상실자의 행위, 강요된 행위, 야간 등의 과잉방어행위(형법 제21조 제3항) 야간 등의 과잉피난행위(형법 제22조 제3항) 등이 있다.

(3) 기타 형법 각 본조 등에서 '처벌하지 아니한다'라고 규정한 경우

여기에는 형법 제151조 제2항(친족 등의 범인은닉), 형법 제155조 제4항(친족 등의 증거인멸 등), 형법 제310조(명예훼손에 있어서 위법성 조각), 폭력행위 등 처벌에 관한 법률 제8조 제1항, 제3항(흉기 등 소지 폭력행위에 대한 정당방위 및 야간 등의 과잉방위) 등이 있다.

예시

○ 피의자와 김상기는 부자지간이다.(제30쪽의 가족관계등록부, 김순진의 진술)

○ 이 사건은 피의자가 아들인 위 김순진을 위하여 범행한 것이다.

○ 죄가 안 됨 의견임.

5. 공소권 없음 의견

(1) 확정판결이 있는 경우

'확정판결'이라 함은 실체적 확정력이 있는 판결, 즉 유죄, 무죄, 면소의 판결을 의미, 관할위반이나 공소기각 판결 · 결정 등은 해당되지 않는다.

○ 피의자는 이 사건과 같은 사건에 대하여 이미 2008. 8. 3. 서울중앙지방법원에서 상해죄로 벌금 200만 원을 선고받고 2009. 8. 11. 그 판결이 확정되었다.(제36쪽 판결)

○ 공소권 없음 의견임.

— 약식명령의 확정(법 제457조), 즉결심판의 확정(즉결심판에 관한 절차법 제16조) 등은 확정판결과 동일한 효력으로 공소권 없음의 사유

○ 피의자가 일으킨 교통사고로 피해자가 뇌좌상을 입고 치료를 받다가 뇌좌상에 따른 뇌부종으로 약 1년 만에 사망에 이른 사실은 인정된다.

○ 피의자는 위와 같은 교통사고로 피해자에게 상해를 입게 한 부분에 대하여 2009. 8. 3. 서울중앙지방법원에서 교통사고처리특례법 위반죄로 벌금 300만 원의 약식명령을 받아 2009. 8. 31. 위 약식명령이 확정되었으며(제36쪽 약식명령), 확정된 위 약식명령의 효력은 위 사건에도 미친다.

○ 공소권 없음 의견임.

— 통고처분의 이행은 확정판결과 같은 효력은 없으나 그 이행이 있으면 동일한 사건으로는 소추나 처벌을 받지 않으므로 확정판결에 준하여 공소권 없음의 사유가 된다.

— 조세범처벌법 위반사범이나 관세법 위반사범이 특정범죄가중처벌등에관한법률위반(조세) 또는 특정범죄가중처벌등에관한법률위반(관세)에 해당할 경우에는 세무서장 또는 세관장의 통고처분 대상이 아니므로, 통고처분 하더라도 이는 무효인 통고처분에 해당하고 통고처분을 이행하여도 아무런 효력이 없어 공소권 없음 사유에 해당하지 않는다.

— 구 도로교통법 제43조(현행 도로교통법 제48조) 소정의 안전운전의무 위반행위와 차량운전 중의 과실로 인체에 상해를 입히는 업무상과실치상행위는 별개의 것이므로 안전운전의무 위반으로 통고처분에 따른 범칙금을 납부한 피고인을 다시 교통사고처리특례법 제3조 위반의 죄로 처벌하는 것이 이중처벌이라고 할 수 없으므로

(대판 2017. 4. 12. 2006도4322), 위 범칙금의 납부는 공소권 없음의 사유가 아니다.

— 소년범, 가정폭력범죄 및 성매매알선 등 범죄에 대하여 보호처분이 결정(소년법 제32조, 가정폭력범죄의 처벌 등에 관한 특례법 제40조, 성매매알선 등 행위의 처벌에 관한 법률 제4조)된 때에는 다시 공소를 제기하지 못하므로 그 심리 결정된 사건은 공소권 없음의 사유가 된다. 다만, 그 보호처분이 취소된 경우는 공소권 없음 처분의 사유에 해당하지 않는다.

— 유죄판결이 확정된 사기죄의 범죄사실과 그 확정판결 이전에 이루어진 사기죄의 범죄사실이 실체법상 포괄일죄인 상습사기죄의 관계에 있는 경우, 종전 판례는 위 사기죄에 대한 확정판결 기판력이 그와 포괄일죄의 관계에 있는 확정판결 이전의 사기범죄사실에 미친다고 보았기 때문에 위와 같은 경우의 확정판결 이전의 사기범행에 대해서는 공소권 없음의 처분을 함이 타당하겠으나, 전원합의체 판결에 의하여 위와 같은 경우 먼저 기소된 사건이 단순 사기가 아닌 상습사기죄인 때한하여 그 상습사기죄에 대한 판결의 기판력이 그 확정판결 이전의 사기범행에 미친다.[230]

예시 🖉

○ 피의자는 2009. 10. 5. 서울중앙지방법원에서 특정범죄가중처벌 등에 관한 법률 위반(절도)죄로 징역 2년을 선고받고 2009. 10. 12 그 판결이 확정되었다.(제36쪽 판결)

○ 이 사건과 판결이 확정된 위 사건은 모두 피의자가 동일한 절도습벽에 의하여 범한 1개의 죄로서 포괄일죄의 관계이므로, 위 확정 판결의 효력이 이 사건에도 미치게 된다.

○ 공소권 없음 의견임.

— 그 밖에 행정벌에 불과한 과태료 부과처분 내지 외국의 판결 등의 경우에는 확정판결이 아니므로 공소권 없음의 사유가 되지 못한다.[231]

---

(230) 대판 2004. 9. 16. 2001도3206
(231) 대판 1996. 4. 12. 96도158

(2) 사면이 있는 경우

사면법에 의한 일반사면이 있는 경우(사면법 제5조 제1항 제1호)

예시 🖊

○ 이 사건은 2009. 8. 15. 시행된 대통령령 제2896호 일반사면령에 의하여 사면
되어 처벌할 수 없다.

○ 공소권 없음 의견임.

(3) 공소시효가 완성된 경우

공소시효가 완성되었는지 여부를 판단함에 있어서는 다음의 사항에 유의해야
한다.

예시 🖊

○ 이 사건은 2012. 4. 7.에 5년의 공소시효가 지났다.

○ 공소권 없음 의견임.

(대판 2003. 12. 26. 2003도5997) 공범 1인에 대한 공소제기로 인한 공소시효정지
는 기소시점부터 다른 공범자에게 효력이 미치고 당해 사건의 재판이 확정된 때로
부터 진행한다.(형사소송법 제253조 제2항)

　— 공범의 1인으로 기소된 자가 구성요건에 해당하는 위법행위를 공동으로 하
였다고 인정되나, 책임조각을 이유로 공범 중 1인이 무죄의 확정판결을 선고받은
경우에는 그를 공범이라고 할 수 없어 그에 대하여 제기된 공소로써는 진범에 대한
공소시효 정지 효력이 없다.[232]

　— 범인이 형사처분을 면할 목적으로 국외에 있는 경우 그 기간 동안은 공소시
효가 정지된다(형소법 제253조 제3항). 이 경우 입국 전날까지 공소시효가 정지되는 것
으로 본다.[233]

---

(232) 대판 1999. 3. 9. 98도4621호
(233) 대판 2003. 12. 26. 2003도5997

(4) 범죄 후 법령이 개폐되어 처벌규정이 없어진 경우

예시

○ ○○○법이 2009. 5. 23. 법률 제2456호로 개정되면서 이 사건에 대한 처벌규정이 폐지되어 처벌할 수 없다.

○ 공소권 없음 의견임.

여기에서 형이 폐지된 경우라 함은 형벌법령의 제정이유가 된 법률이념의 변경에 따라 종래의 처벌자체가 부당하였거나 또는 과형이 과중하였다는 반성적 고려에서 법령을 개폐하였을 경우만을 말한다. 따라서 형의 폐지가 사실관계의 변화로 말미암은 경우에는 여기에 해당하지 않는다.

— 형벌인 벌금형에서 행정벌인 과태료로 변경되면서 그 부칙에 "개정법 시행 전의 행위에 대하여는 종전의 규정에 의한다"는 규정을 두지 않은 경우에 이는 종래의 처벌이 부당하다는 반성적 조치이므로 범죄 후 법령의 개폐로 형이 폐지된 경우에 해당한다.[234]

— 도로교통법에 따라 운전자 준수사항 고시를 개정하면서 운전자의 부당요금 징수행위를 삭제한 경우에 이는 교통질서유지를 위한 규제방법의 변경 등 그때 그때의 특수한 필요에 대처하기 위하여 법령을 개폐한 경우에 불과하여 구법 당시에 범하여진 위반행위에 대한 가벌성을 소멸시키거나 감소시킬 아무런 이유가 없으므로 행위당시의 위법을 처벌하여야 한다.[235]

(5) 법률의 규정에 의하여 형이 면제된 경우

형의 필요적 면제만이 공소권 없음의 사유에 해당한다. 예컨대, 친족상도례에 관한 형법 제328조 제1항이 "………죄는 그 형을 면제한다"라는 규정 형식을 취하고 있는 경우가 대표이다.

형이 임의적 면제사유나 필요적 감면사유에 해당되는 경우에는 기소유예의 사유로는 될 수 있어도 공소권 없음의 사유는 될 수 없다.

---

(234) 대판 1996. 10. 25. 96도1210
(235) 대판 2000. 8. 18. 2000도2943호

○ 피의자와 피해자는 서로 부부간으로 형의 필요적 면제사유에 해당된다.(기록 42

쪽 가족관계부)

○ 공소권 없음 의견임.

(6) 피의자에 대하여 재판권이 없어진 경우

1) 헌법, 법률, 조약 등에 따라 재판권이 없는 경우

① 대통령의 형사상 특권(헌법 제84조), ② 국회의원의 면책특권(헌법 제45조), ③ 외국의 원수나 외교사절의 치외법권(외교관계에관한비준협약 제29조, 제31조), ④ 소위 '한미행정협정 제22조에 의하여 아메리카 합중국 군대의 구성원에 대하여 합중국 군 당국이 전속적 또는 제1차적 재판권을 가지는 경우, 같은 협정에 의하여 대한민국이 제1차적 재판권을 가지는 사건에 관하여 법무부장관의 재판권 행사를 포기하는 결정이 있는 경우, ⑤ 형법 제5조의 적용을 받지 않는 외국인 국외범

○ 이 사건은 한미행정협정 사건으로서 2009. 3. 2. 법무부장관이 이 사건에 대하

여 재판권 행사 포기 결정을 하였다.(기록 36쪽 재판권 행사 포기 결정)

○ 공소권 없음 의견임.

(7) 동일사건 또는 그 일부에 대하여 이미 공소가 제기된 경우[236]

동일사건에 관하여 이미 공소가 제기된 이상 공소권 없음 처분을 하고, 다만 공소취소 후 재기소의 요건(형소법 제329조)을 충족한 경우, 즉 다른 중요한 증거를 발견한 경우에 한하여 다시 기소할 수 있다.

○ 이 사건은 2009. 5. 23. 서울중앙지방검찰청 2009형제5686호로 서울중앙지방

법원에 공소제기되어 현재 2009고단5698호로 재판 계속중인 피의자에 대한 절도

---

[236] 상습범, 영업범, 업무상횡령의 포괄일죄, 위증 포괄일죄 외에 상상적경합범의 일부가 기소된 경우도 동일하게 처리

사건과 같은 사건이다.(제47쪽 공소장)

○ 공소권 없음 의견임.

이미 공소가 제기된 경우는, 새롭게 발견된 별개사건은 그 내용을 이미 공소제기되어 소송계속 중인 사건에 추가하는 공소장변경을 하고, 새로 발견된 별개사건은 공소권 없음의 처분을 하여야 한다.(누락 주의)

— 상습범으로 기소된 후 기소된 범죄사실과 동종의 새로운 범죄사실이 발견되어 별건으로 입건된 경우

예시 🖊

○ 피의자는 2009. 7. 3. 서울중앙지방검찰청 2009형제1327호 상습도박죄로 서울중앙지방법원에 공소제기되어 현재 2009고단790호로 재판 계속중이고(제47쪽 공소장), 그 상습도박 사건과 이 사건 도박은 피의자의 도박습벽에 의하여 범하여진 1개의 상습도박죄로서 이른바 포괄일죄의 관계이다.

○ 따라서 재판 계속중인 상습도박 사건에 대한 공소제기의 효력이 이 사건에도 미친다.

○ 공소권 없음 의견임.[237]

— 영업범으로 기소된 후 그 판결선고 이전에 동일한 장소에서 기간을 달리하여 동일한 형태로 영업한 사실이 입건된 경우

예시 🖊

○ 2010. 8. 25. 맛나 음식점에서 일반음식점 신고를 하지 아니하고, 술과 안주를 판매하여 식품위생법 위반

○ 피의자는 2010. 7. 16. 서울중앙지방법원에서 식품위생법 위반죄로 벌금 200만 원의 약식명령을 받고, 2010. 7. 21. 정식재판을 청구하여 현재 재판계속 중이다.(제233쪽 수사보고, 제234쪽, 235쪽 약식명령)

○ 이 사건과 재판 계속 중에 있는 위 사건은 피의자가 단일하고 계속된 범의 하에 범한 것으로서 이른바 포괄일죄의 관계에 있으므로 그 공소제기의 효력이 이 사건에도 미친다.

---

(237) 다만, 공소장변경 절차를 통해 재판계속중인 위 상습도박 사건의 공소사실에 이 사건 범죄사실을 추가하여야 한다.

○ 공소권 없음 의견임.

— 업무상횡령으로 기소된 후 동일한 수법의 포괄일죄에 해당하는 횡령사실이 별건으로 입건된 경우

— 법정에서의 일부 증언을 위증죄로 기소한 후 같은 일시·장소에서의 나머지 증언사실이 위증죄로 입건된 경우 등이다.

(8) 친고죄에서 고소, 고발이 없거나 반의사불벌죄에서 처벌불원의 의사표시가 있는 경우

예시

○ 2009. 10. 31. 고소인 마기주에게 '싸가지 없은 새끼'라고 말하여 모욕

○ 이 사건은 피해자의 고소가 있어야 처벌할 수 있는 죄이다.

○ 고소인은 이 사건 당일에 피의자로부터 이를 들어서 알게 되었는데, 그로부터 6개월이 지난 2010. 9. 2.에 고소를 제기하였으므로 적법한 고소라고 할 수 없다.

○ 공소권 없음 의견임.

(9) 피의자가 생존(또는 존속)하지 아니한 경우

피의자가 사망하거나 피의자인 법인이 소멸한 때에도 공소권 없음의 사유가 된다. 합병에 의하여 해산하는 법인은 해산과 동시에 소멸하고, 합병 이외의 사유로 해산하는 법인은 수사단계에서 청산종결의 등기가 경료됨과 동시에 해당법인이 소멸하는 것으로 보아야 하므로 청산종결의 등기가 있으면 공소권 없음의 해당사유가 된다.

예시

[자연인의 경우]

○ 피의자는 2009. 7. 4. 사망하였다.(제54쪽 가족관계증명서)

○ 공소권 없음 의견임.

[법인의 경우]

○ 피의자 법인이 2009. 4. 24. 해산하여 2009. 7. 6. 청산등기를 마쳤다.(제40쪽 등기부등본)

○ 공소권 없음 의견임.

(10) 종합보험 또는 공제조합 가입

교통사고를 일으킨 차가 보험업법 제4조 및 제126조 내지 128조, 육운진흥법 제8조 또는 화물자동차운수사업법 제51조의 규정에 의하여 보험 또는 공제에 가입된 경우에는 교통사고처리특례법 제3조 제2항 본문에 규정된 죄를 범한 당해 차의 운전자에 대하여 공소를 제기할 수 없으므로 위와 같은 보험 또는 공제에 가입된 사실은 공소권 없음의 사유가 된다.

그러나 교통사고 피해자가 업무상과실 또는 중대한 과실로 인하여 '중상해'를 입은 경우에는 이에 해당되지 않는다.

교통사고처리특례법 제3조 제2항 단서(뺑소니, 음주측정거부 등)에 해당하는 경우나 보험계약 또는 공제계약이 무효 또는 해지되거나 계약상의 면책규정 등으로 인하여 보험사업자 또는 공제사업자의 보험금 또는 공제금 지급의무가 없게 된 경우에는 위 보험 또는 공제에 가입된 사실이 공소권 없음의 사유가 될 수 없다.

예시 🖊

○ 이 사건은 교통사고를 일으킨 자동차가 자동차보험에 가입된 경우에는 공소를 제기할 수 없는 범죄이다.

○ 이 사건은 승용차가 자동차종합보험에 가입된 사실이 인정된다.(제30쪽 자동차종합보험가입증명서)

○ 공소권 없음 의견임.

6. 기소중지의 경우

피의자의 소재불명을 사유로 하여 기소중지 의견(처분)을 하는 경우에는 피의자가 소재불명이라는 사유를 간략히 기재하고 맺음말을 기재한다.

예시

○ 피의자는 현재 소재불명이다.

○ 피의자의 소재가 발견될 때까지 기소중지 의견임.

7. 참고인중지의 경우

참고인 등의 소재불명 사유로 참고인중지 의견(처분)을 하는 경우에는 다툼 없이 인정되는 사실, 피의자의 주장 내용 등을 기재한 다음, 참고인 · 고소인 · 고발인 · 다른 피의자 등의 진술이 필요한 이유 및 그들이 소재불명인 취지 등을 논리적이고 구체적으로 기재하여야 한다.

예시

○ 피의자가 김갑동으로부터 카메라 1대를 매수한 사실은 인정된다.

(다툼없이 인정되는 사실)

○ 피의자는 그것이 장물이라는 점을 몰랐다고 주장한다.(피의자의 변명내용)

○결국 이 사건은 김갑동의 진술을 들어야 그 진상을 알 수 있으나 김갑동이 현재 소재불명이다.

○ 김갑동의 소재가 밝혀질 때까지 참고인중지 의견임.

다만, 피의자와 고소인 간의 주장에 다툼이 있고, 진상을 규명하기 위하여 제3자의 진술이 필요한 경우에는 고소(발)인의 주장을 피의자의 주장에 앞서 기재하는 방식으로 피의사실의 요지를 간략하게 기재하도록 한다.

예시

○ 피의자가 고소인에게 이 사건 주택 1채를 .... 소유권이전등기를 마쳐준 사실은 인정된다.(다툼 없이 인정되는 사실)

○ 고소인은 피의자로부터 해약통보를 받은 바 없으며 소개인 박병동을 통하여 피의자에게 중도금까지 지급하였음에도 피의자가 이을동에게 매도하였다고 주장한다.(고소인 또는 피해자의 주장내용)

○ 이에 반하여 피의자는 고소인으로부터 중도금을 수령하기 전에 …에게 계약금과 위약금을 반환하면서 고소인에게 해약통보를 하여 달라고 부탁하여 ○○○로부터 해약통보가 이루어졌다는 연락을 받고 난 후 이을동에게 다시 매도한 것이라고 주장한다.(피의자의 변명내용)

○ 결국 이 사건은 박병동의 구체적인 진술을 듣기 전에는 사안의 진상을 파악하기 어려우나, 박병동이 현재 소재불명이다.

○ 박병동의 소재가 밝혀질 때까지 참고인중지 의견임.

강 동 필

경찰대학 법학과 졸업
경북대 법학전문대학원(7기)
제주청 서부경찰서 경제팀장
제주청 수사2계장
경찰수사연수원 지능범죄수사학과 교수요원

〈저서〉『민사법에 기반한 경제범죄수사』(경찰대학출판부, 2017)

경찰관을 위한 형사 CASE 연습
범죄수사법 실무

초판발행	2019년 6월 17일
중판발행	2020년 8월 10일
저 자	강동필
펴낸이	안종만 · 안상준
편 집	정은희
기획/마케팅	오치웅
표지디자인	박현정
제 작	우인도 · 고철민
펴낸곳	(주) 박영사
	서울특별시 종로구 새문안로3길 36, 1601
	등록 1959.3.11. 제300-1959-1호(倫)
전 화	02)733-6771
fax	02)736-4818
e-mail	pys@pybook.co.kr
homepage	www.pybook.co.kr
ISBN	979-11-303-3403-5 93360

정 가   28,000원